中文社會科學引文索引（CSSCI）來源集刊

西域歷史語言研究集刊

二〇二三年第一輯 （總第十九輯）

中國人民大學國學院西域歷史語言研究所 編

黃維忠 主編

中國藏學出版社

Historical and Philological Studies of China's Western Regions

(2023 No.1) Vol. 19

Institute of Historical and Philological Studies of China's Western Regions,
School of Chinese Classics,
Renmin University of China

Huang Weizhong Editor-in-Chief

China Tibetology Publishing House

謹以此輯恭賀陳踐先生九十華誕

Dedicated to Prof. Chen Jian's 90th Birthday

《西域歷史語言研究集刊》編委會

編輯部成員

目　錄

民族古典文獻研究

訪談

綜述

CONTENTS

陳踐教授論著目録

任小波 編*

學術成就簡介：

陳踐，1933年生於浙江杭州。原名陳踐踐，筆名陳踐，藏名 bSod nams skyid。中央民族大學藏學研究院教授，通曉安多、衛藏兩種藏語方言，當代最有成就的古藏文學者之一。1956年畢業於中央民族學院少數民族語文系安多藏語班，此後留校任教。她自1977年以來，長期從事古藏文文獻（敦煌寫本、吐蕃碑銘、新疆簡牘）的教學和研究，形成運用安多方言和民俗資料釋讀古藏文文獻的鮮明學術風格。她與王堯教授合作的《敦煌本吐蕃歷史文書》以及其他系列論著，對於20世紀80年代以來中國的藏學、敦煌學、西域史研究起到了積極的推動作用。自2008年以來，陳踐教授致力於敦煌藏文社會經濟文書、占卜文書以及古藏文語詞的總結性的整理和研究，同時完成了對於吐蕃卜辭、吐蕃兵律的典範性的翻譯和研究。

學術活動略歷：

1956—1957年，前往青海、甘肅，調查安多方言。

1959—1960年，帶領學生前往西藏，參加民主改革、社會歷史調查和文學調查。

1964—1965年，前往四川阿壩、西藏山南，參加“四清”和“三教”運動。

1969年，前往青海剛察，參加中央民族學院教育調查分隊，擔任安多藏語翻譯。

1970年，前往青海興海，參加中央民族學院“教育革命”分隊，擔任藏族基層幹部漢文教員，兼任安多藏語翻譯。

1971年，擔任中央民族學院工農兵學員藏族班漢文教員。

1977年，擔任中央民族學院少數民族語文系本科生西藏班教員，講授《猴鳥故事》《囊薩姑娘》。

1978年，擔任本科生、進修生《吐蕃文獻選讀》課程教師，直至1997年退休。

---

* 蘇嘉琦對於目録編寫亦有貢獻，特致謝忱。

1983年，前往甘肅蘭州，參加中國敦煌吐魯番學會成立大會暨全國敦煌學術討論會。

1985年，前往新疆烏魯木齊，參加中國敦煌吐魯番學會年會暨學術討論會。

1987年，前往法國東方語言文化學院講學，並在法國國家圖書館調查敦煌寫本。

1989年，前往意大利那布勒斯大學、羅馬大學、威尼斯大學講學。

1992年，前往挪威奥斯陸，參加第六屆國際藏學會議。

1995年，前往美國華盛頓大學講學，講授安多藏語。

2003年，前往西南民族大學講學，講授吐蕃文獻。

2006—2007年，擔任古藏文研究班（西北民族大學委託）導師，講授吐蕃文獻。

2007年，前往西北民族大學講學，講授吐蕃文獻。

2016年，擔任古藏文讀書班（黃維忠教授組織）導師，講授《敦煌本吐蕃歷史文書·歷代贊普傳記》。

編寫説明：

（一）此份目録，主要涵蓋陳踐教授的著作和論文的初刊本、增訂本，以及同一論著的漢文本、藏文本。對於相關著作之中未析出發表的篇目，選取論述較爲詳盡且可以獨立成篇者。其中部分論文，收入或二次收入相關著作，内容多有改動，故而對其題名略作調整。

（二）陳踐教授對於敦煌藏文社會經濟文書的翻譯和研究，歷時近40年。其中不少論文或篇目，疊經修改或增訂，故而出現一次修訂本《敦煌吐蕃文獻選》（1983年）、《敦煌吐蕃文書論文集》（1988年），二次修訂本《敦煌吐蕃文書譯釋》（2011年），以及最終修訂本《敦煌吐蕃文獻選輯·社會經濟卷》（2013年）。

（三）部分論文篇後所加（A）、（B）、（C）、（D）標記，表示該文收入或修訂收入陳踐教授如下四部總結性的著作：（A）＝《敦煌吐蕃文書譯釋》（與王堯合著），2011年；（B）＝《敦煌吐蕃文獻選輯·社會經濟卷》，2013年；（C）＝《敦煌吐蕃文獻選輯·占卜文書卷》，2016年；（D）＝《敦煌古藏文語詞彙釋》，2021年。

一、著作類

1.《農業勞動會話手册》（藏文），油印本，北京：中央民族學院少數民族語文系藏語教研組，1966年。

2.《吐蕃文獻選讀》（與王堯合著），油印本（共四次），北京：中央民族學院少數民族語文系藏語教研組，1977/1978/1979/1980年。

3. 《敦煌本吐蕃歷史文書》（與王堯合著），北京：民族出版社，1980 年。

4. 《敦煌本藏文文獻》（藏文，與王堯合著），北京：民族出版社，1983 年。

5. 《敦煌吐蕃文獻選》（與王堯合著），成都：四川民族出版社，1983 年。

6. 《敦煌本吐蕃法制文獻譯釋》（此爲《甘肅民族研究》增刊，與王堯合著），蘭州：甘肅省民族研究所，1983 年。

7. 《吐蕃文獻選讀》（藏文，與王堯合著），增訂本，北京：民族出版社，1983 年。

8. 《吐蕃碑刻鐘銘選》（藏文），北京：民族出版社，1984 年。

9. 《吐蕃簡牘綜録》（與王堯合著），北京：文物出版社，1986 年。

10. 《吐蕃時期的占卜研究：敦煌藏文寫卷譯釋》（與王堯合著），香港：香港中文大學出版社，1987 年。

11. 《敦煌吐蕃文書論文集》（與王堯合著），成都：四川民族出版社，1988 年。

12. 《川康牧區行》（南卡諾布著，藏文漢譯），成都：四川民族出版社，1988 年。

13. 《敦煌本吐蕃歷史文書》（與王堯合著），增訂本，北京：民族出版社，1992 年。

14. 《法藏敦煌藏文文獻解題目録》（參編），北京：民族出版社，1999 年。

15. 《吐蕃文獻選讀》（藏漢雙解，與王堯合著），重訂本，成都：四川民族出版社，2003 年。

16. 《古藏文辭典》（手寫稿），卡片本，截至 2005 年。

17. 《敦煌古藏文文獻探索集》（與王堯合著），上海：上海古籍出版社，2008 年。

18. 《敦煌吐蕃文獻選輯·文化卷》（合著），北京：民族出版社，2011 年。

19. 《敦煌吐蕃文獻選輯·文學卷》（合著），北京：民族出版社，2011 年。

20. 《敦煌吐蕃文書譯釋》（此爲《王堯藏學文集》卷 4，與王堯合著），北京：中國藏學出版社，2011 年。

21. 《敦煌吐蕃文獻選輯·社會經濟卷》，北京：民族出版社，2013 年。

22. 《吐蕃卜辭新探：敦煌 P. T. 1047 + ITJ 763 號羊胛骨卜研究》，上海：上海遠東出版社，2014 年。

23. 《敦煌吐蕃文獻選輯·占卜文書卷》，北京：民族出版社，2016 年。

24. 《陳踐藏學文集》（上下册），北京：中國藏學出版社，2018 年。

25. 《敦煌古藏文語詞彙釋》，北京：中國藏學出版社，2021 年。

26. 《川康牧區行》（南卡諾布著，藏文漢譯），增訂本，北京：中國藏學出版社，2021 年。

二、論文類

1.《敦煌古藏文本〈北方若干國君之王統敘記〉文書介紹》（與王堯合撰），《中國史研究動態》1979 年第 12 期。

2.《〈敦煌本吐蕃歷史文書〉導言》（與王堯合撰），王堯、陳踐：《敦煌本吐蕃歷史文書》，北京：民族出版社，1980 年。

3.《吐蕃鐘銘三則》（藏文），《知識火花》（藏文版）1981 年第 4 期。

4.《敦煌古藏文本〈北方若干國君之王統敘記〉文書》（與王堯合撰），增訂本，《敦煌學輯刊》1981 年第 1 期。（A）

5.《古藏文文字特點簡述》（藏文），《知識火花》（藏文版）1982 第 10 期。

6.《〈于闐教法史〉：敦煌古藏文寫卷 P. T. 960 譯解》（與王堯合撰），《西北史地》1982 年第 3 期。（A）

7.《敦煌本藏醫學殘卷介紹（上）》（與王堯合撰），《中華醫史雜誌》1982 年第 4 期。（A）

8.《敦煌藏文寫卷 P. T. 986 號〈尚書〉譯文證補》（與王堯合撰），中央民族學院藏族研究所編：《藏族研究論文集》第 1 集，北京：中央民族學院藏族研究所，1982 年。（A）

9.《敦煌新疆古藏文述略》，《甘肅民族研究》1983 年第 1/2 期。

10.《敦煌藏文寫卷 P. T. 1088、P. T. 1085 號研究——吐蕃占有敦煌時期的民族關係》（與王堯合撰），《甘肅民族研究》1983 年第 4 期；又載《歷史研究》1984 年第 5 期。（A）（B）

11.《敦煌古藏文〈羅摩衍那〉譯本介紹》（與王堯合撰），《西藏研究》1983 年第 1 期。

12.《敦煌古藏文〈禮儀問答〉寫卷譯解》（與王堯合撰），《西北史地》1983 年第 2 期。（A）（B）

13.《敦煌吐蕃文書 P. T. 1291 號〈戰國策〉藏文譯文證補》（與王堯合撰），《青海民族學院學報》1983 年第 3 期。（A）

14.《敦煌本藏醫學殘卷介紹（下）》（與王堯合撰），《中華醫史雜誌》1983 年第 2 期。（A）

15.《敦煌古藏文〈羅摩衍那〉譯本介紹》（與王堯合撰），增訂本，王堯、陳踐：《敦煌吐蕃文獻選》，成都：四川民族出版社，1983 年。（A）

16.《〈吐蕃文獻選讀〉序言》（藏文，與王堯合撰），陳踐、王堯：《吐蕃文獻選讀》，北京：民族出版社，1983 年。

17.《吐蕃時期的占卜研究——敦煌藏文 P. T. 1047、P. T. 1055 號譯釋》（與王堯合撰），《世界宗教研究》1985 年第 3 期。（A）（C）

18.《吐蕃的鳥卜研究——P. T. 1045 號卷子譯解》（與王堯合撰），中央民族學院藏族研究所編：《藏學研究文集》第 3 集，北京：民族出版社，1985 年。（A）（C）

19.《回顧與前瞻——記中央民族學院的敦煌吐魯番學研究》（與王堯合撰），中央民族學院藏族研究所編：《藏學研究文集》第 3 集，北京：民族出版社，1985 年。

20.《吐蕃兵制考略——軍事部落聯盟剖析》（與王堯合撰），《中國史研究》1986 年第 1 期。

21.《敦煌本〈瑜伽師地論·菩薩地〉藏漢對照詞彙考詮校録》（與王堯合撰），《青海民族學院學報》1986 年第 2 期。（A）

22.《從一張借契看宗教的社會作用——P. T. 1297（1）號敦煌吐蕃文書譯解》（與王堯合撰），《世界宗教研究》1986 年第 4 期。（A）（B）

23.《敦煌吐蕃寫卷〈醫馬經〉、〈馴馬經〉殘卷譯釋》（與王堯合撰），《西藏研究》1986 年第 4 期。（A）

24.《新疆吐蕃簡牘考述及釋例》（與王堯合撰），王堯、陳踐：《吐蕃簡牘綜録》，北京：文物出版社，1986 年。

25.《歸義軍曹氏與于闐之關係補證——P. T. 1284 號吐蕃文書譯釋》（與王堯合撰），《西北史地》1987 年第 2 期。（A）

26.《三探吐蕃卜辭——倫敦印度事務部圖書館所藏藏文占卜文書（ITJ 738）譯釋》（與王堯合撰），《青海社會科學》1987 年第 3 期。（A）（C）

27.《敦煌本吐蕃法制文獻譯釋》（與王堯合撰），敦煌文物研究所編：《1983 年全國敦煌學術討論會文集：文史·遺書編》上册，蘭州：甘肅人民出版社，1987 年；又載《中國史研究》1987 年第 4 期。（A）（B）

28.《蕃占期間的敦煌佛教事業探微——P. T. 999、P. T. 1001 號藏文寫卷譯釋》（與王堯合撰），《世界宗教研究》1988 年第 2 期。（A）

29.《P. T. 997 號〈榆林寺廟産牒〉譯釋》（與王堯合撰），王堯、陳踐：《敦煌吐蕃文書論文集》，成都：四川民族出版社，1988 年。（A）（B）

30.《P. T. 1077 號〈都督爲女奴事訴狀〉譯釋》（與王堯合撰），王堯、陳踐：《敦煌吐蕃文書論文集》，成都：四川民族出版社，1988 年。（A）（B）

31.《吐蕃職官考信録》（與王堯合撰），《中國藏學》1989 年第 1 期。（B）

32.《〈涼州廣善寺碑〉藏漢文釋讀》（與王堯合撰），《西北民族研究》1990 年第

1 期。

33.《奈巴教法史·古譚花鬘》（奈巴班智達著，與王堯合譯），《中國藏學》1990 年第 1 期。

34.《〈涼州廣善寺碑〉藏漢文釋讀》（與王堯合撰），增訂本，《中國藏學》1990 年第 4 期。

35.《藏語 ring lugs 一詞演變考——敦煌藏文古詞研究之一》，《中國藏學》1991 年第 3 期；收入張涌泉、陳浩主編：《浙江與敦煌學：常書鴻先生誕辰一百周年紀念文集》，杭州：浙江古籍出版社，2004 年。（D）

36.《青海吐蕃簡牘考釋》（與王堯合撰），《西藏研究》1991 年第 3 期。

37.《P. T. 990 號〈如來佛降服大王記〉譯注劄記》，《中國藏學》1992 年第 2 期。

38.《籠館與籠官初探》（藏文），《西藏研究》（藏文版）1993 年第 4 期。

39.《籠館與籠官初探》，中央民族學院藏族研究所編：《藏學研究文集》第 7 集，北京：中央民族學院出版社，1993 年。（B）

40.《吐蕃時代的傑出女王墀瑪類》，《中國藏學》1994 年第 3 期。

41.《bal po 考》，《敦煌研究》1994 年第 4 期。（D）

42.《藏語 ring lugs 一詞演變考》（藏文），Per Kvaerne ed., *Tibetan Studies: Proceedings of the 6th Seminar of the International Association for Tibetan Studies, Fagernes 1992*, Vol. 2, Oslo: Institute for Comparative Research in Human Culture, 1994.

43.《爭奪新扎城千户長官職之訴訟文》，《中國藏學》2004 年第 3 期。（B）

44.《敦煌藏文 Ch. 9. ii. 68（ITJ 742）號〈金錢神課判詞〉解讀》，《蘭州大學學報》2007 年第 3 期。（C）

45.《敦煌藏文 PT 127 號（正面）十二生肖命相文書解讀》，郝時遠、格勒主編：《紀念柳陞祺先生百年誕辰暨藏族歷史文化論集》，北京：中國藏學出版社，2008 年。（C）

46.《安多口語中古藏文語詞的保留與變化》，《西北民族大學學報》2009 年第 2 期。

47.《吐蕃時期藏文文獻中的盟誓》（與楊本加合撰），《中國藏學》2009 年第 3 期。

48.《敦煌古藏文 P. T. 992 號〈孔子項橐相問書〉釋讀》，《中國藏學》2011 年第 3 期。

49.《P. T. 992、P. T. 1284、ITJ 729 號〈孔子項橐相問書〉譯釋》，鄭炳林、黄維忠主編：《敦煌吐蕃文獻選輯·文學卷》，北京：民族出版社，2011 年。

50.《ITJ 730 號〈松巴諺語〉譯釋》，鄭炳林、黄維忠主編：《敦煌吐蕃文獻選輯·文學卷》，北京：民族出版社，2011 年。

51.《ITJ 749 號占卜文書解讀》，《中國藏學》2012 年第 1 期。（C）

52. 《P. T. 1047 號和 ITJ 763 號羊胛骨卜新探》，《中國藏學》2013 年第 S1 期。（C）

53. 《ITJ 740（2）號〈虎年告牒答户税條例之問・宫内發〉譯釋》，陳踐：《敦煌吐蕃文獻選輯・社會經濟卷》，北京：民族出版社，2013 年。

54. 《Or. 15000/326 號〈兔年小羅布王田分配契約清册〉譯釋》，陳踐：《敦煌吐蕃文獻選輯・社會經濟卷》，北京：民族出版社，2013 年。

55. 《ITJ 844、ITJ 914、ITJ 1379 號發放堪布圖登三次口糧契約譯釋》，陳踐：《敦煌吐蕃文獻選輯・社會經濟卷》，北京：民族出版社，2013 年。

56. 《ITJ 1359 號關於抄經制度中之處罰》，陳踐：《敦煌吐蕃文獻選輯・社會經濟卷》，北京：民族出版社，2013 年。

57. 《敦煌古藏文 P. T. 986 號文書〈尚書〉四古詞譯釋》，《民族翻譯》2014 年第 1 期。（D）

58. 《敦煌古藏文 khwa 字考》，《民族翻譯》2014 年第 2 期。（D）

59. 《敦煌藏文 ITJ 739 號骰卜文書譯釋》，《中國藏學》2014 年第 S1 期。（C）

60. 《敦煌藏文 ITJ 739 號骰卜文書繇辭譯釋》，《民族翻譯》2014 年第 4 期。（D）

61. “A Survey of the Divinations in Tibetan Dunhuang Manuscripts”，陳踐：《吐蕃卜辭新探：敦煌 P. T. 1047 + ITJ 763 號羊胛骨卜研究》，上海：上海遠東出版社，2014 年。

62. 《若干典型古藏文語詞疏譯之一——重讀〈敦煌本吐蕃歷史文書〉之體會》，《中國藏學》2015 年第 S0 期。（D）

63. 《吐蕃藏文文獻詞語釋讀瑣議》，《民族翻譯》2015 年第 4 期。

64. 《敦煌古藏文 khol yul 與 ’dam po 疏譯》，《民族翻譯》2016 年第 2 期。

65. 《溫故知新——重讀〈敦煌本吐蕃歷史文書〉體會之二》，《民族翻譯》2016 年第 3 期。（D）

66. 《若干典型古藏文語詞疏譯之二》，《中國藏學》2016 年第 3 期。（D）

67. 《若干典型古藏文語詞疏譯之三》，《中國藏學》2016 年第 4 期。（D）

68. 《英藏敦煌藏文文獻 ITJ 747 號鳥卜文書譯釋》（與黄維忠合撰），《西藏民族大學學報》2016 年第 6 期。（C）

69. 《敦煌藏文占卜文書概述》，陳踐：《敦煌吐蕃文獻選輯・占卜文書卷》，北京：民族出版社，2016 年。

70. 《P. T. 1046 號骰卜與 S. 5614 號摩醯首羅卜之比較》，陳踐：《敦煌吐蕃文獻選輯・占卜文書卷》，北京：民族出版社，2016 年。

71. 《P. T. 1051 號骰卜文書譯釋》，陳踐：《敦煌吐蕃文獻選輯・占卜文書卷》，北京：民族出版社，2016 年。

72.《ITJ 740（1）號骰卜文書譯釋》，陳踐：《敦煌吐蕃文獻選輯·占卜文書卷》，北京：民族出版社，2016 年。

73.《ITJ 744 號金錢占卜文書譯釋》，陳踐：《敦煌吐蕃文獻選輯·占卜文書卷》，北京：民族出版社，2016 年。

74.《P. T. 55（1）號十二因緣占卜文書譯釋》，陳踐：《敦煌吐蕃文獻選輯·占卜文書卷》，北京：民族出版社，2016 年。

75.《P. T. 351 號景教占卜文書譯釋》，陳踐：《敦煌吐蕃文獻選輯·占卜文書卷》，北京：民族出版社，2016 年。

76.《P. T. 127 號（背面）時日宜忌文書譯釋》，陳踐：《敦煌吐蕃文獻選輯·占卜文書卷》，北京：民族出版社，2016 年。

77.《P. T. 55（2）號發毒解毒咒語譯釋》，陳踐：《敦煌吐蕃文獻選輯·占卜文書卷》，北京：民族出版社，2016 年。

78.《法藏敦煌藏文文獻 P. T. 55（4）號〈夢兆禳解〉譯釋》，《西藏民族大學學報》2017 年第 1 期。(C)

79.《英藏敦煌藏文文獻 ITJ 506 號時日宜忌文書譯釋》，《西藏民族大學學報》2017 年第 4 期。(C)

80.《英藏敦煌藏文占卜文獻十二生肖命相殘卷（ITJ 741、ITJ 748）譯釋》，《西藏民族大學學報》2017 年第 6 期。(C)

81.《敦煌藏文文獻〈古太公家教〉譯釋（上）》，《西藏民族大學學報》2017 年第 2 期。

82.《敦煌藏文文獻〈古太公家教〉譯釋（下）》，《西藏民族大學學報》2017 年第 3 期。

83.《古藏文語詞 zhing 疏譯》，《民族翻譯》2017 年第 3 期。

84.《吐蕃文獻解讀及古藏文釐定疏釋》，《民族翻譯》2017 年第 4 期。

85.《若干典型古藏文語詞疏譯之四》，《中國藏學》2018 年第 1 期。(D)

86.《若干典型古藏文語詞疏譯拾遺》，《民族翻譯》2018 年第 1 期。(D)

87.《敦煌藏文 ngas po 與 'phan yul 譯釋》，《西藏民族大學學報》2018 年第 2 期。(D)

88.《敦煌古藏文 zhugs long dmar po 疏譯》，《民族翻譯》2018 年第 2 期。(D)

89.《吐蕃古藏文讀譯窺見》，《西藏民族大學學報》2018 年第 6 期。

90.《古藏文文字特點簡述》，增訂本，陳踐：《陳踐藏學文集》下册，北京：中國藏學出版社，2018 年。(D)

91.《安多口語中古藏文語詞的保留與變化》（藏文），陳踐：《陳踐藏學文集》下册，

北京：中國藏學出版社，2018 年。（D）

92. 《rkyen ris 與 lha ris 疏譯》，陳踐：《陳踐藏學文集》下册，北京：中國藏學出版社，2018 年。（D）

93. 《吐蕃虎皮告身》，《民族翻譯》2019 年第 2 期。

94. 《敦煌古藏文 mkhos 字釋疑》，手寫稿，2019 年 6 月。

95. 《百慈藏卷〈吐蕃兵律〉新譯》，《中國藏學》2020 年第 S0 期。

96. 《百慈藏卷〈吐蕃兵律〉語詞新譯》，《民族翻譯》2020 年第 2 期。（D）

97. 《〈吐蕃兵律〉中戰利品分配律例譯析——兼論吐蕃暗軍》，《民族翻譯》2021 年第 2 期。

98. 《再讀 ITJ 370 號虎皮告身殘卷》，陳踐：《敦煌古藏文語詞彙釋》，北京：中國藏學出版社，2021 年。

三、雜文類

1. 《我與古藏文文獻研究》，《中國藏學》2013 年第 4 期。

2. 《憶良師益友王堯教授》，《中國藏學》2016 年第 1 期。

3. 《亦師亦友——憶丈夫格桑居冕教授》，《中國藏學》2016 年第 S1 期。

4. 《〈格桑居冕文集〉後記》，格桑居冕：《格桑居冕文集》，北京：中國藏學出版社，2016 年。

5. 《我的藏學人生》，陳踐：《陳踐藏學文集》下册，北京:中國藏學出版社,2018 年。

6. 《牧區略記》（再版前言），南卡諾布：《川康牧區行》，北京：中國藏學出版社，2021 年。

7. 《我與南卡諾布教授和古老意大利的緣分》（再版譯序），南卡諾布：《川康牧區行》，北京：中國藏學出版社，2021 年。

敦煌本藏文醫馬書所載醫術對比研究

——利尿導尿、解毒、復蘇和拔牙磨齒*

劉英華

摘　要：英、法兩國收藏的敦煌本古藏文文書中，已鑒別出7件醫馬書（殘卷）。這些文書中記載的拔牙磨齒、導尿、復蘇、解毒和開顱術，除解毒外，都是敦煌本普通醫學文書中没有的。更爲可喜的是，前四種療術散見於大同小異的不同文本，反映了這些技術使用和傳播範圍較廣，也有助於正確理解原文内容，爲古代藏文詞語的研究提供了素材。寫本所載的這些療術在技術線路和方法、器械方面已經比較接近於近代醫學。這些寫本反映了中國西域畜牧業和馬醫學間的聯繫，是中古時期重要的醫學與科技史料，也爲實驗動物學史研究的重要史料。本文從敦煌醫馬書中抽取上述内容（節錄圖版）、引文（略），對相關文本類似内容間做比較研究，給出參考漢譯文，供醫史學和敦煌學研究者參考。

關鍵詞：敦煌文獻；馬醫學；導尿術；解毒術；復蘇術；牙齒外科

一、概　述

吐蕃時期畜牧業發達，戰爭頻繁，經濟文化交往廣泛，馬作爲重要的交通工具，在生產生活和貿易中扮演了重要角色。敦煌本藏文文書中，關於馬的專題文書比較豐富，正是這一時代背景的反映。

這些文書主要收藏在法國國家圖書館和英國國家圖書館。西方學者最早對這些文書做了編目、整理和介紹。法藏的有7件：P. t. 1060“馬分類傳説”，P. t. 1061，P. t. 1062，P. t. 1063，P. t. 1064（部分）“馬醫方殘篇”，P. t. 1065“馴馬文書”，以及P. t. 1066“相馬書”。英藏的有4件：IOL Tib J 731馬和野馬分開的故事，IOL Tib J 760［即IOL.

---

* 中國人民大學科學研究基金（中央高校基本科研業務費專項資金資助）項目“《古藏文詞典》編纂”（項目號：21XNL005）階段性成果。

Tib. J. 56. 之68. “醫馬術（105－81）”[①]，IOL Tib J 761和IOL Tib J 762[②]等，後三件都是馬醫方殘卷。文獻編號和基本信息見表1。

根據内容，可將他們歸納四類：醫馬書7件，即法藏的P. t. 1061至P. t. 1064，英藏的IOL Tib J 760至762號。馴馬1件，即P. t. 1065。相馬書1件，P. t. 1066。相關傳説或故事2件，即法藏P. t. 1060號和英藏IOL Tib J 738號。除了這些專篇之外，在普通醫書中也有收載獸醫的内容，如：英藏IOL Tib J 1246［曾寫做I. O. 56，57[③]；又做IOL Tib J 56. 之64. 治病藥方（105－76）[④]］號文書第2部分爲牛病的治療，不涉及馬，所以不在此介紹。

7篇敦煌本藏文醫馬書中都已全文解讀。其中，漢譯和注釋的有3種：P. t. 1062號《敦煌古藏文醫馬經》殘卷，原卷藏文110行（見伯1062背面）；P. t. 1065號《敦煌古藏文馴馬經》殘卷（見P. t. 1065背面）原卷藏文102行。這兩件文書由王堯、陳踐所做的解題、漢譯和注釋發表於《西藏研究》（1986）[⑤]，後連同錄文一起發表於《敦煌吐蕃文書論文集》（1988）[⑥]中。豆格才讓以藏文所做醫馬書和馴馬書的研究發表於1990年。[⑦]劉英華、央嘎和胡賢達合作，對P. t. 1061醫馬書所做譯注和研究發表於2017年。[⑧]拉毛吉用藏文解讀了所有7種醫馬書發表於2021年。[⑨]

此外，P. t. 1063，P. t. 1064，IOL Tib J 760，IOL Tib J 761和IOL Tib J 762等馬醫方殘卷，P. t. 1066號《古藏文相馬書》，由劉英華錄文、翻譯和注釋，與王堯、陳踐譯釋的P. t. 1062和P. t. 1065一起，收錄在國家社科基金重大項目敦煌吐蕃文獻分類整理與研究（12&ZD139）結項材料中，2021年通過結項，待出版。拉卡·南拉才讓對P. t. 1066相

---

① 才讓、沙木主編：《英國國家圖書館藏敦煌西域藏文文獻（11）》，上海：上海古籍出版社，2020年，第262頁。

② IOL Tib J 761、762兩件文書照片影本由高奕睿先生提供。

③ 羅秉芬主編：《敦煌本吐蕃醫學文獻精要》，北京：民族出版社，2002年，第22、203頁。

④ 才讓、沙木主編：《英國國家圖書館藏敦煌西域藏文文獻（11）》，第258頁。

⑤ 王堯、陳踐：《敦煌吐蕃寫卷〈醫馬經〉、〈馴馬經〉殘卷譯釋》，《西藏研究》1986年第4期，第84—93頁。

⑥ 王堯、陳踐：《〈醫馬經〉、〈馴馬經〉殘卷譯釋》，載王堯、陳踐編著《敦煌吐蕃文書論文集》，成都：四川民族出版社，1988年，第147—165頁。

⑦ 豆格才讓：《敦煌吐蕃醫學文書〈馴馬經〉與〈醫馬經〉》，《中國藏學》（藏文版）1990年第4期，第57—68頁。

⑧ 劉英華、央嘎、胡賢達：《法藏敦煌藏文獸醫文書P. t. 1061研究》，《中華醫史雜誌》2017年第4期，第234—237頁。

⑨ 拉毛吉：《敦煌藏醫文獻整理與研究》（藏文），民族出版社，2021年，第320—389頁。

馬書做了專題研究。[①]

表 1 敦煌本藏文以馬爲主題的文書[②]

文獻編號	正面内容（擬題）	背面内容（擬題）	參考文獻
P. t. 1060	馬傳説故事	雜寫	法藏（10）185－187
P. t. 1061	《維摩詰所説經》（漢）	醫馬經	法藏（10）189
P. t. 1062	雜寫	醫馬經	法藏（10）203－207
P. t. 1063	醫馬經	殘文	法藏（10）209－210
P. t. 1064	醫馬術；夏季贊	戒律	法藏（11）41－43
P. t. 1065	?	馴馬經	法藏（10）212－213
P. t. 1066	相馬術雜集	?	法藏（10）214
IOL Tib J 731	《金光明經》（漢）	馬和野馬的故事	英藏[③]
IOL Tib J 760	馬醫方殘卷	?	英藏（11）267
IOL Tib J 761	《金剛般若波羅蜜經》（漢）	馬醫方殘卷	英藏未刊
IOL Tib J 762	馬醫方殘卷	咒語	英藏未刊

在 8 篇不同的馬醫寫本中，記載了多種馬病的療法。劉英華曾就其中的拔牙磨齒、導尿、復蘇和開顱術發表初步報告。[④] 有些病症的治療見載於不同的文書。通過不同文本相關文字的比較，有助於理解文書的内容，推測文書抄寫的時間先後，也有助於瞭解當時馬醫學的傳承、傳播和實踐的情況。

在此，筆者從醫馬書中選錄 4 種馬病療術的記載，引錄文書圖版、參考譯文，並對不同文本中同一類療術的記載（藏文）（見表 2）做比較，比對的内容按 P. t. 1062 中出現的先後排序。對詞語和表述（包括馬醫和人醫）的差異進行對比。

---

① ལ་ཁ་གནམ་ལྷ་ཚེ་རིང་། ཡིག་ཚང་རིག་པའི་ངོས་ནས་ཏུན་ཧོང་ཡིག་རྙིང་བོད་ཀྱི་རྟ་དཔྱད་ཡིག་ཚངས P. T. 1066ལ་དཔྱད་པ། མཚོ་སྔོན་མི་རིགས་སློབ་ཆེན་རིག་དེབ། 拉卡・南拉才讓：《文獻學視野下的敦煌藏文文獻 P. T. 1066 研究》，《青海民族大學學報》（藏文版）2022 年第 3 期，第 88—103 頁。

② “法藏”表示《法國國家圖書館藏敦煌藏文文獻》，“英藏”表示《英國國家圖書館藏敦煌西域藏文文獻》。括弧中的數字表示出版物卷號，括弧後面的數字表示頁碼。

③ 鄭炳林、黃維忠主編：《敦煌吐蕃文獻選輯：文學卷》，民族出版社，2011 年。

④ 劉英華：《從敦煌本藏文獸醫文書看中古時期藏醫醫療技術——以拔牙磨齒、導尿、復蘇、額骨鑽孔術爲例》，中國科學技術史學會 2020 年學術年會醫學史分會場，2020 年 11 月 15 日，北京。

表 2 敦煌藏文醫書同類療法對照表①

醫療術	文書編號（略稱代碼）				
	P. t. 1062（A）	P. t. 1064（B）	IOL Tib J 760（C）	P. t. 1057（D）	IOL Tib J 756（E）
利尿導尿	第 1—4 行	第 13 頁 1—6 行	第 16—22 行	第 59—75 行	
解毒	第 50—56 行	第 7 頁第 2—6 行	第 31—？行	第 50—59 行 第 72—88 行	第 252—281 行
復蘇術	第 57—62 行		第 22—25 行		
拔牙磨齒	第 63—70 行	第 9 頁第 5—7 行			

二、文本内容對比

（一）馬尿閉的療法——利尿、導尿術

IOL Tib J 760 號、P. t. 1062 號和 P. t. 1064 號三份文書中都記述了馬尿閉的療法。使用了利尿藥局部塗抹、尿道管吹氣擴張術、尿道管塞藥、肛内手法按摩，以及藥物内服等多種療法。現引述和對比如下：

P. t. 1062（第 1—4 行）記載因閹割手術造成的尿瀦留，現引述如下：

圖 1 法藏敦煌藏文文獻 P. t. 1062（第 1—4 行）②

［漢譯］（1－4）騸馬的方法：……［騸後］如排尿時，因切除睾丸而造成尿瀦留（癃閉），其治療方法如下：……［醫者的手指甲］修剪、清洗，塗上酥油，把手伸進（肛門）摸到膀胱並按壓……有一圓圓之物，擠壓腰部，尿液即排出。（王堯、陳踐譯注）

［注釋］

སྔང་ཀ（5）སྔད་ཀ 肛門。

① 文書編號後括弧内的字母爲該文書代碼，用於藏文原文對照部分。

② 本文所用法國國家圖書館藏敦煌文獻照片，均從“國際敦煌項目（IDP）”網站下載。不一一注明出處。

དབོལ།（6） དབོ། 潑出，倒出。

IOL Tib J 760（第16—22行）記載了馬尿閉的療法：

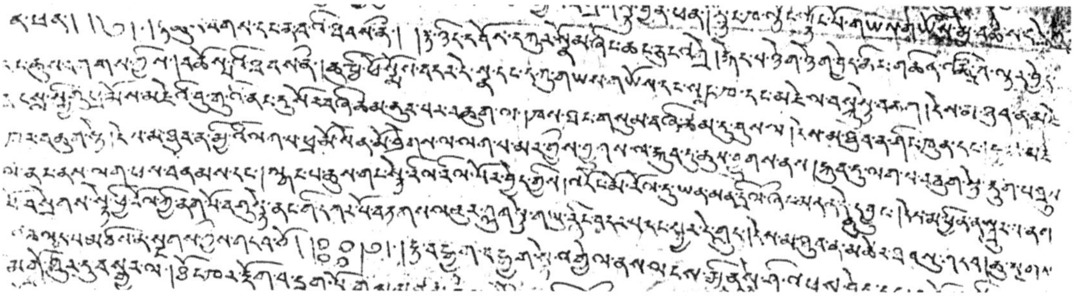

圖2　英藏敦煌藏文文獻 IOL Tib J 760（**第**16—22**行**）

［漢譯］（第16—22行）馬尿閉的療法，馬急迫地嗅腹部，隨地打滾兒，腰部……尿積聚……，/16/尿閉阻，治療方法：利尿藥雌雄研磨後，塗抹到鼻子、下腹左右和會陰部和陽具上，遛馬。如此法不見效，陽具/17/拉直了，用細竹（管）插入陽具尿道小口裏面大約四指深。用嘴（往竹管裏）吹三四口氣。如果這樣治還不見效，把阿魏和硇砂放陽具/18/尿道口裏。如果此法不見效，用細小的人手，修剪了指甲，手上塗了酥油，伸入肛門，挖出糞便/19/手插入（直腸）裏面，膀胱被水充滿，圓鼓鼓地，在會陰部（或腰臀）上下搓和按壓，尿液就排出了。如果這樣做無效，黑蜣螂蟲（斑蝥?）/20/焙燒過，剝去表面的黑的部分，留下裏面白的部分，搗研爲末，放在水裏，老玉（綠松石）研磨，調配後灌服。如果此法無效，刺脾脈（?），咒水/21/服用，放咒。/22/

［注釋］

ཆུ་རྩི། 牛膝；利尿藥（?）。或者是ཆུ་མ་རྩི། 次大黄。

འདོང་མོ། P. t. 1062同，P. t. 1064對應的詞是སྡོང་མོ། 據安世興《古藏文辭典》：འདོང་མོ། 同གདོང་མོ། 尾骨内。另，《八支心要集》藏譯本經部第12章中“ཐུར་སེལ་གཞང་གནས་འདོང་མོ་དང་།། ལྒང་པ་ཕོ་མཚན་བརླ་ནང་རྒྱུ།། ཁྲ་བ་ཁུ་བ་ཟླ་མཚན་དང་།། བཤང་གཅི་མངལ་གནས་འབྱིན་པར་བྱེད།།”① 對應的梵文本爲“apāno. pānagaḥ śroṇivastimeḍhrorugocaraḥ, ukrārtavaśakṛnmūtragarbhaniṣkramaṇakhri-yaḥ.”② 藏譯本中的འདོང་མོ是對譯śroṇi（腰、臀、盆腔）。據此推測，此處的འདོང་མོ་རོལ་དུ似指在陰部（འདོམས，生殖器官所在處）。《晶鬘》在講人的中段尿時提到：དྲི་ཆུ་སྣོད་འདོང་མོ་ལྟ་བུ་རིང་པོ་འཁོར་དོག་པ，其中的འདོང་མོ是མདོང་མོ（攪乳桶）的異寫，與此寫本中的འདོང་མོ不同。

① 中國藏學研究中心《大藏經》對勘局：《八支心要集》（藏譯本），《中華大藏經·丹珠爾》（對勘本，藏文），卷111，北京：中國藏學出版社，2004年，第207—208頁。

② Aṣṭāṅgahṛdaya of Vāgbhaṭa, with commentaries: Sarvāṅgasundarā of Aruṇadatta & āyurvedarasāyana of Hemādri, Chaukhamba Surbharati Prakashan, Varanasi, India, 2010, p. 193.

類似的內容見於 P. t. 1064，引述如下：

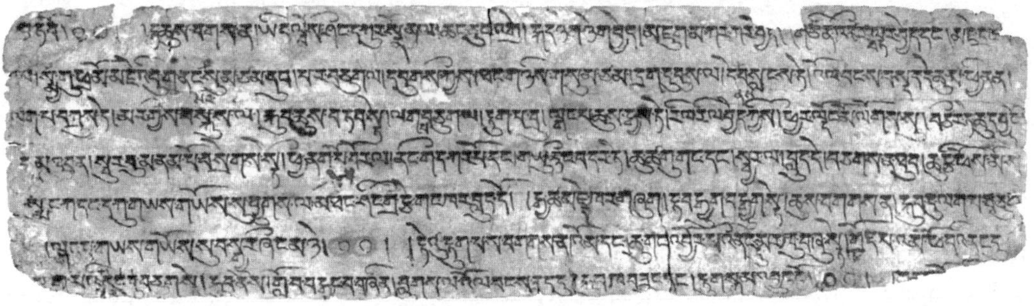

圖 3　法藏敦煌藏文文獻 P. t. 1064（**第 13 頁第 1—6 行**）

［漢譯］（第 13 頁第 1—6 行）馬尿閉者，急切地嗅腹部，不時地打滚兒，腰部……，尾巴……（搖動?），尿……（怯懦？微弱?），陽具拉直了/1/，把細竹（管）往陽具（的尿道）孔中插入三指深，（通過竹管向裏面）吹氣，吹兩三次，用力吹，然後，……，尿不出者，/2/洗手後，用酥油塗手，用水淋肛門，手伸進（肛門）去，挖糞。膀胱被尿液充滿脹大，圓圓滚滚地，（向）其外邊會陰部擠壓，尿液排出。/3/這種治療無效者，燒臭蜣螂，把外面燒黑的部分去掉，（留下）裏面白色的部分，與老玉（綠松石）搗碎研末，用一小杯水送服（藥面），拍擊（?），有效。（用）雌雄利水藥/4/下面和下腹左右兩邊塗抹。靛粉一刀尖量，灌服。（把）硇砂（粒或粉?）塞入陽具的（尿道）口裏。讓馬驅馳，尿閉者，（如前洗手，塗油）把手深入肛門。/5/在膀胱左右翻轉、按摩。

P. t. 1062（A）、P. t. 1064 號（B）和 IOL Tib J 760（C）文書對比如下：

A：┈┈┈┈┈┈ཆུས་བགགས་ཀྱ┈［ཀྱི་ཐབས་ལ།］·

B：རྟ་ཆུས་བགགས་ན།

C：༄། །རྟ་ཆུས་བགས་དང་ན་བ་འི་ཐབས་ནི། །

A：

B：ཡིད་སྲོས་ཤིང་དཀུར་སྣོམ་ལ།ཚང་ཙུང་འགྲེ། རྐེད་ཉེག་ཉེག་བྱེད།　　　མཇུག་མ་ཀར་ཀར་བྱེད། །གཅིན་འཚོར་བ་ལྟར་བྱེད་དང།མཛེ་དྲ┈པ། རྟ་ཉིང་དགོས　　དཀུར་སྣོམ་ཞིང་ཚང་ཙུང་འགྲེ། སྐེད་པ་ཉེག་ཉེག་བྱེད་ཅིང་　　　གཆིན་འཚོར་བ་ལྟར་བྱེད་དང་

A：

B：

C：ཆུས་བགགས་ཀྱིས། བཅོས་པའི་ཐབས་ནི། A：

B：

C：ཆུ་རྫི་ཕོ་སྦྲོས་བདར་དེ་སྣ་དང་དཀྲུ་གཡས་གཡོས་དང་སྨང་ཁ་དང་མཛེ་ལ་བསྐུསྟེ་བཙག།

A：

B：　　　སྨྱི་གུ་ཕྲ་མོ་མཛེའི་བུ་ག་ནང་སོར་སུམ་ཙམ་ནུབ།པར་བཙུག་ལ།དབུགས་ཀྱིས།ཐང་གཉིས་གསུམ་ཙམ།དྲག་དུ་བུས་ལ།

C：དེ་མ་ཐུབ་ན་མཛེ······སླ་སྨྱིགུ་ཕྲ་མོས་མཛེའི་བུ་གུ་འི་ནང་དུ་སོར་བཞི་ཚམ་ནུབ་པར་བཙུག་ལ། ཁས་ཐང ［ཐེང］ ་གསུམ་བཞི་ཚམ་དུ་བུས་ལ།

A：

B：

C：དེས་མ་ཐུབ་ན་ཤིང་ཁྲུན་དང་། རྒྱ་ཚ་མཛེ··· ［འི་］ ཁར་བཅུག་སྟེ།

A：········ ········ ········ ···· ［སྨྱིའི་ལག་པ་ཕྲ་མོ་སེན་མོ་］ བྲེགས་ཏེ་བཀྲུས་ལ་མར་གྱིས་བྱུགསྟེ། རྐུབ་དུ

B：དེ་ནས་བསླངས་ཏེ། འོལ་བངས་བསྣད་དེ་ཆུ་མ་ཕྱིན་ན། ལག་པ་བཀྲུས་དེ།　　　མར་གྱིས་བསྐུས་ལ། རྐུབ་ཆུས་བཏབ་སྟེ།

C：　　　དེས་མ་ཐུབ་ན་སྨྱིའི་ལག་པ་ཕྲ་མོ་སེན་མོ་བྲེགས་ལ་ལག་པ་མར་གྱིས་བྱུགས་ལ་རྐུབ་དུ་ཆུས་བྱུགས་ནས།

A：ལག་པ་བཙུག་ལ་བྲུསྟེ་དེ་ནས་ཤླང་པ་མནམས········

B：ལག་པ་བཙུགས་ལ།　ཏུག་པ་བྲུ།

C：རྐུབ་དུ་ལག་པ་བཙུག་སྟེ་ཏུག་པ་བྲུས···　　ལ་ནང་ནས་ལག་པས་བནམས་དང་།

A：རོལ་རིལ་བྱེད་ཀྱིས།　　འདོང་མོ་རོལ་དུ　　བཙོར་ཏེ་ཆུ་སྦྱང་ལ།

B：ཤླང་པ་ཆུས་རྒྱས་ཏེ།རིལ་རིལ་བྱེད་ཀྱིས། ཕྱིར་སྔོང་མོ་སོགས་སུ།　　བཙོར་ཏེ་ཆུ་དབྱུང་

C：ཤླང་པ་ཆུས་གང་སྟེ་རིལ་རིལ་པོར་བྱེད་ཀྱིས། འདོང་མོ་རོལ་དུ་ཡན་མན་དྲིལ་ཞིང་མནན་དེ་ཆུ་དབྱུང་།

B：དེས་མ་ཐུབ་ན།སྨྲུར་བུ་མནམ་པོ་བསྲེགས་སྟེ།　ཕྱི་ནག་པོ་པོར་ལ།　　　ནང་གི་དཀར་པོ་དང།གཡུ་སྙིང་བདར་ཏེ།ཆུ་ཚ་ཀུ་གང་དང། སྨྲུར་ལ།བླུད་དེ།བཙགས་ན་ཐུབ།

C：དེ་མ་ཕྱིན་ན་སྨྲུར ［སྨྱུར］ ་པ་ནག་པོ་བསྲེགས་སྟེ་ཕྱི་ཐོལ་ཀྱི་ནག་པོ་བཤུསྟེ་ནང་གི་དཀར་པོ་བཏགས་ལ་ཆུར་བླུགསྟེ་གཡུ་སྙིང་བདར་པ་དང་སྨྲུར་དེ་བླུད་།

B：ཆུ་རྡེ་ཐོས་མོས་སླང་ཀ་དང་དཀྲུ་གཡས་གཡོས་སུ་བྱུགས་ལ་མཐིང་ཤིང་གྱི་རྡེ་གང་ཁར་བླུད་དོ། །

C：

B：རྒྱ་ཚ་མཛེ་དུ ［གི］ ་ཁར་གཞུག།

C：

B：ཏ་བརྒྱུག་བརྒྱུགསྟེ།ཆུས་བགགས་ན།རྐུབ་དུ་ལག་པ་བཙུག··　/5/　ཤླང་པ་གཡས་གཡོས་སུ་བསྒྱུར་ཞིང་མཉེ། །

C：

B：

C：དེས་མ་ཐུབ་ན་མཆོར་ཐབ་སུ་གདབ། ཆུ་སྣུགས　འཆལད་པ་མཆིས་ན་སྣུགས་ཀྱིས་གདབ་པོ། །

表 3　尿閉症療術中相關異體字、差異表述文句對照表

正字	P. t. 1062(A)	P. t. 1064(B)	IOL Tib J 760(C)	P. t. 1057(D)
		ལྒང་པ་ཆུས་རྒྱས་ཏེ།	ལྒང་པ་ཆུས་གང་སྟེ།	
མཆིས།			མཚིས་	
གཆིན་འཆོར་བ་		གཅིན་འཆོར་བ་	གཆིན་འཆོར་བ་	
བཙུག	བཙུག	བཙུག　བཙུགས།	བཅུག　བཙུག	
ཆུ་དབྱུང་།	ཆུ་ཕྱུང་།	ཆུ་དབྱུང་།	ཆུ་དབྱུང་།	
ཆུ་རྫི་པོ་མོས།		ཆུ་རྫི་པོས་མོས།	ཆུ་རྫི་པོ་སྨོས།	ཆུ་རྫི་ལྷམ་དྲལ།
ཆུས་བགགས།	ཆུས་བགགས།	ཆུས་བགས།　ཆུས་བགགས།	ཆུས་བགས།　ཆུས་བགགས།	ཆབ་ཀྱིས་བགགས།
		གཞུག	བཅུག	
འཆལ་པ།			འཆལད་པ་	
ཐབས།	ཐབས།		བཅོས་པའི་ཐབས།	
མནམས།	མནམས།		བནམས།	
		ཆུས་བཏབ།	ཆུས་བྱུགས།	
རྟུག་པ་བྲུས།	བྲུས།	རྟུག་པ་བྲུ།	རྟུག་པ་བྲུས།	
ཐེང་།		ཐང་།	ཐང་།	
	འདོང་མོ་རོལ་དུ།	ཕྱིར་ལྡོང་མོ་ལོགས་སུ།	འདོང་མོ་རོལ་དུ།	
དགོ།		དགོའ།		
སྣད་ཀ	སྣང་ཀ	སྣང་ཀ	སྣང་ཁ་	
ཙམ		ཙམ	ཚམ་	
བྱུགས་ལ 或 བསྐུས་ལ	བྱུགསྟེ་	བསྐུས་ལ	བྱུགས་ལ	
ཕྱི་རོལ་ཀྱི་ནག་པོ་བཤུས་སྟེ།		ཕྱི་ནག་པོ་ཕོར་ལ	ཕྱི་ཕོལ་ཀྱི་ནག་པོ་བཤུསྟེ་	
བུ་ག		བུ་ག་	བུ་གུ	
བྲེགས	བྲེགས	བཀྲུས	བྲེགས་	
སྲུར་པ་ནག་པོ།		སྲུར་བུ་མནམ་པོ	སྲུར་པ་ནག་པོ	སྲུར་པ་ནག་པོ།
སྐྱི་གུ		སྐྱི་གུ	སྐྱིགུ	
མནན་དེ་ 或 འཚིར་ཏེ	བཙིར་ཏེ་	བཙིར་ཏེ་	མནན་དེ་	
		ཡོད་སྲོས་ཤིང་	ཉིང་དགོས་	
གཡུ་རྙིང་།		གཡུ་རྙིང་	གཡུ་རྙིང་།	
རིལ་རིལ་པོར་བྱེད་ཀྱིས།	རིལ་རིལ་བྱེད་ཀྱིས་།	རིལ་རིལ་བྱེད་ཀྱིས།	རིལ་རིལ་པོར་བྱེད་ཀྱིས།	
ཤིང་ཀུན།			ཤིང་ཁུན	

［討論］上引敦煌藏文醫馬書中的三條利尿、導尿術中，經肛門進行直腸内探查，找到充盈的膀胱後，用手擠壓，促使尿液排出。敦煌藏文醫書 P. t. 1057（68－75 行）治療小兒尿痛、尿閉，也是經肛門做直腸内探查。所不同的是，後者不是按壓，而是採用剖刺刀穿刺。現將 P. t. 1057 引錄於下，可看到兩種療術的異同。

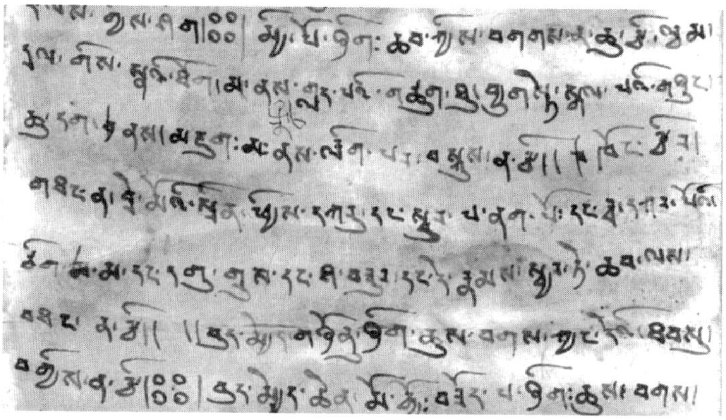

圖 4 法藏敦煌藏文文獻 P. t. 1057（第 59—65 行）

［漢譯］［13（59－65）］若男子小便不通（尿閉），由姐妹將（利）水藥（小大黄?）從鼻尖（向上）塗擦到頭頂（百會），由脊椎中央兩條大筋（自上向下）塗抹到尾部，再（由尾部）塗抹到陰睾部，有效。給内服藥，秋天馬藺籽裏的小白蟲（?）、斑蝥、白浪浮渣、迭裂黄堇、山奈（土木香）等，這些藥用水送服，有效。若年輕婦女尿閉不通，此法治療也有效。

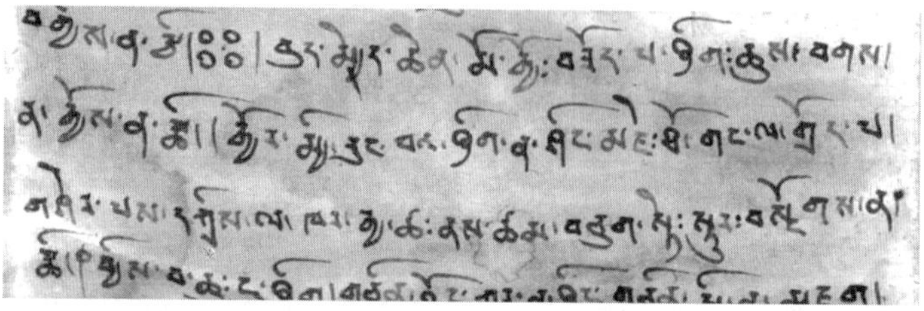

圖 5 法藏敦煌藏文文獻 P. t. 1057（第 65—68 行）

［漢譯］［14（65－68）］如果能夠交媾的老婦小便不通，（進行）交媾有效。如果（是）不能交媾（的老婦），削制一根一卡長的木制陽具，裹上濕的牛胃（牛肚），頭上（陰道口?）放入一粒青稞粒大小的硇砂，（把木陽具）插進陰道，有效。

［漢譯］［15（68－75）］若小兒排尿時（尿道）疼痛且尿閉不通，可從尾閭至枕骨之間每個椎骨關節處各火灸一炷。如果這樣治療不愈，用指甲刀截去（醫者的食指指甲），（把）塗了酥油的食指伸進肛門，感覺痛（病位）在哪裹，大者（好像）有一塊石頭，小的（如同）有一個水泡，在它附近用放血刀刺破，讓尿排出。……（羅秉芬譯本，劉英華修訂）

此外，前文醫馬書中的竹管導尿法與中醫導尿法原理相同，差别在於所用導尿管材質不同。晉代葛洪《肘後方》，唐代孫思邈《備急千金要方》都記載了用葱管導尿。元代羅天益《衛生寶鑒》（17. 胞痹門）採用翎管，用豬尿泡吹氣。醫馬書 P. t. 1061 記載了竹管給藥，P. t. 1057 用竹管引導藥煙。P. t. 1062（21－25，28）用紫銅管和羽軸管（即翎管）

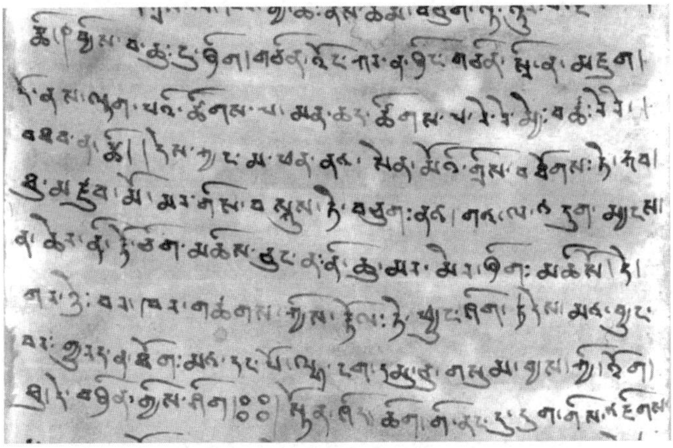

圖6　法藏敦煌藏文文獻 P. t. 1057（第68—75行）

引流體内積液。P. t. 1063（39）用細羽軸管探查體内積液。

明代楊拱《醫方摘要》治尿閉“用土狗一個炙研，入冰片麝香少許，翎管吹入莖内。”用翎管代替葱管，在應用藥物上也更趨複雜，然而在改進導尿術上貢獻最大的當數元代醫家羅天益，他在《衛生寶鑒》卷17“胞痹門”中記載：“蕲有一妓，病轉脬，小便不通，腹脹如鼓，數月垂死，一醫用豬脬吹脹，以翎管安上，放在小便出裹頭，撚胖氣吹入，即大尿而愈。”敦煌醫馬書是唐至宋代之間，與孫思邈的時代相近。

（二）中毒的救治

P. t. 1062和P. t. 1064中記載了馬誤食毒物中毒的症候和救治法。這部分内容首先介紹了馬誤食有毒草的品名和中毒後的基本症狀表現。其次，講述了療法，包括：解毒藥方及用法、放血療法、煙熏法等。IOL Tib J 760殘本末尾殘文，也是關於中毒的，據圖版可推斷該文書原本有馬誤食毒物的救治方面的内容，衹是因文本殘損，這段内容無法看到。མདའ་དུག（90）毒箭（?）。

P. t. 1062的解毒法：

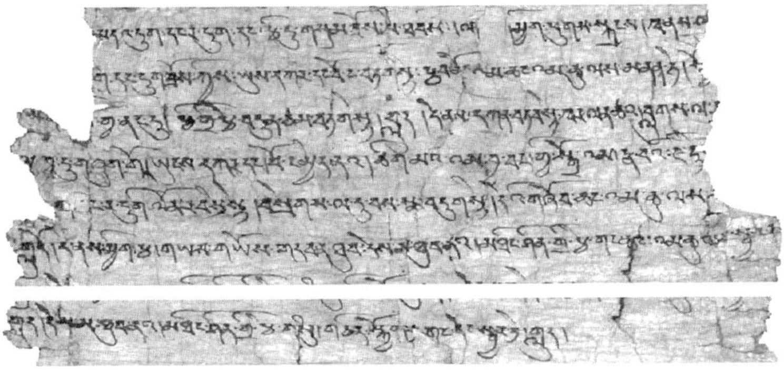

圖7　法藏敦煌藏文文獻 P. t. 1062（第50—56行）

［漢譯］［12（50－56）］誤食“苔毒”和一把香、醉馬草三者醫治之方：眼腫，從口……爲去毒，可將白芥子和“波阿”藥壓碎，和以酒糟或酒或水敷……内。連敷七劑（按：約七刀尖藥研末灌服），然後，往口中倒鹽。倒後……揚鞭。將白芥子和“撥梅納”（按：烏頭在火上）燒焦，或將馬雞翎、或將任何毒草與一把香毒草葉燒之，以此薰耳（按：藏文爲“鼻”）部，將火燎之酒或水……灌入。然後，再左右眼脈灸（按：應該是刺絡放血）之。此法無效，可取靛樹末一刀尖量，以酒或水調後灌入。如此法也無效，可取靛樹末三刀尖量加馬尿調一滿勺灌入。（王堯、陳踐譯注）

P. t. 1064 中記載了馬誤食毒物中毒的救治：

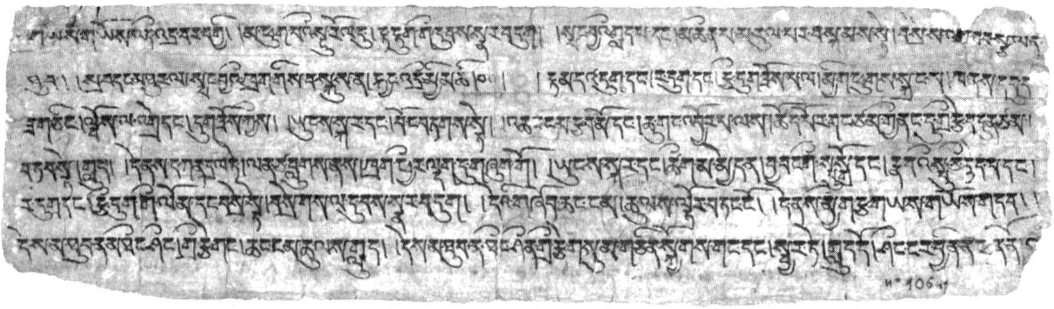

圖 8 法藏敦煌藏文文獻 P. t. 1064（第 7 頁正面第 2—6 行）

［漢譯］（第 7 頁正面第 2—6 行）馬吃了箭毒（草）、小葉烏頭、藥毒，眼……腫脹，口裏……/2/流出，神志不清，打滚兒，由於服了毒物，白芥子、船形烏頭搗研爲麵，酒或酒麯、水，隨有哪種都行，約一……之中，約七刀尖（藥面）/3/放入，灌服。然後，刮上顎（咽喉?），灌服食鹽後，血……。如果没有白芥子和焦渣，找馬雞的羽毛，岩羊的毛/4/小葉烏頭，汁毒的葉子相混合，燒煙熏鼻。其臭焦渣用酒或者水送服。此後，刺左右眼脈/5/這樣做還不見效，靛一刀尖，用酒或水灌服。這樣做還不見效，……三刀尖，一捧尿相調合後灌服，給甘草也有效。/6/

［注釋］

མདའ་དུག 箭毒草。

ར་དུག 草烏，一把香。據《晶鬘》བོང་ང་ནག་པོ 條，根白色的一種稱爲 ར་དུག。《藏藥晶鏡本草》作細葉草烏。學名 Aconitum richardsonianum Lauener var crispulum W. T. Wang。

རྩི་དུག 藥毒；醉馬草。

བོ་ང་། 可能是 བོང་ང་དཀར་པོ（船形烏頭）或 བོང་ང་ནག་པོ 的縮寫。

འཆང། ཆང། 酒。

ཐྲ་བང་། ཐྲ་ཕང་། 馬雞。

མཁིང་ཤིན། 原譯作靛樹末。［按］原釋爲 མཁིང་ཤིང་། 異體字。《藏漢大詞典》མཁིང་ཤིང་ 釋作丹青木，靛樹。《藏梵大辭典》མཁིང་ཤིང་ 對應於梵語 rājapaṭṭam。《梵英大詞典》將後者釋作一種貴重的石頭或低質的鑽石。產於印度西北部。此處使用མཐིང་ཤིན 目的是引吐，藏藥中的礦物藥མཐིང་རྡོན 也有引吐作用。據《晶珠本草》，མཐིང་རྡོན 治腎病、癃閉、續筋。讓迥巴說：銅礦、石青、孔雀石湧吐諸病。又是人所共知的藍染料，但與漢地的靛樹粉不同。

敦煌醫馬書 P. t. 1062（A）；P. t. 1064（B）；IOL Tib J 760（C）解毒術文字對照：

A：……… དའ་［རྟ་མདའ་］་དུག་དང་ར་དུག་དང་རྫི་དུ［དུག］་གསུམ་ཟོས་པ་ཐབས་ལ།
　　རྟ་མདའ་དུག་དང་། ར་དུག་དང་། རྫི་དུག་ཟོས་པ་ལ།
　　རྟ་མ…… ［མདའ་］་དུག（以下文字殘缺）

A：མིག་ཕྱུགས་སྐྲངས། ཁ་ནས……ག［དབུད་ཟག་ཅིང་། སྦོས་ལ་འགྲེ་］་དང་དུག་ཟོས་ཀྱིས༔

B：མིག་ཕྱུགས་སྐྲངས། ཁ་ནས་དབུད་ཟག་ཅིང་། སྦོས་ལ་འགྲེ་དང་། དུག་ཟོས་ཀྱིས། །

A：ཡུས［ཡུངས］་དཀར་དང་བོ་ང་བཏགས་སྟེ༔རྩབ་མོ་འམ་ཚང་འམ་ཚུ་ལས་མནན་ཏེ། སྐྱི…… ［སྐྱིགས་གང་ཙམ་གྱི］་ནང་དུ།
　　རྫི་གྲི་རྫེ་བདུན་ཙམ་བཏགས་སྟེ། སླུད། །

B：ཡུངས་སྐར་དང་། བོ་ང་བཏགས་སྟེ། །འཆང་ངམ་རྩབ་མོ་དང་། ཆུ་གང་འབྱོར་པ་ལས། ཚོད་པོར་གང་ཙམ་གྱི་ནང་དུ་གྲི་རྫེ་བདུན་ཙམ། བཏབསྟེ། སླུད། །

A：དེ་ནས་དཀན་བཏབསྟེ། ཁར་ལན་ཚ་ བླུགས་ལ། ……… ［ཁྲག་ཕྱིར་ལྡག］་དུ་གཞུག་གོ། །
　　དེ་ནས་དཀན་དྲལ་ཏེ། ལན་ཙ་བླུགས་ནས། ཁྲག་ཕྱིར་ལྡག་དུ་གཞུག་གོ། །

A：ཡུངས་དཀར་དང་། བོ་ང་མྱེད་ནའ། ཚིག་མའ་འམ་བྱ་བང་གྱི་སྒྲོ་འམ། རྣ་བའི་［སྤུ་］་ཧི་རྙེ…… ［རྙེད་པ་དང་།］……
　　［མདའ་］ དུག་དང་ར་དུགི་ལོ་མར་བསྲེསྟེ། བསྲེགས་ལ་དུ་བསྣར་བདུགསྟེ། དེའི་གཞོབ་ཚང་འམ། ཚུ་ལས……… ［ཚུ་ལས་སྦོར］་སླུད།

B：ཡུངས་སྐར་དང་། ཚིག་མ་མྱེད་ན། བྱ་བང་གི་སྤུ་སྒྲོ་དང་། རྣ་བའི་སྤུ་ཅི་རྙེད་པ་དང་། ར་དུག་དང་། རྫི་དུག་གི་ལོ་མ་དང་བསྲེསྟེ། བསྲེགས་ལ་དུ་བས་སྣར་བདུག། །དེའི་གཞོབ་ཚང་ངམ། ཚུ་ལས་སྦོར་བཏང་ངོ། །

A：དེ་ནས་མིག། རྩ། གཡས་གཡོས་གདབ་ན་ཕྲབ༔

B：དེ་ནས་མིག་རྩ་གཡས་གཡོས་གདབ། །

A：དེས་མ་ཕྲུབ་ནའ། མཐིང་ཤིན་གྱི་རྫེ་གང་ཚང་འམ་ཚུ་ལས་སླུར…［ཏེ།］ སླུད། དེས་མ་ཕྲུབ་ན་མཐིང་ཤིང། གྲི་རྫེ་གང། ཚང་
　　ངམ་ཚུ་ལས་སླུད། །

A：དེས་མ༔ཕྲུབ་ན་མཐིང་ཤིན་གྲི་རྫེ་གསུ། གཅིན་སྐྱིགས་གང་དང་སྦྱར་ཏེ། སླུད།

B：དེས་མ་ཕྲུབ་ན་ཐིང་ཤིན་གྱི་རྫེ་གསུམ་གཅིན་སྐྱིགས་གང་དང་། སྦྱར་ཏེ། སླུད་དོ། ཤིང་ངར་ཕྱིན་ན་ཕན་ནོ། ……

［討論］

敦煌藏文醫書 P. t. 1057 和 ITJ 756 也都講述了中毒的預防、診斷和解毒方法（誦咒和解毒藥物）。P. t. 1057（第 90 行）記載了མདའ་དུག，ITJ 756 記載了མདའ་དུག（第 257、263 行）和ར་དུག（第 263 行）。敦煌藏文醫書中也有關於人中毒和解毒方法的內容。其中，P. t. 1057（第 85—88 行）人中毒的解毒法，與上引醫馬書的內容有部分相似，引錄於此：

表 4 解毒術中相關異體字、差異表述文句對照表

正字	P. t. 1062（A）	P. t. 1064（B）	P. t. 1057（D）	IOL Tib J 756I（E）
གྱིས།	གྱིས།	གྱྀས།		
གྲི་རྩེ།	གྲི་རྩེ།	གྲྀ་རྩེ་།		
ཇི་རྙེད།	ཇི་རྙེ།	ཅྀ་རྙེད་པ།		
ཆང་།	ཆང་།	འཆང་།		
མཐིང་ཤིན།	མཐིང་ཤིན། མཐིང་ཤིན།	མཐིང་ཤིང་། ཐིང་ཤིན་།		
ཟ་བའི་སྤུ།	ཟ་བའི་སྤུ།	ཟ་བའྀ་སྤུ།	ཟ་བའྀ་སྤུ།	
བྱ་ཕང་གི་སྒྲོ	བྱ་བང་གྱི་སྒྲོ	བྱ་བང་གྀ་སྤུ་སྒྲོ	བྱ་བང་གི༔སྒྲོ༔	བྱ་བང་གྱི་སྒྲོ།
བོང་ང་། 或 བོ་ང་དཀར་ནག	བོ་ང་།	བོ་ང་།	བོ་ངའ་དཀར་ནག	བོ་ང་དཀར་ནག
ཨིག་རྩ།	སྨྱིག།རྩ	སྨྱྀག་རྩ		
རྩེ་དུག	རྩེ་དུ	རྩེ་དུག		
ཚོག་མ།	ཚོག་མའ	ཚོག་མ		ཚོག་མ
ཡུངས་དཀར།	ཡུངས་དཀར། ཡུས་དཀར།	ཡུངས་སྐར།	ཡུངས་དཀར།	ཡུངས་དཀར།
ར་དུག	ར་དུག	ར་དུག		ར་འདུག
ལན་ཚྭ།	ལན་ཚ།	ལན་ཙ།		
ཤིང་མངར།		ཤིང་ངར		

［漢譯］［12（50–59）］若人口服毒藥，當下（出現）上下唇裂而且發沉，口腔也不爽，不斷地泛口水，舌頭也麻木。如果是由酒（中帶的毒）產生的，（中毒者）就不喜歡酒；由酪漿（中帶的毒）產生的就不喜歡酪漿；由酥油（中帶的毒）產生的就不喜歡酥油；由酒麯（中帶的毒）產生的就不喜歡酒麯；由血（中帶的毒）產生的就不喜歡血；由什麼引起中毒，患者就不喜歡那類東西。喝了毒藥之後，首先，枕頭放低，睡時頭痛而且上體痛。（身體）直挺挺地（僵直），（表明毒素）降入心肺而致病。如果騎馬和牲畜，大小腸和腎臟痛（病）而且尿閉。四肢轉筋而腿肚子痛。用藥和割刺放血來治療。（按：相似的內容見於 IOL Tib J 756 第 304—321 行）

［16（75–82）］如果擔心在薦儀當中中毒，早晨出門時海螺的粉末、白芥子、石礪唐松草等各一刀尖（量）與水調合好，喝下去，（然後參加薦儀）不會中毒。如果不能這樣（作預防），猜到（自己）喝了毒藥時，（馬上）吃一口蜂蜜，（可）將毒物一點不剩全吐出來。若無蜂蜜，將一塊酒麯捏碎，用水化開，喝下去，（可）將毒物全都吐出來。如果擔心（腹中還有毒物）殘留，用鳥翎（舌咽部）撥弄引吐。如果猜測（體內）殘留（毒素），服藥前要忍饑空腹。

［17（82–85）］人肚中有毒物，擔心過河時毒力發作，把犀角、雄獐子的腹毛和白色腹毛掛在脖子上，（毒力）就不會發作。

[18（85－88）]（被塗了）小葉草烏的毒箭射殺的動物肉，不確定肉裏有没有毒就吃了。把甘青烏頭、細葉草烏和岩羊的毛燒（成灰）後，白芥子、馬雞的羽毛切（碎），這些（藥）用水調合，給予（患者服用），有效。喝家畜的鮮血，有效。（羅秉芬漢譯）

另外，關於中毒和解毒療術和儀軌，可參看 IOL Tib J 756I 號文書第 252—281 行。解毒療方（第 252—257 行），巫術解毒法（257—263 行），解毒藥的配製（263—270 行），中毒的緊急處置法（第 270—281 行），中毒的理化分辨法（第 281—300 行），中毒者的巫術保護法（第 300—303 行），中毒的症候診斷、代謝過程和療法（第 304—321 行）。飲食中毒的症候和療法見 IOL Tib J 756II（第 1—33 行）。此下摘引第 281—300 行，供對比參考。

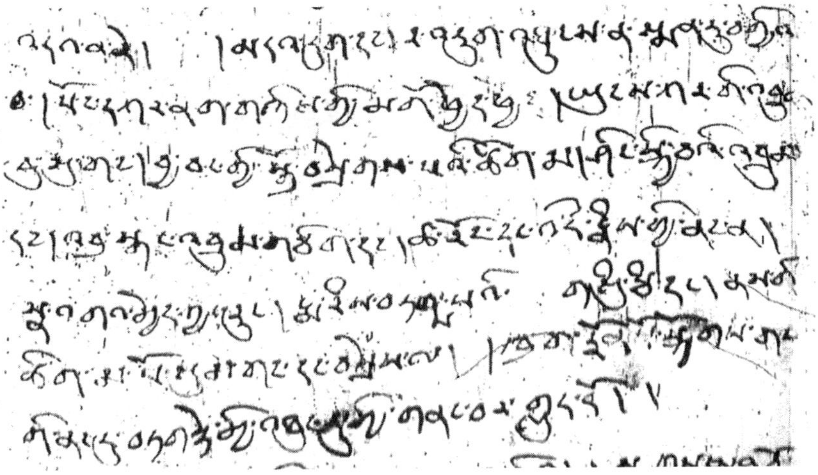

圖 9　英藏敦煌藏文文獻 IOL Tib J 756I **(第 263—269 行)**

[漢譯] [52（263－269）] 喝了（含有）箭毒和細葉草烏（的湯、汁），須要配解藥。船盔烏頭和細葉草烏兩者（根）的頭各半隻，白芥子三粒，馬雞的翎燒成的焦渣，槐樹籽，田螺一隻，錯那蒿（石礪唐松草）等，這些（藥）當中（如果）缺幾種也可以，深谷生的板藍籽大約三粒，青稞的（燒）焦渣三粒，這些藥混合，一瓢鮮血當中搗研（爲末），不喝（藥）不行，（給中毒者）灌服。

關於敦煌藏文醫書中的中毒、解毒和驗毒的專題研究，參見羅秉芬①、次仁德吉等的著作②。

---

① 羅秉芬：《古代藏醫簡易的驗毒、辨毒、解毒方法》，載羅秉芬《敦煌本吐蕃醫學文獻精要》，民族出版社，2002 年，第 120—124 頁。

② ཚེ་རིང་བདེ་སྐྱིད། པ་སངས་ཚེ་རིང་། ཏུན་ཧོང་སྨན་དཔྱད་ཤོག་དྲིལ་ལས་དུག་ནད་བརྟག་བཅོས་སྐོར་གླེང་བ། གངས་ལྗོངས་སྨན་རྩིས། 2018(2):24－30.

（三）馬摔傷（昏厥）的救治——復蘇術

P. t. 1062（A:）和 IOL Tib J 760（C:）中都有馬摔傷垂死的救治。內容大體一樣，都包括了傷馬的症狀特徵，治療方法包括心臟體外按壓、向馬耳朵裏吹氣等急救措施，復蘇後的外治和調養，並指出在不同季節採取不同的調理措施。

P. t. 1062 所載昏厥及復蘇術，引述如下：

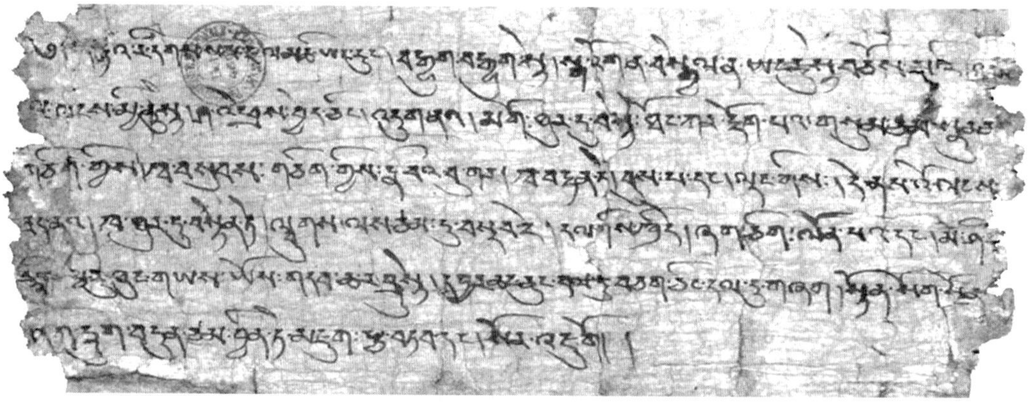

圖 10　法藏敦煌藏文文獻 P. t. 1062（第 57—62 行）

［漢譯］（第 57—62 行）騎馬打獵或……奔跑間（連人帶馬）摔倒鞍下治療之方：若不能站立，偏倚而臥，將頭向下壓，往胸部用腳壓三下，一人緊握馬嘴，一人對耳吹氣，氣出後，能站立時，戴上籠頭，拍打使其咳嗽，牽之慢蹓，過一晝夜不死……，於左右短肋灸後以水洗之。夏季慢騎蹓行再拴。秋季喂六七天青草後於尾根灸之即愈。（王堯、陳踐漢譯）

IOL Tib J 760 的相關部分錄文和譯注：

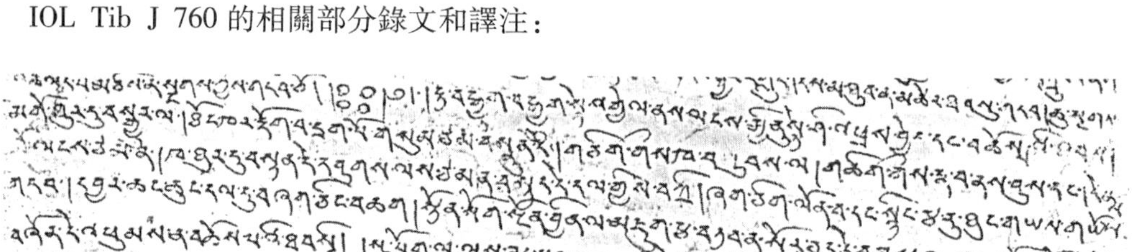

圖 11　英藏敦煌藏文文獻 IOL Tib J 760（第 22—25 行）

［漢譯］（第 22—25 行）馬驅馳，跌倒站不起來，顯出死相（昏厥），治療法：/22/頭下垂，（在馬的）胸口隆起處猛壓三次。一個人捂住（馬）嘴，（另）一個人（往馬）耳朵裏吹氣，然後/23/能站立時，頭朝下，連續地呼吸，緩緩地牽引。滿一天后，心脈、左右短翅脈/24/穿刺放血。夏季零零散散地放馬、蹓馬。秋季給青秫秸，刺尾脈，恢復，

良好。/25/

［注釋］

སོར་ཆུད། སོར་ཚུད། 恢復。

སོག་སྔོན། 可能是青秣秸，青草料。P. t. 1064 也有這個詞，用法相同。

［按］此處存疑。昏厥的是馬還是騎馬的人？從文書的主題來説，應該是馬。但是，也不能排除是指騎手。人仰馬翻後，騎手受傷的幾率更高。敦煌藏文醫書 ITJ 756 號記載的，人溺水後的搶救，也是用捂口吹耳的方式救治的。

P. t. 1062（A：）和 IOL Tib J 760（C：）相關内容對照如下：

A：༄།།རྟའ་རི་དགས་སམ་རི་ལ་མཆི་ཡང་རུང་། བརྒྱུག་བརྒྱུག་སྟེ། སྣ་འོག་ན་བསྒྲིལ་ན་ བཙོས་པའི།ཐབས་ལ༔

C：༄།།རྟ་ བརྒྱུག་བརྒྱུག་སྟེ་ འགྲིལ་ནས་ལངས་སྦྱི་ནུ་སྟེ་ཤི་འཕྲས་བྱེད་དང་བཙོས་པའི་ཐབས།

A：ལངས༔སྦྱི་ནུསྟེ།ཤ་འཕྲེས་བྱེད་ཅིང།འདུག་ནའ། མགོ་ཕྱིར་དུ་བསྙེ ［བསྒྱུར་སྟེ］ ༔ཐོང་ཀར་རྡོག་པའ་གསུམ་ཙམ་སྣུན……

C：མགོ་ཕྱིར་དུ་བསྒྱུར་ལ་། ཐོང་ཁར་རྡོག་པ་དྲག་པོ་གསུམ་ཙམ་བསྣུནདོ་།

A：གཅིག་གྱིས།ཁ་བསུབས༔ གཅིག་གྱིས་རྣ་བའི་བུ་གར། ཁ་བཏན་ཏེ།ཕུས༔པ༔དང།ལྟུང་གིས༔།

C：གཅིག་གིས་ཁ་བ……［སུ］བས་ལ། གཆིག་གིས་རྣ་བ་ནས ཕུས་དང་།

དེ་ནས་འོ་ལངས་ཟད་ནའ། ཁ་ཕྱིར་དུ་བསྟན་ཏེ། ཞུགས་ལས་ཙམ༔དུ་བསྡབ་དེ། དལ་གིས་ཁྲིད།

དེ་ནས་འོ་ལངས་ཙམ་ན་། ཁ་ཕྱིར་དུ་བསྟན་དེ་དབུགས་ལས་ཙམ་ན་བསྟད་དེ་དལ་གྱིས་བཀྲི།

A：ཞག་ཅིག༔སོན་པའ་དང། མ་ཤིར་སྙིང་རྩ་རྡ་ཕྱུང་གཡས༔གཡོས༔གདབ༔ཆ་ར་བླུ་སྟེ།

C：ཞག་ཅིག་སོན་པ་དང་ སྙིང་རྩ་རྡ་ཕྱུང་གཡས་གཡོས་ གདབ་།

དབྱར་ཆང་ཚུང་དལ་དུ་བཅག་ཅིང་དལ་དུ་གཞག། སྔོན་སོག་སྔོན་ཞག་དྲུག་བདུན་ཙམ་བྱིན་ཏེ་མཇུག༔རྩ་བཏབ་དང། སོར་འཇོག། །

C：དབྱར་ཆང་ཆུང་དལ་དུ་བཞག་ཅིང་བཆག། སྔོན་སོག་སྔོན་ བྱིན་ལ་མཇུག་རྩ་བཏབ་ན་ སོར་ཚུད་དེ་བཟང་།

表 5　復蘇術中相關異體字、差異表述文句對照表

正字	P. t. 1062（A）	IOL Tib J 760（C）
ཁྲིད 或 བཀྲི།	ཁྲིད།	བཀྲི།
འགྲིལ་ནས	བསྒྲིལ་ན་	འགྲིལ་ནས་
བཅག་ཅིང་དལ་དུ་གཞག	བཅག་ཅིང་དལ་དུ་གཞག	དལ་དུ་བཞག་ཅིང་བཆག
གཅིག་གིས།	གཅིག་གྱིས།	གཅིག་གིས། གཆིག་གིས
བཙོས་པ	བཙོས་པ	བཙོས་པ
འཇོག 或 ཚོད་དེ།	འཇོག	ཚུད་དེ
བསྙེས། 或 བསྒྱུར།	བསྙེ	བསྒྱུར་
བསྟན་དེ།	བསྟེན་ཏེ།	བསྟན་དེ།
ཐོང་ཀར།	ཐོང་ཀར།	ཐོང་ཁར།

續表

正字	P. t. 1062（A）	IOL Tib J 760（C）
དལ་གྱིས།	དལ་གིས།	དལ་གྱིས།
རྔོག་པ	རྔོག་པའ	རྔོག་པ
བསྣད་དེ།	བསྣབ་དེ།	བསྣུད་དེ།
སྨུན	སྨུན་	བསྨུན་དོ་
དབུགས།	ཕྱུགས།	དབུགས།
ཞག་ཅིག	ཞག་ཅིག༔	ཞག་ཅིག
ཙམ་ན།	ཟད་ནའ།	ཙམ་ན།
ཤ་འཕྲིས་བྱེད། 或 ཤི་འཕྲས་བྱེད།	ཤ་འཕྲིས་བྱེད།	ཤི་འཕྲས་བྱེད།

通過表5對比，可看出P. t. 1062和IOL Tib J 760文句内容也大同小異。P. t. 1062文字略多。個别詞句次序有差異，如“若不能站立，偏倚而臥”。有個别詞拼寫有别ཤི་འཕྲས（死亡，昏迷?）和ཤ་འཕྲིས（躺臥）；ཕྱུགས和དབུགས；བསྣབ和བསྣུད；འཛོག和ཚུད་དེ。兩相對比，有助於確定兩個文本中一些模糊和缺損的字詞，以及異體字和誤抄的字。

（四）馬長餘齒及馬齒長短不齊的修治法

P. t. 1062和P. t. 1064中都有這項内容，敘述順序相同，文字略有差異。

首先看P. t. 1062：

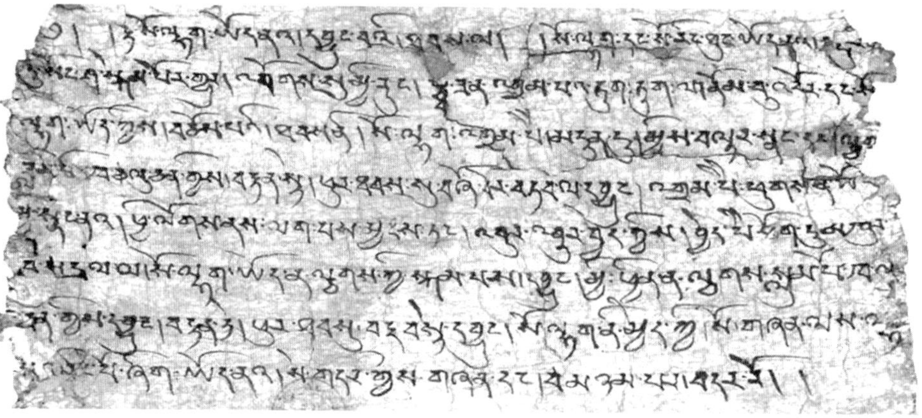

圖12　法藏敦煌藏文文獻 P. t. 1062（第63—70行）

［漢譯］（第63—70行）：馬長餘齒拔取之方：馬有餘齒及齒長短不一……（不能很好食草）掉膘，不宜備鞍行走，食草料時有嘚、嘚之聲，嗅後棄食……。有餘齒治療之方爲：餘齒長在面頰前，像人治療那樣，可用圓形老虎鉗夾住，如拔橛子般拔掉；餘齒若長在面頰裏邊，用手在外邊觸之，感有凸出之物，可將面頰該部劃口，用鐵鉗子拔掉餘

齒。此法不行，可用圓形老虎鉗夾住，如拔橛子般拔之。雖無餘齒，但有齒較其餘爲長，可用銼銼齊。(王堯、陳踐譯文)①

再看 P. t. 1064 中的同類內容：

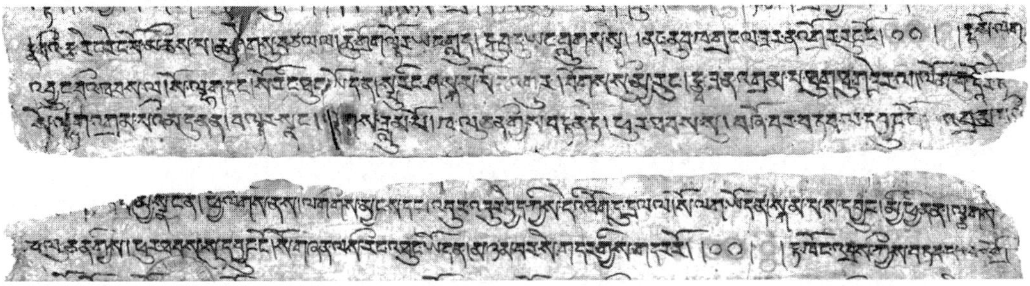

圖 13　法藏敦煌藏文文獻 P. t. 1062 **(第 9 頁第 5—7 行、第 10 頁第 1—2 行)**

［漢譯］(第 9 頁第 5—7 行) 馬額外的牙齒/5/長出的療法。(馬長出) 額外的牙齒，以及牙齒長短不齊，(馬) 變得毛長肌瘦，不堪勞作，吃草時頰部發出 (牙齒) 碰撞的聲音，口中的食料灑出來，/6/多餘的牙在頰部 (臼齒) 前面的話，可看清楚，用圓頭的鞍形鐵鑿子，頂住餘齒，像楔楔子那樣，擠壓著打擊，去除餘齒。頰部 (臼齒) 的/7/［第 10 頁第 1—2 行］…… (在後面) …… (看) 不到時，用手從外面摸索，(感到哪裏) 有凸起，就在此上劃開 (面頰往裏看)，如果有多餘的牙齒，用鉗子拔出。如果拔不出的話，用鐵質的/1/帶鞍形口的鑿子，像釘楔子那樣去除餘齒。(某顆牙) 比其他 (正常的) 牙齒長或短，(齒列) 不整齊的，用銼刀打磨使牙齒平齊。/2/

［注釋］

སོ་ལག། 是སོ་ལྷག 的異體字。ལག 寫成ལྷག 的情況在敦煌本占卜文書中也有，如：在 P. t. 76 號文書，གཟའ་ལྷག་པ། (水曜) 被寫成གཟའ་ལག་པ།

འགྲམ་པ། 頰部，在這裏可能是指臼齒 (འགྲམ་སོ)。

ཡོམ་ཟུ། 在 P. t. 1062 中寫作ཧོམ་ཟུ། (口中含喂的食物)。

ཕྱགས་རྒྱུམ་པོ་ཁ་ལུ་ཅན། 其中ཁ་ལུ 詞義不明。與之相似與牧業獸醫相關的詞有ཁ་ཤུར། (鞍形鑿刀) 和ཁ་ཟུ། (嘴架)。在此，應該是ཕྱགས་རྒྱུམ་པོ་ཁ་ཤུར་ཅན། 指鞍形鑿刀，獸醫用其敲除多餘的牙齒。

སེ་གདར། སེག་རྡར། 的異體字，即སག་རྡར། 銼刀。

P. t. 1062 (A) 和 P. t. 1064 (B) 中所載牙病療術對照：

A：རྟ་སོ་ལྷག༔ཡོད་ནའ།དབྱུང་བའི།ཐབས་ལ། །སོ༔ལྷག༔དང་སོ་རིང་ཐུང་ཡོད་ནའ།

① 王堯、陳踐：《敦煌吐蕃寫卷〈醫馬經〉、〈馴馬經〉殘卷譯釋》，《西藏研究》1986 年第 4 期，第 88 頁。

B：ཏ་སོ་ལག［ལྷག］· འབྱུང་བའི་ཐབས་ལ། སོ་ལྷག་དང་། སོ་རིང་ཐུང་ཡོད་ན།

A：སྤུ་རིང་སུ་སོང་ཤ་སྐེམ་པོར་གྱུར། འཐོགས་སུ་མྱི་རུང་། རྩ་ཟ་ན་འགྲམ་པའ་དུགཿཏུགཿལ། ནོམཿབུ་འདོར་དང་

B：སྤུ་རིང་ ཤ་སྐམ་པོར་འགྱུར། ཐོགས་སུ་མྱི་རུང། རྩ་ཟ་ན་འགྲམ་པ་ཐུག་ཐུག་ཟེར་ལ། སོམ་བུ་འདོར་ཏེ་

A：སོ་ལྷག་ཡོད་ཀྱིས་བཅོས་པའི།ཐབས་ནི།

B：

A：སོཿལྷགཿའགྲམ་ཡི［པའི］།མདུན་དུ། མྱིས་བལྟར་སྣང་དང། ལྕགས་རླམ་པོ་ཁ་ལུ་ཅན་གྱིས།བརྟན་སྟེ།ཕུར་ཐབསཿསུ་བཞོ་བོར་བཏབ་ལ་དབྱུང།

B：སོ་ལྷག་འགྲམ་པའི་མདུན་ན། བལྟར་སྣང་། ལྕགས་རླམ་པོ་ཁ་ལུ་ཅན་གྱིས་བརྟན་ཏེ། ཕུར་ཐབས་སུ་བཞོ་བར་བཏབ་ལ་དབྱུང་ངོ། །

A：འགྲམ་ཡིཿཕུགས་ན་ཡོད་མྱི་སྣང་ནའ། ཕྱི་ལོགས་ནསཿལག་པས་མྱངས་ཏང། འབུར་འབུར་བྱེད་ཀྱིས།བྱེད་ཡི་ཐོག་དུ་མཐུར་བས་དྲལ་ལ།

B：འགྲམ་པའི······［ཕུགས་ན］།ཡོད་མྱི་སྣང་ན། ཕྱི་ལོགས་ནས། ལག་གིས་མྱངས་དང། འབུར་འབུར་བྱེད་ཀྱིས་དེའི་ ཐོག་དུ་དྲལ་ལ།

A：སོ་ལྷག་ཡོད་ན་ལྕགས་ཀྱི་སྐམ་པས།དབྱུང།

B：སོ་ལག་ཡོད་ན། སྐམ་པས་དབྱུང།

A：མྱིཿཕྱིན་ན་ལྕགས་སླམ་པོ་ཁ་ལུ་ཅན་གྱིས་དབྱུང།བརྟན་ཏེ།ཕུར་ཐབསུ་ བཏབསྟེ་དབྱུང།

B：མྱི་ཕྱིན་ན། ལྕགས་ ཁ་ལུ་ཅན་གྱིས། ཕུར་ཐབས་སུ་ དབྱུང་ངོ།

A：སོ་ལྷག་ནི་མྱེད་ཀྱི།སོ་གཞན་ལས་ལྷག་པའ་རིང་པོ་ཞིགཿ ཡོད་ནའ།སེ་གདར་གྱིས་གཞན་དང་།བམཉམ་པར།བདར་རོ། །

B：སོ་གཞན་ལས་ རིང་ འཕྱུང་ཡོད། མཉམ་བར་སེ་གདར་གྱིས་ གདར་རོ། །

表 6　拔牙磨齒術中相關異體字、差異表述文句對照表

正字	P. t. 1062（A）	P. t. 1064（B）
	འགྲམ་པའ་དུགཿཏུགཿལ།	འགྲམ་པ་ཐུག་ཐུག་ཟེར་ལ།
	ལྕགས་རླམ་པོ་ཁ་ལུ་ཅན།	ལྕགས་རླམ་པོ་ཁ་ལུ་ཅན། ལྕགས་ཁ་ལུ་ཅན།
	ལྕགས་ཀྱི་སྐམ་པས།	སྐམ་པས།
མཉམ་པར།	བམཉམ་པར།	མཉམ་བར།
བདར	བདར	གདར
ནོམ་བུ།	ནོམཿབུ།	སོམ་བུ།
པའི་	ཡིཿ	པའི།
འཐོགས་སུ་མི་རུང་།	འཐོགས་སུ་མྱི་རུང་།	ཐོགས་སུ་མྱི་རུང།
དབྱུང་བའི།	དབྱུང་བའི།	འབྱུང་བའི།
མི་ཕྱིན།	མྱིཿཕྱིན།	མྱི་ཕྱིན།
བཞོ་བར།	བཞོ་བོར།	བཞོ་བར།

續表

正字	P. t. 1062（A）	P. t. 1064（B）
རིང་བྲང་།	རིང་བྲང་།	རིང་བྲང་། རིང་འབྲང་།
ལག་པས་སྦྱངས་དང་།	ལག་པས་སྦྱངས་ཏང།	ལག་གིས་སྦྱངས་དང་།
ཤ་སྐེམ་པོར་གྱུར།	ཤ་སྐེམ་པོར་གྱུར།	ཤ་སྐམ་པོར་འགྱུར།
སོ་ལྷག	སོ་ལྷག སོ༔ལྷག༔	སོ་ལག སོ་ལྷག

三、結　語

在王堯、陳踐先生開創的醫馬書、馴馬書釋讀基礎上，國家社科基金重大項目“敦煌吐蕃文獻分類整理與研究”（12ZDA139）課題組對敦煌藏文醫馬、相馬書做了全面梳理，錄文、翻譯和注釋，發表了多篇文章。拉毛吉等依託相關項目資助對醫馬書做了解讀，並以藏文發表。與此同時，相關的專題研究也有發表。在國家社科基金重大項目“敦煌中外關係史料整理與研究”（18ZDA198）資助下，依託此前基礎，對醫馬書內容進行深入挖掘，開展同時期藏文文獻的横向對比研究。

敦煌本藏文醫馬書不同寫本間有相近的内容。對同一問題有不同的理解，不僅存在於不同醫學體系間，也存在於同一醫學體系不同時間、不同地區和不同學派間，還存在於一個醫師從業的不同階段。處理同一病症的既有原則性也有靈活性，這是醫術實踐的普遍現象。獸醫文書的傳授和抄寫於不同的時間地點，編者和抄寫者自身及其社會文化背景差異，所處社會背景的開放程度，師承和個人經驗差異等因素，會在不同程度上反映到獸醫文書中。

對敦煌藏文獸醫文書的研究，不能僅局限於一篇，應盡可能地結合現存的多個抄本進行對讀。通過不同文本間相近内容的比較，有助於推定文本中一些模糊和缺損的字詞，以及異體字和誤抄、漏抄的字，對寫本的正確釋讀有幫助。另外，不同寫本的比較，也有助於對當時獸醫技術演變、傳承和傳播的情況的研究。

獸醫與人體醫學是無法截然區分的，在歷史上兩種醫學是相互借鑒、相互促進的。醫師也通常是兼通人醫和獸醫的。獸醫中的馬醫、牛羊醫術也有許多共性的問題和治療方法。敦煌藏文人醫醫書中，也發現有獸醫内容。在醫馬書中，也提到人與牲畜共同的療法。這些都反映了當時獸醫和人醫密切聯繫的情況。藏醫史記載，有些醫師出身於獸醫（馬醫）家庭，後世的一些醫著中也包含有獸醫内容。醫師可能同時是獸醫，現在一些邊遠的農牧區，仍然如此。所以研究敦煌獸醫文書，對普通醫書的釋讀也是有幫助的。因此，本文將醫馬書與普通醫書寫本同類内容做了初步的對照研究。

同時，敦煌藏獸醫不是一個封閉的環境中產生和發展的，與漢地和西域各地各民族的實踐有聯繫。所以，也應該重視敦煌地區的漢語和其他語種的相關文獻的釋讀和研究成果，將藏文獸醫文書放在一個更廣大的背景下去考察。本文僅對敦煌藏文醫書中的部分相關内容作對照，尚未與敦煌中獸醫的文書和存世藏獸醫文書作比較。且因不掌握其他少數民族語言，未能與其他民族語文的獸醫醫書做比較。因此，以上研究還有一定局限性。一些文句模糊、缺損的問題還没有得到完全的解决，所做釋讀還存在一些不確定性。這些問題，希望日後能夠彌補。

筆者期待專家學者批評指正，期待相關領域多學科、多語種專家合作，拿出更好的研究成果，將敦煌藏文醫書研究提升到新水準。

A Comparative Study of Medical Skill for Treating Horse Recorded in the Dunhuang Tibetan Manuscripts: Urethral Catheterization, Detoxification, Resuscitation, and the Extraction and Grinding of Teeth

Liu Ying-hua

Abstract: Among the ancient Tibetan documents from Dunhuang collected by Britain and France, 7 documents(incompleted) for treating horses have been identified. Except for detoxification, the extraction and grinding of teeth, urethral catheterization, resuscitation, detoxification, and craniotomy recorded in these documents, were not found in the general medical documents of Dunhuang. Fortunately, these four therapeutic techniques mentioned above are scattered in different documents with little difference, which reflects the wide range of use and dissemination of these techniques. It also helps to understand the content of the original text and provides material for the study of ancient Tibetan words. The descriptions recorded in the manuscript are relatively close to modern medicine in terms of technical lines, methods, and equipment. These manuscripts reflect the connection between animal husbandry and equine medicine in the Western Regions of China. They are important historical materials of medicine and science and technology in the medieval period, and are also important historical materials for the study of the history of experimental zoology. This paper selected materials mentioned above (excerpted illustrations) from equine medicine documents, and did the comparative study of similar content in related documents. It provides the Chinese translation for reference of researchers in medical history and Dunhuang studies.

Keywords: Dunhuang Manuscripts; Equine Medicine; Urethral Catheterization; Detoxification; Resuscitation; Equine Dentistry

英藏敦煌藏文文獻 ITJ 26 新探：基於 P. 2077《大乘百法明門論開宗義決》*

扎西本

摘　要：英藏敦煌藏文文獻 IOL Tib J 26 是一篇梵夾裝律部文獻，内容涉及印度部派佛教分裂的原因及其分類，對研究吐蕃佛教傳播史、漢藏佛教交流史具有重要的價值。已有學者進行相關研究，但一直未予定名。文章在將本文獻與敦煌漢文寫本 P. 2077 曇曠所造《大乘百法明門論開宗義決》及丹珠爾《異部宗輪論之異部説集》進行對勘研究的基礎上，將之定名爲《百法明門論開宗義決》，即古印度論師世親《大乘百法明門論》的注釋本。並認爲，藏文系統的 ITJ 26 引用的印度部派佛教劃分情況以《説集》爲旨歸，吐蕃末期至 13 世紀前後的印度部派佛教之敘述模式均圍繞印度論師調伏天的《説集》而展開。

關鍵詞：《大乘百法明門論開宗義決》；IOL Tib J 26；P. T. 889；P. 2077；nam kwang pab shis（曇曠）

* 本文係國家社科基金冷門絶學研究項目"敦煌藏文大事紀年文書研究"（項目編號：22VJXG043）的階段性成果。筆者成稿之時，奥地利科學院李嬋娜博士告知筆者她也確認這部文獻譯自曇曠禪師《大乘百法明門論開宗義決》（P. C. 2077）的消息，不久，她給我轉發此寫本的研究初稿，其中有詳細的藏漢對勘、英譯及相關探討。在原文比定的問題上，筆者與嬋娜博士的觀點如出一轍。而在有些相關問題上，卻有不同角度的探討。因此，筆者没有參考嬋娜博士的文稿，也未採用其相關闡述。在嬋娜博士還未向筆者告知她研究之前，筆者在 2022 年中國人民大學國學院舉辦的首屆西域青年論壇徵文中，提交了《翻譯還是口傳：敦煌雜譯 ITJ 26 初探》一文，其中已經開始討論本文的相關主題。後繼續收集資料、修正觀點，在 2023 年上學期的西藏史專題研究的課堂以及讀書會上多次探討、修改此論文，參加讀書會的黄維忠老師及同學們也對此文章提出不少建議，他們的建議使得本篇論文更加條理清晰。筆者在 2023 年 10 月 27 日—29 日由中國人民大學國學院西域所和中央民族大學藏學研究院聯合舉辦的"吐蕃文獻研究專題研討會"上報告了論文内容，由復旦大學任小波老師進行了評議，並提供了他對這一人名的比定及其論文。特此一併致謝。當然，剩下所有錯誤應歸咎於筆者個人的責任。

一、寫本簡介

英藏敦煌藏文文獻 IOL Tib J 26（以下簡稱 ITJ 26）寫本共計 8 頁 50 行，文本裝幀形式爲梵夾裝，尺寸爲 8.7 厘米 × 32 厘米，係律典文獻，主要講述印度部派佛教分裂的原因及分類。2014 年才讓先生首次對此寫本來源等問題進行了初步研究。才讓先生認爲"曇曠（《二十二問》）節選的内容長短與 ITJ 26 號第二部分的藏文大致相同"，並與《大乘二十二問》《述記》進行了詳細的比較和對勘翻譯。① 2016 年，Jens W. Borgland② 對寫本的結構和大天（Mahādeva, lha chen po）故事等翻譯和解讀，並確定該文本的部分内容源於玄奘譯本《阿毘達磨大毘婆沙論》。關於該寫本的作者 nam kwang，才讓先生的研究有所涉及，但未將 nam kwang 比定爲曇曠禪師。Borgland 則比定爲南泉，不過，Borgland 未能釐清寫本中的印度部派佛教史料的來源及其對《弟吳宗教源流》的影響問題。之後，任小波把 nam kwang 比定爲曇曠③。在以上學者提供的線索和基礎上，筆者在曇曠禪師的專著中找到了該寫本的漢文原文本，即 P. 2077《大乘百法明門論開宗義決》（收錄於《大正藏》第 85 卷中，以下間稱《百法義決》）。

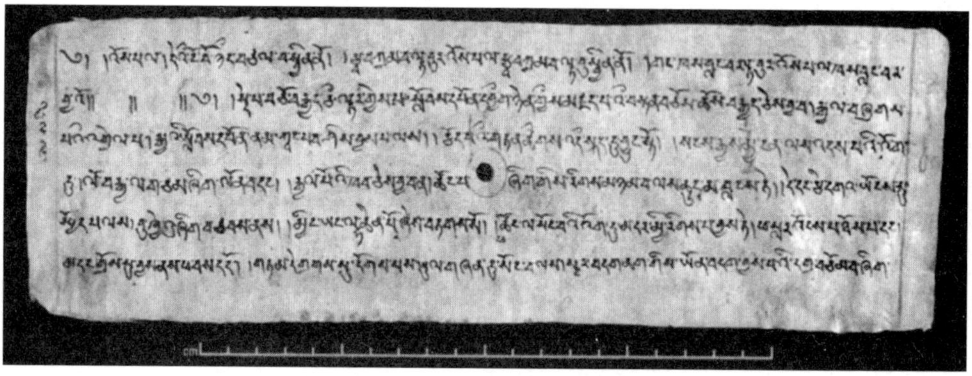

二、ITJ 26 對勘及文本分析

本節主要是以 P. 2077《百法義決》及《異部宗輪論之異部説集》（*gzhung tha dad pa*

---

① 才讓：《英藏敦煌藏文 IOL. Tib. J. 26 號第二部分來源之研究》，《敦煌吐魯番研究》第 14 卷，2014 年，第 145—163 頁。

② Borgland, Jens Wilhelm, "*Mahādeva in Dunhuang*: A Study of IOL Tib J 26", *Indo-Iranian Journal* 59, 2016, pp. 1-47.

③ 參見任小波：《吐蕃帝國興佛運動與西藏早期中觀傳統——〈大乘經纂要義〉以及相關文本研究》，第 423 頁 43 注腳，載於《中央研究院歷史語言研究所集刊》，2022 年，第九十三本，第二分，臺北。

rim par bklag pavi vkhor lo las sde pa tha dad pa bstan pa bsdus pa，以下簡稱《説集》）爲基礎材料，對 ITJ 26 進行漢譯和對勘，漢譯參考了才讓先生的譯文。①

ITJ 26. 1A:

02 //// sde pa pco brgyad cI ltar gyes pa slobs dpon dbyIg nyen gyIs mdzad pa vI bstan bcos chos brgyad ces bya ba / rgya la bzhugs

03 pa vI vgrel pa / rgyavi slobs dpon nam kwang pab shis byas pa las // rtsod pavI gtan tshIgs vdI skad du byung sto // sangs rgyas mya ngan las vdas pavi vog

04 du / lo brgya lag tsam zhig lon ba dang //② rgyal po vi khab ces bya ba na / tshong pa ○ zhig gis rigs mnyam ba las chung ma blangs te // de dang rtse dgav yongs su

05 spyod pa las / bu khye vu zhig btsabs nas // mying yang lha chen pō zhes btags so // pha tshong la song bavi vog du ma dar myi rigs pa byas te / pha slar vongs pa thos pa dang /

06 ma dang gros su byas nas pha bsad do // gtam de grags su dogs pas yul gzhan du song ba las / sngar bdag chag gis yon bdag byas pa vi dgra bcom ba zhig

翻譯：述十八部派如何分裂之世親大師造《百法論》的漢文注疏。由漢人大師曇曠法師所造。佛涅槃後，適滿百餘年，名王舍城處，一商人無後嗣，聘妻而行各種嬉戲，生一男子，起名爲大天。父親外出經商，之後子與母親行不倫之事。聞父親往返，子遂與母設計殺父。憂此事敗露，遂趕他鄉。此處有一位曾作爲施主之阿羅漢。

P. 2077. 3 – 5：

佛涅槃後，百有餘年，末兔羅國，有一商人，婚娶幼妻，生一兒子，顏貌端正，字曰大天。商人遠遊，多歷年歲。子既長大。母逼行烝。後聞父還，懼而有嫉。與母設計，煬而殺之。

恐穢跡彰，共逃他國。於彼遇見，門師羅漢。

按：此節中，自“佛涅槃後”到“之阿羅漢”内容與 P. 2077 第 3 – 5 行幾乎相同。

---

① 該寫本與《大乘二十二問》和《述記》對比請參見才讓先生的文章（2014），此處不再重複。

② 《宗論》D. 141a6.；Pk. 168b8 – 169a1: rdzogs pavi sangs rgyas mya ngan vdas // lo brgya rdzogs par tshang nas su // bstan pa la ni gnod bgyid pa // gyes pa ji ltar byung ba bzhin //；《十八論》ZD. 123a2 – 3：世尊。佛入涅槃後，未來弟子，云何諸部分別。（No. 2032 [cf. Nos. 2031, 2033]）；《真諦》ZD. 115b1 – 2.：佛滅百年後，弟子部執異，損如來正教，及衆生利益；《玄奘》ZD. 128b1 – 2.；：佛般涅槃後適滿百餘年聖教異部興便引不饒益（No. 2033 [cf. Nos. 2031, 2032] 1）；另參見：Masuda Jiryo, *Original and Doctrines of Early Indian Buddhist Schools: A Translation of the Hsüan-chwang Version of Vasumitra's Treatise*, Leipzig: Verlag der Asia Major, 1925, p. 12. 寺本婉雅、平松友嗣共編譯註：《藏漢和三譯對校：異部宗輪論》，東京：黙働社，1935 年，第 1 頁。

ITJ 26. 1B:

01. yod pa dang / myi snyan pa vi grags shing vphel du dogs nas sgyu thabs kyis de spyan drangs naste de yang bsad do / / ma yang gzhanzhing dang vkhri nas bu khros nas ma

02. yang bsad do / / de ltar mtshams myed pa gsum byas kyang dge ba vi rtsa ba ma chad de / sdig pa vbyung durig nas / / yul gzhan zhig du dge vdun las rab du byiung bar gsol ba dang / /

03. dge vdun gyIs kyang rab du phyung ste / bsnyen pa rdzogs par byas pa dang / de yang yid gzhungs pa zhig ste / nan tan brtson grus cher byas pas chos la yang mkhas par gyur te /

04. yul de vi dge vdun dang / rgyal po dang blon po dang yul gyI myi la stsogs pa kun gyis ○ kyang bkur sti cher byas pas / de yang bkur sti dang grags pa la chags nas / lta ba

05. log par gyur te / brdzun gyi tshig gi bdag ni dgra bcom ba thob bo zhes yul der bsgrags pa dang / rgyal po la stsogs pas kyang / / vphags pa vam so so skye bovi bye brag ma phyed

06. pas rgyal po pho brang bu zan la bos pa las / de rgyal po btsun mo dang nang vkhor ma dag mthong ~~ba las~~ nas / / rmyI lam du khu ba shor te / gos slom vkhrur bcug pa las

翻譯：（又）怕敗事等流傳，設計邀請羅漢後，將其殺害。母亦與他人通，便憤恚，亦殺其母。如此雖造無間業，但善根未斷絕。故生罪法，遂於他鄉求出家爲僧，亦僧人允其出家，並授近圓戒。其亦是聰慧者，認真勤學，通達佛法。當地僧衆及國王、大臣、民衆等大爲供養。其貪讚揚與名譽，而成邪見。謊稱其已得羅漢。國王等也未能知曉聖人和俗人之别，邀請宫廷飲宴。其人見王妃與宫内侍女而夢中遺精，遂令弟子浣所污衣。

P. 2077. 5 – 9：

恐泄家事，矯請殺之。母後他非，子見忿怒，悔怨既極，遂亦殺之。雖造三逆，
不斷善根。投僧出家，望滅重罪。既出家已，精懃誦習，性識聰敏，聖教遂通。
王臣道俗，無不欽重。既耽名利，惡見便生。遂自詐稱，得羅漢果。王迷凡聖，
頻請供養。見諸宫女，不正思惟，於夜夢中，漏失不淨。

按：此節兩者幾乎相近。

ITJ 26. 2A:

01. / / khu ba mthong nas / / slobs dpon dgra bcom ba la vdI lta buvI zag pa mchIs sam / zhes zhus pa las / dang / des lan du gyu gyur smras pa / / gang bdud kyIs gtses pa nI vdI

02. lta bur gyur te / lhavI buvi bdud ni dge bavi chos la bgyegs byod cing vtshe bar byed pas / myi slob phavi sar phyin du zin kyang des vtshe bar vgyur ro / / yang gcig du na zag pa rnam

03. pa gnyis ste / / nyon mongs pavi zag pa ni dgra bcom ba la myed / khu bavi zag pa nI myi

slob pa la yang yod de / nga ni bdud kyis gtses pas khu ba shor ba yin no / / des kyang slob
04. ma rnams bdag la snying nye zhing spro ba bskyed pavI phyir rims kyis phal cher dge ○ sbyong gi vbras bu bzhi thob pa yin bar lung bstan pa dang / / slob ma rnams kyIs
05. bdag chag ji yang myi shes na / ci ltar vbras bu thob pa yin zhes zhus pa dang / / myi slob pa yang myi shes pa yod de / myi slob pa ni mang pavi phyir / / kun nas myi shes pavi vnyon
06. mongs pa ni myi slob pa la myed / / kun nas nyon mongs pa ma yin bvi myi shes pa nI yod pas / khyod vbras bu thob mod kyi rang gis shes par myi nus so / / yang dus

翻譯：（弟子）見不淨，亦問言：師父阿羅漢也有漏失？回謊言道：凡魔所害者耳，天子魔者對善法障礙並損害。即便達無學道，亦受彼損害。復次，漏失有二種，阿羅漢無煩惱漏失，而無學者未免不淨漏失。我被故魔所繞而不淨漏失。其爲使弟子們忠心歡喜，次第授記，弟子們得四沙門果。時彼弟子問言：吾等一無所知，如何得四果。（回道：）無學道也有不知者，有多數無學者。而染汙之無知者，無學道無；非染汙之無知者，無學道有。故汝雖得果，但自己不知。

P. 2077. 9 – 15：

弟子浣衣，怪而問云，既是羅漢，寧有漏失，彼矯答言，魔嬈故爾。以彼天魔，常惱佛法。縱成無覺，亦被嬈之。又諸漏失，有其二種。煩惱漏失，羅漢即無。不淨漏失，無學容有。我被魔嬈，有漏失焉。又彼欲令，弟子親附，次第詐記，四沙門果。時諸弟子，自怪無知，所得果證，咸來請問。彼答無學，亦有無知。以此無知，有二種故。染污無知，無學即無。染無知者，是煩惱障。斷障涅槃。令諸衆生，受三界。身不染污，無知無學，獨有不染，污無知者，是所知障，於攬不了，令諸涅槃。又二乘等，受變易身。汝雖得果，不能自知。又於一時

按：此節兩者幾乎相近，標有下劃線的漢文未見於藏文。

ITJ 26. 2B:

01. gzhan zhig na slob pa rnams kyis zhus pa / vphags pa rnams ni the tsom thams chad las vdas so grag na / / ci phyir rung / las dang vbras bu dang bden ba dang dkon mchog la the tsom
02. vtshal zhes smras pa / / the tsom la rnam pa gnyis te bga la nyal gyi the tsom ni dgra bcom ba la myed / / gnas dang gnas ma yin bavI rtsod pa ni the tsom nI dgra bcom ba la yod
03. pas/ khyod rnams las dang vbras bu dkon mchog la the tsom myed par ga la vgyur / / yayang dus gzhan zhig na slob ma rnams kyis zhus pa / / mdo dag las vphags
04. pa rnams ni shes rab kyI spyan brnyes pas / rnam par grol ba dang / rang gi khong du chud ○ cing rtogs par vgyur zhes vbyung na / ci phyir bdag chag rnams slobs dpon gyi

05. ngag gi dbang las vjug par vgyur / / des smras pa dgra bcom ba kha chig kyang gzhan gyi dbang la vjug / rang gis myi rig ste / sha ri bu shes rab kyi mchog yin yang / bcom

06. ldan vdas kyIs lung ma bstan par rang gis myi rig na / khyod chag lta bu gzhan la rag lus dgos pa rnams lta smos kyang ci dgos / / des sdig pa de ltar byas mod kyi log par[4b]

翻譯：復於另時，諸弟子求問：如稱諸聖者已度一切疑惑，何故成。業、果、真諦、三寶亦有疑惑？（回答言：）疑有二種，阿羅漢已斷，隨眠性疑，阿羅漢未斷處非處疑，於此而汝等何況無疑惑對業、果、三寶？復次另時，諸弟子求問：經典中言，諸聖人有慧眼，能解脱及自證知。但我等如何由師之令入？復言，部分阿羅漢亦依而入，自己不能見。舍利子雖是智慧第一，若無佛授記，自己不知，則汝等需依他者等何須説！其如此之罪過，卻没有變爲邪見。

P. 2077. 15 – 20：

弟子啟白，曾聞聖者，已度諸疑。如何我等，尚疑諦寶，彼答羅漢，亦有疑惑。
以諸疑惑，有二種故。隨眠性疑，羅漢即無。處非處疑，無學猶有。汝於諦寶，
豈得無疑。後諸弟子，又復問言，經説聖者，得真慧眼，自證解脱。我等今者，
如何但由，師言悟入，彼即答言，有阿羅漢，但由他入，不能自知。如舍利子，
智慧第一，佛若不記，當不自知。況汝等輩，不由他入。彼雖造罪，不起邪見。

按：此節兩者幾乎相近。

ITJ 26. 3A:

01. lta bar ma gyur gmyI te / vdi snyam ste / bdag gis sdig pa vdI vdra bavi sdig pa chen po byas na de vi rnam par smyin pavi vbras bu sdug bsngal cI lta ba zhig myong bar vgyur

02. zhig gu snyam nas / mye ban chen pos khong dgrug mtshan mo smre sngags vdon ching / vdi skad kyis hu sdug bsngal chevo zhes bos pa dang / / de slob ma rnams kyis thos nas /

03. ngo mtshar du gyur te nang par / phyag byas pa dang / myi bde ba myed dam zhes dris pa dang / des kyang bdag bde vo zhes smras so / / slob ma rnams kyis mdang cI phyir [?] kyI hud sdug bsngal

04. che vo zhes bos / / des kyang gya gyur smras pa / de nI vphags pa vI lam bos par zad de / / ○ cI phyir zhe na / de la vphags pa vI lam nI sems rtse gcIg tu ma [thos?] na mngon sum

05. du myi vgyur bas / de mngon sum du gyur bar bya ba vi phyir / sdug bsngal che vo zhes bos pa yin no zhes smras so / / de nas lha chen po des slob ma rnams la sngar smras pavI lta ngan pa

06. nI dngos po lnga / / tshigs su bcad pa gcIg du bsdus nas smras pa / / ltag ma rnams nI rig bslus / the tsom can rnams gzhan gyIs bslus la vjug / [5a]

ITJ 26. 3B:

lam nI sgravI rgyu las byung / / vdI ni sangs rgyas bstan pa vo / /

翻譯：如此所想，我於如此大罪業，則異熟的果報不知受如何之苦。因大悲痛而晚夜發出哀號，苦喊：呼！大苦。其諸弟子聽聞後驚訝，並早晨磕拜問：不安否？復言：吾安。諸弟子問：昨夜爲何發苦哉聲？復謊言道：此乃呼聖道。若問爲何？聖道若不專心呼喊，則不成顯，故爲使其成顯而發“大苦”之聲。之後，大天對諸弟子言，此前所説邪見五事以偈頌攝集而言：餘所誘無知，猶豫者令入，道因聲故起，是名佛教也。

P. 2077. 20 –23：

道因聲故起，是名真佛教。自懷罪重，當受何苦，憂惱所逼，夜唱苦哉，近住弟子，聞之驚怪。旦問安和。彼答甚善。又問昨夜，何唱苦哉，彼矯答言，我呼聖道。謂有聖道，若不至誠，稱苦命喚，終不現前。故我昨夜，喚聖道耳。大天於後，集先所説，五惡見事，而作頌曰，獨餘所誘無知，猶豫他令入。

按：此節兩者幾乎相近。

ITJ 26. 3B:

01. /// …… dus gzhan zhig gi tshes bco lnga pavI gso sbyin gyI so sor thar pa klog pa vI res lha chen po la bab nas/ /

02. seng ge khrIl vdug ste / so sor thar pa mjug du phyIn pa pa vI rjes la sngar bdag gIs nyid kyIs byas pavI tshig de yang smras so / / devI tshe vkhor de na mang du thos shIng tshul khrIms

03. dang ldan ba dang / tI nge vdzIn thob ste / slob pa dang myI slob pa yang mang du tshogs pas / /de rnams kyIs tshIg bshad de thos nas lung gI gtan tshigs dang gtugs te / /

04. sbyar nas / mnyam bar bzhag ste ye shes kyIs brtags na / don dang yang vgal / bar / ○ rig nas / bkav stsal pa yang ma jIn la ngo mtshar du ma gyur pa yang myed pas

05. smyas pa / phyin chad tshig bshad vdI ma smra shIg / / vdi ni sangs rgyas kyIs brtan pa vi chos vdul ba yang ma yin no / / zhes smras pa dang de las glings nas nam

35. nangs kyi bar du rtsod de ma zhi nas / dge vdun yang phyogs phyogs su chad tshade rtsod pa yang cher gyur nas / rgyal po dang blon po la stsogs pas / res kyIs [5b]

ITJ 26. 4A:

01. / / dge vdun gyI sdums byas na yang ma dum ste /

翻譯：有一時之十五日，布灑陀時，次當大天昇座説分別解脱戒？被登獅子座，誦讀分別解脱後，亦言以前所作偈頌，而衆圍有多聞、持戒、修靜慮者有學無學等多與會。彼等聞此説，於經尋找，對比，以禪定智慧觀察，此違背（三藏）義，曾所未聞，無秒言之語而言：從今不需講此頌，此乃佛教戒律之法。如此説後，諍訟，乃至次晨。僧人亦異分別，諍紛大起。國王和大臣等輪流爲僧部説和。

P. 2077. 23 – 28：

十五日夜布灑陀時，~~漢云布薩義云淨住清淨而住。~~

次當大天昇坐誦戒，後便自誦所造伽他。爾時衆中，有學無學，多聞持戒，修靜慮者，聞彼所説，無不驚呵。咸即翻對，所説誦云，改第四句，言非佛教。於是竟夜，鬪諍紛然，乃至崇朝，朋黨轉盛。城中士庶，乃至大臣，相次來和。

按：此節兩者幾乎相近。標有劃線的漢文爲抄寫錯誤。

ITJ 26. 4A:

01. /// … … zhI bar ma gyur pas / rgyal po la stsogs pa yang ngo mtshar gyI the tsom skyes nas / smras pa / sngon sangs rgyas kyis rtsod pa zhI

02. bar bya bavI chos vgav yang ma gsungs sap lta zhes byas pa dang / kha cig gis smras pa la gsungs so / / vo na gnas brtan chen po rnams ltar mda ches gsol pa yang phyogs gcIg

03. du bzhugs su gsol / / lha chen po mda ces gsol ba yang phyogs gcIg du bzhugs su bsol zhes byas ba dang / / ~~dephyobzhin phyogs su bzhugs su gde~~ bzhin du phyogs phyogs

04. su vkhod de / de vi tshe gnas brtan chen po phyogs su rgan rims mang yang / dge ○ vdun gyI yang grangs nyung bar gyur / /lha chen po rga phyogs su rgan r·ims su rung

05. mod kyi / dge vdun gyI grangs mang bar gyur pasna / de ltar gnas brtan gyI sde dang / dge vdun phal chen gyI sde dang / de gnyis su gyes par gyur to/ / de nas sangs rgyas

翻譯：但未能平息，國王等奇妙而疑惑，言：佛爲平息諍紛未曾説佛法？要參閲經。部分人言：講過。則信奉上座部等者住於一邊，信奉大天者住於一邊。如此，分別安置，其時大上座部方多老僧輩，亦僧伽數少，大天方老輩僧雖少，僧衆數多。如此，分上座部和大衆部兩部。

P. 2077. 28 – 29：

皆不止息。時王聞見，亦復生疑。由斯乖諍，分成兩部。賢聖朋内，耆年雖多，而僧數少，名上座部。大天用内，耆年雖少，徒衆即多，名大衆部。

按：此節兩者幾乎相近。

ITJ 26. 4A:

06. mye ngan las pavI nas nyIs brgya dang povi tshe/ / dge vdun phal chen gyi sde las rtsod pa

byung nas / / rtsa ba ma gtogs par sde lngar gyes pa la / / shar gyi ri bo vi sde dang/ /
07. nub kyi ri bovi sdai dang / gab savi ri vi sde dang / vjig rten las vdas smra ba vi sde dang /
/ brtag par smra ba vi sde dang / lnga vo / / sangs rgyas mye ngan las ma sa lo sum [6a]
ITJ 26. 4B:
01. brgya dang pa nas bzhi brgya vi bar du gnas brtan gyI sde las rtsod pa byung nas / gnas brtan pa vI sde dang/ thams cad yongs par smra vi sdedang/ vphags pa kun gyIs bkur ba vI
02. sde vo / / de nas gnas brtan gyI sde nyId la rtsod pa byung nas rtsa ba ma gtogs par gsum du gyeste / gang zhe na gtsug lag khang cen gyI sde dang / rgyal byed tshadla gnas kyI sde dang / vjIgs byed ri gnas kyI sde
03. vo / / thams chad yod par smra ba vI sde las kyang rtsod pa byung nas / rtsa ba ma gtogs par bdun gyes te / gang zhe na gzhI thams chad yod par smra ba vI sde dang/ vod srung gI sde dang / sa ston pavI sde
04. dang / chos srung bavI sde dang / mang du thos pavi sde dang / gos mar gyIsde dang / rnam par phye ste ○ smra bavI sde vo / / vphags pa kun gyIs bkur bavI sde dang / las kyang rtsod pa byung nas rtsa ba ma gtogs
05. par gsum du gyes naste / gang zhe na sar sgrog rIvi sde dang / srung ba vI sde dang / gnas ma bu ○ vi sde [dango?] ……
翻譯：佛滅第一個二百年後，僧伽大衆部中乘諍，除根本部外，分五部，東山住部、西山住部、雪山住部，説出世部，説假部等五部。佛涅槃適三百餘年至四百年，從上座部乘諍異部，分上座部、説一切有部、聖正量部等。而上座部因乘諍，除根本部外分三部，大伽藍部，勝園林住部，怖畏山住部。因乘諍而除根本部外，從説一切有部分七部，根本説一切有部、飲光部、化地部、法藏部、多聞部、銅鍱部、分别説部。聖正量部也因乘諍，除根本部外分三部，雞胤部、守護部、犢子部。
《説集》D. Pk. 187b4 –7：
shar dang nub dang gangs rir gnas / / vjig rten vdas par smra bavi sde / / btags par smra bavi sde pa dang / / lnga tshan dge vdun phal chen pa / / gzhi kun pa dang vod srungs sde / / sa ston sde dang chos srung sde / / mang thos gos dmar slob ma dang / / rnam par phye ste smra bavi sde / / thams cad yod par smra ba yin / / rgyal byed tshal gnas vjigs med gnas / / gtsug lag khang chen gnas brtan pa / / sa sgrogs ris dang srung ba pa / / gnas ma bu yi sde rnams ni / / kun gyis bkur ba rnam pa gsum / /
（翻譯：東山住部、西山住部、雪山住部、説出世部、説假部等五部爲大衆部。
根本部及飲光部、化地部、法藏部、多聞部、銅鍱部、分別説部，爲説一切有部。

大伽藍部、勝園林住部、怖畏山住部爲上座部。
雞胤部、守護部、犢子部等爲正量部三部。）
按：此節中標有下劃線的内容引自《説集》。

ITJ 26. 4B:
05. ///…… zhes rtsod pa byung bavI gtan tshIgs rgya las bsgyur bavI yi ge las vdI skad du
06. vbyung ste / bco brgyad so sor lta ba dang / mying nI slobs dpon dul bavI lhas *gzhung lugs kyI bstan bcos lta ba bsgyur bsdus pa* las zhib du vbyung ste / / sde ba bco brgyad kyi mying
07. btags pa de yang yul dang / don dang slobs dpon gyi dbye bas rnam pa bco brgyad du bshad do zhes vbyung ste / lha ched po la stsogs pa rtsod pavI rtsa ba cI las gyur pa nI myi vbyung / / so sor thar pāi
08. glengzhi vdi bshad pavi skabs su gtan tshigs mdo tsam zhig bris te / zhib du vbul ba phra mi las vbyung ba bzhin sbyor chig① // ï // ï // ï //
翻譯：是爲譯自漢文（典籍）之諍因。十八（部派）各名稱及見地，可參見調伏天論著《異部説集》之詳述：十八部派名稱之安立，以境、義、宗師有別，故説爲十八（部派）。大天等（論師）諍論之根本則不見（於此論）。《別解脱經》序言説此事之段落則略記其因，並如《毘奈耶雜事》所載編排之。
按：此節未出現在 P. 2077 和《説集》中，題記中明確指出部派佛教分裂消息參閲爲《説集》。

綜上，可以得知，該寫本爲敦煌漢文 P. 2077《百法義決》藏譯本添加古印度論師調伏天（Vinītadeva, Dul bavi lha）《説集》② 的部分内容而形成。P. 2077 藏譯占 ITJ 26 寫本整文的 76%。藏文《説集》的應用占 ITJ 26 整個寫本的 12%。由此，IOL Tib J 26 寫本第二部分的題名可譯爲：// // sde pa pco brgyad cI ltar gyes pa slobs dpon dbyIg nyen gyIs mzdad pa vI bstan bcos chos brgyad ces bya ba / rgya la bzhugs pavI vgrel pa / rgyvi slobs dpon nam kwang pab shis byas pa las /"述十八部派如何分裂之世親大師造《百法論》的漢文注疏。由漢人大師曇曠大師（nam kwang pab shi）所造"。並確認，該寫本是唐代河西西門寺禪僧曇曠法師所造的《百法義決》，是印度論師世親《大乘百法明門論》（唐代玄奘大

① vbul ba(vbul ba 是 * vdul ba 之誤寫) phra mi(phra mi 是 * phra mo 之誤寫) las vbyung ba bzhin sbyor chig // //（注：筆者認爲 vbul ba phra mi 是指 bdul ba phran tshegs < Skt. Vinayakṣudrakam. Chin. 毘奈耶雜事）

② 全名爲：《異宗義次第讀誦輪中異部説集》（藏文：Gzhung tha dad pa rim par bklag pavi vkhor lo las sde pa tha dad pa bstan pa bsdus pa shes bya ba，梵文：Samayabhedoparacanacakre nikāyabhedopadeśanasaṁgraha nāma），藏譯本收藏於丹朱爾 No. 4140，無梵漢本。

師翻譯）的注釋。儘管曇曠生活在 8 世紀左右，包括《百法義決》在内的部分作品也完成於晚年[①]，但這部文獻比定爲吐蕃末期較爲合理，因爲書寫風格可以歸類爲後吐蕃時期的佛教書寫風格[②]。

藏文《説集》[③] 的應用儘管占比僅 12%，但十分重要，爲方便比較，下面再單獨把 ITJ 26 寫本中應用的《説集》内容對比如下：

説明：以←符號來表示 ITJ 26 内容的來源，即：ITJ 26：←《説集》。以“——”底線來表示 ITJ 26 内容完全能與原文的部分對應。以—．符號表示原文中没有對應的理論或史料。）[④]

§ ITJ 26. 4A. 06：… / / shar gyi ri bo vi sde dang / /07. nub kyi ri bovi sdee dang / gab savi ri vi sde dang / vjig rten las vdas smra ba vi sde dang / / brtag par smra ba vi sde dang / lnga vo/ /…（翻譯：東山住部、西山住部、雪山住部、説出世部、説假部等五部）

←《説集》1：shar dang nub dang gangs rir gnas / / vjig rten vdas par smra bavi sde / / btags par smra bavi sde pa dang / / lnga tshan dge vdun phal chen pa / /（翻譯：東山住部、西山住部、雪山住部、説出世部、説假部等五部爲大衆部。）

§ ITJ 26. 4A. 07：… / / sangs rgyas mye ngan las ma sa lo sum 4B. 01：brgya dang pa nas bzhi brgya vi bar du gnas brtan gyI sde las rtsod pa byung nas / gnas brtan pa vI sde dang / thams cad yongs par smra vi sde dang / vphags pa kun gyIs bkur ba vI 02. Sde vo / /…（翻譯：佛涅槃適三百餘年至四百年，從上座部乘諍異部，分上座部、説一切有部、聖正量部等）

← P. 2077：至佛滅後……三百年初，四百年末……；《説集》：未提及。

§ ITJ 26. 4B. 02： + + / / de nas gnas brtan gyI sde nyId la rtsod pa byung nas rtsa ba ma gtogs par gsum du gyes te / gang zhe na gtsug lag khang cen gyI sde dang / rgyal byed tshad · l gnas

---

① 上山大峻：《敦煌佛教の研究》，法藏館，1990 年，第 32—33 頁；任繼愈主編：《佛教大辭典》，南京：江蘇古籍出版社，2002 年，第 143 頁。

② van Schaik 2013：126-127；2014a：319-321；轉引自前引 Borgland 2016，p. 30.

③ 敦煌藏文文獻中還可以找到《説集》的另一種殘卷——P. T. 889，其詳細對勘及 ITJ 26 與 P. T. 889 的關係等問題的研究另擬專文討論。

④ ITJ 26 本的部派分裂部分不同於 P. 2077，參閲（ITJ 26. 4A. 06 – 4B. 04. ≠）P. 2077. 29 – 38：大衆部中，國有乘諍，前後四破，分成九部。初第一破，分出三部，一者，説世出世法皆是假，名一部説。二者，世法顛倒出世法是實，名説出世部。三者，部主乃是鳰之種胤，名鳰胤部。第二破者，謂此部主學過本宗，名多聞部。第三破者，説世出世亦有少假名，説假部。第四破者，有外道大衆部中出多家聞住制多五事者，餘所誘等是山重譯五事，分成三部，一者，此徒衆依本所居制多山部。二者，一頻住在制多山西，名西山住部。三部一頻住在制多山北，名北山住部。故大衆部。四破分別，本末別説，共成九部，其上座部。三百年初，四百年末，本末七破爲十一部，第一者破有一大德造《發智論》本部被難移入雪山，名雪轉部，即學論者説諸法有，名説一切有部，二於有部流出一部，即是名仙染年……//

kyI sde dang / vjIgs byed ri gnas kyI sde 03. vo / /（翻譯：而上座部因乘諍，除根本部外分三部、大伽藍部、勝園林住部、怖畏山住部）

←《説集》3：rgyal byed tshal gnas vjigs med gnas / / gtsug lag khang chen gnas brtan pa / /（翻譯：大伽藍部、勝園林住部、怖畏山住部爲上座部。）

§ ITJ 26. 4B. 03： + / / thams chad yod par smra ba vI sde las kyang rtsod pa byung nas / rtsa ba ma gtogs par bdun gyes te / gang zhe na gzhI thams chad yod par smra ba vI sde dang / vod srung gI sde dang / sa ston pavI sde 04. dang / chos srung bavI sde dang / mang du thos pavi sde dang / gos mar gyIsde dang / rnam par phye ste ○ smra bavI sde vo / /（翻譯：因乘諍而除根本部外，從説一切有部分七部，根本説一切有部、飲光部、化地部、法藏部、多聞部、銅鍱部、分別説部）

←《説集》2：gzhi kun pa dang vod srungs sde / / sa ston sde dang chos srung sde / / mang thos gos dmar slob ma dang / / rnam par phye ste smra bavi sde / / thams cad yod par smra ba yin / /（翻譯：根本部及飲光部、化地部、法藏部、多聞部、銅鍱部、分別説部，爲説一切有部。）

§ ITJ 26. 4B. 04：… / / vphags pa kun gyIs bkur bavI sde dang / las kyang rtsod pa byung nas rtsa ba ma gtogs 05. par gsum du gyes naste / gang zhe na sar sgrog rIvi sde dang / srung ba vI sde dang / gnas ma bu ○ vi sde［dngo?］（翻譯：聖正量部也因乘諍，除根本部外，分三部，雞胤部、守護部、犢子部）

←《説集》4：sa sgrogs ris dang srung ba pa / / gnas ma bu yi sde rnams ni / / kun gyis bkur ba rnam pa gsum / /（翻譯：雞胤部、守護部、犢子部等爲正量部三部。）

通過上述對比可知，ITJ 26 寫本中的史料來源於《説集》，但算不上嚴格意義上的引用或翻譯，其目的爲扼要説明諸部派的部屬情況，係對《百法義决》内容之補充。在應用《説集》内容時，ITJ 26 寫本翻譯者特意順著前述内容而將原文（藏文）偈頌轉化爲散文，且語句顛倒使用後，再把概括語挪用到前面。衆所周知，《説集》敘述之部派佛教分裂情況與其他部派佛教史料並不相同。我們注意到，ITJ 26 未翻譯 P. 2077 本末尾的部派劃分之内容。這表明，藏文系統的 ITJ 26 是以《説集》爲其旨歸的。

三、ITJ 26 寫本相關問題：補論 Borgland 的研究

Borgland 論文對 ITJ 26 寫本末尾的部派佛教分裂史料有初步的判斷，且他注意到這些部派佛教分裂史料過幾個世紀後又出現在了《弟吾宗教源流》中，認爲《弟吾宗教源流》與 ITJ 26 寫本的部派佛教史料有必然的聯繫，從而提出有做深入研究的必要。那麼，在敦

煌文獻中出現的以《説集》爲代表的部派佛教史料，如何出現在《弟吾宗教源流》中的呢？在上方（二）的 ITJ 26 與《説集》對照部分中看到，ITJ 26 本的部派佛教的劃分和名稱都來源於《説集》，即使大部分部派名稱在其他文獻中也出現過，但 ITJ 26. 4B. 02：gtsug lag khang cen（←《説集》3 ：gtsug lag khang chen ）“大伽藍部”；ITJ 26. 4B. 02：rgyal byed tshad gnas（←《説集》3 ：rgyal byed tshal gnas）“勝園林住部”；ITJ 26. 4B. 02：vjIgs byed ri gnas kyI sde（←《説集》3 ：vjigs med gnas）“怖畏山住部”等僅出現在《説集》一文中，以下藏文史料文獻中出現的也與此相同。這樣，直接影響到了後弘初期的藏文史料及相關文獻，甚至是到了吐蕃時期至後弘初期文獻中仍持續引用。

吐蕃時期的《宗義》文獻中，從未提及印度部派佛教的歷史，也未引用部派佛教史料類文獻。這些部派佛教文獻均出現在《丹噶目錄》《旁塘目錄》和《大藏經》律部文獻中，該部派佛教史類文獻一直和戒律文獻一起使用。部派佛教史料不僅被應用在戒律文獻中，還被引用在包括戒律制度和有關大天故事介紹等在内的其他佛教文獻中。在藏傳佛教中，部派佛教文獻最初與戒律文獻一起使用的傳統至今還保留在今天的藏文大藏經文獻中。《宗論》和《説集》早在吐蕃時期已有翻譯，可龐大的敦煌藏文文獻中僅存《説集》（P. T. 0889）之殘卷。不過，根據歷史文獻的前後年代來看，這些部派史料也呈現出逐步推進的一番過程。這一前後順序正好回答了 ITJ 26 寫本中引用《説集》以及《弟吾宗教源流》闡述部派佛教歷史時爲何參考《説集》及其來源問題。目前所見後弘初期的所有《宗義》類文獻和幾部教法史文獻中的部派佛教史料都引自《説集》，爲了説明這點，我們分别給出以下例子：D. Pk. 187b4 –7. shar dang nub dang gangs rir gnas / / vjig rten vdas par smra bavi sde / / btags par smra bavi sde pa dang / / lnga tshan dge vdun phal chen pa / / gzhi kun pa dang vod srungs sde / / sa ston sde dang chos srung sde / / mang thos gos dmar slob ma dang / / rnam par phye ste smra bavi sde / / thams cad yod par smra ba yin / / rgyal byed tshal gnas vjigs med gnas / / gtsug lag khang chen gnas brtan pa / / sa sgrogs ris dang srung ba pa / / gnas ma bu yi sde rnams ni / / kun gyis bkur ba rnam pa gsum / / yul don slob dpon bye brag gis / / tha dad rnam pa bco brgyad gsungs / /。（翻譯：東山住部、西山住部、雪山住部、説出世部、説假部等五部爲大衆部。根本部及飲光部、化地部、法藏部、多聞部、銅鍱部、分别説部，爲説一切有部。大伽藍部、勝園林住部、怖畏山住部爲上座部。雞胤部、守護部、犢子部等爲正量部三部。）由於篇幅的限制，筆者用下划線標記與這一引文所對應的内容（因爲内容一致而不做重複翻譯），分别爲：

（1）恰巴・曲桑（phyaw ba chos kyi seng ge，1109—1169）的宗義書《如來與外道論差别》（bde bar gshegs pa dang phyi rol pavi gzhung rnam par vbyed pa）中：nyan thos rtsa bavi sde bzhi la gyes pas sde bcow brgyad du byung pa slob dpon dul lhas sde pa tha dad pa klag pavi vkhor lo（《調伏天師異部宗輪論》=《說集》）las sdom dang sbyar ba / sdom la / shar dang nub dang gangs ri gnas / vjig rten vdas par smra ba dang / / rtag par smra bavi sde pa rnams / / lnga tshan dge vdun phal chen sde / /gzhiv kun dang ni chos srung dang / / sa ston dang ni vod srungs dang / / mang thos gos dmar slo ma dang rnamq par phye ste smra bavi sde / /rgyal byed tshal na vjig rten gnas / / gtsug lag khang chen gnas brtan pa / /sa sgrogs rigs dang srungs ba pa / / gnas ma buvi sde pa rnamqs / / kun gyis bskur ba rnamq pa gsum / /yul don slon bye bragis / / tha dad rnamq pa bcow brgyad gyur / / zheso / /①

（2）薩迦扎巴堅贊（rje btsun grags pa rgyal mtshan，1146—1216）的《印藏教派分裂經》（rgya bod kyi sde pavi gyes mdo bzhugs）中：rgya la bzhi ste / phal chen pa dang / thams cad yod par smra ba dang / gnas brtan pa dang / mang pos bkur bavo / / phal chen gyi sde la lnga ste / shar gyi ri bovi sde dang / nub kyi ri bovi sde dang / gangs rir gnas pavi sde dang / vjig rten las vdas par smra bavi sde dang / btags par smra bavi sdevo / /de la yang kha cig bzang po lam pa yang zer ro / /thams cad yod par smra ba la bdun te / gzhi thams cad yod par smra bavi sde dang / vod srung bavi sde dang / sa ston pavi sde dang / chos srung bavi sde dang / mang du thos pavi sde dang / gos dmar can gyi sde dang / rnam par phye ste smra bavi sdevo / /yang kha cig na mang du thos pa la yul vkhor bzang po yang zer ro / / rnam par phye ste smra ba la rgyal sras lam pa yang zer ro / /gnas brtan pavi sde la gsum ste / rgyal byed tshal na gnas pavi sdevo / /mang pos bkur ba la rnam pa gsum ste/sa sgrogs rigs kyi sde dang /rjes su srung bavi sde dang / gnas ma buvi sde ste bco brgyad do / / de ltar ***sde pa tha dad par bklag pavi vkhor lo***（《異部宗輪論》=《說集》）nas / yul don slob dpon bye brag gis / / tha dad rnam pa bco brgyad gyes / /②

（3）薩迦班智達（Sa skya Paṇḍita，1182—1251）的宗義書《教理善說》中：rtsa bavi sde pa bzhi las gyes pa bco brgyad yin te / sde pa tha dad rim pa bsdus pa（《異部次第集》=《說集》）las / shar dang nub dang gangs rir gnas / vjig rten vdas par smra ba dang / / rtag par smra bavi sde rnams ni / / lnga tshan dge vdun phal chen pa / / bzhi pa dang ni vod srungs sde / / sa ston sde dang chos srung sde / / mang thos gos dmar slob pa dang / /

---

① 《嘎當文集》第9卷（藏文），百慈藏文古籍研究室整理，成都：四川民族出版社，2006年，第72頁，4—7行。

② 扎巴堅贊：《印藏教派分裂經》，《教法史》（藏文），布達拉宮管理處整理，藏族十明文化傳世經典叢書（布達拉宮典藏文獻：薩迦系列第1卷），西寧：青海民族出版社，2013年，第19頁。

rnam par phye ste smra ba ni / / thams cad yod par smra bavi sde / / rgyal byed tshal na vjigs med ri / / gtsug lag khang chen gnas brtan pavo / / sa sgrogs rigs dang srung ba pa / / gnas ma bu yi sde pa rnams ni / / kun gyis bkur ba rnam pa gsum / / yul don slob dpon bye brag gis / / tha dad rnam pa bco brgyad vgyur / /①

（4）底吾璆賽（jo sars，1154—1205）的《底吾史記》（成書年代早於《弟吾宗教源流》）中：de yang yul don slob dpon bye brag gis tha dad rnam pa bco brgyad vdod/ ston pa tha dad yod ma yin zhes dang / ji skad du sshkya seng gevi bstan pa vdi / de ltar rnam pa bco brgyad du / vgyur du vgro bavi bla ma devi / sngon gyi vphrin las dbang gis yin / zhes te / rtsa ba bzhi las dang po thams cad yod par smra ba la bdun du gyes te /gzhi thams cad yod par smra ba dang / vod bsrungs gyi sde / chos bsrungs sde / mang thos sde / gos dmar can gyi sde / rnam par phye ste smra bavi sde dang sa bsrung gi sdevo / /phal chen sde la lnga ste / shar gyi ri bo sde / nub kyi ri bo sde / gangs ri gnas pa vjig rten las vdas par smra bavi sde / rtag par smra bavi sdevo /gnas brtan pa la gsum te / rgyal phyed vtshal gnas vjig med ri gnas / gcug lag khang gnas kyi sdevo /mang po bkur ba la gsum te / sa sgrogs rigs kyi sde / bsrung bavi sde / gnas ma buvi sdevo / bco brgyad po sde bzhir bsdus so /②

（5）弟吳賢者達頓覺本（rta ston jo vbum，1124—1174）的《弟吳宗教源流》中：de nas sangs rgyas vdas nas lo nyis brgya lon tsan na phal chen pavi sde pa la rtsod pa byung nas rtsa ba ma gtogs pa lngar gyes te / shar dang nub dang gangs ri ste // vdas pavi sde dang btags pavi sdevo// de nas sangs rgyas vdas nas lo sum brgya nas bzhi brgya tshun chod du / gnas brtan pa la rtsod pa byung nas gsum du gyes te / gnas brtan pavi sde pa dang / thams cad yod pavi smra bavi sde pa dang / vphags pa kun gyis bkur bavi sdevo / gnas brtan pavi sde la yang rtsa ba ma gtogs pa gsum du gyes te / gtsug lag khang sde / rgyal byed tshal gnas / vjigs med rir gnas sde/thams cad yod par smra ba la yang rtsa ba ma gtogs pa bdun du gyes te /zhi thams cad yod par smra ba / vod srung / sa gnod / chos srung / mang du thos pa / gos dmar can / rnam par phye ste smra bavi sdevo// vphags pa kun gyis bkur bavi sde pa yang gsum du gyes te /sa sgrog sde / srung bavi sde / gnas ma bu yi sdevo//③

---

① 薩迦更噶堅贊：《教理善説》（*gzhung lugs legs par bshad pa zhes bya bavi bstan bcos bzhugs so*），《薩迦五祖全集對勘本》（藏文），百慈藏文古籍研究室編，北京：中國藏學出版社，2007 年，第 266 頁。雖然 Katumi Mimaki 和現有文集中把這部歸屬爲薩迦班智達所撰，可是歸於薩班是有誤的，在此處基於不確定等原因，暫且不做追究，但這並不表示筆者確信這是正確的。

② 底吾璆賽：《底吾史記》（藏文），拉薩：西藏人民出版社，1987 年，第 84—85 頁。

③ 弟吾賢者：《弟吾宗教源流》（藏文），西藏人民出版社，1987 年，第 101 頁。

以上引文中，唯獨《底吾史記》《弟吾宗教源流》未提及部派佛教史料的出處典籍，這也是導致 Borgland 未能確認這部分内容正確來源的關鍵所在。但在以上的引文對比中，可知《弟吾宗教源流》中的部派佛教史料引自《説集》或這一系統的文獻。基於《説集》在不同時期的應用，可以揭示《説集》自吐蕃時期開始流傳到後弘期初期的脈絡以及這些文獻的相互影響之處。後期迴丹然智（bcom ldan rig pavi ral gri，1228—1305）和衛巴·羅賽（dbus pa blo gsal，1265—1355）等人的宗義書開始引用部派佛教歷史文獻，相應的《精釋》被廣泛引用於相關典籍中。因此，《説集》在 13 世紀開始不再得到廣泛關注。

四、小 結

綜上，可得出如下結論：（一）ITJ 26 可定名爲《百法明門論開宗義決》，係古印度論師世親《大乘百法明門論》的注釋本；（二）藏文系統的 ITJ 26 引用的印度部派佛教劃分情況是以《説集》爲其旨歸的，基礎材料引自《大乘百法明門論開宗義決》；（三）《弟吾宗教源流》中的部派佛教史料未必直接源於 ITJ 26 或相關文本，從類型學角度而言，其自身與其他文獻中的部派佛教史料進行對比，吐蕃末期至 13 世紀前後的印度部派佛教之敘述模式都是圍繞印度論師調伏天的《説集》展開的，其相關文獻中有關部派佛教史料都源於《説集》。

縮寫與主要參考文獻：

《説集》 = 《異部宗輪論之異部説集》(gzhung tha dad pa rim par bklag pavi vkhor lo las sde pa tha dad pa bstan pa bsdus pa)； D. Sde Dge. Bsdan vgyur. Vdul ba. Su. pp. 154b3 – 156b4; Pk = Pe cin Bsdan vgyur. Vdul ba. Ka ri kā. Au. pp. 187b3 – 190b3.

《精釋》 = 《異部（宗）精釋》(sde pa tha dad par byed pa dang rnam par bshad pa)； D = Sde Dge Bsdan vgyur. Vdul ba. Su. pp. 147a3 – 154b2; Pk = Pe cin Bsdan vgyur. Vdul ba. Ka ri kā. Au. pp. 177a1 – 187b2.

《宗輪》 = 《異部宗輪論》(gzhung lugs kyi bye brag bkod pavi vkhor lo)； D = Sde Dge. Bsdan vgyur. Vdul ba. Su. pp. 141a5 – 147a2; Pk = Pe cin Bsdan vgyur. Vdul ba. Ka ri kā. Au. pp. 168b7 – 176b8.

《述記》 = 窺基造《異部宗輪論述記》，中華大藏經(= ZD) ,1060 號,第 50 册，第 134—156 頁。

ITJ 26 = IOL Tib J 26

P. 2077 = Pelliot 2077《大乘百法明門論開宗義決》

P. T. 889 = 《異部宗輪論之異部説集》之敦煌藏譯殘卷

≈ = 指用法相同

○ = 穿繩孔

A New Exploration of Dunhuang Tibetan Manuscript ITJ 26: Based on P 2077 *Dacheng baifa mingmen lun kaizong yijue*

Tashi Bum

Abstract: The Dunhuang Tibetan Manuscript IOL Tib J 26 is a Vinaya literature. Its content discusses the causes and classifications of the division within the Indian Sectarian Buddhism, making it valuable for the study of the history of Tibetan Buddhism and the history of Han – Tibetan Buddhist exchanges. While scholars have conducted relevant research, it has remained unnamed. Based on comparative studies between this manuscript and the Dunhuang Chinese manuscript P 2077 created by Tankuang, titled *Dacheng baifa mingmen lun kaizong yijue* 大乘百法明門論開宗義決 and the Kanjur text *gZhung tha dad pa rim par bklag pavi vkhor lo las sde pa tha dad pa bstan pa bsdus pa*, it argues that ITJ 26 should be named *Baifa mingmen lun kaizong yijue* 百法明門論開宗義決, which is considered a commentary on the *bsTan bcos chos brgyad* by the Indian scholar Vasubandhu. It is believed that the classification of Indian Sectarian Buddhism, as depicted in the IOL Tib J 26, primarily revolves around the content of Vinītadeva's *bsTan pa bsdus pa* from the late Tubo period to the 13th century.

Keywords: *Dacheng baifa mingmen lun kaizong yijue* 大乘百法明門論開宗義決; IOL Tib J 26; PT 889; P 2077; Nam kwang pab shis(Tan Kuang)

塔阿彭莫當的婚姻悲劇與其夫的葬禮

——敦煌藏文苯教寫卷 P. t. 1040 釋讀研究

楊　春

摘　要：敦煌藏文苯教喪葬儀軌先例寫卷存在一定模式化的敘事方式和相應情節要素，文體多見散韻結合的風格，在具體表述語詞語句上亦存在某些固定組合與句式。文章初步譯解 P. t. 1040，指出該卷性質主旨爲"秘密苯"經久誦讀，由生者立誓爲亡者營葬的苯教喪葬儀軌先例故事。寫卷內容結構爲"婚姻悲劇敘事"，情節要素包括：求親→婚後分居→狩獵→亡故→營葬，敘述女子塔阿彭莫當的兩段婚姻悲劇和隨之產生的營葬誓言與喪葬儀軌。

關鍵詞：P. t. 1040；苯教喪葬儀軌；婚姻悲劇敘事；塔阿彭莫當

一、寫卷概述與研究回顧

法藏敦煌藏文苯教寫卷 P. t. 1040 爲卷軸裝，棕黃色紙，大小 27×280 厘米，首尾完整，無殘破，存 137 行，藏文墨書，字跡清晰可辨，字體介於楷書"烏堅（དབུ་ཅན）"與行書"烏梅（དབུ་མེད）"之間，[①] 與沙木（Sam van Schaik）所分類"官方風格"最接近。[②] 寫卷正面爲漢文佛經楷書《妙法蓮華經》第十四《安樂行品》與第十五《從地湧

---

① 巴桑旺堆認爲"敦煌古藏文文書中諸多歷史宗教、社會經濟、法律和文學等方面的寫本則是由楷體和行書兩種字體混寫而成"，參見巴桑旺堆：《關於古藏文寫本的研究方法的再探索》，《中國藏學》2009 年第 3 期，第 61—81 頁。

② 沙木將吐蕃時期藏文寫卷風格（imperial-period writing styles）據字體字形分爲五種，即：1."碑文風格（Epigraphic Style）"，2."方正風格（Square Style）"，3."經文風格（Sutra Style）"，4."官方有頭風格與無頭風格（Official Styles, a Headed & b Headless）"，5."寺院風格（Monastic Style）"。參見 van Schaik S, "Dating early Tibetan manuscripts: a paleographical method", in Brandon Dotson, Kazushi Iwao and Tsuguhito Takeuchi eds., *Scribes, Texts, and Rituals in Early Tibet and Dunhuang*, Wiesbaden: Reichert Verlag, 2013, pp. 119-133.

出品》殘卷。①

P. t. 1040 内容梗概：女子塔阿彭莫當（ཐ་ང་སྤུང་མོ་ཏང）嫁唐真歐拉炯（ཐང་འབྲིང་འོལ་ལ་ཙུང），婚後分居。夫歿，塔阿爲之營葬。再嫁森岱熱岱芒（གསེང་ལྡེ་རི་ལྡེ་མང），亦分居。森岱熱往羌卓甲貢（བྱང་འབྲོ་བརྒྱད་གོང）獵鹿，因塔阿未聽祖母之言，將銅鍋口倒覆湖邊，致森岱熱頭痛而歿。塔阿悲泣，遇扎夏唐瓦·久讓穆澤（བྲ་ཞལ་ཐང་བ་འབྱོར་ར་རྒྱུ་ཙུག），扎夏立誓助塔阿爲森岱熱營葬。後塔阿三嫁扎夏，同爲扎夏之父營葬。最後，泊主拉囊（བལ་རྗེ་ལ་ནམ）與洛主莽古（སྙོ་རྗེ་སྣང་ཀུག）再言葬儀要點與營葬誓言。

P. t. 1040 初於 1950 年經拉露（Marcelle Lalou）敘録②，1979 年斯巴尼安（Ariane Macdonald［Spanien］）與今枝由郎首次刊佈（Yoshiro Imaeda）③。之後，石泰安（Rolf A. Stein）④、王堯⑤、古藏文項目網站（OTDO）⑥、阿旺嘉措⑦，王啟龍⑧亦相繼解題，概歸其爲苯教儀軌寫卷。迄今，雖無專文譯解 P. t. 1040，但早在 1971 年，石泰安已對數篇敦煌苯教儀軌先例故事節譯概要，指出儀軌先例故事的情節往往以對立、衝突、狩獵、救

---

① P. t. 1040 原卷圖版見金雅聲、郭恩主編，西北民族大學、上海古籍出版社、法國國家圖書館合編：《法國國家圖書館藏敦煌藏文文獻》第 10 册，上海：上海古籍出版社，2009 年，第 58—71 頁。檢索自法國國家圖書館網站（https://gallica. bnf. fr/ark:/12148/btv1b83057513. r = Pelliot%20%201040? rk = 21459;2）。

② Lalou, Marcelle, *Inventaire des Manuscrits Tibétains de Touen-Houang, Conservés à la Bibliothèque Nationale (Fonds Pelliot Tibétain)*, Vol. II, Paris: Librarie d'Amérique et d'Orient, 1950, p. 42.

③ 斯巴尼安將 P. t. 1040 歸爲宗教非佛教類寫卷，指出“唐拉邦莫塘爲 1040 寫本中心人物，其連續三次婚姻都因རྒྱལ་བྱིན干涉而致其丈夫死亡告終”，強調 P. t. 1040 將婚姻關係引起的義務與喪葬儀禮的組織相聯繫，雖釋讀困難但意義重大。詳見 Ariane Macdonald et Yoshiro Imaeda ed., *Choix de documents tibétaines conservés à la Bibliothèque Nationale complete par quelques manuscrits de l'India Office et du British Museum*, 2 *tomes*, Paris: Bibliothèque Nationale, 1979, p. 11.（後文簡稱 *Choix II*）

④ 1988 年，石泰安提及“在 P. t. 1040 寫卷，一名叫做塔阿彭瑪塘的少女擁有多名求婚者”。詳見 Stein R. A., “La religion indigène et les Bon-po dans les Manuscrits de Touen-Houang”, *Bulletin de l'école française d'Extrême-Orient*, 1988(77): 27-56.［法］石泰安著、耿昇譯：《敦煌寫本中的吐蕃巫教和苯教》，載王堯主編《國外藏學研究譯文集》第十一輯，拉薩：西藏人民出版社，1994 年，第 32 頁。又收録於鄭炳林主編：《法國藏學精粹》第三册，蘭州：甘肅人民出版社，2011 年，第 822—825 頁。

⑤ 王堯主編：《法藏敦煌藏文文獻解題目録》，北京：民族出版社，1999 年，第 136 頁。

⑥ Imaeda Yoshiro and Takata Tokio, *Tibetan Documents from Dunhuang kept at the Biblioth quenationale de France and the British Library: 65 texts in transliteration*, Old Tibetan Documents Online Monograph Series, Vol. 1, Tokyo: ILCAA, Tokyo University of Foreign Studies, 2007. p. 36-38.

⑦ 阿旺嘉措：《法藏敦煌藏文文獻中的苯教寫卷判定及内容解析》，《中國藏學》2014 年第 3 期，第 30 頁。

⑧ 王啟龍主編：《法國國家圖書館藏敦煌藏文文獻解題目録全编》（3），桂林：廣西師範大學出版社，2021 年，第 1226—1228 頁。

治、死亡與復活儀軌、喪葬儀軌爲核心。① 至2013年，杜曉峰（Brandon Dotson）進一步闡述敦煌古藏文儀軌類文獻中多見狩獵和婚姻爲主題的情節——“婚姻敘事比喻”（The matrimonial narrative trope）和“狩獵比喻”（Hunt narrative trope），② 並提及P. t. 1040塔阿彭莫當第二任丈夫森岱熱岱芒獵鹿情形，爲其之一例。③

今筆者試譯P. t. 1040，察其故事結構要素亦無出於石、杜之論斷。且P. t. 1040篇幅完整，涵括反映吐蕃苯教喪葬儀軌、殉牲、屍體處理、墓葬營建等諸多要點。故基於前賢觀點，本文對此卷逐詞釋錄，並結合他篇相關敦煌苯教寫卷，初步梳理故事結構與情節要素及所涉吐蕃苯教喪葬儀軌，以窺一斑。

二、錄文與譯注④

（1）༄༅། བོན་འདི་གསང་བའི་བོན⑤་གིས་སྲུལ་（2）ཡང་བཟླག་པ་⑥སོ་ཏུས་གི་བྲོ་ལ་གཏོགསོ⑦

此苯屬秘密苯，經久反復誦讀而成之咒誓。

① 詳見Stein, Rolf A. 1971, Du récit au rituel dans les manuscrits Tibétains de Touen-houang, in *Études Tibétaines dédiéesà la mémoire de Marcelle Lalou, Paris: Adrien Maisonneuve*, pp. 479-547（後文簡稱Stein 1971）.［法］石泰安著，岩獄譯：《敦煌吐蕃文書中有關苯教儀軌的故事》，載王堯主編《國外藏學研究譯文集》第四輯，西藏人民出版社，1988年，第196—262頁。

② Brandon Dotson, “The Unhappy Bride and Her Lament”, *Journal of the International Association for Bon Research*, Vol. 1, 2013, pp. 212-217.

③ Brandon Dotson, “The Princess and the yark: The Hunt as Narrative Trope and Historical Reality”, in Brandon Dotson, Kazushi Iwao and Tsuguhito Takeuchi eds., *Scribes, Text, and Rituals in early Tibet and Dunhuang*, p. 66.

④ 拉丁轉寫方案見Imaeda Yoshiro and Takata Tokio, *Tibetan Documents from Dunhuang kept at the Bibliothquenationale de France and the British Library: 65 texts in transliteration*, pp. XXXI-XXXIII.
錄文參見古藏文線上網站（https://otdo. aa-ken. jp/archives? p = Pt_ 1040#）。錄文與譯注符號説明：（1）表示原文與漢譯對應的行號；［abc］，表示筆者據文意補充原卷所省略的主語等内容。

⑤ བོན，阿旺嘉措總結學界對བོན的認知，並提出བོན是一個動態的概念，早期泛指不同文化流派。བོན與象雄語གྱེར一詞對應，意爲“誦讀”“重複誦讀”“誦讀咒語”“重複誦讀咒語”，亦指苯教儀軌或巫術中對鬼神的祈禳，或指主持儀軌的苯教徒。到雍仲苯教時期，བོན無異於佛教中的ཆོས。見阿旺嘉措：《試論司巴苯教的基本含義及其形式特徵》，《西藏大學學報》2013年第1期，第111—116頁。筆者從之，這裏對應“苯教儀軌”之意。

⑥ བཟླག་པ 即指བཟླགས་པ，意爲“讀，誦讀，念”。

⑦ གཏོགསོ 即指གཏོགས་པ，意爲“攝屬於，屬於某部分，屬於……之内”。

（一）塔阿彭莫當與穆唐真歐拉炯的婚姻悲劇①

a. 穆唐真歐拉炯娶塔阿彭莫當爲妻

（3） ༄༎ ཀྱུལ②་བྱིན་གི་རབས། ཕ་ཡབ་གི་མཚན་ན་ཀྱུལ་དེ་ （4） འི་ཆེད་པོ་མ་སྟོམ་ཏེའི་ངས་མོ་བུ་ཐ་ང་ཕྱུང་མོ་ཏང་ （5） ཕྱུང་ཤམ་བྲ་མ་ཞལ་བཟང་ཟླ་རེ་འོད་དབུ་བཟང་ （6） ལྗང་ལོ་འཁྲིལ།③ སྨུའི་ཁབ་དུ་བཞུད་ན་དམུ་ཡུལ་ （7） སྟེང་བྲང་ན་ཕ་གཐངས་ཀྱི་དམུ་དང་རྗེ་མ་བ་ང་ནུ་མོ་ （8） ཏང་བུ་ཐང་འབྲིང་འོལ་ལ་ཙུང་གི་ཁབ་དང་དབྱལ་དུ་ （9） བླང་སྟེ④། རྫངས་དང་ཐུབ་སྲུ་གསེར་གི་སྒ་མོ་གཡུ་བསེ་ （10） དུང་གི་སྒ་མོ་སྙན་ཙ⑤་ཁེས་ལུམ་མགུར་ཙུ⑥་བྱ་བལ⑦ （11） སྨྲ་ཐུར⑧་གཡག་ཐུར་སྦྲུང་ངམ་སྒྲོན⑨་ཅིག་དང་དམུ་ （12） དང་དིང་གསེར་གི་བྱ་མ་ཙོན་དངུལ་གི་བྱེ་མ་རོ⑩། （13） གསེར་གི་སྟེང་བྲང་དངུལ་གི་སྟེང་བྲང་ཞིག་པོན། （14） དེ་མྱི་བགོས་བགོས།ཤིང་བཞུགས་ན⑪།།མ་བཏུབ་མ། （15） བཅད་དེ།།

（3）墓地靈驗儀軌先例。父親名曰嘉德（4）欽波，母溫德昂莫，［女］兒塔阿彭莫當（5）彭夏扎瑪。面容姣好若月光，髮絲蜷曲（6）若秧苗。去往穆域爲某之妻。（7）處上部居所者乃父親唐吉穆當傑、母親瓦昂努莫（8）、子唐真歐拉炯所娶之妻。（9）收集和尋找金馬鞍、綠松石、皮革、（10）海螺馬鞍、耳環、毹毛（11）轡繩、犛牛毛轡繩、箱與筐，以及穆（12）丁之金恰瑪歐，銀切瑪戎。（13）金上部居所，銀上部居所。（14）［塔阿彭莫當與唐真歐拉炯］未結合地生活居住。莫切割，（15）莫毀壞。

b. 關於穆唐真歐拉炯亡故的隱喻

---

① 此標題係筆者依照寫卷内容情節添加，段落分隔亦非原卷格式，爲筆者依照故事情節劃分。

② ཀྱུལ，這裏意爲“墓地”，後文詳論。

③ 此處描述容貌之語句，或爲敦煌苯教寫卷中讚美容貌儀態的固定表述形式，後文詳論。

④ ཁབ་དང་དབྱལ་དུ་བླངས 爲固定句式，“娶妻”。這裏穆唐真歐拉炯娶塔阿彭莫當爲妻，是其第一任丈夫。

⑤ སྙན་ཙ 即 སྙན་ཆ，耳環。

⑥ ཁེས་ལུམ་མགུར་ཙུ，不知其意，待考。

⑦ བྱ་བལ 意爲“毹毛”，指柔軟的綿羊胯毛。P. t. 1052 第 168 行作綿羊毹毛 གཡང་མོ་ནི་བྱ་བལ。

⑧ ཐུར 即 མཐུར，轡繩、轡頭，馬籠頭。

⑨ སྒྲོན 即 སྒྲོམ，盤、盆、籠子、箱子，有底蓋之器皿。

⑩ བྱ་མ་ཙོན 和 བྱེ་མ་རོན，指喪葬儀軌中殉葬寶馬，其中 ITJ 731r《馬和野馬分開的故事》中有名達薩隆章基切瑪絨者，見 ITJ 731r 第 38—41 行：རྟ་རྒྱང་དབྱེ་བའི་རབས་ལ། །གནམ་ཁར་རྣ་གཞི་དགུ་ག་དགུ་ག་དགུ་གསང་ག་གསང་ཐོག །ན་སྐྱིན་དང་བབ་ཀྱི་འོག་ཆན་དང་གཡོས་ཀྱི་འོག །ནའ། །རྟའི་ཕ་དང་ཡབ་ཀྱི་མཚན་པ་ཁར་རྟ་འི་ཡལ་བ་དང་། །མ་གསང་རྟའི་ཕྱོད་མ་གཉིས་བགོས་དང་ནམས་ཀྱི་སྲས་རྟ་ཟ་ལུང་བྲང་ཀྱི་བྱེ་མ་རོན་དུ་ལྡམ་ཏེ། རྟ་བཞུགས་ནི་གནམ་ལ་བཞུག་རྐྱང་བཞུགས་ནི་དགུང་ལ་བཞུགས། 馬與野馬分開的故事。往昔源初，於九重天界之間隙，冰雹與雨水之下方、星耀與風之下方。馬之父名曰卡達依耶瓦，與母桑達依久瑪二者結合，生子馬薩達隆章基切瑪絨。馬居於空中，驥居於天上。上述可見，恰瑪歐與切瑪絨乃九重天界天馬之子嗣後裔。參見鄭炳林、黃維忠主編：《敦煌吐蕃文獻選輯・文學卷》，北京：民族出版社，2011 年，第 3—28 頁。（後文簡稱《文學卷》）

⑪ མྱི་བགོས་བགོས། ཤིང་བཞུགས，無結合地生活，爲敦煌藏文寫卷敘述婚姻悲劇的固定元素，後文詳述。

（15）ཆེ་ཅམ་ཆེ་ཅམ་ན་མཐོ་མཁར①་གི་རྩེ་ལ（16）སྒྲིས་ཕོ་ཕྱིང་ཅེན②་དུ་རྫུས་ཏེ་འཕོད་ཐོང་ཐོང་།ཞུབ་（17）ཕྱི་འོན་ལ་དམའ་མཁར་གི་ལྷུན་ན་སྨི་བཙུན་བཙུན（18）མོར་རྫུས་ཏེ།།དུད་སྔོང་སྔོང་།ཁང་གི་ཐོག་ལ་བྱ་གག（19）སེ་ཕོར་རྫུས་ཏེ།།ཟེར་དང་དང་ཞུབ་གི་འོན་ལ་གཡང（20）ཕྱུག③་ཁར་བར④་རྫུས་ཏེ་རྒལ་ཐོད་ཐོད་ཞུབ་གི་འོན（21）ལ་ཁྱི་རྡོམ⑤་དམར་དུ་རྫུས་ཏེ་ཟུགས་དང་ཁལ་ཁལ

（15）於較大較大高堡頂端，（16）大白氈口袋烏咚咚作響。夕陽（17）之下，城堡榮光黯然，（18）煙霧咚隆隆紛亂。内頂之上，禽鳥（19）蒙灰，瑟當當作鳴。夕陽之下，（20）福氣資財從城堡岡咄咄流走。夕陽之下，（21）野狗發狂，當哷哷作吠。

c. 爲穆唐真歐拉炯營建墓葬、舉辦葬儀

（22）ཉི་མ་བྱེ⑥་གསུམ་གི་སྣང་ལ་རྟ་ཐོད་རྔང་ཐོད།（23）བཙག⑦་སྨར་གི་ཐིག་ལེ་ཅེན⑧་དུ་རྫུས་ཏེ་（23）རྒྱལ（24）ནོ་ནེ་རྫུ་ཆོ་ནེ་འཕྲུལ⑨། དགུ་ཐང་འཕྲིང་ཕོ་ལ་ཙུང་（25）ནི་གྲོངས་ཀྱིས་སྨེད་ནཱ།།ད་རེ་ཤིག་ན་དགུ་ཐང་འཕྲིང་（26）གི་མདད་ཤིད་ནི་ཆེར་བགྱིས།ཆ་གར⑩་ནི་མཐོར།（27）བརྩིགས།ཏེའུ་གནག་ནི་མང་དུ་བཀུམ།གཐངས།（28）གི་དགུ་དང་རྗེའི་ཞལ་ནས།ཐང་ཕུང་མོ་ཏང་ལས（29）ཕྱིན་ང་རྒྱུང་སྡིག་སྨེད་གིས།ཕ་རྒྱལ་དེ་ཆེད་པོའི（30）གམ་དུ་བཞུད་ཅིག།མ་སྤོམ་ཏེ་ངས་མོའི་གམ་དུ་བཞུད（31）ཅིག།།སྨི་སྙིང་ཆགས་གི་སྙིང་ཆགས་གི་སྙིང་ལན（32）དང་ལྷ་དང་དང་ཆགས་དང་ལན།གཡུའི་སྒ་མོ་དང（33）གསེར་གི་སྒ་མོ་དང་ད་ཅི་འི་སྔ་མ་དང་ཀུན（34）ཕོན་དེ་བཏང་ནས།།ཕ་རྒྱལ་དེའི་གམ་དུ་ཕྱིན་ནས།

（22）三個正午之時，交付馬，交付驥，（23）健碩紅馬德勒欽。（24）墓地靈驗神變。穆唐真歐拉炯（25）亡故而歿。現穆唐真之（26）大葬舉辦，於高處建造卡噶，（27）殺死諸多黑色馬駒。唐（28）吉穆當傑云："塔阿彭莫當（29）［獨有］福運，無厄運。到父親嘉德欽波（30）身邊去。到母親溫德昂莫身邊去！"（31）人心所願之回報、（32）神所願之回報。綠松石馬鞍、（33）金馬鞍及先前所有交予此苯（波）。（34）到父親嘉德身邊去！

---

① མཐོ་མཁར，高堡，P. t. 1134 中作 མཏོ་མཀར，見 P. t. 1134 第 77 行：འཐང་འོལད་མཏོ་མཀར་བཞེད་ན་བཞེས་དེ་བཞུད་དམའ་ཡུལ་བཞེད་ན་བཞེས 若要高堡來享用，若要低地來享用。P. t. 1134 譯注參見趙松山：《敦煌古藏文寫卷 P. t. 1134（1－195 行）研究》，蘭州大學碩士學位論文，2020 年，第 37—38 頁。

② སྒྲིས་ཕོ་ཕྱིང་ཅེན 當與此卷第 117 行 སྒྲིས་ཕོ་ཕྱིང་དཀར་ཅེན、134 行 སྒྲིས་ཕོ་ཕྱིང་དཀར་ཅེན 相同，其中 སྒྲིས་ཕོ 即 སྒྲེ་ཕོ，意爲"口袋"，ཕྱིང་དཀར་ཅེན 意爲"大白羊毛氈"。སྒྲིས་ཕོ་ཕྱིང་ཅེན 即"大白氈口袋"。

③ ཕྱུག 即 ཕྱུག，གཡང་ཕྱུག 這裏指福氣與資財。

④ ཁར་བར 這裏指 མཁར་བར，意爲"從城堡中"。

⑤ ཁྱི་རྡོམ 即 ཁྱི་སྡོམ，意爲"野狗，無主的狗"。

⑥ ཉི་མ་བྱེ 即 ཉི་མ་ཕྱེ，意爲"日中、正午"。

⑦ བཙག 即 འཚག，意爲"豐滿、肥胖、結實"。

⑧ ཐིག་ལེ་ཅེན 即 ཐིག་ལེ་ཅན，日神七馬之一。

⑨ 這裏 རྒྱལ་ནོ་ནེ་རྫུ་ཆོ་ནེ་འཕྲུལ 當與此卷第 115 行、132 行 རྒྱལ་བྱིན་ནོ་ནོ་རྫུ་གཆོ་བྱིན་ཆོ་ནེ་འཕྲུལ 同，譯爲"墓地靈驗大神變"。

⑩ 卡噶 ཆ་གར，爲墓葬建築的一部分，具體所指待考。

（二）塔阿彭莫當與森岱熱岱芒的婚姻悲劇

a. 森岱熱岱芒獵鹿，頭痛而歿

（35）༄༅། །གནམ་གི་ཕ་མཐ་དགུང་གི་ཕ་འབྱམ་ལས། （36）ཕྱུག་མྱི་བཞུགསྣ། ཁབ་དང་གདར་མྱི་མང་ན་གསེང་ （37）ལྡེ་རེ་ལྡེ་མང་ལས་ཁབ་དང་གདར་དུ་བཏང་ཏེ་གཤེགསོ། （38）རྫངས་དང་ཐུབསུ་གཚོས①་གི་བྲ་ང་དང་ཆས་②ཏེ་བྱོན་ནས། （39）མྱི་བཏོགསུ་བཏོགས་མཆིང་རྣམསུ་རྣམསོ།།གསེང་ལྡེ་རེ （40）འི་ཞལ་ནས། ང་འི་ཡུལ་བྱང་འབྲོ་བརྒྱད་གོང་③དུ་ཤ་ཤོར་ （41）དགོ་འདྲིམ་དུ་གཤེགས་གིས། དབྱར་སླ་གསུམ④་ལ་ཐང་ （42）ཕྱང་མོ་ཏང་ལག་པ་ཐབ།ཙོགསུ་མ་མ་བསྐལ་ཅིག་ （43）ཟངས་མོ་ཁ་ཐབ་དུ་མ་སྤུབ་ཅིག །ཅེས་བགྱིས་དེ （44）གཤེགསོ།། ཞག་བསྡད་ན་སླར་མ་བྱོན་ལོ་བསྡད་ན （45）སྙིང་དུ་མ་བྱོན་ནས།ཐང་ང་ཕྱང་མོ་ཏང་གི་ཞལ་ནས།། （46）མ་ལ་ལག་པ་ཐབས་ཙོགསུ་བསྐལ་ན་ཇི་འདྲ་ཞེས་ལག་པ། （47）ཐབསུ་བསྐལ་ཟངས་མོ་ཁ་ཐབ་དུ་སྤུབོ། གསེང་ལྡེ་རེ （48）ནི་སྐད་པ་གཡསུ་ཟུས་ཏེ་ནོངས་གྱིས་མྱིད་ན།ཐང་།

（35）如此云云：“虛空之邊際，蒼穹之無極。（36）資財未存，娶妻無基礎。（37）森岱熱岱芒去娶妻。（38）收集和尋找羚羊的བྲ་ང，（39）［森岱熱岱芒與塔阿彭莫當］無結合地一起生活。”森岱熱（40）云：“於吾之境域羌卓甲貢，狩獵鹿、（41）狩獵羚羊。”三夏之時，（42）祖母令塔阿彭莫當在河邊放置爐灶，（43）“銅鍋口莫要倒覆於爐灶！”言畢離開。（44）夜宿再未啟程，（45）心念留住未起程。塔阿彭莫當云：（46）“嗚呼！於河邊放倒爐灶後將何如?”（47）爐灶放倒，銅鍋口倒覆於爐灶，森岱熱（48）右側頭痛，亡故而歿。

（三）塔阿彭莫當與扎夏唐瓦・久讓穆澤的婚姻

a. 與扎夏唐瓦相遇，立誓爲森岱熱營葬

（49）ཕྱང་མོ་ཏང་ཐག་དཀར་གི་སྟེང་དུ་བྱོན་དེ་དུ་མྱི་དུ་ན （50）མཆི་མ་ཁྲག་དུ་དུ་ཞིང་མཆིས་ན། ད་རི་ཤིག་ན་སྲ （51）ཞལ་ཐང་བ་ཞིག་རྒྱབ་ནི་ཐག་ལ་བསྟེན་ཕྱག་ནི་ཞབསྣ （52）ཚོམ་ཞིང་བཞུགས་ནས། ཐ་ང་མོ་ཏང་གིས་ཞལ་གི་བཤུམས （53）མོ་ལ་ཕྱུགི་མཐིང་ཙུང་གིས་གཟར་དེ་པོར་ན་སྲ་ཞལ （54）ཐང་བའི་ཞལ་ལ་ཕོག་ཏེ། འཕྲོར་ར་རྨུ་རྩུགི་ཞལ་ནས། （55）འདི་གནམ་སྟོན་ན་ག་ལ་ཇི་ཆར་ཞིག་འབབ་ཅིག་ཅེས （56）བགྱིས་དེ་འཕྲོར་ར་རྨུ་རྩུག་དམུ་ཐགི་ཁར་བྱོན་དེ་བལྟསྣ （57）ཟ་མྱིད་མ་དེ་ལས་བཟང་མྱིདེ་པ་ཞལ་བཟང་ནི་སླ་རེ། （58）འོད་པ་ཞིག་དེ་ན་མཆིས་ན། །འཕྲོར་ར་རྨུ་རྩུག （59）གི་ཞལ་ནས་ཁྱོད་སུ་བུ་སུ་ཚ་ཞེས་དྲིས་ན་མྱི་ངན་ཕུའི （60）ཕ་ནི་རྒྱལ་དེ་ཆེད་པོ་མ་ནི་སྟོམ་ཏེའི་ངས་མོ་བུ་ཐང་། （61）ཕྱང་མོ་ཏང་ཞེས་བགྱི་བ་ལགས་ཏེ། །མྱི་ངན་ཕུའི་ཇོ། （62）པོ་གསེང་ལྡེ་རེ་ནི་བྱང་འབྲོག་དུ་ཤ་ཤོར་དུ་བཞུད་ན། （63）ད་ཞག་བསྡད་ན་སླར་མ་བྱོན⑤་དེ་དུ་མྱི་དུ་ན་མཆི་མ （64）ཁྲག་དུ་དུ་ཞིང་མཆིས།།ཤེས་བགྱིས་ནས། པའི་ཁོལ （65）པོ་རིགས་གི་རྟ་པོ་གྲོངས་གི་སྤུར་འཚལ་དེ་མཆིས། （66）གིས། མྱིའུ་བུ་ཅག་གཉིས།ཁྱིམ་གཅིག་དུ་འདུའོ། （67）ཁྱོད་གི་ཇོ་བོ་ནོངས་གིས་མྱིད་ན་ད་ཞག་དྲུག་ན་པའི （68）ཁོལ

---

① གཚོས 即 གཙོས，羚羊。

② བྲ་ང་དང་ཆས 不知何意，待考。

③ ITJ 731r 第 55 行作ཅི་འབྲོ་བརྒྱད་གོང。見《文學卷》，第 7 頁。

④ དབྱར་སླ་གསུམ 即 དབྱར་ཟླ་གསུམ，意爲“三夏”，夏季四、五、六三個月。

⑤ 這裏當與第 44 行同：ཞག་བསྡད་ན་སླར་མ་བྱོན，夜宿後再未起程。

པོ་རིགས་ཀྱི་རྟ་པོ་གྲོངས་ཀྱི་སྤུར་འཚལ། (69) ཏེ་མཆིས་གིས། །ཁྱོད་ཞ་བུ་ཅག་གཉིས། ཁྱིམ་གཅིག (70) དུ་འདུའོ། ཛེ་གདས་སྤུང་ར་ཅིག་དུ་སྤྱོད་། ཞེས་བགྱིསྣ། (71) མྱི་ངན་བུའི་ཛོ་པོ་གསེང་ལྡེ་རི་ལྡེ་རྨང་གི་གྲོངས (72) གི་སྤུར་པའི་ཁོལ་པོ་རིགས་རྟ་པོས་འཚལ་དེ་། (73) མཆིས་ན་ཞ་བུ་ཅག་གཉིས་འཚོ་དང་ནམསོ་ཞེས་བགྱིས (74) དེ། །ཐ་ང་སྤུང་མོ་ཏང་སྣར་དུ་མཆིས་ན་སྦྲ་ཞལ་ཐང (75) བ་འགྱོར་ར་རྨུ་རྩུག་གིས་པའི་ཁོལ་པོ་རིགས་གི། (76) རྟ་པོས་གྲོངས་གི་སྤུར་འཚལ་དེ་མཆིས་ནས། །ཐ་ང (77) སྤུང་མོ་ཏང་གི་མདད་ཤིད་ནི་ཆེར་བགྱིས་ཆ་གར་ནི①། (78) རིང་དུ་བརྗེགས་ནས། །བཟང་སེ་ལས་སར་ན་སྤུབ་། (79) བསེ་སྲུན་མ་མྱིག་དང་འབྲོག་ཅེ②སྤྱིལ་འདོམ་གི (80) ར་རྟ་སེ་ལས་སར་ཏོ།།

（49）塔阿彭莫當去往白色山崖上部，於彼處，（50）人則淚流泣血。現在，（51）扎夏唐瓦後背倚靠山崖，手躊躇置於雙腳。（52）塔阿［彭］莫當（53）手掌輕拭臉上淚水，垂落（54）滴於扎夏唐瓦面龐。久讓穆澤云：“（55）於此蔚藍虛空，何以降落雨滴?”（56）久讓穆澤到達穆山岩上，見（57）食物少有，其中善者不存，且可食者甚少！（58）彼［塔阿彭莫當］身處一溝渠，久讓穆澤（59）所言，“汝孰子孰孫?”［塔阿彭莫當答：］“鄙人（60）之父嘉德欽波，母溫德昂莫，［我乃女兒］塔（61）阿彭莫當是也。鄙人（62）之兄森岱熱往羌卓逐鹿，（63）夜宿再未起程，人則淚流（64）泣血。願有父親僕人（65）一死去馬之屍身，（66）我二人，彙聚家中！”（67）“汝之兄亡故而歿後，於六晝夜時，（68）願有父親僕人一死去之馬的屍身。（69）我二人，聚於一家”。如是言畢，（70）聚於彭熱，［塔阿彭莫當］又云：（71）“願鄙人之兄，森岱熱岱芒亡故之（72）屍身，有父親僕人一匹馬，（73）吾二人安樂生活。”（74）願塔阿彭莫當又有扎夏唐瓦，（75）久讓穆澤的父親僕人一匹馬（76）之屍身。塔阿（77）彭莫當［爲森岱熱岱］之大葬舉行，修建卡噶之期，（78）選一地建造佳妙墓地。［具］鎧甲（79）皮革之［寶馬］賽瑪米和野犛牛吉多之毛。（80）選一墓室。

b. 嫁與扎夏唐瓦，爲扎夏唐瓦之父營葬

(80) ཐ་ང་སྤུང་མོ་ཏང་ནི་སྦྲ། (81) ཞལ་ཐང་བའི་ཁབ་དང་གདར་དུ་བཞུད། །རྫངས། (82) དང་ཐུབསུ་སྤུབ་བསེ་སྲུན་མ་མྱིག་དང་འབྲོག་ཅེ། (83) སྤྱིལ་སྔོམ་གི་རྫུ་དང་གཅོས་གི་བྲ་ང་དང་བམངསོ།། (84) ད་རེ་ཤིག་ན་སྦྲ་ཞལ་ཐང་བའི་ཡབ་ནོངས་ཏེ་ཤིད (85) དང་རྨང་བཙུགས་ཏེ་བཟང་སེ་ལས་སར་མགྱོགས (86) གང་དགྱུསུ③་བརྒྱུགས་ན། ཐ་ང་སྤུང་མོ་ཏང་གི་མཆིད (87) ནས།མྱི་བཟང་པོ་པ་བྱི་སུའི་མྱི་ཞེས་བགྱིས་ནའི། (88) སྦྲ་ཞལ་ཐང་བའི་མྱི་ཞེས་མཆི་གཡག་བཟང་པོ (89) དང་རྟ་བཟང་པོ་པ་བྱི་སུའི་ཞེས་བགྱིས་ན་སྦྲ (90) ཞལ་ཐང་བའི་རྟ་དང་གཡག་ཅེས་མཆིའོ།། (91) ཐང་ང་སྤུང་མོ་ཏང་གི་མཆིད་ནས། །སྦྲ་ཞལ་ཐང (92) བའི་ལ་ཅང་མཆིས་ཛེ་ཡང་མཆིས་ན་གདང་ལ་། (93) གདང་ལ་རྗོད་པ་སྦྲ་ལྷགས་འདི་ལྟ་དུང་ཡང་། (94) ཛེ་དུ་དུང་ཞེས་གསུང་སྟེ། ཐབ་གི་ནང་དུ་པོར་ནས། (95) དུད་པ་འལ་འོལ་གནམ་དུ་སོང་ན་ཡབ་ལ་བདག། (96) རྡུག④་བགྱོན།།མདག་གྲམ་གྲུམ་ས་དུ་སོང་། (97) ས་ནླ་མགོན་འབུམ་བགྱོན།དེ།།སྦྲ་ཞལ་ཐང་བའི (98) འཕྲུལ་ནི་རྒྱས

---

① 這裏當指塔阿彭莫當爲第二任亡夫森岱熱岱芒舉辦葬禮，營建墓葬。

② འབྲོག་ཅེ，與寫卷第 105 行之འབྲོང་ཅེ同，意爲“野犛牛”。

③ དགྱུས 即 དཀྱུས，意爲“馳騁，縱馳”。

④ ITJ 731r 第 60 行作ཡབ་ནླ་བདག་རྡུག。P. t. 1286 第 30 行作ཡབ་ལྷ་བདག་རྡུག，第 42 行作ཡབ་ནླ་བདག་རྡུག。

དེ་གུམ་གིས་མ་མཆིས་ནས། །མྱི་བོ་ (99) མོ་བྱིད་དེ་མྱི་སྲུག་བཏགས་མྱི་བཟང་ཞེས་མཆི་སྟེ། (100) འགེག་ཏེ་ནོངས་སོ། །སྤྲེ་ཞལ་ཐང་བའི་དཀོར། (101) ཕུབ་བསེ་སྲན་མ་སྦྱིག་སྤྱུངམ་སྨོན་ཅིག་དང་དམུ། (102) དང་དེ་དུ་གསེར་གྱི་བྱེ་མ་རོན་གཡུའི་མ་དུ་ཞམ། (103) ཐེ་དུ་ཞམ①། གསེར་དང་དངུལ་གི་བྱེ་མ་རོན་གསེར་གི་ (104) སྟེང་ཐང་དངུལ་གི་སྟེང་ཐང་།གསེར་གི་སྨ་མོ་གཆོས་ (105) གི་བྲང་སྙན་ཅ་ཁེས་སུམ་མགུན②་བྱ་བལ་འབྲོང་ཅེ་ (106) སྒྱིལ་ཕྱོམ་གི་ཐ་དང་

塔阿彭莫當（81）去做扎夏唐瓦之妻。（82）尋找和收集鎧甲、皮革和野犛牛（83）吉多的毛、羚羊的ཐང 和་བམངས。（84）現在，扎夏唐瓦之父亡故，（85）葬儀和地基迅速建立，選一佳妙墓室，［駿馬］疾速（86）馳騁於墓地。塔阿彭莫當所言，（87）佳妙人之愚子所言，（88）扎夏唐瓦之人所言，佳妙犛牛、（89）佳妙馬。父之愚子所言，（90）扎夏唐瓦的馬和犛牛。（91）塔阿彭莫當之所言，（92）獻上扎夏唐瓦之所有，（93）如犛牛皮毛之屬所喜愛［物品］。（94）煙霧自爐灶內嫋嫋（95）向虛空飄繞之時，（96）雅拉達珠訓示。分散火星落於地面，（97）天界十萬怙主訓示。扎夏唐瓦之（98）神變，無有衰老和死亡。人彼［塔阿彭莫當］（99）於佳妙人所言，（100）阻擋死亡！扎夏唐瓦之財物（101）盔甲、皮革、箱和框、穆丁之（102）金切瑪絨，綠松石的瑪度夏、（103）折度夏，金和銀的切瑪戎，（104）金上部居所，銀上部居所。金馬鞍、羚羊的ཐང、（105）耳環、綿羊氄毛、野犛牛（106）吉多的毛。

（四）泊主拉囊與洛主莽古再言營葬誓言與儀軌要點

（106）། ༔ །ཡུལ་བལ་ཡུལ་ལང་ཏང་③དུ། （107）བལ་མཁར་དངུལ་ཕྱོམ་གི་ནང་བལ་རྗེ་ལ་ནམ། （108）གི་ཞལ་ནས། ན་ཉིང་གཞི་ཉིང་སྟ་ནའི་།།གསེང་ལྡེ་ （109）དང་སྤྲ་ཞལ་ཐང་བའི་དཀོར་དང་དད་དུ་དུང་ན་དེ་རིང་ （110）སང་ལྟ་ན④་མྱི་བོ་

① མ་དུ་ཞམ 和ཐེ་དུ་ཞམ 不知何意，這裏或是指由綠松石製成的某種飾物，暫音譯爲“瑪度夏”“折度夏”。

② ཁེས་སུམ་མགུན，不知何意，待考。

③ P. t. 1285 作བལ་ཡུལ་ལེང་དང，見 P. t. 1285 第 144—145 行：།བལ་ཡུལ་ལེང་ཏང་ནའ། ཕ་དང་ཡབ་ཀྱི་མཚན་བལ་རྗེ་ལ་ནམ་ཞིག། །མའ་དང་ཡུམ་གྱི་མཚན་བལ་བདག་བཙུན་མོ་གཉིས། བསོས་ཏང་ནམས་ཀྱི་སྲས། ཐང་བལ་མོ་ཐང་ 於泊域冷當，父親名曰泊王拉囊、母親名曰泊達尊莫，二人所育之女塔阿泊莫唐。P. t. 1285 譯注參見謝後芳：《P. T. 1285 號“苯波爲各小邦王禳災的故事”譯釋》，《中國藏學》2020 年第 S0 期，第 134—147 頁。

④ 此句習語多見於敦煌藏文寫卷中，དེ་རིང་སང་ལྟ་ན 即དེ་རིང་སང་ལྟ་ན，直譯作“從今天明天看”，可理解爲“從今以後、自此以後”。如 P. t. 1134 第 134—136 行：ད:དེ:རིང:སང:ལྟ:ན། སྦོ:མ:ཉེ:དུ། ཀྱོད། ཀྱི། རྗེའ། ནི:གྲོངས། གིས། མྱིད། གཡུ:ནི:གྲུགས:ཀྱིས། མྱིད:རྗེ:གྲོངས། ན། བསྒོགས། 從今天明天看，波瑪聶篤汝之主人亡故而歿，玉石破碎而無，主人痛苦亡故。P. t. 1285r 第 55—56 行དའ་དེ་རིང་སང་ལྟའ་ན། མྱི་ཆ་བུ། མཆིང་རྒྱལ། འདི་ཡང་བཙན་དང་ནི་སྨུངས་ཀྱིས་ནི་མྱི་མནད་དོ། 從今天明天看，人瑪布青傑不以贊和隆詛咒。P. t. 1285 譯注參見謝後芳：《P. T. 1285 號“苯波爲各小邦王禳災的故事”譯釋》，《中國藏學》2020 年第 S0 期，第 134—147 頁。ITJ 731r 第 28—29 行：ད་དེ་རིང་སང་ལྟ་ན་བཙན་ནི་འདྲན་མྱི་བད་མགོགས་ནི་དཀྲུས་མྱི་ཆོལ་འགྲེང་མྱི་བུ་ནི་ཉམ་ཉེས་དུད་ཕྱུགས་ཕུ་ནི་ཡང་ཐག་ཆལ་ལོ། 從今天明天看，主人不能役使奴隸，駿馬跑不快，直立人衰敗，牲畜變得虛弱。ITJ 734r 第 289—290 行：དེ་རིང་སང་ལྟ་ན། མཆོ་ཉག་ཅི་ཉིས་པོ་འདེ། མྱི་ཆ་བུ་མཆིང་རྒྱལ་གྱི་སྨྲའི་གླུད་པོར་རོ། རིང་གྱི་ཁབ་སུ་པོར། རོ། 從今天明天看，所抛之一棵、兩棵、三棵麻黄，是人瑪布青傑的贖身物。ITJ 731r 和 ITJ 734r 譯注參見《文學卷》，第 3—17、55—78 頁。

པོའི་ནོར་དང་དད་དུ་རུང་ཡང་ཞེས། （111） མྱི་བརྒྱས་ནི་བསུ་རྟ་བརྒྱས་ནི་རྟ་བརྒྱས་ནི་བཀུར་དེ། （112） བལ་མཁར་དངུལ་ཕྱོམ་གི་ནང་དུ་བཅུག་སྟེ་རྗེ་པོའི་ （113） དཀོར་དུ་བགྱིས།ཁོལ་པོ་པོ་བལ་ཁོལ་གཉིས་བཅུའི་ （114） ནོར་དང་དད་དུ་བགྱིས། ཏེ་བཞག་ན་རྒྱལ་ཕྱུང་བའི། （115） བྱིན་ཞིག། །རྒྱལ་བྱིན་ནོ་ནོ་རྫུ་གཙོ་བྱིན་ཆོ། （116） ནོ་འཕྲུལ་ནས། །ཆེ་ཙམ་ཆེ་ཙམ་ནང་གི་ཐོ་ལ། （117） མཐོ་མཁར་གི་རྩེ་ལ་སྐྱེས་ཕོ་ཕྱིང་དཀར་ཅེན （118） འཕོད་ཐོང་ཐོང་ད་ཅི་སྔ་མ་བཞིན་བགྱིའོ། ། （119） ཉི་མ་ཕྱི་གསུམ་གི་སྐང་ལ་རྟ་ཐོད་རྔང་ཐོད་བཙག （120） སྨར་གི་ཐེག་ལེ་ཅེན①་དུ་རྫུས་དེ།རྒྱལ་ཕྱུང་བའི་བྱིན། （121） མཁར་རལ་མོའི་བཅུད་ཞིང་ཐབ་བ་རྣལ་ཆབ་རོལ་བའི་ （122） གཟར་གཡག་བམ་བའི་ཤ་ཞིག་དུ་མ་བཏུབ་མ་བཅད། （123） རྗེ་བགྲེས་ཏེ་གདུང་ཆད་ན་བལ་རྗེ་ལ་ནམ་བགྲེས་ཏེ་གདུང་ （124） ཚད། །ཁབ་ལྷ་ཟ་བལ་མ་ནི་མྱི་གཞོན་དུ་དྲིར་ནོངས （125） ནས་བལ་མཁར་དངུལ་ཕྱོམ་གི་སྒོ་རྩིག་གིས་བཅད་ （126） བཞག་པ་ལ། །ཡུལ་སྒྲོའི་ཕྲུ་དྲུང་གི་ཕྲུ་མཁར། （127） གི་དྲུང་ན་སྒྲོ་རྗེ་སྔང་ཀུ་གི་ཞལ་ནས་ན་ནིང་གཞེ་ནིང་ （128） སྔོན་བལ་རྗེ་ལ་ནམ་གི་དཀོར་དང་དད་དུ་རུང་ན （129） དེ་རིང་སང་ལྟ་ན་མྱི་ཕོ་པོའི་ནོར་དང་དད་དུ་རུང་ （130） ཡང་ཞེས་གསུང་ཏེ་མྱི་བརྒྱས་བཀུན②་རྟ་བརྒྱས་བསུ （131） ནས་སྒྲོ་དྲུང་གི་ཕྲུ་དྲུང་ཕྲུ་མཁར་གི་རྩེ་དུ་བཅུག་ན་ （132） རྒྱལ་བྱིན་ནོ་ནི་རྫུ་གཙོ་བྱིན་ཆོ་ནི་འཕྲུལ་དེ། （133） མ་བཏུབ་མ་བཅད་ནས། །ཆེ་ཙམ་ཆེ་ཙམ་ན་སྐྱེས （134） ཕོ་ཕྱིང་དཀར་ཅེན་དུ་རྫུས་ཏེ་འཕོད་ཐོང་ཐོང་བྱ་ （135） བཞིན་དུ་བསྒོའོ། །སྒྲོ་རྗེ་རྔང་ཀུག་གིས་མ་བཙུ་ （136） མ་བཅད་མྱི་བརྒྱས་ནི་བཀུར་རྟ་བརྒྱས་ནི་བསྐྱལ་ཏེ། （137） ནན་འཁོར་རོ།༔ ༔། མཁར་ཁྱུང་ལུང་

（106）於泊域冷當（107）泊銀城堡内，泊主拉囊云：（108）“往昔之往昔，森岱和（109）扎夏唐瓦的財物和喜愛［之物］，（110）從今天明天看，人彼之財物和喜愛［物品］，（111）以百人往迎之，百馬承侍之。”（112）泊銀城堡内安置尊主之（113）財物。僕人、泊僕（114）準備財物和喜愛物品。（115）墓地靈驗神變。（116）較大較大之高堡内，（117）頂端大白氈毛口袋（118）而今如同往昔一樣咚咚作響。（119）於三個日中，交付馬，交付驢（120）健碩紅馬忒勒欽。王彭瓦之（121）福德城堡所享用之精華與堅硬之寢具、（122）享用之鞍墊、犛牛屍身，莫切割，莫毀壞。（123）王衰老之後，遺體被切割，泊主拉囊衰老，遺體被切割。（124）妻子天妃泊瑪者，於年輕時亡故。（125）切割［天妃泊瑪之屍體］，安置於泊宫殿門牆之上。（126）洛域之普近旁普城堡（127）周圍，洛主莽古言：“往昔（128）泊主拉囊的財物和喜愛［之物］（129）從今以後，人彼之財物和喜愛［物品］，（130）以百人承侍之，百馬迎接之，（131）安置於洛近旁之古近旁普城堡頂端。”（132）墓地靈驗神變。（133）莫切割，莫毀壞。較大較大（134）大白氈口袋，而今如同往昔烏咚咚作響。（135）洛主莽古莫切割，（136）莫毀壞。以百人承侍之，以百馬陪伴之。（137）妥善地旋繞！穹窿城堡。

① 此卷第23行作ཐེག་ལེ་ཆེན，即ཐེག་ལེ་ཆན，日神七馬之一，音譯“德勒欽”。

② 當作བཀུར，意爲“供奉、承侍”。

三、生者立誓爲亡者營葬的苯教儀軌先例——P. t. 1040 内容性質主旨

從寫卷紙張格式看，P. t. 1040 第 1—2 行内容獨立於故事情節，以雲頭符始，與第 3 行間隔兩行位置距離：༄༅། བོན་འདི་གསང་བའི་བོན་གིས་སྤྲུལ་ཡང་བསྒྲག་པ་ལོ་ཏུས་གི་དྨོ་ལ་གཟོགས། 此苯乃秘密苯經久反復誦讀而成之咒誓。斯巴尼安認爲，該卷首部與結尾殘缺，第 1—2 行之後全然未提及秘密苯與咒誓，故所述很可能是另一寫卷的末尾部分，與 P. t. 1040 其餘内容無關。① 斯巴尼安之推測囿於未譯讀全文。實則，前兩行即已明示此卷性質其一爲“秘密苯之咒誓”。

首先看秘密苯 གསང་བའི་བོན 的含義。苯教九乘中四因乘之楚辛乘（འཕྲུལ་གཤེན），也稱密苯，“是苯教師靠自身修行得來的功夫法力來清除妖魔，禳解禍殃，調節紛爭和營造祥和的一種原始苯教”。②《西藏王統記》（རྒྱལ་རབས་གསལ་བའི་མེ་ལོང）載：“佩戴彩色羊毛的楚辛派送堆（མདོས）和彩盤（ཡས）等贖罪品，維持歷代世系穩定，確定護佑依處，禳除一切久暫災厄。”③ P. t. 1040 中 འཕྲུལ 出現四處，意爲“幻化、神變、神通”，且在 P. t. 1040 中獻供與祭品有馬鞍、轡繩、綠松石等，與楚辛亦即秘密苯禳解獻供之舉相符合。

再察辨 དམོ，意爲“誓願”“誓言”“詛咒”。“賭咒立誓”爲吐蕃王朝政典律例、宗教儀軌與民間習規的重要組成部分，亦多見於敦煌藏文寫卷中。凡立誓，無敢妄語，人神共證，不可違背。④ 如 P. t. 1071《狩獵傷人賠償律》中即集中出現通過賭咒立誓以證清白而判明律罰的情形，此中“誓言”即對應 དམོ。⑤ 再如 ITJ 731r《家馬與野馬分化的歷史》中“人馬盟誓”情節，句中 དྨོ 當同 དམོ，即“誓言”之意。⑥ ITJ 731r 述明馬匹作爲苯教喪葬儀

① *Choix II*, p. 11.

② 才讓太、頓珠拉傑：《苯教史綱要》，北京：中國藏學出版社，2012 年，第 58—59 頁。

③ ས་སྐྱ་བསོད་ནམས་རྒྱལ་མཚན། རྒྱལ་རབས་གསལ་བའི་མེ་ལོང་། པེ་ཅིན། མི་རིགས་དཔེ་སྐྲུན་ཁང་། ༥༥པ།།

④ 吐蕃盟誓研究詳參任小波：《吐蕃盟誓研究》，中央民族大學博士學位論文，2010 年。

⑤ P. t. 1071 第 8—10 行：གུམ་ཡང་རུང་མ་གུམ་ཡང་རུང་། མགོན་མཆིས་ཏེ་ཆད། ཀར་འཕང་ས་རེ་ཞེས། གཙང་དཀར་བཅུ་གཉིས་དང་ཕོན་བདག་དང་བཅུ་གསུམ། དྨོ་སྨྱལ་དོ། དཀར་ཆག་སྣ། ཐོང་ཤྱི། དང་ཁྲིམས་གཅིག་གོ ། 無論喪命與否，放箭人發誓非因挾仇而有意射殺，可由十二名清白坦誠者與放箭人共十三人共同起誓，若能澄清事實，依《懲戒復仇者之律》處之。譯文參見鄭炳林、黃維忠主編：《敦煌吐蕃文獻選輯 · 社會經濟卷》，民族出版社，2013 年，第 212—213 頁。

⑥ ITJ 731r 第 102—104 行：ཤྱི་ཆ་བུ་ལྡམ་ཤད་དང་རྟ་ཆང་དར་གཉིས་ཐ། ཚིགས་ནི་སྐམ་ལ་བཅས་རྡེའུ་རྟ་ནི་དབྱེ་ལ་སྡོད་ཏེ་མན་བཅད་མཐོ་བཅད་བཅད་ཀྱི་མཐིལ་ལི་གོང་། ཐ་བཀྱིས་ཚིགས་བཀྱིས་ཏེ་གཉི་དྨོ་ཐབ་མོ་གོར་ཏེ་བསྐོས་ན་ནི་རིང་བཀུར་ནོང་སྣ་ནི་རྗེ་གདབ་པར་བགྱིསྟེ།། 人瑪布丹協、馬庫絨莽達二者，立如鉗之重誓。斯時，騾馬始居於平川之上。人馬雙方，疊拳而盟，摁指爲誓，繞灶立誓。生時馱載遠行，死後仍奉爲主。詳參任小波《敦煌吐蕃文書中的“人馬盟誓”情節新探——IOL Tib J 731 號藏文寫卷研究釋例》，《中國藏學》2011 年第 3 期，第 113—118 頁。亦見於 F. W. Tomas, *Ancient Folk-Literature from North-Eastern Tibet*, Berlin Academia-Verlag, 1957, Chap. I, pp. 9-39. 托瑪斯著，李有義、王青山譯：《東北藏古代民間文學》，成都：四川民族出版社，1986 年，第 17—41 頁。謝後芳譯文見《文學卷》第 3—17 頁。

軌中的重要殉牲成爲人類親密友伴之根源，亦作爲苯教喪葬儀軌中的盟誓先例之一：人立誓爲馬報兄長身死之仇，馬立誓死生忠於人，生時爲僕爲伴，死後馱載遠行。又如 P. t. 1287 第 1 節中第 45—48 行阿列吉（ངར་ལ་སྐྱེས）爲止貢贊普贖屍並立誓營葬的内容，[①] 此段雖未用སྡོ一詞，但མནའ與སྡོ同爲“誓言”之意。此節顯示苯教喪葬儀軌中對贊普屍體相對具體的處理方式，亦作爲儀軌先例中生者立誓爲亡者營葬的典例。

概由以上三例可見“賭咒立誓”於吐蕃社會中之習常與重要。那麽 P. t. 1040 内容又爲何種情景之下、何種功用與主旨的咒誓？察此卷具體情節敘述結束後，反復出現爲逝者營建墓葬，要“以百人承侍之，百馬迎接之”的内容與誓言。具體如第 108—110 行：གསེང་ལྡེ་དང་སྤྲ་ཞལ་ཐང་བའི་དཀོར་དང་དད་དུ་དུང་ན་དེ་རིང་སང་ལྷ་ན་མྱི་ཁོ་བོའི་ནོར་དང་དད་དུ་དུང་གྲང་ཞེས། མྱི་བརྒྱས་ནི་བསུ་རྟ་བརྒྱས་ནི་རྟ་བརྒྱས་ནི་བཀུར་ད། 森岱熱與扎夏唐瓦的財物和所喜（物品），而今以後，以百人迎接之，百馬承侍之；第 127—131 行：སློ་རྗེ་སྣང་ཀུགི་ཞལ་ནས་ན་ནིང་གཞེ་ནིང་སྟུན་བལ་རྗེ་ལ་ནམ་གི་དཀོར་དང་དད་དུ་ཟུང་ན་དེ་རིང་སང་ལྷ་ན་མྱི་ཁོ་བོའི་ནོར་དང་དད་དུ་ཟུང་གྲང་ཞེས་གསུང་ཏེ་མྱི་བརྒྱས་བཀུར་རྟ་བརྒྱས་བསུ་ནས 洛域之普周圍普城堡，洛主莽古言：“往昔，泊主拉囊的財物和所喜愛（物品），而今以後，以百人承侍之，百馬迎接之。”第 135—136 行：།སློ་རྗེ་ཆང་ཀུག་གིས་མ་བཟུབ། མ་བཅད་མྱི་བརྒྱས་ནི་བཀུར་རྟ་བརྒྱས་ནི་བསྐྱལ་ཏེ། 洛主莽古莫毀壞。以百人承侍之，以百馬陪伴之。

與此同類的表述見於 P. t. 1287 第 6 節《墀松贊（ཁྲི་སྲོང་བཙན）與韋義策（དབའས་དབྱི་ཚབ）盟誓》。[②] P. t. 1287 第 264—265 行：ཤུལ་ན་མཆེད་ཕྱག་དཀར་ཏེ་བརྗིག་པར་གནང་། རྟ་ནི་བརྒྱའ་དགུམ་པར་གནང་།། 汝死之後，朕親爲汝營葬，殺馬百匹以行糧。[③] 此處君臣之盟固然體現墀松贊對韋氏的器重，但亦表現吐蕃喪葬儀軌中殺馬以爲殉牲的傳統，而這一儀式儀軌的執行亦是生者對逝者的營葬誓言，與 P. t. 1040 結尾處反復強調的内容性質相同。

此卷性質主旨其二爲“苯教喪葬儀軌先例”。而分辨此性質主旨的核心在於厘清 P. t. 1040 中語詞རྒྱལ的含義。P. t. 1040 第 3 行རྒྱལ་ཅིན་གི་རབས這裏格式以雲頭符起始，表明此卷第一節内容之題名爲《墓地靈驗儀軌先例》，所謂“塔阿彭莫當的婚姻悲劇與其夫的葬禮”爲筆者根據寫卷儀軌先例中所言故事具體情節而所附加之標題。斯巴尼安認爲塔

---

① P. t. 1287 第 45—48 行：བཙན་པོ་རྗེ་དབྱལ་ཞིག་འོངས་ན། ཐོར་ཏོ་འཕྲེན་མོ་ནི་བཅིངས། ངོ་ལ་མཚལ་གྱིས་ཟྲུགས། ལུས་ལ་ནི་བཞགས། བཙན་པོའི་སྤུར་ལ་ནི་འཚོག །མྱི་ལ་འགྲོག་ཟས་ལ་ནི་ཟ་འཐུང་། དེ་ལྟར་བྱ་འམ་མྱི་བྱ་ཞེས་མཆིན་ནས། དེ་བཞིན་བགྱི་བར། མནའ་བཅད་མཐོལ་བཅད། དམ་བགྱིས་ཚིག་བགྱིས་ནས། ｜贊普君主一經亡故，束髮髻於頂，赭丹朱於面，裝飾軀體。剖解贊普屍骸，對衆避匿不宣，獻饈以具饌飲。能如此否？答曰：“可如是。”遂立重誓，證以誓詞。此段譯解參見王堯：《王堯藏學文集》第一册，中國藏學出版社，2012 年，第 54、226 頁。任小波：《贊普葬儀的先例與吐蕃王政的起源——敦煌 P. T 1287 號〈吐蕃贊普傳記〉第 1 節新探》，《敦煌吐魯番研究》第十三卷，2013 年，第 419—440 頁。

② P. t. 1287 分節與研究回顧詳見朱麗雙、黃維忠：《〈古藏文編年史〉研究綜述》，《敦煌學輯刊》2018 年第 3 期，第 101—125 頁。

③ 詳見《王堯藏學文集》第一册，第 54、226 頁。

阿彭莫當的三任丈夫都因爲རྒྱལ་བྱིན的干預而死亡,① 這一誤解緣於對རྒྱལ་བྱིན之誤讀。P. t. 1055 金錢卜第 91—92 行：།གནོན་པྱ་ལ་བཏབ་ན། རྒྱལ་བྱིན་དང་ཐེའུ་རང་ཆེ་བའི་ངོ། 王堯、陳踐譯作：卜邪魔占，帝釋天和獨脚鬼大擾。② 這裏，王堯、陳踐將རྒྱལ་བྱིན譯作"帝釋天"，等同於བརྒྱ་བྱིན，意爲"因陀羅、帝釋天主"，但在 P. t. 1040 中རྒྱལ་བྱིན亦非此意。

རྒྱལ原意爲"大的、皇家的、帝王的"，但 P. t. 1040 中的རྒྱལ當取"墓地"之意。褚俊傑提出རྒྱལ與སེ關係密切，P. t. 1040 第一節標題可爲《（如何使）墓室？靈驗的儀軌故事》③。P. t. 1134 等苯教喪葬儀軌寫卷中多見"四角墓室八方墳場（རྒྱལ་དག་བརྒྱད་སེ་གྲུ་བཞི）"的表述，如第 119—122 行：རྒྱལ་དག་བརྒྱད། ནི། གནམ་ལས། བྲེ་སེ་གྲུ་བཞི་ནི། ས་ལ་བཙས། བས་ལ་ནི། རྒྱལ། བསྒོས། 八方墳場環繞天空，四方墓室立於大地，墓門（建於）隱秘處。རྒྱལ與墓室སེ在句式中互文對舉，含義定然相近或互補，這裏རྒྱལ在རྒྱལ་དག་བརྒྱད中取"墳場"之意，在རྒྱལ་བསྒོས中取"墓室"之意。

赤德松贊之墓碑第 59 行：རྗེའི་བང་སོ་རྒྱལ་ཆེན་འཕྲུལ་ཞེས་མཚན་པ་འདི་ལགས་སོ此即王之陵墓，名曰"傑欽楚"者也。則རྒྱལ་ཆེན་འཕྲུལ對譯非"大神變王"，而爲"大神變墓"，這裏རྒྱལ取"陵墓"之意。④

要之，རྒྱལ一詞今已不存與墓葬相關之意，但通過以上三例見得在古藏文表述語境之中，རྒྱལ除了指"王""廣袤""宏大"之外，還用以形容墓葬空間與建築，且其義不定，既可指"陵墓""墓地"，亦有在片語中表述"墓室"之功能。故而 P. t. 1040 中རྒྱལ可取"墓地"之意。其中第 3 行རྒྱལ་བྱིན་གི་རབས墓地靈驗儀軌先例。第 23—24 行：རྒྱལ་ནོ་ནེ་རྫུ་ཆོ་ནེ་འཕྲུལ；第 115—116 行：རྒྱལ་བྱིན་ནོ་ནོ་རྫུ་གཚོ་བྱིན་ཆོ།；第 132 行：རྒྱལ་བྱིན་ནོ་ནེ་རྫུ་གཚོ་བྱིན་ཆོ་ནེ་འཕྲུལ་དེ། 均可譯作"墓地靈驗大神變"。

再察རབས，今義"等級、類、世代、系統"，但在敦煌苯教寫卷中རབས可專指"儀軌先例"或"儀軌先例故事"。石泰安提出儀軌故事作用在於以引入一種治病、保護不遭災難和獲得一種功德的儀軌。先例故事可以確保儀軌的真實與有效性。在完成任何儀軌行爲或提到一項内容時都應該講述或至少簡單提及某一物品或人物的起源故事,⑤ 褚俊傑認爲

① *Choix II*, p. 11.

② 鄭炳林、黄維忠主編：《敦煌吐蕃文獻選輯·占卜文書卷》，民族出版社，2016 年，第 173—179 頁。

③ 褚俊傑：《吐蕃本教喪葬儀軌研究（續）——敦煌古藏文寫卷 P. T. 1042 解讀》，《中國藏學》1989 年第 4 期，第 118—134 頁。

④ 參見西藏文管會文物普查隊：《赤松德贊墓碑清理簡報》，《文物》1985 年第 9 期，第 73—76 頁。Li Fang Kuei and W. South Coblin, *A Study of the Old Tibetan Insciptions*, Nankang: Institute of History and Philology Academia Sinica, p. 243, p. 249.

⑤ 詳見 Stein 1971, pp. 537-545.《國外藏學研究譯文集》第四輯，第 195—197 頁。

述説儀軌先例實際體現爲一種語言崇拜。① 典例者如 P. t. 1042 第 11 行：སོབས་ཏང་སྨན་ཀྱི་རབས་ཀྱིས་ཏེ། 述説藥品方劑的儀軌先例。ITJ 731r 第 38 行：ཏ་རྒྱང་དབྱེ་བའི་རབས་ལ། 家馬與野馬分化的儀軌先例故事。

綜合上述，P. t. 1040 首兩行内容與之後所有段落爲同篇寫卷、相續一體。通過辨析“秘密苯”（གསང་བའི་བོན）、“咒誓”（མྱོ）和“墓地”（རྒྱལ）及“儀軌先例”（རབས）這四個關鍵語詞，並結合第 3 行以雲頭符起首的標題 རྒྱལ་བྱིན་གི་རབས 墓地靈驗儀軌先例，可察見該寫卷性質主旨是作爲“秘密苯”經久傳頌，由生者立誓爲亡者營建墓葬的苯教喪葬儀軌先例。

四、“婚姻悲劇”敘事——P. t. 1040 内容結構與要素解析

依照 P. t. 1040 故事情節譯釋結果，其内容結構可劃分爲四部分。其中第一部分第 3—34 行：塔阿彭莫當與穆唐真歐拉炯的婚姻悲劇；第二部分第 35—49 行：塔阿彭莫當與森岱熱岱芒的婚姻悲劇；第三部分第 50—105 行：塔阿彭莫當與扎夏唐瓦・久讓穆澤的婚姻；第四部分第 106—137 行：泊主拉囊與洛主莽古再言營葬誓言與儀軌要點。前三部分爲儀軌先例故事情節的敘述，而第四部分相對獨立，當爲後世重申營葬之誓言。

與前述石泰安與杜曉峰的推論相符，P. t. 1040 中苯教喪葬儀軌先例故事爲“婚姻悲劇敘事模式”。故事以悲劇爲内核，情節圍繞塔阿彭莫當的三段婚姻展開，其中產生求親、婚後分居、狩獵、亡故和營葬這五種情節元素。故事情節發展以立誓爲亡者舉行喪葬儀軌、營建墓葬爲最終目的與主旨。此類固定敘事模式與幾種要素多見於 P. t. 1285、P. t. 1134、P. t. 1289 等數篇苯教儀軌先例寫卷中，不但在敘述模式與要素上相同，在故事敘述表達語詞與句式中也多見重疊者。此外，P. t. 1287 第 1 節《爲止貢贊普贖死》和第 11 節《賽蒙噶爾之歌》也爲相近敘事之典例。以下具體分析：

P. t. 1040 第一部分故事情節敘述簡略，引出婚後分居、亡故、營葬這三項婚姻悲劇元素，其夫穆唐真歐拉炯的死因未被提及，塔阿爲夫營葬後回到了自己父母身邊。其中第 15—21 行的内容比較晦澀難懂，出現較多隱喻性的意象，似是插敘穆唐真歐拉炯亡故時的情景，在行文上表現爲詩歌體例，以象聲疊詞爲表述特點，如烏咚咚（འཚོད་ཚོང་ཚོང）、咚隆隆（ཏུད་སྟོང་སྟོང）、瑟當當（ཟེར་དང་དང）、岡咄咄（ཀལ་ཚོད་ཚོད）、當喀喀（དང་ཁལ་ཁལ）。這種詩歌體例又以苯教占卜寫卷 ITJ 738 敘述風格爲典例。②

① 褚俊傑：《吐蕃苯教喪葬儀軌研究——敦煌古藏文寫卷 P. T1042 解讀》，《中國藏學》1989 年第 3 期，第 15 頁。

② 參見《文學卷》，第 107—153 頁。

故事情節展開前先言人物身世，爲敦煌苯教儀軌先例故事的固定表述模式之一，① 這裏敘説身世的固定模式爲：ཕ་དང་ཡབ་ཀྱི་མཚན 父親名曰……མ་དང་ཡུམ་གྱི་མཚན 母親名曰……བསོགས་ཏང་ནམས་ཀྱི་སྲས་ན 二人福德所育之子……P. t. 1040 中略去了 བསོགས་ཏང་ནམས་ཀྱི་སྲས་ན 這一句式。接著如是描述塔阿彭莫當容貌，P. t. 1040 第 6—7 行：ཞལ་བཟང་སླ་རེ་འོད་དབུ་བཟང་ལྕང་ལོ་འཁྱིལ། 面容姣好若月光，髮絲蜷曲若秧苗。這當爲描述女子形貌時的固定意象與比喻，相同語句見於 P. t. 1285 等卷中，且較之 P. t. 1040 表述更完整。② 之後出現第一部分故事中的重要婚姻悲劇元素“婚後分居”，這一元素亦存固定語句模式，P. t. 1040 第 15 行：མྱི་བསོགས་སུ་བསོགས། ཤིང་བཞུགས 無結合地居住生活。同樣的表述可見於 P. t. 1285。③ 另 P. t. 1287 第 11 節《贊蒙賽瑪噶之歌》中亦有描述贊蒙賽瑪噶（སད་མར་ཀར）與象雄王李彌夏（ལིག་མྱི་རྒྱ）不和，不同寢、分居別室，以此作爲二人婚姻悲劇的隱喻和意象。④

第二部分内容在故事情節敘述上相對詳盡完整，包含求親、婚後分居、狩獵、亡故四項婚姻悲劇與故事情節元素，首先引出求親元素，P. t. 1040 第 37 行：ཉེ་རི་ཉེ་མང་ལས་ཁབ་དང་གདར་དུ་བཏང་ཏེ་གཤེགས་སོ། 森岱熱岱芒去往娶妻。同類表述還見於喪葬儀軌先例故事 P. t. 1134 中，卓越之人章惹瓊（མྱི་རབ་འགྲེང་ན་ཚ）無妻，尋娶加色丁古（འགྱམ་ཟ་ཏིང་གུག）爲妻。⑤ 接著再次出現“婚後分居”元素。而後森岱熱岱芒去往羌卓甲貢（བྱང་འབྲོ་བརྒྱད་གོང）狩獵，P. t. 1040 第 40—41 行：ང་འི་ཡུལ་བྱང་འབྲོ་བརྒྱད་གོང་དུ་ཤ་ནོར་དགོ་འདྲིམ་དུ་གཤེགས་གིས། 於吾之境域羌卓甲

① 完整句式以 P. t. 1285 中爲典例。第 16—18 行：ཡུལ་སྨ་ཡུལ་ཐག་བརྒྱད་ན། ཕ་དང་ཡབ་ཀྱི་མཚན། སྨལ་དིང་དིང་དིངས་ཀྱི་རྗེ། མ་དང་ཡུམ་གྱི་མཚན་དབྱལ་གུན་གུན་མ་བཙུན་བསོགས་ཏང་ནམས་ཀྱི་སྲས་ནའ། བུ་མོ་རུང་བྱུང་སྲས་ལམ་དུ། བལྟམ་ཕྱིང་དང་མཙན་བཏགས་པའ། ཐང་ང་བརྙ་མར་བཏགས།ཐང་ང་བརྙ་མ་ཞིག། 在瑪域塔傑，父親名曰瑪丁丁丁傑，母親名曰堅袞袞瑪尊。所育之子，出生後是位公主，名曰唐瓦拉瑪。རྗེ་དང་དང་དང་སྤྱི་རྗེ་དང་རྗེ་ཚོགས་སྣམ་ཟའི་སྣམ་ཁྲི་མ་གཉིས། བསོགས་དང་ནམས་ཀྱི་སྲས་གཤེན་བལྟམ་ན་ཐོང་། རྗེ་འི་དག་མོ། 當當當期王與南木夫人南木赤瑪二者福德結合所育之子，順良降生東傑達姆。

② P. t. 1285 第 98—99 行：འོལ་ཟ་ལྷམ་བུར་བཏགས། ཞལ་བཟང་ཟླ་རེ་འོད། ཚེམས་བཟང་འགྲོན་རེ་ཏཀར། དབུ་བཟང་ལྕང་རེ་འཁྱིལ། རིང་བཟང་སྨྱུག་རེ་ཉེམ་ཞིང་བཞུགས། 沃薩拉布面容姣好如明月，牙齒潔白如貝殼，髮絲纏繞如秧苗，身形挺拔如翠竹。第 118—119 行：ཐང་རྒྱ་མོ་ཐང་ཞིག་ཞལ་བཟང་ཟླ་རེ་འོད། རིང་བཟང་སྨྱུག་རེ་ཉེམ། དབུ་བཟང་ལང་ལོ་འཁྱིལ། ཞིང་བཞུགས། 塔阿加莫唐面容姣好若月光，身形窈窕若竹，髮絲蜷曲若柳。第 145—146 行：ཐང་བལ་མོ་ཐང་རིང་བཟང་སྨྱུག་རེ་ཉེམ་ཞལ་བཟང་ཟླ་རེ་འོད་ཅིང་བཞུགས་ནའ། 塔阿泊莫唐身形窈窕若竹，面容姣好如月光。

③ 見 P. t. 1285 第 104 行：འོལ་ཟ་ལམ་བུ་དང་ཐག་རྒྱལ་ཐང་པོ། གཉིས། མྱི་བསོགས་སུ་བསོགས། མཆིང་རྣམས་སུ་བརྣམས། ཤིང་བཞུགས། 沃薩女兒與扎王唐波，二人無結合地生活，立有協約。第 130 行：དགུ་པོ་ཁའི། ཁབ་དུ་མཆིས། མྱི་བསོགས་ཤིང་མཆིས། མཆིང་རྣམས་ཤིང། བཞུགས 去爲古波之妻，無結合地生活，立有協約。

④ P. t. 1287 第 399—401 行：ལིག་མྱི་རྒྱ་ལ་ཤུད་ཀི་ཟ་རྩལ་ཏིང་ཤགས་གནང་སྟེ།། བཙན་མོ་ཡང་ལིག་མྱི་རྒྱའི་སོ་ནམ་དང་བུ་སྲིད་མྱི་མཛད་ཆེང་ལོག། 李迷夏鍾愛墟格妃，故贊蒙不與李迷夏結合、生育兒女。參見《王堯藏學文集》第一册，第 233 頁。朱麗雙：《贊蒙賽瑪噶之歌》，《中國藏學》2017 年第 2 期，第 107 頁。

⑤ P. t. 1134 第 39—41 行：ཆབ་ཀྱི་ཡ་བགོ་ན། མྱི་རབ་འགྲེང་ན་ཚོ་ཞག། ཀབ་དང་དབྱལ། བཚལད་པ། ཆབ་ཀྱི་མ་བཞུག་ན། འགྱམ་མོ་ཚེ་འི་བུ་མོ། འགྱམ་ཟ་ཏིང་གུག། ཆིག་ཀབ་དང་གདར་དུ་བླངས། 於水之源頭，卓越之人章惹瓊尋找妻子，於水之末尾，娶加莫采之女加色丁古爲妻。

貢，狩獵鹿、狩獵羚羊。如此即引出“狩獵”這一指向衝突或死亡的悲劇元素與意象。“狩獵敘事”典例還見於 P. t. 1289 中，並較 P. t. 1040 的情節表達得更完整，傑當當宕吉傑（ཇེ་དང་དང་དངས་ཀྱི་ཇེ）在羌卓南木朵（བྱང་འབྲོག་སྣམ་སྟོད）獵殺魔鹿，觸怒九冠魔女（སྲིན་ཞ་མོ་དགུ་ཐོགས་མོ）被其剖心而亡。① 從 P. t. 1285 所述可推測森岱熱前往北方狩獵違背了某種禁忌，故引發悲劇。P. t. 1285 第 3—4 行：རི་གསུམ་ཤ་མ་བསྔོར། ཐང་རི། འབྲོག་རི། བྱང་རི་གྲུམ་པ་གསུམ། ཞིག་ཤ་མ་བསྔོར 三山不獵鹿，平原山、牧區山、北方三山匯合處不獵鹿。北方三山匯合處不可獵鹿，而羌卓甲貢和羌卓南木朵都屬北方即བྱང。

除了森岱熱岱芒觸犯禁忌引發悲劇，塔阿彭莫當的失誤則直接造成森岱熱頭痛而亡，引出死亡這一核心元素。這裏又插入了兩個意象，暫未見於其他苯教儀軌先例寫卷，卻存於“爲止貢贊普贖死”傳説中。P. t. 1040 第 43—43 行：སྤུང་མོ་ཏང་ལག་པ་ཐབ། ངོགསུ་མ་མ་བསྐལ་ཅིག་ཟངས་མོ་ཁ་ཐབ་དུ་མ་སྤུབ་ཅིག། ཅེས་བགྱིས་དེ་གཤེགས་སོ།། 祖母令塔阿彭莫當在河邊放倒爐灶，“銅鍋口莫要倒覆於爐灶!”言畢離開。其中第一個意象爲“祖母（མ་མ）之讖”。這一意象見於 P. t. 1287 第 1 節，衆人請祖母爲贊普立號，祖母因年邁耳聵而誤解讖語，爲贊普取名“止貢（དྲི་གུམ）”（死於刀下），② 贊普雖憤懣，但最終未免身死之厄。這裏可見祖母有一重要身份形象，即爲立讖和解釋讖言；而 P. t. 1040 中塔阿更是因爲未聽祖母之讖誡，以致其夫頭痛而歿。第二意象爲“銅鍋（ཟངས་མོ）倒覆”，此亦見於 P. t. 1287 第 1 節，王兄夏墀（ཤ་ཁྲི）爲亡父復仇，至娘若香波（ཉང་རོ་ཤམ་པོ），羅昂（ལོ་ངམ）之一百男僕銅鍋倒覆於首而自盡③。P. t. 1287 第 1 節中言布岱貢夾（སྤུ་དེ་གུང་རྒྱལ）完成復仇後令人支起三塊支鍋石，安置銅鍋，遂爲人主。④ 由之可察支起銅鍋或寓意立身之本，而銅鍋倒覆，立身之本傾覆，性命亦不保。

之後到寫卷内容第三部分，這一部分是故事情節敘述最爲曲折生動之處，並巧妙地兩次引發營葬這一核心要素，更是細節地重申營葬所需之“忠心寶馬”等重要獻祭物。森岱熱亡故後塔阿悲泣於白色山岩，恰遇扎夏唐瓦・久讓穆澤，遂言其夫亡之悲劇與營葬之所需，而正是由於扎夏立誓並向塔阿提供爲森岱熱營葬所需之獻牲寶馬，塔阿纔在爲森岱

---

① P. t. 1289 第 v2—7 行：བྱང་འབྲོག་སྣམ་སྟོད་ན་སྲིན་ཤ་ཞིག་པས་བྱུང་ན། བབ་ཏུ་རིངས་པས་སེ་བྱུང་སྲིན་ཤ་བསད་པ་དང་ཉི་མ་ནུབ་ཏུབ་ན། 在羌卓南木朵，一隻魔鹿現於彼處，長著長角現於彼處。殺死了魔鹿，太陽西沉。第 v2—9 行：སྲིན་ཞ་མོ་དགུ་ཐོགས་མོས། ཁ་ནས་ལག་བཙུག་ཁོང་ནས་སྙིང་ཕྱུང་སྟེ། ཇེ་དང་དང་དངས་ཀྱི་ཇེ་དེར 九冠魔女。魔女從口中伸入手，從内裏拋出心臟，殺彼傑當當宕吉傑。敦煌藏文寫卷中涉及“狩獵”者詳參 Brandon Dotson, “The unhappy Bride and Her Lament”, *Journal of the International Association for Bon Research*, pp. 212-217.

② P. t. 1287 第 54—55 行：ལོ་ངམ་པོ་བརྒྱའ་ནི་ཟངས་བུ་བརྒྱའ་ཀླད་ལ་སྤུབ་ནས་ཤྲེབ་སྟོ་ཤྲེབས་སོ།། 羅昂之一百男僕，銅鍋倒覆於首而亡。參見《王堯藏學文集》第一册，第 37、212 頁。

③ 參見《王堯藏學文集》第一册，第 40、214 頁。

④ 參見《王堯藏學文集》第一册，第 41、215 頁。

熱營葬後三嫁扎夏。嫁於扎夏後又逢扎夏之父亡故，此段未展開其父亡故之始末，但切入主旨，再次強調喪儀與營葬所需之寶馬、犛牛、逝者生前所喜等一衆物品。還需注意，這部分故事出現的又一模式化情節爲“雅拉達珠自虛空之訓示”，第 94—97 行：དུད་པ་འལ་འོལ་གནམ་དུ་སོང་ན་ཡབ་ལ་བདག །ཟུག་བསྒྱིན། །མདག་གྲམ་གྲུམ་ས་དུ་སོང་། ས་ལྷ་མགོན་འབུམ་བསྒྱིན། 煙霧自爐灶内嫋嫋向虛空飄繞之時，雅拉達珠訓示。分散火星落於地面，天界十萬怙主訓示。這裏天界十萬怙主、天父六君雅拉達珠是爲苯教十三層天界之主，[①] 在另一苯教儀軌先例故事 ITJ 731r《家馬與野馬分化的故事》中，雅拉達珠訓示馬之境域在卓（འབྲོག），犛牛之境域在薑（བྱང）。[②] 而作爲苯教創世神話中的恰雅拉達珠，在 P. t. 1286《小邦邦伯家臣及贊普世系》中亦爲贊普王室骨系之先祖與聖神王權之所源。[③]

第四部分相對獨立，從先例故事中出離而回歸和立足於現世之功用。這裏内容實際是處在先例儀軌故事的唱誦或敘述者即喪葬儀軌與營葬司祭“苯波”的角度，通過敘述泊域冷當泊銀城堡内泊主拉囊和洛域之普近旁普城堡周圍洛主莽古所言，再次重申營葬所需之獻牲、各類供奉物品及屍體處理方式。第四部分出現的地名泊域冷當བལ་ཡུལ་ཡང་དང在 P. t. 1285 作བལ་ཡུལ་ཞིང་དང，泊域、洛域皆爲小邦，但具體地域仍待考。第四部分末出現穹隆城堡མཁར་ཁྱུང་ལུང，[④] 但這裏第 137 行：ནན་འཁོར་རོ།༔ ༔། མཁར་ཁྱུང་ལུང 妥善地旋繞，穹隆城堡。一句語焉不詳，無法判斷此處是否爲文末地點之題記，若喪葬儀軌舉行之地在穹隆銀城，則 P. t. 1040 所載之墓葬營建與犧牲、獻供之苯教喪葬儀軌儀禮，或可與今阿里地區墓葬考古資料相印證。隨著近年象泉河流域早期城堡建築與墓葬的考古調查，象雄穹隆銀城遺址地點有札達縣曲龍村城堡遺址與噶爾縣卡爾東遺址之説，與之相關的文字資料稀匱，P. t. 1040 等卷中涉及穹隆城堡的隻言片語需進一步關注和整合分析。

---

① 參見張亞輝：《親屬制度、神山與王權：吐蕃贊普神話的人類學分析》，《民族研究》2014 年第 4 期，第 77—91 頁。

② ITJ 731r 第 60—61 行：གནམ་ཀྱི་ཡ་ལྷ་དགུང་གི་ཡ་སྟེངས་ནས་རྗེ་ཡབ་ལྷ་བདག་ཟུག །མགོན་ཚུན་ཕྱས། ཞིས་བསྒྲིགས། རྟ་ཡུལ་ནི་འབྲོག་ཡིན་བའི་རིགས་གཡག་ཡུལ་ནི། བྱང་ཡིན་བའི་རིགས་ན། 虛空之上，雅拉達珠、袞尊恰訓示：馬之境域爲卓，犛牛之境域爲薑。參見《文學卷》，第 8、14 頁。

③ 參見《王堯藏學文集》第一册，第 78、250 頁。

④ མཁར་ཁྱུང་ལུང 穹隆城堡，又見於敦煌藏文寫卷 P. t. 1287、P. t. 1047、P. t. 1051、P. t. 1052、P. t. 1060、ITJ 738、ITJ 739。對穹隆城堡遺址遺跡的考察詳見 Henk Blezer, “In Search of the heartland of Bon-Khyung lung dngulmkhar: The Silver Castle in Garua Valley,” in Henk Blezer ed., *Emerging Bon: The Formation of Bon additionon in Tibet at the Turn of the First Millennium AD*, Halle: International Institute for Tibetan and Buddhist Studies, 2011, pp. 136-139. 霍巍：《西藏西部象泉河流域穹隆遺址的考古調查》，中國藏學研究中心、奧地利維也納大學編：《西部西藏的文化歷史：來自中國藏學究機構和維也納大學的最新研究》，中國藏學出版社，2008 年，第 20—34 頁。霍巍、楊清凡：《西藏高原吐蕃考古與象雄考古的新階段——慶祝中國共產黨成立 100 周年》，《中國藏學》2021 年第 2 期，第 5—17 頁。

概言之，P. t. 1040 中三段故事情節敘述雖各有詳略，但寫卷首尾俱全，是一篇體例完整地喪葬儀軌先例寫卷，文學體裁上又韻散結合，巧妙切合婚姻悲劇敘事這一模式，爲婚姻悲劇敘事之一典例。P. t. 1040 所載吐蕃苯教喪葬儀軌的流程與墓葬營建規則雖不甚完善，但從中仍可梳理出至少以下幾個重要信息，可與其他苯教喪葬儀軌相關寫卷做一對照與補充。一者，夫亡而妻有營葬之責，完成爲之營葬誓願後無論回歸父母身邊或另嫁都不受限；父亡子與媳有營葬之責。同類寫卷又如 P. t. 1134 中爲子亡，父爲其營葬。二者，P. t. 1040 所述再次證實苯教喪葬儀軌中三日之時序，如第 22—23、119 行：ཉི་མ་ཕྱེ་གསུམ་གི་སྐད་ལ་རྟ་ཐོད་ཆང་ཐོད། 三個正午之時，交付馬，交付驥；第 67—68 行：ཁྱོད་གི་ཇོ་བོ་ནོངས་གིས་མྱེད་ན་ད་ཞག་དྲུག་ན་ཕའི་ཁོལ་པོ་རིགས་གི་རྟ་པོ་གྲོངས་གི་ སྤུར་འཚལ། 汝之兄亡故而歿後，於六晝夜時，願有父親僕人一死去之馬的屍身。所言“六晝夜”者當指三白晝、三夜晚而共合爲六晝夜。這與 P. t. 1042、ITJ 734① 等卷中所述葬儀軌三日之時序一致。三者，P. t. 1040 中重申最多者爲苯教喪葬儀軌中不可或缺之獻牲馬匹。具體如第 12、110 行：金恰瑪歐與銀切瑪絨གསེར་གི་བྱ་མ་ངོན་དངུལ་གི་བྱེ་མ་རོ།；第 23 行：健碩紅馬德勒欽བཙག་སྨར་གི་ཐིག་ལེ་ཅན；第 27 行：殺死衆多黑色馬駒རྟེའུ་གནག་ནི་མང་དུ་བཀུམ།；第 65、68、72、76 行：作爲父親僕人的一匹馬ཕའི་ཁོལ་པོ་རིགས་གི་རྟ་པོ་གྲོངས་གི་སྤུར་འཚལ་དེ་མཆིས།。四者，敘述苯教喪葬儀軌流程中一重要環節“乘騎迅速穿越墳場”。第 84—86 行：ཤིད་དང་ཆང་བཙུགས་ཏེ་བཟང་སེ་ལས་སར་མགྱོགས་གང་དགྲུས་བརྒྱུགས་ན། 葬儀和地基迅速建立，選一佳妙墓室，［駿馬］疾速馳騁於墓地。同樣環節的敘述亦見於 P. t. 1042。② 其五，墓葬建築卡噶（ཆ་གར），亦見於 P. t. 1134，③ 但卡噶的具體形態目前無從知曉。其六，屍體處理方式爲切割屍體，這也與已有研究中苯教喪葬儀軌處理屍體方式相印證。④

五、結　語

通過上述諸類比列舉可察見，敦煌藏文苯教喪葬儀軌先例故事寫卷明確存在一定模式化的敘事方式，如“婚姻悲劇敘事”和“狩獵敘事”，與之相應匹配的情節要素則有求親、婚後分居、狩獵、亡故、營葬等；從文學體例看基本一致地表現爲散韻穿插結合之風

---

① 參見《文學卷》，第 75 頁。

② P. t. 1042 第 140 行：དེ་ནས་ཆེབས་སྤོས་པའི་རྣམས། མགྱོགས་གཡུ་སྔས་སྟོད། །དུར་དཀྱུས་བསྒྲལ་ཏོ། །騎士馭“快跑玉鞍”迅速穿越墳場。

③ P. t. 1134 第 88—89 行：ཀྱི། ཤི། བ་ནི། གསོར་མྱི་སོས། ཀོར་གམ། བ་ནི། མྱི་འབྱོར་གྱིས། མདད་ཤིད་ཆེར་གཏང་ཆ་གར་ཆེར་བ་རྩིག་ཆེས། བགྱིའོ། 亡者未復活，亡者未復活！舉行大葬，營建卡噶。譯文參見趙松山：《敦煌古藏文寫卷 P. t. 1134(1－195 行）研究》，第 40 頁。

④ 參見任小波：《贊普葬儀的先例與吐蕃王政的起源——敦煌 P. T 1287 號〈吐蕃贊普傳記〉第 1 節新探》，《敦煌吐魯番研究》第十三卷，第 419—440 頁。

格；在具體表述語詞語句上，亦存在某些固定、公式化的組合與句式，諸如ཞལ་བཟང་ཟླ་རེ་འོད་དབུ་བཟང་ལྷང་སོ་འཁྲིལ། 面容姣好若月光，髮絲蜷曲若秧苗；ཀྱི་བཀོ་སུ་བཀོས།ཤིང་བཞུགས 無結合地居住生活；གནམ་གི་པ་མཐ་དགུང་གི་པ་འབྱམ་ལས། 虛空之邊際，蒼穹之無極；ཤ་རོར་དགོ་འདྲིམ་དུ་གཤེགས་གིས། 狩獵鹿、狩獵羚羊；在敘事情節上，又以死亡和營葬爲核心要素，其他情節要素的出現與發展都爲最終指向和引發死亡與營葬。敘述喪葬儀軌先例之目的主旨在於不斷地重申強調喪葬儀軌之流程禁忌、祭祀營葬必須之供奉物品等，以作爲現實中行苯教喪葬儀軌和營建墓葬的標準與指南，通過追溯儀軌起源而確保和賦予所行儀軌之合理與功效，最終使喪葬儀軌與營葬圓滿完成，逝者前往美好地域生活並護佑生者安順。

饒有意趣的是，除了敦煌藏文苯教喪葬儀軌先例寫卷 P. t. 1040，《贊普王臣傳記》中亦存留如“祖母之讖”和“銅鍋倒覆”這樣預示悲劇與死亡的固定意象；苯教儀軌先例寫卷中行訓示之言的天父六君“恰雅拉達珠”，同樣是 P. t. 1286 中所言之王室骨系先祖，顯示贊普王權神話與苯教儀軌先例要素存在交集。這些雪泥鴻爪都指向吐蕃文化與儀禮形成過程中早期苯教創世神話與儀軌儀禮的參與及影響，而敦煌苯教儀軌先例寫卷散韻結合的體裁與模式化的敘事風格亦爲吐蕃文學發展進程中的汲養之處，影響深遠。此外，近年來阿里地區城堡與墓葬考古多有所獲①，P. t. 1040 等卷言及穹窿城堡མཁར་ཁྱུང་ལུང，是稀匱的相關文字記載。

The Marriage Tragedy of Tha nga pung mo tang and the Funeral of Her Husbands: A Study on the Interpretation of Dunhuang Tibetan Bon Manuscript PT 1040

Yang Chun

Abstract: There are some patterned narrative ways and corresponding plot elements in the Dunhuang Tibetan manuscripts on Bon religion. Most of the writing style is a combination of loose as well as rhymes. Also, There are some fixed combinations and sentence patterns in the specific expressions. This paper interprets PT 1040, and points out that the subject of the volume is secret Bon, which is reciting for a long time, and making vow to bury the dead. The content structure of the book is “marriage tragedy narrative”, the plot ele-

① 霍巍、楊清凡：《西藏高原吐蕃考古與象雄考古的新階段——慶祝中國共產黨成立 100 周年》，《中國藏學》2021 年第 2 期，第 5—17 頁。

ments include: marriage seeking→separation→hunting→death→burial, narrating the tragedy of twice marriages of Tha nga pung mo tang with the ensuing camp burial vows and funeral rituals.

Keywords: PT 1040; Bon funeral ritual; Marriage tragedy narrative; Tha nga pung mo tang

P. t. 1071《吐蕃狩獵律》新探

趙博雅

摘　要：敦煌藏文文獻 P. t. 1071《吐蕃狩獵法》由射箭傷人賠償律、犛牛傷人處置律及狩獵相關問題處置辦法三部分組成。文書以吐蕃不同社會階層在狩獵相關事件中所受處置的不同，體現出吐蕃社會注重階層差異，大尚論至紅銅告身階層作爲受吐蕃律法優待的統治階層，大藏至底層平民及奴户等依附民則是受統治階層盤剝的底層社會成員。文書還介紹了狩獵事件過錯方遺留財產的流轉關係，其妻女、糧儲和牲畜可流轉至子嗣、父親或同族兄弟家中，而奴隸出於維護吐蕃社會階層穩定的需要，不能流轉至同族兄弟家中。

關鍵詞：P. t. 1071；吐蕃狩獵律；賠償命價；社會階層

P. t. 1071 是敦煌所出十分重要的藏文法律文書之一。文書爲卷軸裝，寫本規格爲 26 厘米×850 厘米，一面書寫漢文，一面書寫藏文①。漢文一面是正面，由 4 卷漢文文獻殘卷黏貼而成，分别是《妙法蓮花經》第 10 品之尾和 11 品，《阿毘達磨俱舍論》第 2 品玄奘譯本，《般若波羅蜜多經》第 21 品以及首部殘缺的《佛頂骨經文》，即 P. 2890。漢文文書末尾空白處書“智盧卡恭口述，木嘎言劄書寫。ཇི་རོམ་གས་ཀོང་གྱིས་སྤྱད།མོ་འགོ་མྱི་ཚབ་གྱིས་བྲིས”。藏文一面應是背面，現存 469 行，首尾完整，字跡清晰，表面無破損。文書第 142—178 行及第 398—416 行雖字跡相同，但字體較其餘部分潦草且鬆散。藏文文書末尾倒書“吉祥（ལགས་སོ）”，字跡不同。另外，P. t. 1072 所存 189 行與 P. t. 1071 第 288—447 行相較，除個别字句外，内容基本相同，應屬同一來源之異本。兩者文本特徵存在稍許不同，P. t. 1071 全文以黑筆書寫，P. t. 1072 所載各條律題目以朱筆書寫②，内容以黑筆書寫。因 P. t. 1072 爲殘卷，本文選擇以 P. t. 1071 爲主體與底本進行研究，P. t. 1072 作爲對校本。

文書刊佈方面。P. t. 1071 最早由拉露（Marcelle Lalou）於 1950 年刊佈。除簡要介紹文書現狀外，她還將 P. t. 1071 命名爲“狩獵法”（Loisur la chasse），並按社會等級將文

---

① P. t. 1071 圖版見法國國家圖書館官網 https：//gallica. bnf. fr/ark：/12148/btv1b83041361. r = 1071？ rk = 42918；4

② P. t. 1072 書寫形式與《吐蕃兵律》完全一致，關於《吐蕃兵律》彩色圖片及藏譯見巴桑旺堆《敦煌古藏文吐蕃兵律》（藏文），拉薩：西藏人民出版社，2018 年。

書内容進行劃分[①]。1999 年王堯主編《法藏敦煌藏文文獻解題目錄》概述 P. t. 1071 文本現狀，並列出相關研究著述[②]。2009 年《法國國家圖書館藏敦煌藏文文獻》第 10 册收錄 P. t. 1071 圖版並將文書按内容分别命名[③]。2021 年王啟龍主編《法國國家圖書館藏敦煌藏文文獻目錄解題全編》（全八册）出版，第四册中記載 P. t. 1071 文書概況及研究情況[④]。

文書研究方面。國外對 P. t. 1071 的研究興起於日本，1983 年山口瑞鳳在《松贊干布的〈十六條法〉的虛構性與吐蕃的刑法》一文中將 P. t. 1071 中的被害者等級、加害者受罰條件及内容進行梳理[⑤]。隨後，他又以 P. t. 1071 爲例，表明吐蕃法律具有明確的階級特徵[⑥]。1990 年黎吉生（H. E. Richardson）在《早期西藏的狩獵事件》一文中選取 P. t. 1071 中的部分條文進行釋讀[⑦]。2003 年大原良通《吐蕃的法律文書——以法國國立圖書館藏 P. t. 1071 文書爲中心》以 P. t. 1071 中"射箭傷人賠償辦法"（第 1—328 行）爲討論中心，認爲吐蕃律法具有明顯的北方遊牧民族特色[⑧]。隨後，杜曉峰以 P. t. 1071 所載吐蕃各社會階層確定氏族及臣屬的位階關係，並指出大藏是吐蕃官員與平民的分界線[⑨]。

國内由王堯與陳踐最早提供 P. t. 1071 的漢譯版本，並將文書定名爲"狩獵傷人賠償律"[⑩]。此後，學界有關 P. t. 1071 的研究大多以此漢譯版本爲基礎。有關 P. t. 1071 的研究大致可分爲兩部分，一是，吐蕃律法方面，1983 年仁青《吐蕃法律初探》綜合金石銘刻、吐蕃簡牘和 P. t. 1071 中屬民（གཡུང）的經濟與法律地位，分析吐蕃社會性質，並以

---

① Marcelle Lalou, *Inventaire des Manuscrits Tibétains de Touen-Houang: Conservés à la Bibliothèque Nationale, Tome II*, Paris: Librarie d'loch Amérique et d'loch Orient, 1950, p. 51.

② 王堯主編:《法藏敦煌藏文文獻解題目錄》，北京：民族出版社，1999 年，第 143 頁。

③ P. t. 1071 按内容分别命名爲《狩獵傷人賠償律》《狩獵誤射親人處置律》《犛牛傷人賠償律》《獵物分配律》《射中獵物判斷律》《狩獵時偷箭拾箭處置律》《放跑獵物處置律》。見金雅聲、郭恩等主編:《法國國家圖書館藏敦煌藏文文獻》第 10 册，上海：上海古籍出版社，2009 年，第 235—255 頁。

④ 王啟龍主編:《法國國家圖書館藏敦煌藏文文獻目錄解題全編》第 4 册，桂林：廣西師範大學出版社，2021 年，第 1286—1292 頁。

⑤ ［日］山口瑞鳳:『ソンツェン・ガムポ王の「十六條法」の虛構性と吐蕃の刑法』，唐代研究會編:『隋唐帝國と東アジア世界』，東京：汲古書院，1983 年，第 1—39 頁。

⑥ 山口瑞鳳:《法律文書》，山口瑞鳳主編《講座敦煌》6《敦煌胡語文獻》，東京：大東出版社，1985 年，第 523—532 頁。

⑦ H. E. Richardson, "Hunting Accidents in Early Tibet", *High Peaks, Pure Earth: Collected Writings on Tibetan History and Culture*, London: Serindia Publication, 1998, pp. 5-27.

⑧ 大原良通:《吐蕃的法律文書——以法國國立圖書館藏 P. t. 1071 文書爲中心》，《沈家本與中國法律文化國際學術研討會論文集》（下册），北京：中國法制出版社，2005 年，第 342—352 頁。

⑨ 杜曉峰著，楊旭、楊銘譯:《敦煌本古藏文〈大事紀年〉記載的吐蕃社會階層及其地位》，《魏晉南北朝隋唐史資料》（第四十三輯），上海：上海古籍出版社，2021 年，第 258—264 頁。

⑩ 王堯、陳踐:《吐蕃律例文獻》，收錄於《敦煌吐蕃文獻選》，成都：四川民族出版社，1983 年，第 7—35 頁。

P. t. 1071 的律例内容爲切入點，總結吐蕃法律基本特點[①]。1989 年阿旺《吐蕃法律綜述》利用 P. t. 1071 和其他律例文獻中有關刑罰的内容，奠定吐蕃時期刑事法律規範的研究基礎[②]。1990 年吴劍平《吐蕃法律論略》一文根據 P. t. 1071 中的刑罰標準，指出吐蕃統治階層隨著統治地位的穩固，更加注意用司法震懾民衆[③]。次年，他在《"吐蕃三律"試析》中總結 P. t. 1071、P. t. 1073 和 P. t. 1075 三份文書内容及所體現的吐蕃法律特點，並揭示"吐蕃三律"中的"賠命價"制度對藏地歷代立法的影響[④]。1994 年牟軍《試論吐蕃的刑事法律制度》將 P. t. 1071 作爲重要參考文獻之一，梳理吐蕃時期的犯罪構成，犯罪種類和刑罰類别[⑤]。2001 年徐曉光在《藏族法制史研究》一書中利用 P. t. 1071 内容總結吐蕃刑事與民事法律規範[⑥]。二是，針對 P. t. 1071 内容進行專題研究。2008 年林冠群基於吐蕃外戚於 701 年之前不在吐蕃官僚最高階層的史料記載，推測文書創制年代很有可能在 701 年稍後[⑦]，又於 2011 年在《唐代吐蕃史研究》中，利用 P. t. 1071 中吐蕃告身等級討論吐蕃氏族階層的構成[⑧]。2010 年任小波因 P. t. 1071 中"挾仇（མཁོན་མཆིས）""復仇者（ཐོང་ཕྱི）"和"賠償命價（སྟོང）""賠償恤金（གསོན་སྟོང）"共存，推測文書所反應的社會正處於"血親復仇"到"賠償命價"的法律形態變遷時期[⑨]。2016 年陳踐對 P. t. 1071 中ཁོལ་ཡུལ和འདམ་པོ的詞義作詳細闡述[⑩]。2017 年周潤年、喜饒尼瑪所著《藏族古代法典譯釋考》認爲"吐蕃三律"，即 P. t. 1071、P. t. 1073 和 P. t. 1075，創制於芒松芒贊（མང་སློང་མང་བཙན）時期[⑪]。2018 年陳踐《若干典型古藏文語詞疏譯之四》闡述 P. t. 1288 中藏欽（ཙང་ཆེན）與 P. t. 1071 中གཙང་ཆེན（大藏）的不同含義[⑫]。

綜上，學界在解決 P. t. 1071 的基本識讀問題後，將文書研究重點放在吐蕃法律規範及文書專詞釋讀等方面，相關成果不斷問世，但有關文書性質及内容研究等方面較少涉

① 仁青：《吐蕃法律初探》，《西藏研究》1983 年第 4 期，第 69—83 頁。
② 阿旺：《吐蕃法律綜述》，《中國藏學》1989 年第 3 期，第 44—59 頁。
③ 吴劍平：《吐蕃法律論略》，《中外法學》1990 年第 2 期，第 35—39 頁。
④ 吴劍平：《"吐蕃三律"試析》，《民族研究》1991 年第 3 期，第 66—74 頁。
⑤ 牟軍：《試論吐蕃的刑事法律制度》，《西藏研究》1994 年第 2 期，第 98—103 頁。
⑥ 徐曉光：《藏族法制史研究》，北京：法律出版社，2001 年，第 35—116 頁。
⑦ 林冠群：《吐蕃"尚論掣逋突瞿"考釋——〈新唐書·吐蕃傳〉誤載舉隅》，《中國藏學》2008 年第 3 期，第 7—18 頁。
⑧ 林冠群：《唐代吐蕃史研究》，臺北：聯經出版事業公司，2011 年，第 519—527 頁。
⑨ 任小波：《吐蕃盟誓研究》，2010 年中央民族大學博士學位論文，第 19 頁。
⑩ 陳踐：《敦煌古藏文ཁོལ་ཡུལ與འདམ་པོ疏譯》，《民族翻譯》2016 年第 2 期，第 5—9 頁。
⑪ 周潤年、喜饒尼瑪等譯著：《藏族古代法典譯釋考》，西寧：青海人民出版社，2017 年，第 46—71 頁。
⑫ 陳踐：《若干典型古藏文語詞疏譯之四》，《中國藏學》2018 年第 1 期，第 26—30 頁。

及。因此，本文將綜合前人研究成果及筆者譯注本①，梳理文書基本脈絡，並對上述問題進行探析。

一、文書結構與内容

P. t. 1071 所呈 469 行，字跡清晰，内容完整。其異本 P. t. 1072 雖爲殘卷，但各條律題目及内容分以紅、黑兩色書寫，更顯文書結構。兩相結合下不難發現，P. t. 1071 所載條律集中處置吐蕃時期的狩獵事故，其内容分爲三部分，一是根據放箭人及中箭人的社會等級確定放箭人的處罰程度；二是同行人對陷於犛牛身下者施救與否的處置辦法；三是其他與狩獵相關問題的處置辦法，以下分述之。

射箭傷人賠償律，即放箭人在狩獵過程中纵箭伤人的賠償辦法（第 1—328 行），其賠償標準依據中箭人及射箭人的社會等級制定。此部分條律以“（中箭階層）本人與（中箭階層）命價相等者，（爲）大尚論以下，末等平民以上（者），彼此因箭射野獸等而射中，（視其）死亡與否（處置）之律。……ངོ་བོ་དང་།……དང་། སྟོམ་མཉམསཿབཿཞིག་ལཿ། ཞང་ལོན་ཆེན་པོ། མན་ཆད། དམངས་མཐའ་མ་ཡན། གྱིས།། རི་དག་ལ་སྨྱོགསྟེཿམདས་རྒྱལདེ་པས་ཤོགསྟེཿ། གུམ་བ་དྲ། མ་གུམ་བའི། ཁྲིམས་ལ”爲標題明確律法適用對象。題目中命價相等者（སྟོམ་མཉམ་བ）是指不同社會階層成員可蔭蔽的親眷，大尚論階層的蔭蔽親眷爲四大尚論的祖父、父親；瑟瑟告身尚論階層至紅銅告身尚論階層的蔭蔽親眷爲祖父、父親，及無告身的子侄、昆仲、叔伯、庶母、兒媳、妻妾和未出嫁姊妹等人，大藏至底層平民及奴户等依附民無可蔭蔽親眷。

在射箭傷人判罰階段，吐蕃重視通過盟誓“自明誠信”②。放箭人無論屬於何種階層成員都需在判罰前，與十二位清白坦誠者共同起誓，證明射殺他人的行爲非因仇而起。隨後，放箭人再依所射階層及自身所處等級，綜合中箭人死亡與否的不同情況，接受相應處置。處置措施包含賠償中箭者命價，處以放箭人死刑，或罰没相應數額的奴隸、糧儲及牲畜等財産。從條律所載處罰力度來看，大尚論至紅銅告身階層以賠償命價爲主，無需接受其他懲罰。大藏至底層平民及奴户等依附民除誤殺同階層外，基本以命償之，並附有罰没財産等處罰。若放箭人身死後，仍有妻小、財産等，條律也針對其流轉問題做出規定，除奴隸不能由同族兄弟繼承外，其餘妻小、糧儲及牲畜可流轉至子嗣、父親、同族兄弟家中。最後，爲使判罰公正，各條律在結尾處再次強調放箭人不能對射人之箭的歸屬問題含糊其辭，或作僞證自明清白，否則按相關律例嚴懲。此外，文書第 322—328 行載，放箭

① P. t. 1071 録文、轉寫及漢譯見筆者碩士畢業論文《吐蕃告身與社會等級——P. t. 1071 再譯與研究》，蘭州大學，2023 年，第 15—85 頁。

② 任小波：《吐蕃盟誓研究》，第 19 頁。

人若在狩獵時射中གཡར[1]或親屬的處置辦法，這是對射箭傷人情況的補充，以保證條例涉及範圍全面，更具實用性。

P. t. 1071 第 2—328 行“射箭傷人賠償律”圍繞吐蕃社會等級制定處罰標準，故其文書結構以吐蕃社會等級順序排列如下：

（一）射中大尚論等人處置律（第 2—35 行）
（二）射中瑟瑟告身等人處置律（第 36—78 行）
（三）射中金告身尚論等人處置律（第 79—104 行）
（四）射中頗羅彌告身尚論等人處置律（第 105—133 行）
（五）射中銀字告身尚論等人處置律（第 134—178 行）
（六）射中黄銅告身尚論等人處置律（第 179—213 行）
（七）射中紅銅告身尚論等人處置律（第 214—246 行）
（八）射中大藏及軍户等人處置律（第 247—286 行）
（九）射中屬民等人處置律（第 287—321 行）
（十）射中གཡར處置律（第 322—324 行）
（十一）射中親屬處置律（第 325—328 行）

犛牛傷人處置律，即對陷於犛牛身下者施救與否的處置辦法（第 329—426 行）。吐蕃王室以救助陷於犛牛身下者生命爲目的，設置多種賞罰措施促使同行者施救於落難者。

文書第 329—394 行以犛牛傷人事件的同行者爲重點制定處置辦法。各律例根據陷於犛牛身下者及同行者的社會等級確定施救與否的賞罰辦法，其社會等級與射箭傷人賠償律（第 2—328 行）中所呈現的一致，但内容設置與之大不相同，分載同階層彼此施救與否及跨階層施救與否的處置方式。同階層施救與否律例的適用對象爲大尚論至頗羅彌告身階層（第 329—339 行）、銀字告身至紅銅告身階層（第 350—361 行）。跨階層施救與否律例的適用對象爲銀字告身至紅銅告身階層對大尚論至頗羅彌階層施救與否（第 340—349 行）；大藏至底層平民及奴户等依附民對大尚論至紅銅階層施救與否（第 362—373 行）；告身持有者對大藏至底層平民及奴户等依附民施救與否（第 374—394 行）。

在上述同階層或跨階層成員身陷危機的實際情況下，再依同行人施救與否的行爲決定處置辦法。其施救與否的行爲可導致三種結果，其一，未施救導致陷於犛牛身下者死亡；其二，未施救但陷於犛牛身下者存活；其三，救出陷於犛牛身下者。針對第一、二種情況的處置措施，是依據未施救者與陷於犛牛身下者的社會等級賠償命價，或在處死、掛狐

① 根據 P. t. 1071 第 322—324 行，放箭人即使射殺གཡར，也可與其主人商議賠償金額。筆者猜測གཡར處很可能是在狩獵過程中幫助狩獵人員獲取獵物的獵狗或其他有助於狩獵的動物。

尾、罰没財產中，依其情節輕重作出相應處置。若救出陷於犛牛身下者，施救者可得被救者之女或妹；若無女或妹，可得相應銀兩或座騎。

文書第395—430行以犛牛傷人的具體情況爲中心對同行者進行賞罰。如：施救時兩人皆死或施救者死的處置辦法（第395—401行），一人引開犛牛未成而死的處置辦法（第402—408行），一人陷於犛牛身下而衆人救助的處置辦法（第409—411行），是否救助陷於母犛牛身下者的處置辦法（第412—425行），見死不救的處置辦法（第426—430行）。各條例的内容設置及處置辦法皆不相同，難覓規律。但其出發點仍是希望救助陷於犛牛身下者。此外，文書第431—435行則再次重申受蔭蔽親眷的處置辦法，紅銅告身以上且無告身之旁系親屬在中箭或陷於犛牛身下時可依附相應告身持有者進行處置。

P. t. 1071第329—435行“犛牛傷人處置律”從同行人及具體情況出發，勸導吐蕃民衆營救陷於犛牛身下之人，故此部分文書結構如下：

（一）大尚論至頗羅彌告身等人彼此施救與否處置律（第329—339行）

（二）銀字告身至紅銅告身等人對大尚論至頗羅彌告身等人救助與否處置律（第340—349行）

（三）銀字告身至紅銅告身等人彼此施救與否處置律（第350—361行）

（四）大藏之下等人對大尚論至紅銅告身等人施救與否處置律（第362—373行）

（五）持有告身者對大藏至末等平民救助與否處置律（第374—394行）

（六）施救時兩人皆死或施救者死處置律（第395—401行）

（七）一人引開犛牛未成而死處置律（第402—408行）

（八）一人陷於犛牛身下而衆人救助處置律（第409—411行）

（九）是否救助陷於母犛牛身下者處置律（第412—425行）

（十）正在其旁而見死不救處置律（第426—430行）

（十一）紅銅告身以上且無告身之旁系親屬中箭或陷於犛牛身下者處置律（第431—435行）

文書第437—468行記載較爲瑣碎，以較少篇幅呈現多種狩獵相關問題的處置辦法，如：獵物分配標準（第436—448行），射中獵物的標準（第449—451行），偷箭、拾箭的處置辦法（第452—454行），放跑獵物的處置辦法（第455—461行），屠夫搶奪食物處置律（第462—466行），不賜予ཤིག之律（第467—468行）。

值得注意的是，文書第462—468行内容晦澀難懂，以往學者大多以王堯、陳踐譯文爲主，但筆者在重新梳理文書内容後，給出與之不同的譯文，請方家指正。先將前輩學者譯文抄錄如下①，王堯、陳踐第462—466行譯文：

土工搶村户人家飯食處置之法：土工，殺“桑夏”後，可將肉寄放在村户人家。土工……巴夏肖肖不待在家裏，來到村中，村民要給住處（此處存疑）。如飯食已吃就算了。若飯食未吃，可乞討飯食。如搶飯食，挖去雙眼，罰作村民的馱畜。

王堯、陳踐將ཞིས་ར་པས譯爲“土工”，並解釋爲“一種專門從事埋葬屍體，經辦雜物的低賤職業者”，不確。據内容可知，此條例是規勸某種有可能處理獵物的人不要搶奪村民食物，否則將受以重罰。在狩獵中，最有可能接觸到獵物的人，即爲進行獵物分割工作的屠夫，由此推測ཞིས་ར་པས可能爲屠夫。“桑夏”爲སང་ཤ音譯，在文書中，སང་ཤ（第462行）與བ་ཤ（第463行）、ཕྱི་ཤ（第467行）構詞中有ཤ，ཤ與ཤ་བ（鹿）構詞相近，筆者推測這三個詞可能指在狩獵過程中得到的不同鹿類，但不知具體爲何，故衹能笼统将其視作猎物。筆者譯文如下：

屠夫處理已死སང་ཤ後，交與村人，屠夫搶奪村民食物（處置）之律。屠夫丢失，不在家中而去村落，村民給予半幹的食用肉，若先前吃了食物，（不必吃村民給予的食物）。若先前未吃，可吃（村民給予的食物）。若搶奪食物，挖去雙眼。（罰作）村民“馱畜”。

王堯、陳踐第467—468行譯文：

報外敵之法：外敵未報，報外敵（者）及無論何人抓住（外敵），抓住之後，賜坐騎。

王堯、陳踐以“外敵”譯ཕྱི་ཤ，並將整段内容理解爲抓住外敵的奬賞。但據前述文書内容可知，P. t. 1071全文皆是圍繞吐蕃時期的狩獵活動展開的，此處貿然出現有關“外敵”的内容，與文書主題不符。ཕྱི་ཤ可能是指在狩獵過程中較難捕獲的稀有獵物，獵人將其抓獲後需上交，再奬以坐騎。筆者譯文如下：

不賜予ཕྱི་ཤ之律。不賜予ཕྱི་ཤ：關於ཕྱི་ཤ，無論何人抓住，持有者奬以坐騎。

可見，P. t. 1071第436—468行詳載多種狩獵相關問題的處置辦法，此部分文書結構

① 有關第462—468行譯文，見王堯、陳踐：《吐蕃律例文獻》，收錄於《敦煌吐蕃文獻選》，第35頁。

如下：

（一）獵物分割律（第 436—448 行）
（二）判斷射中獵物之律（第 449—451 行）
（三）狩獵時偷箭拾箭處置律（第 452—454 行）
（四）放跑獵物處置律（第 455—461 行）
（五）屠夫搶奪食物處置律（第 462—466 行）
（六）不賜予ཟི་ཤ之律（第 467—468 行）

綜上所述，P. t. 1071 所載皆爲處理吐蕃時期的狩獵事故。狩獵，尤其是狩獵犛牛是吐蕃王室至民衆的重要活動。狩獵的主要方法是獵人將獵物圍成一圈放箭射殺。因此箭會飛向四面八方，有射中他人的風險。並且在獵殺一頭非常強壯的野犛牛時，獵人可能會被一頭受傷或處於憤怒狀態的犛牛擊倒而出現“陷於犛牛身下者”的情況①。除此，在狩獵時還會出現偷箭拾箭、獵物分配等問題。P. t. 1071 以律例的形式對吐蕃時期容易發生的狩獵情況進行了細緻切實的處理，整體行文規範，結構嚴謹，反映了吐蕃較爲成熟的立法機制。

二、文書定名與特點

拉露因 P. t. 1071 是處理吐蕃時期狩獵相關問題的法律文書，將其命名爲“狩獵法”(Loi sur la chasse)，而其餘國外學者多以編號 P. t. 1071 代指此文書進行研究。國內，王堯、陳踐以 P. t. 1071 狩獵傷人内容及“律、令相雜，混爲一體”的形式，將文書定名爲“狩獵傷人賠償律”。《法國國家圖書館藏敦煌藏文文獻》第十册在 P. t. 1071 圖版下方根據文書内容分别命名，即《狩獵傷人賠償律》《狩獵誤射親人處置律》《犛牛傷人賠償律》《獵物分配律》《射中獵物判斷律》《狩獵時偷箭拾箭處置律》《放跑獵物處置律》。但國内學界對 P. t. 1071 的定名尚未完整呈現文書内容，王堯、陳踐“狩獵傷人賠償律”僅涉及射箭傷人賠償辦法（第 2—328 行）及犛牛傷人處置辦法（第 329—435 行），而忽略文書有關獵物、箭等問題的處置辦法（第 436—468 行），故此定名不足以完整反映 P. t. 1071 内容。《法國國家圖書館藏敦煌藏文文獻》第十册將“狩獵傷人賠償律”限定於射箭傷人情況（第 2—328 行），對射中親屬（第 325—328 行）及犛牛傷人（第 329—435 行）等情況分别命名爲《狩獵誤射親人處置律》《犛牛傷人賠償律》。並關注到文書第

① 有關吐蕃狩獵活動的情景，參考 H. E. Richardson, “Hunting Accidents in Early Tibet”, *High Peaks, Pure Earth: Collected Writings on Tibetan History and Culture*, p. 5.

436—461 行内容，以《射中獵物判斷律》（第 449—451 行）、《狩獵時偷箭拾箭處置律》（第 452—454 行）、《放跑獵物處置律》（第 455—461 行）命名。但文書末尾第 462—468 行内容仍無法與任一定名匹配，且分别命名的方式不能完整概括 P. t. 1071 内容。因此，對 P. t. 1071 的定名還有討論空間。

對 P. t. 1071 的定名需基於對文書内容及性質的整體把握。據前文所述，P. t. 1071 所載内容爲處置吐蕃時期狩獵活動中發生的傷人及獵物分配等問題。關於文書性質，學界歷來將 P. t. 1071 稱作法律文書，是因其所載 28 條律題目皆以ཁྲིམས命名[①]。ཁྲིམས是指“與神法和人法相符合的制度、規則或習俗ལྷ་ཆོས་སམ་མི་ཆོས་དང་མཐུན་པའི་ལུགས།”[②]，構詞爲བཅའ་ཁྲིམས（法律）、བཀའ་ཁྲིམས（法令）、ཚོལ་ཁྲིམས（戒律）、ཁྲིམས་གཏོང་བ（懲辦）等[③]，表明ཁྲིམས爲藏地法律名詞。因此，由 28 條ཁྲིམས構成的 P. t. 1071 定爲法律文書。而在古漢語中，“灋，刑也。平之如水，從水；廌，所以觸不直者；去之，從去。”[④] 可見，“灋”有維護公平、明辨是非的含義，是“法”的古字，但以“法”譯ཁྲིམས，法律形式過於寬泛，覆蓋所有法律、法令，難以準確反映文書性質。商鞅於公元前 357 年以《法經》爲藍本，制定《秦律》六篇，實現“改法爲律”後，“律”與“法”同義，指統治階層制定的一切法律規範。《唐律疏議》亦載：“律之於法，文雖有殊，其義一也。”[⑤] 除此，“律”亦有狹義用法，《唐六典·刑部》載：“凡文法之名有四，一曰律，二曰令，三曰格，四曰式。”[⑥] 此處的“律”爲法律的基本形式之一，同書又以“正刑定罪”對律作解[⑦]，表明“律”有確定罪名及刑罰標準的作用。而 P. t. 1071 作爲吐蕃官方法律文書，其内容爲對狩獵時不當行爲“定罪量刑”的處置辦法，這正與“律”之廣、狹義皆相符。因此，將ཁྲིམས譯爲“律”更爲恰當，表明 P. t. 1071 是具有“定罪量刑”性質的法律文書。上述文書結構中“射中大尚論等人處置律”“大尚論至頗羅彌告身等人彼此施救與否處置律”“施救時兩人皆死或施救者死處置律”“放跑獵物處置律”等等中的“律”亦皆因此出。

綜上所述，P. t. 1071 是對吐蕃時期發生的狩獵事故“定罪量刑”的法律文書，因此，筆者將其命名爲“吐蕃狩獵律”，這既可彌補前人之定名不能完整概括文書内容的弊端，又可通過“律”呈現文書“定罪量刑”的法律性質。此外，王堯、陳踐早年漢譯並定名

① 甘措對藏文、漢文及英文中“法”“法律”等詞義進行介紹，筆者將ཁྲིམས和漢文對譯時亦有參考。見甘措：《藏族法律文化研究》，中央民族大學 2005 年博士學位論文，第 5—7 頁。

② 譯文參考甘措：《藏族法律文化研究》，第 5 頁。

③ 張怡蓀主編：《藏漢大辭典》，民族出版社，2018 年，第 283 頁。

④ （漢）許慎撰，徐鉉等校定：《説文解字》，北京：中華書局，第 201 頁。

⑤ （唐）長孫無忌等撰：《唐律疏議》，中華書局，1985 年，第 6 頁。

⑥ （唐）李林甫等撰，陳仲夫點校：《唐六典》，中華書局，1992 年，第 180 頁。

⑦ （唐）李林甫等撰，陳仲夫點校：《唐六典》，第 185 頁。

的 P. t. 1073《縱犬傷人賠償律》、P. t. 1075《盗竊追賠律》[①]，以及巴桑旺堆漢譯並定名的《吐蕃兵律》[②]，這些敦煌出土的古藏文法律文書反映出吐蕃法律部門化傾向明顯[③]。P. t. 1071 同樣是圍繞狩獵活動展開的具有部門化特徵的吐蕃律例，筆者以“吐蕃狩獵律”命名 P. t. 1071 亦希望體現出此法律特徵。

在剖析《吐蕃狩獵律》内容及性質後，可窺見吐蕃法律的幾個特點。

一是吐蕃法律以蔭庇親眷的方式鞏固統治階層的利益。從《吐蕃狩獵律》可知，大尚論至紅銅告身階層除享有高命價數額及低懲罰力度外，還可利用吐蕃法律蔭蔽親眷，其成員包含祖父、父親、子侄、兄弟、叔伯、庶母、兒媳、妻妾和未出嫁姊妹等無告身者，他們面對射箭傷人及犛牛傷人的情況可依附相應告身持有者，即在一定情況下可免除死刑或減少賠償。但會因親疏關係産生差别，大尚論至紅銅告身尚論之祖父、父親，與告身擁有者享同等法律地位，而子侄、兄弟、叔伯、庶母、兒媳、妻妾和未出嫁姊妹等人的法律地位要比大尚論和各級告身持有者低一個等級。這與吐蕃告身授予功臣之子孫後代似有異曲同工之妙，顯示出吐蕃上層家族之間存在的庇蔭關係。在這種關係的影響下，既可以將個人利益延伸至多位家庭成員，又能維護親屬免受侵犯或懲罰，是對大尚論至紅銅告身階層社會地位的穩固[④]。值得一提的是，在此親屬關係中可以看出，庶母、兒媳、妻妾和未出嫁姊妹等女性親屬皆以男性附屬地位存在，且未提到由婚姻所形成的母系親屬範疇，這表明吐蕃社會是以父系宗族爲主體。從本質上講，告身持有者享有各種特權是吐蕃法律爲統治階級服務的表現，亦是維護吐蕃社會階層穩定的需要。

二是在生産力低下時期，吐蕃法律對勞動力及私有財産的保護。狩獵犛牛是吐蕃民衆普遍的生活方式，但犛牛性野，難以馴服，不可避免會出現犛牛傷人的情况。吐蕃法律以獎勵施救者，懲罰見死不救者的措施積極營救這些落難者，保護他們的生命安全。值得注意的是，吐蕃法律不僅重視保護告身持有者，即吐蕃官僚階層的生命安全，吐蕃社會底層成員的生命也得到法律保護。告身持有者面對大藏至底層平民及奴户等依附民限於犛牛身下的情况同樣需要施救，見死不救者根據落難者死亡與否的結果賠償五十或一百銀兩。這也是在等級森嚴的吐蕃王朝中對普通民衆盡可能的保護。文書第 436—468 行有關箭、獵物等問題的處置辦法，集中體現吐蕃法律對民衆私有財産的保護。狩獵是吐蕃重要的生産方式，所獲獵物是民衆重要的生産資料。如何妥善處置即將轉化爲民衆私有財産的獵物是

---

① 王堯、陳踐：《吐蕃律例文獻》，收錄於《敦煌吐蕃文獻選》，第 35—38 頁。

② 巴桑旺堆：《一份新發現的敦煌古藏文吐蕃兵律殘卷解讀》，《中國藏學》2014 年第 3 期，第 5—23 頁；巴桑旺堆：《一份新發現的敦煌古藏文吐蕃兵律文書（下卷）初步解讀》，《中國藏學》2015 年第 S1 期，第 3—48 頁。

③ 華熱·多吉：《唐蕃法律制度比較研究》，《青海民族學院學報》（社會科學版）2008 年第 2 期，第 87 頁。

④ 杜曉峰認爲吐蕃臣屬擁有蔭蔽親眷的權力，表明吐蕃裙帶文化盛行及高度宗族化。見杜曉峰著，楊旭、楊銘譯：《敦煌本古藏文〈大事紀年〉記載的吐蕃社會階層及其地位》，第 264 頁。

狩獵活動結束後首先關注的問題。吐蕃以法律的形式規定，按射中獵物的先後順序作爲分配獵物的標準，並禁止他人放跑或搶奪獵物，違者遭笞刑或挖目等懲罰。吐蕃法律以嚴酷刑罰形成對民衆的震懾作用，實現對私有財產的保護。

三是吐蕃法律由“血親復仇”到“賠償命價”的轉變①。通過復仇解决矛盾是吐蕃原始準則。《吐蕃大事紀年》653 年條甘・墀桑介達（སྨད་ཀམ་ཁྲི་བཟང་ཡི་འདལ）被前來復仇者（ཕོང་ཕྱིས）所殺，是報血仇（གཉརད）②，表明甘・墀桑介達是遭復仇而死。“前來復仇”或稱“血親復仇”，是指加害者所在氏族皆應以命償之，是吐蕃具有血腥殺戮性質的習慣法③。但隨著吐蕃的對外征戰和領土面積的擴大，“血親復仇”所帶來的人口損失顯然不適合社會發展趨勢，這促使吐蕃以社會等級確定不同命價數額，加害者賠償命價後，不需領受其他懲罰。以《吐蕃狩獵律》爲例，大尚論階層命價爲一萬銀兩，瑟瑟至紅銅告身及其命價相等者之命價以六千銀兩爲最高，各階級以一千銀兩爲差遞减至一千銀兩。大藏至最底層平民階層命價爲三百銀兩至五十銀兩不等。受害者未死情况下，命價按上述數額，减半賠償，亦不需領受其他懲罰。在一定程度上，賠償命價緩解了血親復仇所帶來的人口嚴厲及社會矛盾，是順應吐蕃社會發展的財産性處罰措施。

三、《吐蕃狩獵律》所載社會階層发微

《吐蕃狩獵律》作爲吐蕃時期依據當事人社會等級處理狩獵相關事件的法律文書，其藴含的吐蕃法律規範及吐蕃告身種類等方面内容，歷來受到學界關注，本節選取文書所載吐蕃各社會階層爲切入點進行深入研究④。林冠群利用《吐蕃狩獵律》中大尚論至紅銅告身階層有蔭庇親眷之權，提出持有紅銅告身以上者爲吐蕃氏族社會。但對於吐蕃平民社會的研究，他並未充分利用文書對於吐蕃平民社會内部不同等級成員的記載進行研究，而將重點放在了吐蕃社會重視階層區别，氏族階層與平民階層上下不流動方面⑤。杜曉峰則以《吐蕃狩獵律》中射箭誤傷他人的被告群體作爲《大事紀年》所載社會階層的補充材料，

---

① 1995 年 12 月王堯在馬來西亞“傳統思想與社會變遷”國際學術討論會上曾以“‘血親復仇’到‘命價賠償’的變遷”爲主題進行發言。筆者對於吐蕃法律由“血親復仇”到“賠償命價”的轉變之論述，亦有對前輩學者之參考，見王堯：《王堯藏學文集》（卷一），北京：中國藏學出版社，2011 年，第 454—457 頁。

② 譯文參考王堯、陳踐：《敦煌本吐蕃歷史文書》（增訂本），收錄於《王堯藏學文集》（卷一），第 193 頁。Brandon Dotson, *The Old Tibetan Annals: An Annotated Translation of Tibet's First History*, With an Annotated Cartographical Documentation by Guntram Hazod, Vienna: Verlag der Österreichischen Akademie der Wissenschaften, 2009, pp. 84-85.

③ 关于“血親復仇”的解釋，見王堯：《王堯藏學文集》（卷一），第 254 頁。

④ 因《吐蕃狩獵律》所討論社會階層由大尚論爲始，故本節所闡釋的吐蕃社會階層不包括吐蕃王室。

⑤ 林冠群：《唐代吐蕃史研究》，第 530、543—556 頁。

研究吐蕃臣民的價值與責任，以及階層利益延伸下產生的裙帶關係及家庭流轉模式等問題①。目前，以杜曉峰對《吐蕃狩獵律》的研究最爲深入，筆者將在其基礎之上，重新梳理和研究文書所載吐蕃社會各階層成員，以期推進對吐蕃社會不同階層成員構成問題的認識。

文書明確，大尚論居百官之首，餘下吐蕃官員以告身等級從高到低的位階爲瑟瑟告身、金告身、頗羅彌告身、銀字告身、黄銅告身、紅銅告身和大藏，最末爲底層平民及奴户等依附民。需要説明的是，大藏雖作爲吐蕃告身的一種，但實際地位遠低於紅銅告身尚論以上的階層成員。文書顯示，大尚論階層至紅銅告身持有者擁有蔭庇親屬之權，但大藏之下，各階層親眷不作爲律例適用對象。以及紅銅告身尚論命價爲一千銀兩，而與之次一級的大藏命價僅爲三百銀兩。在蔭庇親眷及命價數額上存在的差異，表明大藏已不屬於吐蕃法律所保護的統治階層成員，而與底層平民及奴户等依附民共同淪爲盤剝對象。因此，在對吐蕃社會階層進行劃分時，是以大藏爲分界線體現出吐蕃社會階層差異。

《吐蕃狩獵律》以དགེ་བ、ངན་པ表示吐蕃社會階層差異②。文書第380—386行及第390—393行分載，དགེ་བ和ངན་པ陷於犛牛之下，彼此施救與否的處置辦法。王堯、陳踐曾按དགེ་བ和ངན་པ原意，譯爲“良民”及“歹徒”，但“良民”及“歹徒”的善惡界限在《吐蕃狩獵律》中並無體現，這使得無法確定條律的具體適用對象。筆者以爲དགེ་བ和ངན་པ是吐蕃社會分層的表現。文書第260行載：“命價少一銀兩，雖是尚論亦處死。སྟོང་འཚལ་བ་སྨད་ཅིག་མ་ཚོར་།དགེ་བ་ཞང་ལོན་།ཀྱང་དགུམ”。在狩獵傷人事件發生時，放箭人即使爲尚論階層也應積極賠付命價求和。結合上文對吐蕃社會階層的劃分，此處的尚論應指大尚論至紅銅告身階層成員，而與之並列出現的དགེ་བ爲其同義連用，共指受吐蕃法律庇護的統治階層成員③。至於ངན་པ，則爲與吐蕃統治階層相對應的大藏至底層平民及奴户等依附民，這也體現出《吐蕃狩獵律》適用階層的普遍性。

如文書所示，吐蕃统治阶层内部以告身等級高低爲標準形成尊卑有别、等級森嚴的吐蕃官僚體系。而其餘社會成員成分複雜，包含大藏、紅銅告身尚論的親眷、國民之一切軍户（རྒྱལ་འབངས་རྣོད་དེ་འཚལ）、依附於尚論和平民作物田的奴户（ཞང་ལོན་དང་དམངས་བྲན་རྒྱ་ལ་གཏོགས་པ）、岸本之助手（མངན་གྱི་མངན་ལག）、國民之一切民户（རྒྱལ་འབངས་གཡུང་དེ་འཚལད），没有依附於尚論和平民作物田的奴户（ཞང་ལོན་དང་དམངས་བྲན་རྒྱ་ལ་མ་གཏོགས་པ）、邊鄙之囚（སྤྱ་བལ་གྱི་བཙོན）。值得注意的是，文書中多次出現的“尚論之下，末等平民之上།དམངས་མཐའ་མ་ཡན”中的

---

① 杜曉峰著，楊旭、楊銘譯：《敦煌本古藏文〈大事紀年〉記載的吐蕃社會階層及其地位》，第258—264頁。

② 杜曉峰認爲此文書没有明確確定社會階層，而是以དགེ་བ和ངན་པ表示階層差異，見杜曉峰著，楊旭、楊銘譯：《敦煌本古藏文〈大事紀年〉記載的吐蕃社會階層及其地位》，第262頁。

③ 黎吉生認爲དགེ་བ意爲“某人出身名門”，ངན་པ爲དགེ་བ的相反詞。見H. E. Richardson, “Hunting Accidents in Early Tibet”, *High Peaks, Pure Earth: Collected Writings on Tibetan History and Culture*, p. 12, n. 2.

“末等平民”不包括大藏和紅銅告身尚論的親眷。在吐蕃社會中不擔任任何官職的吐蕃民衆纔稱爲平民（དམངས），這一點在《羊胛骨卜》有關“平民”的預兆中也得到證實，P. t. 1049 第 31 行載：“平民成爲尚論之兆。ཏོབ་པ་དང་དམངས་ཐ་མ་ལས་ཞང་ལོན་དུ་བྱུང་བའི་ངོ”①，明確吐蕃平民和官員存在明顯的階層差異。在《吐蕃狩獵律》中，大藏和紅銅告身尚論的親眷雖與底層平民及奴户等依附民共同作爲受吐蕃法律苛待對象，但其人或爲告身持有者，或依附告身持有者享有一定法律特權，與吐蕃官僚體系或多或少産生一定聯繫。因而，《吐蕃狩獵律》中“平民”的適用對象僅指國民之一切軍户、依附於尚論和平民作物田的奴户、岸本之隨從、國民之一切屬民、没有依附於尚論和平民作物田的奴户及邊鄙之囚。

在《吐蕃王臣传记》中亦出現འབངས指平民階層，韋氏與松贊干布（སྲོང་བཙན་སྒམ་པོ）盟誓時有一段誓詞爲：“若被任命充當長官，對於一切民衆決不偏私，決然勤謹奉行贊普之詔令。དཔོན་དུ་བཙུག་ནའ། འབངས་སོ་ཆོག་ལ་སྙིང་སྙོམས་པར་ཀྱི་འཚལ་ཏེ།། བཙན་པོས་བཀའ་ཇི་སྐྱལད་པ་གཟུངས་སུ་ཀྱི་འདོན་ཏེ་ཞེས་བྲོ་སྐྱལད་དོ”②，韋氏以吐蕃官員的角度向贊普起誓對འབངས絕不偏私，འབངས指韋氏所轄地區所有平民及依附民等人。但འབངས與དམངས不同在於，འབངས有時還指吐蕃氏族，赤都松贊（ཁྲི་འདུས་སྲོང་བཙན）族滅噶爾氏時，曾吟歌曰：“民庶能役使其王乎？還是王來役使民庶，民庶不能役使王者。འབངས་ཀྱིས་ནི་རྗེ་བཀོལ་ཏམ། རྗེ་འིས་ནི་འབངས་བཀོལ་བའ……འབངས་ཀྱིས་ནི་རྗེ་མྱི་བཀོལ”③，噶爾氏在芒松芒贊時期權傾朝野，幾乎顛覆悉補野氏對吐蕃王朝的統治，但在贊普眼中仍是“民庶འབངས”。由此可知，འབངས的適用對象比དམངས更廣，包括贊普之下的所有臣民及依附民等人④。

不論平民（དམངས）或是臣民（འབངས），皆是對吐蕃社會階層的概括性稱呼，而真正將吐蕃社會階層成員進行劃分的舉動始於，大論噶爾·東贊（མགར་སྟོང་རྩན་ཡུལ་ཟུང）在虎年（654 年）爲清查人口區分རྒོད與གཡུང⑤，這是現存最早對吐蕃平民階層進行劃分的文獻。在《吐蕃狩獵律》中，རྒོད、གཡུང出現於吐蕃社會第八、九等級，其命價根據放箭人社會等級及本人傷亡情況在三百銀兩至十銀兩浮動。據《賢者喜宴》解釋，軍户（རྒོད）是從事吐蕃軍務的高等屬民。民户（གཡུང）或更（ཁང），包含“九王（རྗེ་དགུ）”、“七牧者

---

① 陳踐編著：《吐蕃卜辭新探：敦煌 PT 1047 + ITJ 763 號〈羊胛骨卜〉研究》，上海：上海遠東出版社，第 65 頁。

② P. t. 1287 第 294—296 行。譯文參考王堯、陳踐：《敦煌本吐蕃歷史文書》（增訂本），第 228 頁。

③ P. t. 1287 第 432—434 行。譯文參考王堯、陳踐：《敦煌本吐蕃歷史文書》（增訂本），第 241—242 頁。

④ 林冠群和杜曉峰都曾在其著作中，對དམངས及འབངས詞義進行辨析。見林冠群《唐代吐蕃史研究》，第 544—548 頁；杜曉峰著，楊旭、楊銘譯：《敦煌本古藏文〈大事紀年〉記載的吐蕃社會階層及其地位》，第 268 頁。

⑤ IOL Tib J 750 第 27—28 行。譯文參考王堯、陳踐《敦煌本吐蕃歷史文書》（增訂本），第 193 頁；Brandon Dotson, *The Old Tibetan Annals: An Annotated Translation of Tibet's First History*, p. 85.

（ཛ་ཤི་བདུན）”、“六匠人（མཁན་དྲུག）”、“五商賈（ཚོང་པ་ལྔ）”和“三執（འདྲིན་གསུམ）”等人，是負責交納賦税徭役的次一等民户。軍户行使鎮壓職能，使民户有所依持，且民户不能派作軍户①。

《吐蕃狩獵律》的特别之處是在རྗོད和གཡུང的基礎上，又對吐蕃平民階層進行了更細緻的劃分。“依附於尚論和平民作物田的奴户”出現於吐蕃社會的第八、九階層中，但同一成員分屬兩個社會階層，不符合正常的社會等級。因此，筆者比對 P. t. 1072 相同内容發現，吐蕃社會第九階層成員應爲“没有依附於尚論和平民作物田的奴户”。“依附於尚論和平民作物田的奴户”和“没有依附於尚論和平民作物田的奴户”因是否通過土地納税而存在社會等級上的差距。རྐྱ爲應税單位②，有作物田進行耕作的奴户從事農牧業生産，以土地單位納税。而與之次一等的没有土地使用權的奴户，依附於寺廟、私人莊園或屬於軍隊，從事手工業等生産，以户納税③。由於從事農牧業或手工業的吐蕃民衆都稱爲བྲན，杜曉峰認爲，བྲན可能與མི་སེར有相似之處，一些人是依附土地的佃户，一些是社會地位更加低下的技工④。

據《吐蕃狩獵律》所示，位於吐蕃社會最末階層最末位的是邊鄙之囚（ལྷོ་བལ་ཀྱི་བཙན），ལྷོ་བལ་ཀྱི་བཙན在其他文書中多以ལྷོ་བལ呈現⑤，學界多將該詞用作吐蕃對其邊境少數民族的蔑稱⑥。此後，有學者利用 P. t. 1089 中的ལྷོ་བལ，認爲ལྷོ་བལ指吐蕃統治時期的南山部族⑦，或爲吐蕃統治下河西地區落蕃唐人及其後裔，以及隴右地區的落蕃唐人及其後裔也可稱ལྷོ་བལ⑧。但在此文書中，邊鄙之囚與屬民、没有依附於尚論和平民作物田的奴户和

---

① （明）巴臥·祖拉陳瓦著，黄顥、周潤年譯注：《賢者喜宴·吐蕃史》，青海人民出版社，第64—65、67頁。

② 岩尾一史（IWAO Kazushi）指出རྐྱ是指具體的土地面積單位，同時也是徵收賦税的單位。陸離認爲吐蕃統治時期的敦煌藏文文書中的རྐྱ含義爲户。見［日］岩尾一史：《キャ制（rkya）の研究序説——古代チベット帝國の社會制度》，《東方學》第113輯，第103—108頁；陸離：《吐蕃統治敦煌賦税制度再探——以吐蕃文 rkya 爲中心》，《南京師大學報》（社會科學版）2021年第6期，第138—147頁。

③ 波格斯洛夫斯基（Bogslvskij，Vladimir A）認爲一些བྲན不是农工，而是技工。見 Bogslvskij，Vladimir A，*Essai sur Lvhistoire du peuple Tibétaine ou la naissance dvune société de classes*，Paris：Libraire C. Klincksieck，1972，pp. 81-84.

④ 杜曉峰著，楊旭、楊銘譯：《敦煌本古藏文〈大事紀年〉記載的吐蕃社會階層及其地位》，第268頁。

⑤ ལྷོ་བལ現見於 P. t. 985、P. t. 1071、P. t. 1077、P. t. 1085、P. t. 1089 和《于闐國授記》等文書中。

⑥ H. Richardson，“Notes and Communication Bal-po and Lho-bal”，*Bulletin of the School of Oriental and African Studies*，Vol. XXXXVI，part 1，1983，pp. 136-138；Tsughito Takeuchi（武内紹人），“On the Old Tibetan Word Lho-bal”，*Proceedings of the 31th International Congress of Human Sciences in Asia and North Africa*，Ⅱ，Tokyo，1984，pp. 986-987；王堯、陳踐：《吐蕃律例文獻》，第39頁。

⑦ 楊銘：《敦煌藏文卷子中的“蠻貊”研究》《敦煌文書中的 Lho-bal 與南波》，收錄於楊銘《吐蕃統治敦煌西域研究》，北京：商務印書館，2014年，第153—157、218—225頁。

⑧ 陸離：《關於敦煌文書中的“Lho-bal”（蠻貊）與“南波”、“南山”》，《敦煌學輯刊》2013年第3期，第28—39頁。

岸本之助手共同作爲吐蕃最末階層成員，統一受到律例約束，難以有效利用文書内容確定ཀྱ་བལ所指民族。因而，筆者猜測《吐蕃狩獵律》中的ཀྱ་བལ可能爲"非吐蕃人"的基本含義，邊鄙之囚爲吐蕃外出征戰時俘虜到本土的異域戰俘。

另外，底層平民及奴户等依附民雖在文書所示社會等級中處於末等階層，但不代表其喪失社會身份，淪爲生産工具，他們之下還有奴隸（ཀོལ་ཡུལ）的存在。奴隸没有任何人身自由，與牲畜地位無異①。他們通過從事重體力勞動换取基本生存資料，並且在一定情況下被視作貨物進行流轉。據《吐蕃狩獵律》載，當放箭人流放或身死後，其妻女、奴隸、糧儲和牲畜等作爲財産進行流轉，其流轉順序爲子嗣、父親或同族兄弟。但奴隸在面對放箭人無子無父的情況時，不能流轉至同族兄弟手中。奴隸作爲吐蕃社會重要的生産工具，可以依附於奴隸主進行多種勞動，尤其是底層平民及奴户等依附民一旦因爲親屬關係而獲得多於自身社會地位的奴隸時，他們難免會因爲難以遏制的野心而對吐蕃統治階層的權威構成威脅。是故，爲維護吐蕃社會階層的穩定，奴隸除自願地、零散地成爲他人屬民或奴隸外，不會隨流轉順序自動轉移到其他男性親屬家中。

《吐蕃狩獵律》對吐蕃社會各階層成員及財産流轉關係等方面的記載，爲重塑真實的吐蕃社會提供文獻支持。文書將吐蕃社會分爲九個等級，又以命價數目和親屬蔭庇程度等各方面的差異，將大藏作爲吐蕃社會階層的分界線，大尚論及紅銅告身階層爲吐蕃統治階層，大藏至底層平民及奴户等依附民爲吐蕃底層社會成員。吐蕃統治階層以大尚論爲百官之首，再以各等級告身持有者形成尊卑有序的吐蕃官僚體系。吐蕃底層社會成員構成複雜，大藏及紅銅告身親眷雖受吐蕃官僚體系覆蓋，但實際社會地位低下，與軍户、屬民等平民階層共同淪爲吐蕃社會底層成員。並且在吐蕃平民階層之下還存在奴隸，他們無人身自由，被吐蕃各社會階層視作生産工具，處於完全被剝削的地位，又因維護吐蕃社會階層穩定的需要，奴隸在所有者身死後，不能由同族兄弟繼承。

三、結　語

敦煌藏文文獻 P. t. 1071《吐蕃狩獵法》由射箭傷人賠償律、犛牛傷人處置律及狩獵相關問題的處置辦法三部分組成。文書以吐蕃不同社會階層在狩獵相關事件中所受處罰不同，體現出吐蕃法律在維護統治階層利益的本質下，對吐蕃民衆生命及私有財産的保護，以及吐蕃法律正經歷從"血腥復仇"到"命價賠償"的關鍵性變遷時期。文書還通過對吐蕃社會各階層成員及財産流轉關係等方面的記載，反映出吐蕃社會注重階層差異，大尚論爲百官之首，與瑟瑟告身至紅銅告身階層共同作爲受律法優待的吐蕃統治階層，大藏雖

---

① 恩蘭·達札路恭紀功碑載：大公之子孫某代或因絶嗣，其所屬奴隸、牲畜，決不沒收。見《恩蘭達札路恭紀功碑》第 n27—n30 行，譯文參考王堯：《吐蕃金石録》，第 64—65、83 頁。

作爲吐蕃告身的一種，但實際政治地位與軍户、民户等吐蕃平民無異，是受統治階層盤剝的底層社會成員。至於文書中的流轉關係，當事人的妻女、糧儲和牲畜可流轉至子嗣、父親或同族兄弟家中，而奴隸出於維護吐蕃社會階層穩定的需要，不能流轉至同族兄弟家中。可見，《吐蕃狩獵法》雖圍繞吐蕃時期狩獵相關事件展開，但其中蘊含的吐蕃法律内涵及吐蕃社會秩序，值得我們持續關注和研究，這也有助於重現吐蕃社會的真實樣貌。

A New Look at PT 1071 "Tubo Hunting Law"

Zhao Bo-ya

Abstract: The Dunhuang Tibetan manuscript PT 1071 "Tubo Hunting Law" consists of three parts: the compensation law for injuries caused by archery, the law for handling injuries caused by yaks, and the measures for handling hunting-related issues. The manuscript reflects the stratum difference in Tubo society through the different treatment of different social classes in hunting-related incidents. The ruling stratums from Zhang lon chen po to the people with Copper Gaoshen were favored by the Tubo law, while from the gTsang chen to common people and slave households and other dependent people are the members of the bottom exploited by the ruling stratum. The document also introduced the transfer of the property left by the wrongdoer in the hunting incident, his wife and daughter, grain stores, and livestock could be transferred to the families of his son, father, or brother, while his slaves could not be transferred to the family of his brother because of the need to maintain the stability of the Tubo social stratum.

Keywords: PT 1071; Tubo hunting law; Life-compensation; Social stratum

古藏文“g·yu”（瑟瑟）考

朱麗雙

摘　要：“瑟瑟”作爲唐詩中經常出現的一個詞，中外學界有許多討論。有人認爲指一種寶石，但究竟是何種寶石則爭議紛紛，或謂祖母綠（emerald），或謂藍寶石（sapphire），或謂方鈉石（sodalite），或謂天青石（lazurite），或謂綠松石，不一而足。文章在介紹吐蕃告身制度的基礎上，認爲藏文文獻中的g·yu係指綠松石，此即唐詩中的“瑟瑟”。作爲吐蕃告身標誌的瑟瑟，很可能並非一般綠松石，而是波斯綠松石。

關鍵詞：吐蕃告身制度；瑟瑟；g·yu；古藏文；波斯綠松石

“瑟瑟”是唐詩中經常出現的一個詞，據考尤以白居易詩集中此詞最爲多見[①]。比如《暮江吟》：

一道殘陽鋪水中，半江瑟瑟半江紅。
可憐九月初三夜，露似真珠月似弓。

這其中的“瑟瑟”究爲何物，中外學界有許多討論。有人認爲指一種寶石，但究竟是何種寶石則爭議紛紛，或謂祖母綠（emerald），或謂藍寶石（sapphire），或謂方鈉石（sodalite），或謂天青石（lazurite），或謂綠松石[②]。另有學者采折中態度，謂“瑟瑟”不是專指某一種寶石，而是顏色相同或相近（青、碧、藍、綠之類）的一類寶石。而在詩文中，“瑟瑟”也用來形容聲音和顏色，甚至用來狀寫新奇物品[③]。

筆者最近研讀敦煌藏文文獻，發現古藏文“g·yu”一詞或許能爲我們解開其所指原

① 陳才智：《關於白居易詩中“瑟瑟”一詞的解釋》，《中國典籍與文化》1999年第4期，第10—13頁。

② 參見謝弗著，吳玉貴譯：《唐代的外來文明》“天青石”條，北京：中國社會科學出版社，1995年，第499—504頁、第533—534頁注89；張永言：《漢語外來詞雜談》，《語言教學與研究》1989年第2期，第89頁。

③ 劉後濱：《“瑟瑟”考——兼論外來物品與唐詩語彙》，《文史》2009年第1期，第205—218頁。

物之謎。

進入正式討論之前，先簡要介紹吐蕃的告身制度。首先應該明確的是，吐蕃的告身制度和唐制完全不同。唐朝的告身爲朝廷授官之符，寫於紙上，書寫受官者的姓名、籍貫、官爵名號等內容，其性質類似後世吏部頒發的補官文憑及近代政府給予的委任狀①。吐蕃的告身不是授官之符，而是官品高低的標誌。學者之所以稱其爲“告身”，是因爲傳世文獻、敦煌漢文文書及石窟題記用此二字②。不過傳世文獻也稱爲“章飾”，尤其在總論吐蕃職官等級的部分：

其一，《通典》：吐蕃“其官章飾有五等，一謂瑟瑟，二謂金，三謂金飾銀上，四謂銀，五謂熟銅，各以方圓三寸，褐上裝之，安膊前以辨貴賤。”③

其二，《新唐書・吐蕃傳》：“其官之章飾，最上瑟瑟，金次之，金塗銀又次之，銀次之，最下至銅止。差大小，綴臂前以辨貴賤。”④

其三，《册府元龜・外臣部・土風三》載：“大略其冠章飾有五等，一謂瑟瑟，二謂金，三謂金飾銀上，四謂銀，五謂熟銅。各以方圓三寸，褐上裝之，安膊前，以別貴賤。”⑤

其四，同上書又載：“自號吐蕃，爲竇髻，爵位則以寶珠、大瑟瑟、小瑟瑟、大銀、小銀、大瑜石、小瑜石、大銅、小銅等爲告身，以別高下。”⑥

其中前三條記載的文字大同小異。其記載的情況可視爲常例。但第四條有所不同，首先是各個級別的告身區分大小，從敦煌西域出土的藏文文獻來看，確實普遍如此。其次是瑟瑟告身之下缺了金告身，想是漏寫所致。第三是瑟瑟告身之上多出寶珠告身，此在漢文史料中爲獨見，可視爲特例，此處先按下不論。如此，據前三條材料，吐蕃的告身分五等，分别以瑟瑟、金、金塗銀、銀、銅爲標誌。其形狀爲方圓三寸大小，其安放的位置是臂膊前，其作用是區分貴賤。看來確實是“章飾”二字更爲合適，但“告身”一詞在學界沿用已久，今亦從之。

---

① 朱雷：《跋敦煌所出〈唐景雲二年張君義勳告〉——兼論“勳告”制度淵源》，《敦煌吐魯番文書論叢》，蘭州：甘肅人民出版社，2000 年，第 225—243 頁；陳楠：《吐蕃告身制度》，載氏著《藏史叢考》，北京：民族出版社，1998 年，第 150 頁。

② 比如莫高窟第 144 窟東壁吐蕃時期供養人題記有：“夫人蕃任瓜州都□（督）□（倉）□（曹）參軍金銀間告身大蟲皮康公之女修行頓悟優婆姨如祥□（弟）一心供養。”見敦煌研究院編：《莫高窟供養人題記》，北京：文物出版社，1986 年，第 65 頁。

③ 《通典》卷第一九〇《邊防》六“吐蕃”條，北京：中華書局，1988 年，第 5171 頁。

④ 《新唐書》卷二百一十六《吐蕃傳》上，中華書局，1975 年，第 6072 頁。

⑤ 《册府元龜》卷九六一《外臣部・土風三》，中華書局，1960 年，第 11307 頁。

⑥ 《册府元龜》卷九六一《外臣部・土風三》，第 11307 頁。

按敦煌和新疆出土的古藏文文獻保存有不少吐蕃的告身資料，學界的研究亦相當豐富。這裏先介紹敦煌藏文寫本 P. t. 1071。這是一件很長的法律文書。抄寫的時間一般認爲是在吐蕃時期。前人或將其定名爲《狩獵傷人賠償律》①。但細讀其内容，主要有三部分，一是狩獵傷人處置之法；二是犛牛傷人處置之法；三是獵獲獸物分配之法。文書第一部分依中箭者的身份等級，十分具體地描述狩獵時發箭傷人後如何處理。中箭者的身份從大方面講，可分爲官員（即尚論）與白身及以下（比如軍户、民户、蠻貊之囚等）。由於我們這裏不涉及白身及以下身份者，下文衹引用有關尚論部分的内容。據文書，尚論的等級次序如下：

一，大尚論（zhang blon chen po），分别是大相（blon chen po）、大囊論（nang blon chen po）、贊普舅氏同平章者 1 人（btsan po' I zhang drung chab srid la dbang ba gcIg）、副大相（blon chen po' I ' og pon）四位。

二，g·yu告身尚論（zhang lon g·yu'I yI ge pa）。

三，金告身尚論（zhang lon gser gyI yI ge pa）。

四，頗羅彌告身尚論（zhang lon phra men gyI yI ge pa）。

五，銀告身尚論（zhang lon dngul gyI yI ge pa）。

六，黄銅告身尚論（zhang lon ra gan pa'i yI ge pa）。

七，紅銅告身尚論（zhang lon zangs kyI yi ge pa）。

其中第一等級的尚論，文書未載其告身爲何。看來由於權重位高，超出了一般的告身序列，可視爲特例，此處亦先按下不表。後面六種則可視爲常例，其記載之序列與前引第一至第三種傳世漢文資料可完美勘同。其中頗羅彌告身即“金塗銀”或“金飾銀上”；銅告身有兩種，即黄銅和紅銅；而第二種級别的g·yu'I yI ge 可譯作“瑟瑟告身”。此詞國内學者往往譯作玉告身或碖石告身②，不確。

從漢藏文獻來看，獲賜瑟瑟告身者均爲高級官員。《資治通鑒》卷二〇九中宗景龍三年（709）條：“乙亥，吐蕃贊普遣其大臣尚贊咄等千餘人逆金城公主”，《考異》引《文館記》道：“吐蕃使其大首領瑟瑟告身贊咄、金告身尚欽藏以下來迎金城公主。”③ 這位尚贊咄藏文作 Zhang bTsan to re lhas byin，《吐蕃大事紀年》載 710 年金城公主由此人等迎至邏些④。林冠群指出，尚贊咄是吐蕃政壇上首位以王室外戚身份參與重要政務的人物，是

① 王堯、陳踐主編：《敦煌古藏文文獻探索集》，上海：上海古籍出版社，2008 年，第 326 頁。

② 陳楠：《吐蕃告身制度》，第 153 頁；王堯、陳踐主編：《敦煌古藏文文獻探索集》，第 327 頁。

③ 《資治通鑒》卷二〇九，中華書局，1963 年，第 6637—6638 頁。

④ Brandon Dotson, *The Old Tibetan Annals: An Annotated Translation of Tibet's First History*, Wien: Verlag der Österreichischen Akademie der Wissenschaften, 2009, p. 106.

吐蕃王室在698年覆滅噶爾家族後的新舉措①。作爲迎娶金城公主的主要使臣，尚贊咄具“瑟瑟告身”，是一位地位極爲尊貴的使臣。《南詔德化碑》記752年吐蕃册封南詔王閣羅鳳爲“贊普鐘南國大詔”，同時“授長男鳳伽異大瑟瑟告身都知兵馬大將”②。另，吐蕃統治敦煌時期有“大蕃敕尚書令賜大瑟瑟告身尚起律心兒”（P. 2765）③。

瑟瑟之上另有更高級告身似出現在8世紀中葉以後。《吐蕃大事紀年》“764—765年”條記763年吐蕃攻打唐長安後論功行賞：“吐蕃之境舉行大議事會（mol cen），對大論進行遷轉調換。賜大論章·囊熱（[dBa's] sNang bzher）ke ke ru告身，任爲大論。賜尚野息（rGyal zigs）大瑟瑟告身，授予與噶爾·孜敏（mGar 'Dzi rmun）同等之品階。任論綺立藏（Khri bzang）爲大論，賜［尚］東贊（sTong rtsan）瑟瑟告身，任爲四境戍守都元帥。”

Ke ke ru來自梵語karketana，指一種白寶石（white chrysoberyl）④。《吐蕃大事紀年》下文還記大論囊熱獲賜大寶告身（nor bu rIng po che 'i yi ge）。所謂大寶當即指前文的ke ke ru。這種告身在P. t. 1071、P. t. 1089《狗年十二月德論爲沙州衆僚對官秩品階意見不一事牒》等出現大量職官稱號的文獻中皆未見，似可視爲特例。前引第四條傳世漢文材料記吐蕃瑟瑟告身之上尚有寶珠告身。所謂“寶珠”或即指此。查章·囊熱的事蹟，林冠群書考以P. t. 1071所載由於四大尚論品級崇高，位列所有告身尚論之上。⑤則所謂大寶告身或寶珠告身大概並非常設，而是臣子功勳特著時贊普的例外恩勅。而且這種例外恩勅似乎衹頒給大臣而非邦王。前謂752年吐蕃册封南詔王閣羅鳳爲“贊普鐘南國大詔”，“鐘”意爲“弟”。吐蕃與南詔結爲兄弟之國，南詔王閣羅鳳被封爲弟，具小邦國主之身份，吐蕃不再授其告身。但其長子鳳伽異則得獲大瑟瑟告身。8世紀末至9世紀中葉于闐歸吐蕃統治，P. t. 1089第22－24行有一條記載説：

dper gsol na // li rje lta bu / zho sha dang sbyar nas // bla nas thugs pags mdzad de / rgyal mtshan stsal nas /:/ rgyal chos gnang ba yang // lI'i blon dngul pa'i 'og na / mchIs pa lags // lI'i 'a ma ca la stsogs pa / thabs gser dang [g·yu] stsal pa la stsogs pa yang / rtse rje zangs pa'i 'og na mchis //“謹奏下例，如于闐國主，依其勳績，聖上施加恩典，賜予王號，許其王者禮制，卻位在銀告身之于闐論之下；于闐之阿摩支等，雖賜予金與瑟瑟之品階，卻在紅銅節兒之下。”

阿摩支爲于闐王之下最高的地方長官，故被賜予瑟瑟或金告身。但于闐王由於保留了

① 林冠群：《唐代吐蕃宰相制度之研究》，臺北：聯經出版事業股份有限公司，2015年，第240—241頁。

② 趙心愚：《南詔告身制度試探》，《民族研究》2002年第4期，第89—95頁。

③ 《法藏敦煌西域文獻》第18册，上海古籍出版社，2001年，第132頁。

④ Brandon Dotson, *The Old Tibetan Annals*, p. 133.

⑤ 林冠群：《唐代吐蕃宰相制度之研究》，第168—173頁。

邦王身份，故不再獲賜告身。

那麽瑟瑟究竟爲何物呢？從藏文來看，g·yu字今具兩種意思，一指玉，一指綠松石。但古藏文“玉”另有一詞，作shel。比如于闐的玉河即稱作shel chu[①]。甚至直至清代，玉的藏語仍是shel。清代陳履平《華夷譯語》（1644—1748）西番部：

玉 shel　　　　舍耳

碧玉 shel sngon　　舍耳思萬播[②]

《西域爾雅》（1796）釋器第六：

玉 shel[③]

雖然曾有學者論證藏文g·yu和漢文“玉”爲同源字[④]，但筆者推測作爲告身標誌的g·yu多半指綠松石。對此有兩個佐證。一是霍巍據考古實物指出，目前並未發現用玉石製作“告身”的材料，考古所見使用最多的是綠松石、紅寶石等礦石，尤以綠松石使用最爲頻繁[⑤]。二是《新五代史》卷七四《四夷列傳》記938年高居誨出使于闐途經藏族地區，見其習俗言：“吐蕃男子冠中國帽，婦人辮髮，戴瑟瑟珠，雲珠之好者，一珠易一良馬。”[⑥] 今藏族女子仍好以綠松石綴髮辮上以爲飾，高居誨所見之瑟瑟珠當爲綠松石。綠松石的顏色並非單一，而是從藍碧至青綠不等，其中深藍無瑕者被認爲最佳[⑦]。前述唐代詩文常以瑟瑟狀色，所狀之色即綠松石之色，這與本文開篇所引《暮江引》詩中“瑟瑟”的意思是相合的。

另從近年出土文物來看，作爲吐蕃告身標誌的瑟瑟，很可能並非一般綠松石，而是波斯綠松石[⑧]。其顏色呈純粹的藍碧色，無絲毫雜質條紋，雖曾於地下千年沉封，依然美麗耀目。關於波斯綠松石之概況，學者有專文討論[⑨]。據索羅森，波斯綠松石是經過突厥地

---

① 朱麗雙：《唐代于闐的羈縻州與地理區劃研究》，《中國史研究》2012年第2期，第74—75頁。

② 李勤璞：《智慧禮贊——藏漢文蟻穿九曲珠的故事》，《歐亞學刊》新3輯，北京：商務印書館，2015年，第114頁。

③ 李勤璞：《智慧禮贊——藏漢文蟻穿九曲珠的故事》，《歐亞學刊》新3輯，第115頁。

④ 李勤璞：《智慧禮贊——藏漢文蟻穿九曲珠的故事》，《歐亞學刊》新3輯，第113頁。

⑤ 霍巍：《吐蕃“告身制度”的考古學新印證》，榮新江、羅豐主編《粟特人在中國：考古發現與出土文獻的新印證》，北京：科學出版社，2016年，第140頁。

⑥ 《新五代史》卷七四《四夷附錄第三》，中華書局，1974年，第918頁。

⑦ Berthold Laufer, *Notes on Turquois in the East*, Chicago: Field Museum of Natural Histoty, 1913, p. 8.

⑧ 參見敦煌研究院編：《絲綢之路上的文化交流：吐蕃時期藝術珍品展》，圖“嵌綠松石藍寶石紫水晶的金胸飾”等，敦煌，2019年，第19頁。2019年10月17—21日筆者參加敦煌研究院舉辦的“敦煌論壇：6—9世紀絲綢之路上的文化交流”國際學術研討會時，曾和北京大學林梅村老師交談展品中的綠松石問題，他認爲皆是波斯綠松石。

⑨ 參見陳春曉：《宋元明時期波斯綠松石入華考》，《北京大學學報》（哲學社會科學版）2016年第1期，第141—148頁。

區傳入吐蕃的[①]。這也解釋了爲什麽藏語稱最好的綠松石爲 drug dkar 和 drug dmar[②]。drug 字今意爲“六”，古藏文也指突厥，尤其是西突厥。此詞又作 dru gu、gru gu。《漢藏史集》載南日倫贊（gNam ri slong brtsan）與墀祖德贊（Khri gtsug lde brtsan，815—837？在位）時曾從突厥之地運來瑟瑟：

其一，南日倫贊之時，rgya dang / gru gu btul / nyang sbal（dba's）snon dang gsum mnga' 'og tu bsdus / gru gu'i g·yu rnying / drel rgyal bco rgyad / bod du sleb pa'ang de dus yin zer bar 'dug“征服了漢地與突厥，將娘氏、韋氏、農氏收於治下。據説將十八騾馱子突厥古舊瑟瑟運到吐蕃也是此時。”[③]

其二，赤祖德贊之時，gru gu'i yul nas g·yu rnying dre'u khal rgyab bco brgyad 'bul byung bas / bod na gru ru'i g·yu rnying yin nges de las med do bya ba dang /“突厥進獻了十八騾馱子的古舊瑟瑟，傳言吐蕃無比此真正突厥古舊瑟瑟更好的［瑟瑟］。”[④]

南日倫贊時吐蕃並未征服漢地與突厥，第一條記載有所失誤。不過據 P. t. 1287《吐蕃王臣傳記》，當時娘氏、韋氏、農氏確實棄今拉薩河流域的統治者森波傑赤邦松（ZIng po rje Khri pangs sum）而投奔雅礱河流域的統治者悉補野氏（sPu rgyal）。同材料還表明南日倫贊時開始賜給大臣寶石作爲其身份的標誌[⑤]。若《漢藏史集》記載無誤，則波斯綠松石經西突厥進入吐蕃始於南日倫贊時期，即 6 世紀後半至 7 世紀初。

瑟瑟指波斯綠松石，還有一個證據：已有學者指出，漢語“瑟瑟”是一個外來詞，從綠松石的波斯語名稱 jamsat 省譯而來。[⑥]

---

① 敦煌研究院舉辦的“敦煌論壇：6—9 世紀絲綢之路上的文化交流”國際學術研討會，2019 年 10 月 17—21 日。

② Berthold Laufer, *Notes on Turquois in the East*, p. 6. 按，dkar 和 dmar 分別意爲白色和紅色，指綠松石上面的白色或紅色條紋，有這兩種顏色條紋者被認爲是優質的綠松石，見 Berthold Laufer, *Notes on Turquois in the East*, p. 8.

③ dPal 'byol bzang po, *rGyal bod yig tshang chen mo*, Khren tu: Si khrom mi rigs dpe skun khang, 1985, p. 139；陳慶英譯：《漢藏史集》，拉薩：西藏人民出版社，1986 年，第 87 頁。

④ dPal 'byol bzang po, *rGyal bod yig tshang chen mo*, p. 205；參見陳慶英譯：《漢藏史集》，第 123 頁。

⑤ 第 111—246 行。

⑥（元）汪大淵原著，蘇繼廎校釋：《島夷志略校釋》，中華書局，1981 年，第 256—257 頁；張永言：《漢語外來詞雜談》，《語言教學與研究》1989 年第 2 期，第 89 頁。

A Study on the “*g · yu*” (瑟瑟) in Old Tibetan

Zhu Li-shuang

Abstract: As a word that often appears in Tang poetry, *Sese* has been discussed in many academic circles at home and abroad. Some scholars think it refers to a kind of gemstone, but there are many disputes about what kind of gemstone it is. It may be called emerald, or sapphire, or sodalite, or lazurite, or turquoise, to name a few. Based on the introduction of the Gaoshen system of Tubo, the article believes that g · Yu in Tibetan literature refers to turquoise, which is the *Sese* in Tang poetry. The *Sese*, which is the symbol of Gaoshen in Tubo, is probably not ordinary turquoise, but Persian turquoise.

Keywords: Gaoshen system of Tubo; *Sese*; g. Yu; Old Tibetan; Persian turquoise

吐蕃喪葬禮儀中的絲綢製品及其作用*

趙松山

摘　要：吐蕃時期，在喪葬禮儀中會使用大量的絲綢製品。文章結合敦煌藏文文獻、傳世漢文文獻與吐蕃墓葬中所出土的各類絲綢製品實物，對吐蕃喪葬禮儀中所使用的各類絲綢製品進行統計，並就其作用進行分類探討。文章認爲吐蕃喪葬禮儀中所使用的絲綢製品按照作用可分爲喪服、隨葬品、助喪物品、裝飾物品以及旗幡等，吐蕃通過唐王朝的賞賜、戰爭所獲戰利品以及歲賦等途徑從唐王朝得到大量絲綢。吐蕃喪葬禮儀中使用各類絲綢製品這一現象很可能是受漢地喪葬禮儀的影響。吐蕃多次派遣貴族子弟前往唐王朝國子監學習，並以金城公主的名義"請書"，是其學習漢地各項禮儀制度的重要途徑。絲綢成爲唐蕃文化交流的重要"物質載體"，其不僅具有實用價值，更具有文化意義。

關鍵詞：吐蕃；喪葬禮儀；絲綢；敦煌藏文文獻；吐蕃墓

吐蕃時期，絲綢與絲綢製品常被用於社會生活的諸多方面。其中，喪葬禮儀中便會使用大量的絲綢製品。敦煌藏文文獻中對吐蕃喪葬儀式中所使用的名物多有記載，其中，絲綢製品在喪葬儀式中出現的較爲頻繁，這説明絲綢在吐蕃喪葬禮儀中具有極爲重要的作用。在敦煌藏文文獻中，記載絲綢製品的喪葬文書主要有 P. t. 239、P. t. 1042、P. t. 1134、P. t. 1136、IOL Tib J 731（Ch. 82. IV）以及 BD15050 等。此外，漢文文獻如《舊唐書》與《新唐書》在對吐蕃禮俗進行介紹時，也提到了吐蕃喪葬儀式中使用絲綢製品的現象。除上述漢、藏文文獻外，近年來在青海、甘肅等地所發現的吐蕃墓葬中也出土了各類絲綢製品，數量龐大、種類繁多，爲我們研究吐蕃喪葬儀式中的絲綢製品及其作用提供了極爲珍貴的實物材料。上述漢、藏文文獻與近年考古發現的絲綢實物將爲本文的相關論述提供材料支撑。

---

* 本文係古文字與中華文明傳承發展工程規劃項目"甘肅簡牘與絲綢之路研究"（項目編號：G3937）階段性成果。

學界對吐蕃墓葬中所出土絲綢製品的研究多集中在圖像以及種類等方面,[①] 對絲綢製品在吐蕃喪葬儀式中的作用關注較少，仝濤對青海地區吐蕃墓葬中出土的部分由絲綢拼接成的錦幡有所探討，認爲其可能是專門製作的喪葬用品,[②] 並按照功用將其分爲旌旗、身帳（སྐུར་ཁང）、服飾以及鞍飾四類。[③] 霍巍從唐蕃文化交流層面出發，就入蕃絲綢的文化史意義進行探討,[④] 認爲從其用途來看，可作爲隨葬品、喪葬用品中的“幡”“幟”等裝飾品。[⑤] 兩位學者的分類對本文的寫作極具啟發意義，但對絲綢製品作用的探討並未充分利用敦煌藏文喪葬文獻中的相關記載，故而難以對吐蕃喪葬禮儀中所使用絲綢製品的功能進行系統探討。

敦煌藏文喪葬文獻中記載了吐蕃喪葬儀式使用絲綢製品的現象，但並未引起學界過多的關注。石泰安（Rolf A. Stein）曾將 P. t. 1042 中所記載的ཐུགས་གུར 與རིང་གུར 的材質誤以爲是絲綢，他認爲ཐུགས་གུར 是རིང་གུར 的敬語形式，將其譯作“身帳”，並指出該物應爲絲綢製品。[⑥] 褚俊傑將ཐུགས་གུར 與རིང་གུར 分別譯爲“魂像”與“屍像”，認爲གུར 可能是一種畫有圖案的綢緞或其他絲織品做成的儀軌用品。[⑦] 其實གུར 一詞在多個敦煌藏文文獻中出現，是帳篷的一種，對應漢文文獻中所記載的“穹廬”一詞,[⑧] 其材質不太可能爲絲綢。目前，學界對敦煌藏文喪葬文獻中所記載的絲綢製品並未進行過統計與系統的探討。

本文在前人研究基礎之上，結合敦煌藏文文獻、相關漢文史料以及近年來吐蕃墓葬中所出土的絲綢實物，對吐蕃喪葬禮儀中所使用的絲綢製品的數量進行統計，並就其作用、

---

① 許新國、趙豐:《都蘭出土絲織品初探》,《中國歷史博物館館刊》1991 年第 00 期，第 63—81 頁；許新國:《都蘭吐蕃墓出土含綬鳥織錦研究》,《中國藏學》1996 年第 1 期，第 3—26 頁；許新國:《青海都蘭吐蕃墓出土太陽神圖案織錦考》,《中國藏學》1997 年第 3 期，第 67—82 頁；許新國:《都蘭出土的含綬鳥織錦》,《柴達木開發研究》2003 年第 2 期，第 31—33 頁；許新國:《吐蕃墓出土蜀錦與青海絲綢之路》,《藏學學刊》（第 3 辑），2007 年，第 93—116 頁；許新國:《都蘭出土織錦——“人獸搏鬥”圖像及其文化屬性》,《青海社會科學》2007 年第 2 期，第 73—76 頁；林梅村:《青海都蘭出土伊斯蘭織錦及相關問題研究》,《中國歷史文物》2003 年第 6 期，第 51—52 頁。

② 仝濤:《青海都蘭熱水一號大墓的形制、年代及墓主人身份探討》,《考古學報》2012 年第 4 期,第 476 頁。

③ 仝濤:《青藏高原絲綢之路的考古學研究》，北京：文物出版社，2021 年，第 229—231 頁。

④ 霍巍:《絲綢入蕃：考古學的觀察及其文化史意義》,《西北民族論叢》（第十三輯），北京：社會科學文獻出版社，2016 年，第 1—22 頁。

⑤ 霍巍:《絲綢入蕃：考古學的觀察及其文化史意義》,《西北民族論叢》（第十三輯），第 13—14 頁。

⑥ 石泰安:《有關吐蕃苯教殯葬儀軌的一件古文書》，鄭炳林主編，耿昇譯:《法國藏學精萃》3，蘭州：甘肅人民出版社，2010 年，第 919—920 頁，注釋 22。

⑦ 褚俊傑:《吐蕃本教喪葬儀軌研究——敦煌古藏文寫卷 P. T. 1042 研究》,《中國藏學》1989 年第 3 期，第 28 頁注釋［7］，第 30—31 頁注釋［26］；褚俊傑：《論苯教喪葬儀軌的佛教化——敦煌古藏文寫卷 P. T. 239 解讀》,《西藏研究》1990 年第 1 期，第 58—59 頁，“詞語注釋”1。

⑧ 黃維忠:《拂廬與穹廬——微觀視野下吐蕃物質文化的雙向交流》,《中國藏學》2022 年第 5 期，第 64—73 頁。

絲綢來源及文化背景進行探討，進而思考絲綢作爲唐蕃文化交流“物質載體”的意義。

一、吐蕃喪葬禮儀中的絲綢製品

吐蕃喪葬儀式中會使用數量不等的絲綢製品，這不僅體現在相關敦煌藏文文獻與部分傳世漢文文獻中，也有實物材料可佐證。以下就敦煌藏文文獻中所記載的吐蕃喪葬儀式中所使用的絲綢製品與青海等地吐蕃墓葬中所出土的絲綢製品分别列表呈現，以便後文討論：

敦煌藏文文獻中所記載的吐蕃喪葬儀式中所使用的絲綢製品

文獻編號	絲綢製品名稱
P. t. 1042	大紡織物（ཆེན་ཏགས）①、衣服（ན་བཟ）
P. t. 239	精美漢綢（བཟང་རྒྱ་དར）
P. t. 1134	絲綢翁布（དར་ཅ་འོམ་བུ）、絲綢པག་ཅེ（དར་པག་ཅེ）、魂像（ཟུགས:ཟུལ）、絲綢（དར）
IOL Tib J 731（Ch. 82. IV）	好綢（བཟང་དར）、红綢（དར་དམར་པོ）、白綢（དར་དཀར་པོ）、黑綢（དར་ནག་པོ）
BD15050	綢緞（དར་ཡུག）、絲綢（དར）、好綢翁布（བཟང་དར་ཆ་འོམ་བུ）
P. t. 1136	絲綢（དར）

P. t. 1042 中的大紡織物與衣服和 P. t. 1134 中的魂像皆是較爲具體的絲綢製品。除此之外，其他文獻中都是對絲綢製品較爲概括的記載，如精美漢綢、絲綢、紅綢、白綢、黑綢以及好綢等。其中，P. t. 1134 中出現了兩種絲綢，即པག་ཅེ與འོམ་བུ，པག་ཅེ在 P. t. 1134 中衹出現了一次，且不見於其他敦煌藏文文獻，目前無法對其具體作用進行探討。值得關注的是འོམ་བུ一詞，P. t. 1134 中出現了དར་ཅ་འོམ་བུ一詞，該詞意爲“絲綢翁布”，BD15050 中也出現了བཟང་དར་ཆ་འོམ་བུ一詞，意爲“好綢翁布”，相似的表述也見於 IOL Tib J 731 – v（Ch. 82. IV – B）與 P. t. 239 中，分别爲བཟང་འོམ་འདུ與བཟང་རྒྱ་དར兩詞，可分别譯爲“好[綢]翁布”與“精美漢綢”，筆者認爲 IOL Tib J 731 – v（Ch. 82. IV – B）中བཟང་འོམ་འདུ與 P. t. 1134 中出現的དར་ཅ་འོམ་བུ完整的表達即爲 BD15050 中的བཟང་དར་ཆ་འོམ་བུ。“好綢翁布”出現在多個敦煌藏文喪葬文獻中，該類絲綢應該在吐蕃喪葬禮儀中有較爲重要的作用。

① 褚俊傑將ཆེན་ཏགས一詞譯爲“貴人衣冠代用品”，是指“代替王臣貴人衣冠的朵瑪”；見褚俊傑：《吐蕃本教喪葬儀軌研究——敦煌古藏文寫卷 P. T. 1042 研究》，《中國藏學》1989 年第 3 期，第 30 頁，詞語注釋[15]。但古藏文文獻中屬於藏文同一組的基字存在通用現象，即ཀ་與ཁ་、ཏ་與ཐ་等字母的互换，見巴桑旺堆：《關於古藏文寫本的研究方法的再探索》，《中國藏學》2009 年第 3 期，第 61—81 頁。因此ཆེན་ཏགས一詞可寫爲ཆེན་ཐགས，ཐགས意爲“織物、紡織品”，故該詞應譯爲“大紡織物”較爲合理。

吐蕃墓葬中出土的絲綢製品

墓葬名稱	絲綢製品種類	數量（片）
都蘭吐蕃一號墓（99DRNM1）	錦、流蘇以及其他各色織物	不詳①
都蘭吐蕃二號墓（99DRNM2）	絹	不詳②
都蘭吐蕃三號墓（99DRNM3）	綾、絹、錦、刺繡、絲綢	81③
都蘭吐蕃四號墓（99DRNM4）	錦、絹	不詳④
熱水一號大墓	錦、綾、羅、絹、紗、緙絲	不詳⑤
青海都蘭哇沿水庫南岸 M8	織錦	2⑥
青海都蘭哇沿水庫南岸 M15	絹、織錦、綺	32⑦
青海都蘭哇沿水庫南岸 M16	織錦、綾、絹、綺	54⑧
青海都蘭哇沿水庫南岸 M18	綾	3⑨
青海都蘭哇沿水庫南岸 M20	錦、絹、綾	29⑩
青海都蘭哇沿水庫南岸 M21	織錦和絹（疊爲多層）	1⑪
青海烏蘭縣泉溝一號墓	絹、錦	25⑫
青海都蘭縣 2018 血渭一號墓	紗、綺、羅、綾、絹、織錦	863⑬

以上 13 座吐蕃墓葬中出土的絲綢製品多爲殘片，衹能通過科學手段檢測出其種類，主要有織錦、流蘇、絹、綾、羅、紗、緙絲以及綺等。由於這些絲織品多爲殘片，很難還原其具體的形制，更無法判斷出各類絲織品在喪葬禮儀中的具體“稱謂”，因此單純依靠

① 北京大學考古文博學院、青海省文物考古研究所編著：《都蘭吐蕃墓》，北京：科學出版社，2005 年，第 20—26 頁。（以下均參考此版本）

② 《都蘭吐蕃墓》，第 56 頁。

③ 《都蘭吐蕃墓》，第 71—86 頁。

④ 《都蘭吐蕃墓》，第 121—123 頁。

⑤ 許新國：《中國青海省都蘭吐蕃墓群的發現、發掘與研究》，氏著《西陲之地與東西方文明》，北京：北京燕山出版社，2006 年，第 132—142 頁，對於絲綢的描述見第 139—140 頁；仝濤：《青海都蘭熱水一號大墓的形制、年代及墓主人身份探討》，《考古學報》2012 年第 4 期，關於絲綢的探討見第 471—476 頁。

⑥ 青海省文物考古研究所、陝西省考古研究院編著：《青海都蘭哇沿水庫 2014 年考古發掘報告》，科學出版社，2022 年，第 151 頁。（以下均參考此版本）

⑦ 《青海都蘭哇沿水庫 2014 年考古發掘報告》，第 173 頁。

⑧ 《青海都蘭哇沿水庫 2014 年考古發掘報告》，第 179—180 頁。

⑨ 《青海都蘭哇沿水庫 2014 年考古發掘報告》，第 187 頁。

⑩ 《青海都蘭哇沿水庫 2014 年考古發掘報告》，第 194—195 頁。

⑪ 《青海都蘭哇沿水庫 2014 年考古發掘報告》，第 198 頁。

⑫ 中國社會科學院考古研究所、海西蒙古族藏族自治州民族博物館、烏蘭縣文體旅遊廣電局：《青海烏蘭縣泉溝一號墓發掘簡報》，《考古》2020 年第 8 期，第 34 頁。

⑬ 中國社會科學院考古研究所、青海省文物考古研究所：《青海都蘭縣熱水墓群 2018 血渭一號墓》，《考古》2021 年第 8 期，第 66—67 頁。

這些出自墓葬中的絲綢殘片探究絲織品在吐蕃喪葬禮儀中的具體作用就較爲困難。但如果將前述敦煌藏文文獻中的記載與這些考古實物材料相結合，再結合漢文文獻中的相關記載，我們可以對吐蕃喪葬禮儀中所使用的絲綢製品的具體功能進行初步探討。

二、吐蕃喪葬禮儀中絲綢製品的作用

從漢、藏文文獻的記載與考古發掘材料來看，吐蕃喪葬禮儀中會使用各類絲綢製品，且種類繁多。結合漢、藏文文獻的記載，參照仝濤、霍巍二位學者對吐蕃墓葬中出土絲綢的分類，① 借鑑先秦喪禮禮儀中所使用絲綢製品的種類，② 筆者將吐蕃喪葬禮儀中所使用的絲綢按照功能分爲喪服、助喪物品、隨葬品、裝飾物品以及旗幡。

（一）喪服

喪服即喪葬禮儀中生者爲死者守喪時所穿之衣物。③《舊唐書·吐蕃傳》載："居父母喪，截髮，青黛塗面，衣服皆墨，既葬而吉。"④《新唐書·吐蕃傳》載："居父母喪，斷髮、黛面、墨衣，既葬而吉。"⑤《新唐書·吐蕃傳》中的這條記載沿襲了《舊唐書·吐蕃傳》的相關記載。⑥ 相似的記載亦見於敦煌藏文文獻 P. t. 1134：

第 56—59 行：ཐུགས། ཐུལ:ནི:དགའ། བྲང:དུ:ཐུགས་སྒྲ། ནི། དཀར:མོ:སྤུབ:རྟན:ཕྱང:རྟན:ཕོད:མོ། ནི:བགོད:སེ:འབྲུམ་བཞིའི། ནང:དུ:ལྷགས:ཏེ:ཀུ:ཀུ:དང:ཟངས:ཏེ:ནི:སྦྱོ:སྦྱོ:གཉིས:ཀྱི:མ:(འགྱུམ)ཟ:ཧྲིང:[གྱུག:]ནི:དམེ:གོས:ནག:པོ:ནི། སྐྱལ་། མནབས། ཕྱག་ན་དར་གྱི:པག:ཅེ་ནི:སྟམས:(བསྟམས)སྤྱབ:མདའ:ཤ། ཕྲིང་མཉེན:མོ། ནི:བཟུང:ཐུགས:དང། ཅད:(བཅད)གྱིས། ནི་གཉེན:འདུན:གི:ཞལ:སྐྱི:འཚོལད:གྱིས།

譯文：魂像［放置於］歡喜屋，即白色牛毛帳篷。［白色牛毛帳篷里的］སྤུབ:རྟན 和 ཕྱང:རྟན 外表莊嚴。在四邊墓場裏面，ལྷགས:ཏེ:ཁུ:ཁུ 和 ཟངས:ཏེ:སྦྱོ:སྦྱོ 以及 འགྱུམ 氏 ཧྲིང་［གྱུག］身著黑衣，［འགྱུམ 氏］手持絲綢 པག་ཅེ，馬轡由親友所握，魂像的裁定親友不過問。

從兩《唐書·吐蕃傳》與 P. t. 1134 中的記載可以看出，吐蕃喪葬禮儀中，親友會著"墨衣"參加喪葬禮。青海郭里木吐蕃墓葬出土的彩繪棺板中所繪圖像顯示，吐蕃喪葬儀

① 仝濤：《青藏高原絲綢之路的考古學研究》，第 229—231 頁；霍巍：《絲綢入蕃：考古學的觀察及其文化史意義》，《西北民族論叢》（第十三輯），第 12—16 頁。

② 敬德：《先秦禮儀用絲研究》，西南大學博士學位論文，2014 年，第 77—96 頁。

③ 丁凌華：《中國喪服制度史》，上海：上海人民出版社，2000 年，第 9 頁。

④（後晉）劉昫等撰：《舊唐書》卷 196《吐蕃上》，北京：中華書局，1975 年，第 5220 頁。

⑤（宋）歐陽修、宋祁：《新唐書》卷 216《吐蕃上》，中華書局，1975 年，第 6072 頁。

⑥ 王忠：《新唐書吐蕃傳箋證》，科學出版社，1958 年，第 15 頁。

式中靈帳右側的四匹馬身披紅黑圖案的彩衣，馬前站立的二人頭戴黑地紅紋大沿禮帽，並且靈帳也用紅黑基調的對圓連珠紋織品製成，與馬衣的裝飾相似。① 漢、藏文文獻中所記載的這種在葬禮上所穿的“墨衣”有可能就是棺板畫上所繪紅黑基調的衣物，部分衣物有可能就是臨喪製作的“喪服”。

（二）隨葬品

吐蕃墓葬中所出土的部分絲綢殘片黨爲隨葬衣物的組成部分。吐蕃贊普去世之後，也會隨葬衣服珍玩之物。《舊唐書・吐蕃傳》載：“其贊普死，以人殉葬，衣服珍玩及常所乘馬弓劍之類，皆悉埋之。”② 這一記載和都蘭吐蕃墓中出土的木簡所載内容正相吻合。1985 年，都蘭縣熱水鄉血渭草場熱水溝北岸 M10 出土 11 枚木簡，經王堯、陳踐釋讀，所記載内容皆爲隨葬物品，且以衣物居多，引述其中幾枚木簡上的内容如下：③

M10：4—1

A、1༄།།རྨ:གྲུར:པོ:ཆེའི:གོས:བུ:ཤི:ང:འོག:

2དར:ལྗང:ཀུ:ཧྲ:སྦྲུར:མ:།ཡས:གི།

B、1སྣ་ཟིག:གྱི:ཕྲུད:ཀོར:ཤལ:དམར:ཁྲག།

2ཧྲ:ཟླགས:སག:ཏི:ནག:པོའི:ཡུ་རིངས:ཧྲ:སྦྱི།

譯文：黃河大帳産之普興緞面，綠綢裏夾衣及悉諾涅緞紅鑲邊衣，黑漆長筒靴共三件。

M10：4—8

A、1༄:།དར:རྨའི:གྲུ（ར:པོ:ཆེའི）

2ནོག:དར:ལྗང་ཀུ:ཧྲ་སྦྲུར

3མ:གོས:བུ:ཤི:ང:དཔྱང

B、1ལག:ཟ:འོག:སྣ:ཟིག:ཅན

2གོས:བུ:འབྲིའ:རྨའོ:ཁོང

3ཨོང:ཅག:གཅིག

譯文：黃河大帳産之普興緞面，綠綢裏，衣袖鑲悉諾涅緞，價值一頭母犛牛之緞夾衣

① 羅世平：《天堂喜宴——青海海西州郭里木吐蕃棺板畫箋證》，《文物》2006 年第 7 期，第 79 頁。

② （後晉）劉昫等撰：《舊唐書》卷 196《吐蕃上》，第 5220 頁。

③ 王堯、陳踐：《青海吐蕃簡牘考釋》，《西藏研究》1991 年第 3 期，第 127—135 頁，引文見第 127—130 頁，摹写見第 130—132 頁。

一件。

M10：4—10

A、1༄:།ཐར:ཐར:དམར:ཕོའ:

2དཔྱུང་ལག:ཏང:གོང:

3མ:ཟ:བོག:སྣ:ཉིག

B、1ཅན:།ལྒུ:གུ:སླག:ཏང

2སྦུར:མ:གཅིག

譯文：衣袖爲紅邊，衣領爲悉諾涅錦緞之羔皮衣一件。

M10：4—11

A、1༄:།དར་ལྗང(ཀུ)……སེའུ:ཚེ

2ཟ:བོག(ཏུ:གེམ:གྱི)སླལ་བའི

B、1ཅན……ནག་པོ:དར་གྱི

2……སྦྱུགས་ཞིག

譯文：綠綢……壽字緞，金綫……（衣及）黑綢之……衣一套。

都蘭縣熱水鄉血渭草場熱水溝北岸 M10 出土 11 枚木簡皆爲隨葬衣物疏，其中 7 枚木簡所記載的多爲衣物，這些衣物多爲絲綢材質。尤爲引人注目的是 M10：4—1 與 M10：4—8 中出現了"緞面"類絲綢，霍巍推測"可能就是以'張'來計量的整張絲綢。"① 若此推測成立，那吐蕃喪葬禮中即存在隨葬整張絲綢的現象。此外，青海省都蘭縣哇沿水庫南岸 M16 中也出土了 5 枚木簡。其中，標本 M16：4，長 11 厘米、寬 1.4—1.9 厘米、厚 0.7 厘米，古藏文譯文爲："（有）頭巾等若干，（有）纏頭巾若干等"；標本 M16：10，長 10.1 厘米、寬 1.6 厘米、厚 0.5 厘米；古藏文譯文爲"（有）衣服一件"。② 以上吐蕃墓葬中出土的隨葬衣物疏中所記載的衣物多爲絲綢製品，如綠綢、錦緞以及黑綢所製成的衣物。

---

① 霍巍：《絲綢入蕃：考古學的觀察及其文化史意義》，《西北民族論叢》（第十三輯），第 13 頁。

② 青海省文物考古研究所、陝西省文物考古研究院：《青海都蘭縣哇沿水庫古代墓葬 2014 年發掘簡報》，《考古與文物》2018 年第 6 期，第 46 頁。

（M16：4，青海省文物考古研究所、陝西省考古研究所編著：《青海都蘭哇沿水庫 2014 年考古發掘報告》，北京：科學出版社，2022 年，圖版三四。）

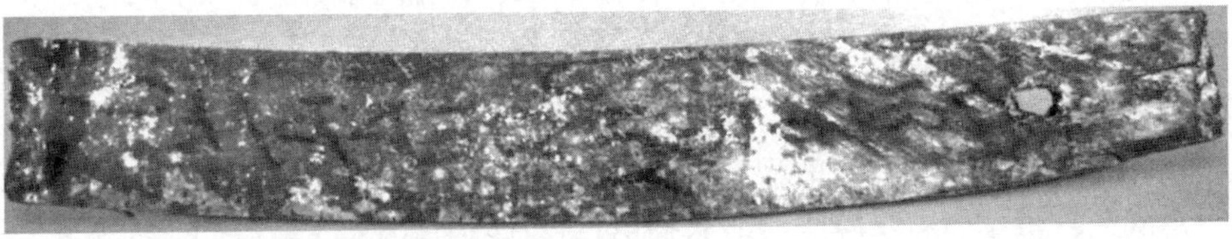

（M16：10，青海省文物考古研究所、陝西省考古研究所編著：《青海都蘭哇沿水庫 2014 年考古發掘報告》，北京：科學出版社，2022 年，圖版三四。）

（三）助喪物品

所謂“助喪”，就是亡者生前的親友等會向死者贈送衣服等物品以助其葬。從敦煌藏文文獻 P. t. 1042 中可以看出，在吐蕃王室喪葬儀式中，各小邦前來參加葬禮的賓客會帶來助喪物品：①

P. t. 1042 第 18 行：དེའི་འོག། དུ་གཉེན་པོ་བྱམས་ཀྱི་སྲིས། དེའི་འོག་དུ་རྒྱལ་ཕན་（ཕྲན）ཆགས་ཀྱི་དཀོར།

譯文：其後是親人所供之養料，其後是諸侯列邦所供之財物。

P. t. 1042 中所記載的由各小邦所供之財物當爲助喪物品，這些物品在葬禮中會被當作隨葬品一起放置於墓葬當中。P. t. 1042 第 123—139 行羅列了被放置於墓葬中的各類隨葬品，其中就包括各小邦所供之財物。②

值得关注的是，都蘭縣熱水鄉血渭草場熱水溝北岸 M10 中所出土的一枚木簡 M10：4—2 上所記載的衣物當爲助喪物品。M10：4—2 A、1༄།།གུ་རིབ་ཅ་ཁྲུ་དགེས། 2གྱིས་གསོལ་པ། B、1གཙོས་ཟ་འོག་ཅ(ན)譯文：“古日家客奉贈：羚羊皮，邊鑲錦緞之衣。”

M10：4—2 上記載的隨葬衣物由古日家客（གུ་རིབ་ཅ་ཁྲུ）奉贈。古日家客當爲前來參加葬禮的賓客，而他所贈予的羚羊皮與錦緞衣物應該是其弔唁亡者時所贈送的助喪物品。從

① 褚俊傑：《吐蕃本教喪葬儀軌研究——敦煌古藏文寫卷 P. T. 1042 解讀》，《中國藏學》1989 年第 3 期，第 22 頁。

② P. t. 1042 第 129 行：དེའི་འོག་དུ་གཉེན་པོ་བྱམ་ཀྱི་སྲིས། དེ་འོག་དུ་རྒྱལ་ཕན་ཆགས་ཀྱི་དཀོར། 譯文：其後是親人所供的養料，後是諸侯列邦所供的財物。褚俊傑：《吐蕃本教喪葬儀軌研究——敦煌古藏文寫卷 P. T. 1042 解讀》，《中國藏學》1989 年第 3 期，第 27 頁。

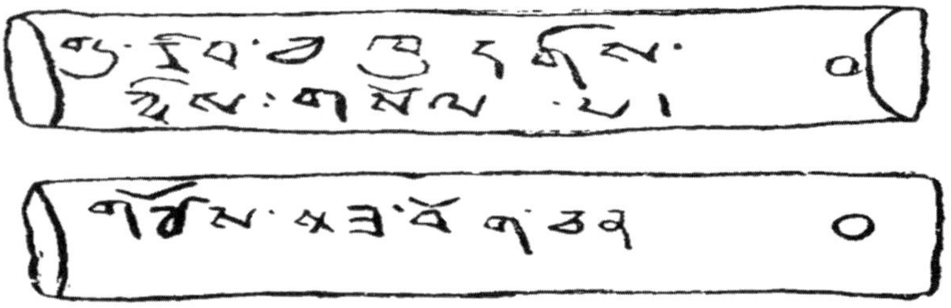

（M10：4—2 臨摹圖，王堯、陳踐：《青海吐蕃簡牘考釋》，《西藏研究》1991 年第 3 期，第 131 頁。）

其被作爲隨葬品記錄在衣物簡上可以看出，親友在葬禮上所贈送的衣物與主家爲亡者所置辦的衣物在喪葬儀式中並無本質區別。衣物在喪葬儀式中具有重要作用，主要可以總結爲兩點：一爲陳列、展示，親友所贈送的衣物還可以展現死者及其家庭的社會關係；二爲給死者裝裹、隨葬。①

（四）裝飾物品

吐蕃喪葬禮儀中，絲綢製品還被用作裝飾物品。馬匹是吐蕃喪葬儀式中被用來殉葬的動物之一，在殉葬馬匹之中，有一類被稱爲“配飾馬（རྟ་རྒྱན་ཅན）”，② 這類馬匹在殉葬之前會被人用絲綢或絲綢製品進行裝飾，青海郭里木棺板畫“迎賓獻馬”畫面中的馬匹周身便以絲綢製品裝飾。③ P. t. 1134 與 P. t. 1136 中有相關的內容可以佐證這一現象：

P. t. 1134 第 56—59：སེ:འབྲུམ་བཞིའི།ནང:དུ:ལྷགས:ཏེ:ཀུ:ཀུ:དང:ཟངས:ཏེ:ནེ:སྦྱ:སྦྱ:གཉིས:གྱུ:མ:(འགྲུམ)ཟ:ཏིང:[གྲུག:]ནི:དམེ:གོས:ནག:པོ:ནི། སྐྱལ་། མནབས།

譯文：在四邊墓場裏面，ལྷགས:ཏེ:ཁུ:ཁུ④ 和 ཟངས:ཏེ:སྦྱ:སྦྱ⑤ 以及 འགྲུམ 氏 ཏིང་[གྲུག] 身著黑衣。

P. t. 1136 第 28 行：སྤུམ་སྤུམ་ནི་དར་གྱིས་བཅིངས། དབུ་ལ་བྱ་རྡ་ཁྱུང་རྡ་ནི་བརྩུགས། རྔོག་མ་ནི་གཤམ་དུ་བཀྱེ།

譯文：馬頭部額前之髮⑥飾之以絲綢，頭部飾之以鳥羽鵬羽，鬃毛向下分開。

從 P. t. 1134 中可以看出，兩匹殉葬馬匹與人一樣，會披上黑色的衣服；P. t. 1136 中殉葬馬匹也會以絲綢裝飾。以上文獻中的記載，可與青海郭里木棺板畫 B 板中的“靈帳

① 田天：《從“衣物簡”到衣物疏——遣策與西漢的喪葬禮儀》，巫鴻、鄭岩、朱青生主編：《古代墓葬美術研究》（第五輯），長沙：湖南美術出版社，2022 年，第 1—18 頁，引文見第 6 頁。

② 褚俊傑：《吐蕃本教喪葬儀軌研究——敦煌古藏文寫卷 P. T. 1042 研究》，《中國藏學》1989 年第 3 期，第 30 頁，注釋 22。

③ 仝濤：《青海郭里木吐蕃棺板畫所見喪禮圖考釋》，《考古》2012 年第 11 期，第 83—84 頁。

④ 馬匹之名。

⑤ 馬匹之名。

⑥ སྤུམ་སྤུམ། 一詞指馬頭額前之髮，見宗喀・漾正岡布、王陳妍：《馬“角”與“嘭嘭”——P. T. 1060 古藏文寫卷部分相馬醫馬術語新解》，《青海社會科學》2019 年第 3 期，第 28—34 頁。

舉哀”場景中出現的馬匹周身的裝飾相對應，在該棺板畫“靈帳舉哀”場景中，馬匹站成一排，頭身皆披紅黑圖案的彩衣，被裝飾成“彩馬”（見下圖）。[①] 這些紅黑圖案的彩衣應爲絲綢製品。這些馬匹由參加喪禮的賓客或親眷獻給死者，按照嚴格的順序陪葬入墓地，其目的应该是用於死者到達“樂土”的坐騎或引導。[②]

（郭里木鄉夏塔圖 1 號墓 B 側板（臨摹圖），青海省博物館編著：《塵封千年的歲月記憶：絲綢之路（青海道）沿線古代彩繪木棺板畫》，北京：文物出版社，2019 年，第 156—157 頁。）

除馬匹外，棺木也會以絲綢製品裝飾，主要是在棺木上覆蓋絲織的荒帷。在喪葬禮儀中，棺椁在離開宗廟赴壙之前需要用荒帷對棺椁進行裝飾。對於荒帷，鄭玄曰：“荒，蒙也。在旁曰帷，在上曰荒。”可知荒帷就是覆蓋在棺椁上的物品。棺椁埋入墳墓時，荒帷也隨棺椁一起埋入。[③] 都蘭吐蕃三號墓中出土了綴珍珠絲綢與綴珍珠絲帶各 1 件[④]，这 2 件綴珍珠絲綢應該是覆蓋於棺木上的荒帷的組成部分。此外，2018 血渭一號墓主墓室棺板與二層台間距爲 0. 12—0. 2 米，該區域四周地面上發現大量琉璃串珠，串珠的顏色有藍色、米黃色、褐色、黑色等，考古發掘報告中稱“推測棺上原有帷帳類的裝飾”[⑤]。這一表述並不確切，在墓葬中帷帳與荒帷是兩種不同的絲織物，其作用也有所區別。2018 血渭一號墓主墓室中所殘留的大量琉璃串珠應該爲覆蓋在棺木上的荒帷的組成部分。郭里木鄉夏塔圖 1 號墓出土彩繪木棺 B 側板上所繪圖像中有“靈帳舉哀”的場景，在帳篷所組成的靈帳中，門帘開處，依稀可見類似棺木的彩畫線條，[⑥] 下葬之前棺木被停放於靈帳之中，其上應該覆蓋著絲綢製的荒帷，上述吐蕃墓葬中所出土的帶有珍珠的絲綢以及散落在

① 羅世平：《天堂喜宴——青海海西州郭里木吐蕃棺板畫箋證》，《文物》2006 年第 7 期，第 79 頁。
② 仝濤：《青海郭里木吐蕃棺板畫所見喪禮圖考釋》，《考古》2012 年第 11 期，第 84 頁。
③ 敬德：《先秦禮儀用絲研究》，西南大學博士學位論文，2014 年，第 79 頁。
④ 《都蘭吐蕃墓》，第 82 頁。
⑤ 中國社會科學院考古研究所、青海省文物考古研究所：《青海都蘭縣熱水墓群 2018 血渭一號墓》，《考古》2021 年第 8 期，第 58—59 頁。
⑥ 羅世平：《天堂喜宴——青海海西州郭里木吐蕃棺板畫箋證》，《文物》2006 年第 7 期，第 79 頁。

地的琉璃串珠就是此類荒帷的組成部分。

（五）旗幡

絲綢在吐蕃喪葬禮儀中還被用來製成其他喪葬用品，如旗幡。IOL Tib J 734（Ch. 85. IX. 4）中記載了招魂儀式中需要使用“幡”：①

75—78 行：ཉན་ཀར་གཟུགས། སྣན་ཀར་རྒྱབ།……ཕོན་[ཀ]ར་རྗེག་གོན་ཀར་སྐྱུད་ཀྱི་མཚོ་བཙལ། མཚོ་ཧྲིས་པོ་ཧྲིས་བདག། ……ཧྲིན་ཀར་གཟུགས་འཕན་ཀར་རྒྱབ་ཀྱི་མཚོ་ཧྲིས་པོ་ཧྲིས་[བདག་]མ་མཆིས། བླ་མཚོ་[སྲད་པོ་མ་མཆིས་]

譯文：尋找設供、設墊、拋丟贖身物的麻黃，麻黃希波希達（ཧྲིས་པོ་ཧྲིས་བདག）……没有設很噶（ཧྲིན་ཀར）、設幡的麻黃希波希達、魂麻黃賽波（སྲད་པོ）。

105—106 行：མྱི་ཆ་བུ་མཆིང་རྒྱལ་འདི། ལྷ་ལ་ཉན་ཀར་བཙུགས། སྣན་ཀར་རྒྱབོ། ཕོན་མཁར་ནི་བཙུགས། གོན་ཀར་ནི་སྐྱོད།། པན་(ཕན་)ཀར་ནི་རྒྱབ།

譯文：人瑪布清傑（མྱི་ཆ་བུ་མཆིང་རྒྱལ），向神設供，擺上坐墊，建盆噶（ཕོན་མཁར），拋穿戴贖身物，設幡。

111—115 頁：ཉན་ཀར་གཟུགས་སུ་སོབ་བསེ་གོང་[ཀར་][པེ་ནེ་]ཚོག་པོ་མ་མཆིས། སྣན་ཀར་རྒྱབ་[དུ་]ཡང་སེབ་བསེ་[གོང་]ཀར་པེ་ནེ་ཚོག་པོ་ལ[མཆིས་]ཕོན་(ཕོན་)ཀར་རྗེག་དུ་ཡང་སོབ་བསེ་ཀ[ར]། པེ་ནེ་ཚོག་པོ་མ་མཆིས།། གོན་ཀར་སྐྱུད་ཡང་སོབ་བསེ་གོང་ཀར་པེ་ནེ་ཚོག་པོ་མ་མཆིས། [ཧྲི]ན་ཀར་གཟུགས་པན་(ཕན་)ཀར་རྒྱབ་དུ་སེབ་བསེ་གོང་ཀར་པེ་ནེ་ཚོག་པོ་མ་མཆིས། ཁང་སྐུ་གང་(ཁང་)ཉན་ཁང་བླ་གང་(ཁང་)དབུབ་དུ་ཡང་སོབ་བསེ་གོང་ཀར་པེ་ནེ་ཚོག་པོ་མ་མཆིས།

譯文：設供没有山陰刺靡貢噶貝乃措波（གོང་ཀར་པེ་ནེ་ཚོག་པོ）；擺墊子也没有山陰刺靡貢噶貝乃措波；建“盆噶”也没有山陰刺靡貢噶貝乃措波；拋穿戴贖身物也没有山陰刺靡貢噶貝乃措波；設“很噶”、設幡也没有山陰刺靡貢噶貝乃措波；修造身舍、供舍、魂舍也没有山陰刺靡貢噶貝乃措波。

IOL Tib J 734（Ch. 85. IX. 4）講述了吐蕃苯教喪葬儀式中的招魂儀軌。在儀式中，“供（ཉན）”是重要的環節，其具體的儀程有：設供、擺墊、設幡、設“盆噶”、設“很噶”和拋穿戴贖身物等，② 這一過程需要麻黄與刺靡這兩種植物。由於這兩種植物具有“招魂”的作用，依靠其所設的幡（འཕན་ཀར）也就具有了“招魂”的作用。人去世到下葬完成的過程可以劃分爲喪禮和葬禮兩大儀程，而“招魂”儀式應該屬於喪禮的範疇。從熱水一號大墓出土的不少絲綢標本是用兩片不同的絲綢拼接成錦幡，可能是專門製作的喪葬用品，而該地區的喪葬禮儀中有使用紅幡的習俗，這在青海德令哈郭里木所出土的棺板畫上有較爲清晰的描繪。③ 我們可以據此判斷，幡在喪禮環節的“招魂”儀式中被使用

① 鄭炳林、黄維忠主編：《敦煌吐蕃文獻选輯・文學卷》，北京：民族出版社，2011 年，第 71 頁。

② 鄭炳林、黄維忠主編：《敦煌吐蕃文獻选輯・文學卷》，第 56 頁。

③ 仝濤：《青海都蘭熱水一號大墓的形制、年代及墓主人身份探討》，《考古學報》2012 年第 4 期，第 476 頁。

之後，會在葬禮環節作爲隨葬品一起隨葬入墓。

吐蕃喪葬禮儀中的喪服、助喪衣物、隨葬衣物、棺木與殉葬馬匹的裝飾物以及喪禮中“招魂”所用的旗幡皆由絲綢所製，這説明絲綢製品在吐蕃喪葬禮儀中具有極爲重要的意義。上述由絲綢所製作的各類物品多爲喪葬用品，其中，喪服、棺木上的荒帷與殉葬馬匹身上的裝飾物以及喪禮中“招魂”所用的旗幡應該都是臨喪製作的物品，但所用絲綢並不是當時製作的。吐蕃的絲綢很大一部分來自唐王朝，而漢地絲綢入蕃的過程中與絲綢有關的各種漢地禮儀文化也逐漸傳入吐蕃。

三、吐蕃絲綢的來源與喪葬禮儀中使用絲綢的文化背景

（一）吐蕃絲綢的來源

吐蕃喪葬禮儀中所使用的各類絲綢製品多爲外來物。都蘭熱水一號大墓出土了大批絲綢，共有殘片350餘件，不重複圖案的品種達130餘種，其中112種爲中原漢地織造，占品種總數的86%；18種爲中亞、西亞織造，占品種總數的14%，來自漢地的絲綢占絕大多數。[①] 2018血渭一號墓出土紡織品殘片863片，綺、織錦占90%，紋樣可分爲植物、動物、幾何形三類，可見獅子、飛鳥以及葡萄與卷草等，部分帶有濃重的粟特風格。[②] 以上述熱水一號大墓與2018血渭一號墓出土的絲綢製品爲例，我們可以看出吐蕃墓葬中所使用的絲綢具有多源性，漢地與中亞皆是吐蕃絲綢的來源地。囿於文獻材料，本文對中亞等地輸入吐蕃的絲綢暫不涉及，重點討論漢、藏文文獻中所記載的自漢地輸入吐蕃的絲綢。吐蕃主要通過唐王朝賞賜、雙方戰爭所得戰利品、歲賦以及互市這四個渠道獲得唐朝的絲綢。[③] 由於絲綢是貴重物品，對於普通百姓來説，通過互市所得絲綢數量極爲有限，主要還是通過統治階層之間的互動來獲得大量絲綢，即賞賜、戰利品以及歲賦。

唐王朝會在敕封吐蕃贊普名號、公主下嫁吐蕃、吐蕃使者來朝、唐朝使者出使吐蕃、吐蕃助唐平亂以及唐蕃止兵戈言和等背景下賜予吐蕃王室或貴族大量絲綢。如貞觀二十三年（649），高宗嗣位，授弄贊爲駙馬都尉，封爲西海郡王，“賜物二千段”，後又進封其

---

① 許新國：《中國青海省都蘭吐蕃墓葬群的發現、發掘與研究》，氏著《西陲之地與東西方文明》，第132—141頁，引文見第139頁。

② 中國社會科學院考古研究所、青海省文物考古研究所：《青海都蘭縣熱水墓群2018血渭一號墓》，《考古》2021年第8期，第66—67頁。

③ 霍巍：《絲綢入蕃：考古學的觀察及其文化史意義》，《西北民族論叢》（第十三輯），第1—22頁，相關内容見第8—12頁。

爲賓王，“賜雜彩三千段”。① 金城公主下嫁吐蕃時，“帝念主幼，賜錦贈別數萬，雜技諸工悉從，給龜兹樂。”② 朱泚之亂，吐蕃幫助平亂，“償結贊、莽羅等帛萬匹”③。吐蕃使者名悉獵等到京師之後，“賜紫袍金帶及魚帶，並時服、繒彩、銀盤、胡瓶，仍於別館供擬甚厚。”④ 唐朝使者出使吐蕃時，也會帶去大量絲綢，“開元二十一年正月，命工部尚書李暠持節於吐蕃，以國信物一萬匹，私覿物二千匹，皆雜以五彩，遣之。”⑤ 開元七年（719）吐蕃贊普赤德祖贊（ཁྲི་ལྡེ་གཙུག་བཙན）遣使請和，唐玄宗賜予吐蕃王室大量絲綢。《册府元龜》載：“因賜其束帛，用脩前好，以雜彩二千段賜贊普，五百段賜贊普祖母，四百段賜贊普母，二百段賜可敦，一百五十段賜坌達延，一百三十段賜論乞力徐，一百段賜尚贊咄及大將軍、大首領，各有差。皇后亦以一千段賜赞普，五百段賜赞普母，二百段賜可敦。”⑥

唐王朝在上述各種背景之下賜予吐蕃王室和貴族大量的絲綢，説明吐蕃王室對絲綢有著較爲特殊的喜好。在文成公主入蕃時，松贊干布前往迎接，在迎親現場即“嘆大國服飾禮儀之美”，⑦ 唐王朝大量絲綢入吐蕃説明絲綢在吐蕃高級貴族心中有著極爲重要的地位，其在唐、蕃統治階層互動過程中有著不可替代的作用。

《恩蘭·達札路恭紀功碑》南面第46—49行的記載顯示，赤松德贊（ཁྲི་སྲོང་ལྡེ་བརྩན）贊普時，因爲吐蕃攻取唐朝州郡城池較多，唐王朝每年都要向吐蕃進獻絲綢，“唐主孝感皇帝君臣大怖，每年獻絲綢貢品五萬匹（རྒྱ་རྗེ་དེའུ་འགི་ཡང་དེ་རྗེ་བློན་སྐྲག་སྟེ། ལོ་ཅིག་ཅིང་རྟག་དུ་དཔྱ་དར་ཡུག་ལྔ་ཁྲི་ཕུལ་ཏེ།）。”⑧ 而唐王朝輸入吐蕃的絲綢有時會被分賜給吐蕃的高級官員。B. M. Or. 8212（187）第48—49行記載，762年，吐蕃贊普指派論·綺力思扎悉諾則布（བློན་ཁྲི་སྒྲ་སྟག་ཚབ）在多思麻（མདོ་སྨད）召集會盟，⑨ 將“唐之絲綢貢品分贈各地千户以上［官員］（རྒྱའི་དཔྱ་

① （後晉）劉昫等撰：《舊唐書》卷196《吐蕃上》，第5222頁。

② （後晉）劉昫等撰：《舊唐書》卷196《吐蕃上》，第6081頁。

③ （北宋）歐陽修、宋祁：《新唐書》卷216《吐蕃上》，第6094頁。

④ （後晉）劉昫等撰：《舊唐書》卷196《吐蕃上》，第5231頁。

⑤ （北宋）王溥撰：《唐會要》卷6《雜錄》，中華書局，1955年，第76頁。

⑥ （北宋）王欽若等編：《册府元龜》卷980《外臣部·通好》，中華書局，1960年，第11511頁上。

⑦ （後晉）劉昫等撰：《舊唐書》卷196《吐蕃上》，第5221頁。

⑧ H. E. Richardson, *A Corpus of Early Tibetan Inscriptions*, Royal Asiatic Society, 1985, pp. 12-13; Fang Kuei Li and W. South Coblin, *A Study of the Old Tibetan Inscriptions*, Taibei: Institute of History and Philology, Academia Sinica, 1987, p. 158; 王堯編著：《王堯藏學文集》（卷二），北京：中國藏學出版社，2012年，錄文見第85頁，譯文見第91頁。

⑨ 吐蕃時期集會議盟（འདུན་མ）的召集動詞分別使用了“འདུས”“བསྡུས”與“བཞུགས”三類動詞，召集動詞爲使動動詞བསྡུས時，由贊普指派臣屬去主持會盟。旦知吉：《從〈吐蕃大事紀年〉中的動詞“འདུས”“བསྡུས”“བཞུགས”看吐蕃會盟的召集者》，《中國藏學》2022年第5期，第128—138頁。

དར། མོ་ཕྱུགས། སྟོང་དཔོན་ཡན་ཆད་བྱ་སྐར་སྩལད།།)。”① 此外，吐蕃在與唐王朝的戰爭中，取勝之後也會掠奪大量的財物，使得吐蕃貴族以及普通百姓都能通過戰爭獲得上好的絲綢：

P. t. 1287 第341—343 行：རྒྱ་འི་ནོར་མང་པོ་སྟོད་ཕྱོགས་སུ་འདོན་པ་རྣམས།། ཀྭ་ཅུ་ན་ཚོགས་བྱས་པ་ལས།། ཐམས་ཅད་བོད་ཀྱིས་ཕབ་སྟེ་བཞེས་པས།། བླར་ཡང་དཀོར་མང་པོ་བརྙེས།། འབངས་མགོ་ནག་པོས་ཀྱང་། རྒྱ་དར་བཟང་པོ་ཁྱབ་པར་ཐོབ་བོ།།

譯文：唐朝從西部取來的衆多財物，原先儲存在瓜州城（ཀྭ་ཅུ），吐蕃攻占後將其全部接受，上層仕人因之得到許多財寶，屬民黔首也普遍獲得精美漢綢。②

吐蕃王室與貴族通過上述諸種渠道獲得了大量漢地絲綢，除了製作成衣物穿戴以外，還將相當數量的絲綢用在喪葬禮儀活動中。上引 P. t. 1287 中將漢地絲綢稱爲“精美漢綢（རྒྱ་དར་བཟང་པོ）”，而 P. t. 239 中也將吐蕃喪葬儀式中所使用的絲綢稱爲“精美漢綢（བཟང་རྒྱ་དར）”，所載“不應將純美的漢綢浪費糟蹋，要用於作有益之布施（བཟང་རྒྱ་དར་ནོར་ཀྱི་དམྱིག（དམིག）ཆུད་མི་གསན་སྦྱིན་གདོང་དོན་སྩལ་དུ་འགྱིས།།），”③ 側面反映出吐蕃喪葬禮儀中會使用大量的絲綢製品，而這些絲綢多來自漢地。與“精美漢綢（བཟང་རྒྱ་དར）”相類似的表述也出現在 P. t. 1134、BD15050 以及 IOL Tib J 731 – v（Ch. 82. IV – B）等吐蕃喪葬文獻中，皆用 བཟང 一詞來稱讚漢地絲綢，這説明吐蕃喪葬儀式中對漢地絲綢的稱讚或稱謂漸趨“固定”，也説明漢地絲綢在吐蕃喪葬禮儀中的重要性。

（二）吐蕃喪葬禮儀中使用絲綢製品的文化來源

吐蕃喪葬禮儀中使用大量的絲綢製品這一現象在一定程度上受到了漢地喪葬禮儀文化的影響。周以前與兩周時期，漢地喪禮中會使用大量的絲綢。周以前，絲綢製品在喪禮中主要用來裝殮屍體、包裹隨葬禮器以及用作荒帷和銘旌。④ 兩周時期絲綢製品在喪禮中主要用作裝殮屍體的殮具、飾棺之物、餽贈他人的禮物、裝殮時阻隔死者與生人的帷幕、裝飾禮儀中的器物、包裹隨葬器物以及用作銘旌等。⑤ 周人之所以在喪葬禮中使用大量絲綢製品，首先是周人認識到絲織品具有通神、通鬼的功能；其次是絲織品是一種稀有貴重物

---

① 黄布凡、馬德：《敦煌藏文吐蕃史文獻譯注》，蘭州：甘肅教育出版社，2000 年，錄文見第 37 頁，譯文見第 57 頁；Brandon Dotson, *The Old Tibetan Annals: An Annotated Translation of Tibet's First History*, Wein: Verlag der Österreichischen Akademie der Wissenschaften, 2009, p. 136；王堯編著：《王堯藏學文集》（卷一），中國藏學出版社，2012 年，錄文見第 35 頁，譯文見第 210 頁。

② 王堯編著：《王堯藏學文集》（卷一），錄文見第 61 頁，譯文見第 230 頁；黄布凡、馬德：《敦煌藏文吐蕃史文獻譯注》，2000 年，錄文、譯文分别見第 282、285 頁。

③ 譯文見褚俊傑：《論苯教喪葬儀軌的佛教化——敦煌古藏文寫卷 P. T. 239 解讀》，《西藏研究》1990 年第 1 期，第 56 頁。

④ 敬德：《先秦禮儀用絲研究》，西南大學博士學位論文，2014 年，第 77—80 頁。

⑤ 敬德：《先秦禮儀用絲研究》，西南大學博士學位論文，2014 年，第 84—94 頁。

品，是財富、權力以及身份等級的象徵。① 先秦時期在喪葬禮中使用絲綢對後世喪葬禮儀產生了持續性的影響，唐代喪葬禮儀中也在大量使用絲織品。② 漢地喪葬禮儀中絲織品的使用在《儀禮》《禮記》等文獻中有詳細的記載，而吐蕃不僅從唐王朝得到了這些書籍，還派遣貴族子弟前往唐王朝學習各種典章制度。

文成公主入蕃後，松贊干布漸慕華風，“仍遣酋豪子弟，請入國學以习《詩》《書》。又請中國識文之人典其表疏。”③ 國學即國子監，是唐代管理教育的官署，簡稱國學。唐國子監轄國子學、太學、四門學、律學、書學、算學等六學，主要招收官僚子弟入學。④ 吐蕃貴族子弟入唐王朝國子監學習唐朝及以前的各種典章制度，這是吐蕃王朝瞭解漢地禮儀制度的途徑之一。此外，金城公主入蕃之後，吐蕃曾以金城公主的名義“請書”，“公主請《毛詩》《禮記》《左傳》《文選》各一部。制令秘書省寫與之。”⑤ 吐蕃應該從唐王朝得到了《禮記》等書。而《禮記》等書籍中對漢地喪葬禮儀等典章制度有詳細記載，這也是吐蕃王朝學習、效仿漢地喪葬禮儀制度的途徑之一。

絲綢何以會在喪葬禮儀中被大量使用？這需要考慮早期絲綢的意義。趙豐認爲古人利用繭絲的最初目的是“事鬼神”，而這種情況可能一直延續到商或周，直到春秋戰國時期絲綢的用途纔漸漸普及起來。⑥ 而早期絲綢主要有二種用途，即用作屍服、祭服以及祭祀用品。⑦ 絲綢最初的用途是作屍服，即人死後穿的衣服，但這種衣物並無兇意，反而有吉意，它是讓靈魂升天的必需工具。⑧ 先秦以及後世喪葬禮儀中使用絲綢衣物來裝殮屍體，應該就是對絲綢最初用途的繼承。⑨

絲綢製品在喪葬禮儀中被大量使用，與絲綢最初的作用有密不可分的關係，即使是在秦之後，即漢唐時期，絲綢製品依然在喪葬禮儀中被頻繁使用，這應該是對絲綢最初作用的繼承。吐蕃從唐王朝得到大量絲綢，又派遣貴族子弟前往唐王朝學習各種典章制度，並以“請書”的形式從唐王朝獲得記載漢地喪葬禮儀制度的《禮記》等書，在這樣的背景下，漢地喪葬禮儀中使用絲綢製品這一習俗可能被吐蕃貴族效仿與學習。此外，由於絲綢屬於較爲稀有的貴重物品，在吐蕃時期衹有高級貴族纔有實力使用，因此，絲綢製品也成

---

① 敬德：《先秦禮儀用絲研究》，西南大學博士學位論文，2014 年，第 95—96 頁。
② （北宋）歐陽修、宋祁：《新唐書》卷二十《禮樂十》，中華書局，1975 年，第 448 頁。
③ （後晉）劉昫等撰：《舊唐書》卷 196《吐蕃上》，第 5222 頁。
④ 羅廣武譯注：《兩唐書吐蕃傳譯注》，中國藏學出版社，2014 年，第 12 頁。
⑤ （後晉）劉昫等撰：《舊唐書》卷 196《吐蕃上》，第 5232 頁。
⑥ 趙豐：《絲綢起源的文化契機》，《東南文化》1996 年第 1 期，第 67—74 頁。
⑦ 趙豐：《絲綢起源的文化契機》，《東南文化》1996 年第 1 期，第 73—74 頁。
⑧ 趙豐：《錦程：中國絲綢與絲綢之路》，合肥：黃山書社，2016 年，第 21—24 頁。
⑨ 趙豐：《絲綢起源的文化契機》，《東南文化》1996 年第 1 期，第 73—74 頁。

爲身份和等級的象徵，這也是吐蕃喪葬禮儀中使用絲綢製品的世俗功能的體現。①

四、結　論

吐蕃墓葬中出土的各類絲綢製品及殘片顯示出吐蕃喪葬禮儀中會使用大量的絲綢製品，敦煌藏文喪葬文獻對吐蕃喪葬禮儀中使用各類絲綢製品的現象也有所記載。吐蕃喪葬禮儀中使用的絲綢主要被用作喪服、隨葬品、助喪物品、裝飾品以及旗幡等，製作這些絲綢製品的部分絲綢來自漢地。吐蕃通過唐王朝的賞賜、歲賦以及戰爭所得戰利品等形式從唐王朝獲得了大量絲綢，部分絲綢被用在了喪葬禮儀中。從多個吐蕃墓葬中皆出土大量絲綢製品殘片可以看出，吐蕃喪葬禮儀中使用絲綢製品並非個案，應該是普遍現象，尤其是在高級貴族的墓葬中表現得較爲明顯。

絲綢最初被用來“事鬼神”，先秦及後世喪葬禮儀中大量使用絲綢製品即與其最初的功用有關，漢地喪葬禮儀中使用各類絲綢的現象在《儀禮》等書中有所記載。吐蕃派遣貴族子弟前往唐朝國子監學習唐及以前的各種禮儀制度、後以金城公主的名義“請書”是其瞭解並效仿漢地喪葬禮儀等各種典章制度的途徑。在這樣的背景下，吐蕃對絲綢在喪葬禮儀中的使用及其背後的文化内涵有所瞭解。吐蕃喪葬禮儀中使用絲綢很可能是對漢地喪葬禮儀的效仿，絲綢成爲唐蕃文化交流的“物質載體”。

Silk Products and Their Functions in Tubo Funeral Rituals

Zhao Song-shan

Abstract: During the Tubo period, a large number of silk products were used in funeral ceremonies. Based on old Tibetan manuscripts from Dunhuang, Chinese literature and various kinds of silk products unearthed in Tubo tombs, this paper makes statistics on the silk products used in Tubo funeral rituals, and discusses their functions. The paper holds that the silk products used in Tubo funeral rituals can be divided into mourning apparels, burial objects, funeral aid, decorative goods and flags according to their functions, and the use of

① 周人承襲前代古人喪葬禮儀中使用絲織品的傳統，認識到絲織品所具有的通神、通鬼的功能；此外，絲織品在當時是一種稀有貴重物品，是財富、權力以及身份等級的象徵。可以看出，從周代開始，在喪葬禮儀中所使用的絲織品具有神秘的宗教功能和世俗的實用功能兩種作用。敬德：《先秦禮儀用絲研究》，西南大學博士學位論文，2014 年，第 95—96 頁。

various silk products in Tubo funeral rituals may be influenced by Han funeral rituals. Tubo sent envoys to learn from the Tang Dynasty many times, and requested books in the name of the Princesses Jincheng, which was an important way for them to learn various ritual systems of Han. Silk has become the material carrier of Tang-Tubo cultural exchange, which not only has practical value, but also has cultural significance.

Keywords: Tubo; Funeral rituals; Silk; Old Tibetan manuscripts from Dunhuang; Tubo tombs

吐蕃宗教中的sku bla儀式*

内藤丘 著 貢去才旦 譯 楊毛措 校

摘 要： 石泰安（Rolf Stein）、麥克唐納（Ariane Macdonald）等多位學者認爲sku bla是山神。石泰安認爲sku bla崇拜是外來的，然而，麥克唐納則認爲sku bla是吐蕃古代宗教的核心崇拜。本文作者在重新分析相關文獻後得出結論：sku bla並非山神，sku bla儀式亦非自吐蕃外部傳播而來，而是吐蕃神聖王權意識形態的核心要素。這種儀式在祭祀者和作爲神化統治者的吐蕃贊普之間建立了一種從屬關係；該儀式並非由吐蕃王室自身舉行，而由贊普臣民舉行。此觀點能夠解釋sku bla爲何缺載於《吐蕃大事紀年》（PT 1288、ITJ 750），而出現於《吐谷渾紀年》（ITJ 1368）、《吐蕃遠古氏族"恰"與"穆"》（PT 126）、《工布第穆摩崖石刻》以及其他敦煌文獻（如PT 1047和PT 2204c）。相比石泰安提出的漢地影響論，此觀點也能夠更好地解釋sku bla一詞在《尚書譯文》（PT 986）和《岱噶玉園會盟寺願文》（PT 16）中的使用。

關鍵詞： 吐蕃；神聖王權；sku bla

一、關於吐蕃宗教中sku bla崇拜的兩種觀點

《吐蕃大事紀年》（PT 1288，IOL Tib J 750，Or. 8210/187）① 並未記載sku bla儀式，但在吐谷渾的同類文獻，《吐谷渾紀年》（IOL Tib J 1368）卻記載著該儀式。這一反常的分布現象導致了兩種觀點：麥克唐納根據兩部地理位置相異的文本，即《吐谷渾紀年》（IOL Tib J 1368）和《工布第穆摩崖石刻》所載之sku bla，得出此結論："le culte

* 原題爲The sku bla Rite in Imperial Tibetan Religion，載於*Cahiers d'Extrême-Asie*，2015年，第24卷。作者内藤丘（Nathan Wayne Hill）爲愛爾蘭都柏林大學（The University of Dublin）三一學院亞洲研究中心（Trinity Centre for Asian Studies）教授、主任。

① 所有敦煌文獻均根據法國國家圖書館藏伯希和藏文文獻（Pelliot tibétain縮寫爲PT）以及英國國家博物館"印度事務部"（India Office Library Tib. 縮寫爲IOL Tib J）的目錄編號而引用，並沿用今枝由郎（Imaeda，2007）的文本。

des Sku-bla était donc largement répandu dans les couches supérieures de la société tibétaine ou tibétisée"（故此，sku bla 崇拜在吐蕃以及吐蕃化的社會高層中廣泛流傳）。[①] 並且認爲，兩部文本所載的 sku bla 足以證明此崇拜"avait une diffusion considérable au Tibet"（在吐蕃流傳極爲廣泛）。[②] 雖然《吐蕃大事紀年》（PT 1288，IOL Tib J 750）中並未記載 sku bla 崇拜，但麥克唐納認爲"il est bien probable que des cérémonies analogues étaient également célébrées à la cour des rois du Tibet"（吐蕃贊普宮廷很可能舉行過類似儀式）；[③] 然而，石泰安認爲她的論述沒有具體指出 sku bla 爲何缺載於《吐蕃大事紀年》，並視此點爲其理論的薄弱點。[④]《吐谷渾紀年》（IOL Tib J 1368）與《吐蕃大事紀年》（PT 1288，IOL Tib J 750）屬於同類文獻，故此，不能將缺載 sku bla 崇拜歸因於此類文獻的一般特征。[⑤] 相反，《吐蕃大事紀年》（PT 1288，IOL Tib J 750）中缺載 sku bla 崇拜表明 sku bla 並非應用於吐蕃核心治理體系（central Tibetan statecaft）之中。與麥克唐納的觀點相反，石泰安認爲 sku bla 是吐蕃的邊緣性崇拜，由於 sku bla 崇拜具備吐谷渾儀式傳統的具體特征，而被記載於《吐谷渾紀年》（IOL Tib J 1368）中。[⑥] 石泰安將此觀點與《唐書》中吐谷渾祭山神的記載相聯繫，並將祭山神與 sku bla 相提並論，進一步提出該崇拜可能源自漢地。[⑦] sku bla 崇拜與漢地的聯繫也使石泰安闡明 sku bla 崇拜記載於《尚書譯文》（PT 986）和作爲 821—822 年唐蕃會盟談判一部分的《岱噶玉園會盟寺願

---

① Ariane Macdonald, "Une lecture des P. T. 1286, 1287, 1038, 1047, et 1290: Essai sur la formation et l'emploi des mythes politiques dans la religion royale de Sroṅ-bcan sgam-po," in *Études tibétaines dédiées à la mémoire de Marcelle Lalou* (Paris: Adrien Maisonneuve, 1971), 304.

② Ariane Macdonald, "Une lecture des P. T. 1286, 1287, 1038, 1047, et 1290: Essai sur la formation et l'emploi des mythes politiques dans la religion royale de Sroṅ-bcan sgam-po," in *Études tibétaines dédiées à la mémoire de Marcelle Lalou* (Paris: Adrien Maisonneuve, 1971), 304.

③ Ariane Macdonald, "Une lecture des P. T. 1286, 1287, 1038, 1047, et 1290: Essai sur la formation et l'emploi des mythes politiques dans la religion royale de Sroṅ-bcan sgam-po," in *Études tibétaines dédiées à la mémoire de Marcelle Lalou* (Paris: Adrien Maisonneuve, 1971), 304.

④ Rolf A. Stein, "Tibetica Antiqua I: Les deux vocabulaires des traductions indo-tib taines et sino-tib taines dans les manuscrits Touen-Houang," *Bulletin de l' École française d'Extrême-Orient* 72 (1983): 205.

⑤ Géza Uray, "L'annalistique et la pratique bureaucratique au Tibet ancien," *Journal Asiatique* 263 (1975): 157-170. 不同紀年文獻有不同的關注點。我們必須承認，此類文獻之間的差異可以解釋 sku bla 缺載於《吐蕃大事紀年》的原因。然而，論證此差異性則需要相比以往更透徹地分析此類文獻。

⑥ Stein, "Deux vocabulaires," 205.

⑦ Stein, "Deux vocabulaires," 205.

文》（PT 16）的緣由。①

石泰安關於 sku bla 起源於吐蕃外部的論點本身存在多處不足。最明顯的是，其論述無法解釋多個藏文文獻中記載有 sku bla 的現象，更無法闡明 sku bla 與吐蕃意識形態之間顯著且重要的聯繫。石泰安承認，sku bla 在《吐蕃遠古氏族“恰”與“穆”》（PT 126）以及《工布第穆摩崖石刻》等文獻記載中的出現與其假設相悖，② 然而，他並未論及 sku bla 被記載於其他文本（如 PT 1047、PT 1051、PT 2204c、IOL Tib J 734、IOL Tib J 738、IOL Tib J 739、IOL Tib J 751）之中的情況。sku bla 的漢地起源學説也引出了一個語言學問題，但很顯然 sku bla 是藏語詞匯。若該崇拜原本是吐谷渾（蒙古語）或漢人的儀式傳統，那麽有必要在源語言中找出相應術語，並解釋爲何選擇 sku bla 作爲該術語的藏語仿造詞。麥克唐納認爲，sku bla 儀式是吐蕃贊普崇拜與身份認同的核心，這一觀點很好地解釋了該術語的出現。然而，她並未闡明該術語爲何缺載於《吐蕃大事紀年》（PT 1288、IOL Tib J 750、Or. 8210/187）中；石泰安認爲，sku bla 崇拜無論在地理上還是意識形態上都處於吐蕃邊緣，此觀點的確解釋了 sku bla 崇拜爲何缺載於《吐蕃大事紀年》（PT 1288，IOL Tib J 750），而被記載於《吐谷渾紀年》（IOL Tib J 1368）、《尚書譯文》（PT 986）及《岱噶玉園會盟寺願文》（PT 16）的原因。然而，並未闡明其他多個古藏文文獻之中記載該術語的緣由。總之，麥克唐納的理論無法解釋該術語的一次缺載；而石泰安的理論則無法解釋該術語的多次出現。故此，從表面來看，麥克唐納的假設更有價值。若能解釋《吐蕃大事紀年》（PT 1288，IOL Tib J 750，Or. 8210/187）中缺載 sku bla 崇拜的緣由，那麽其理論將會更爲完美。我們若將注意力從討論哪些文本包含或不包含 sku bla 這一術語，轉而基於這些文本中收集到的有關該儀式的相關敘述，進而討論該術語的運用問題，則可以爲該儀式在《吐蕃大事紀年》中的缺載問題提供解釋。

---

① Stein, “Deux vocabulaires,” 201-204. Michael Walter, “Analysis of PT016/IO751: Language and Culture of a Dunhuang document, Part One,” in *Tibet after Empire Culture, Society and Religion between 850-1000*, ed. Christoph Cüppers, Rob Mayer, and Michael Walter (Lumbini: Lumbini International Research Institute 2013), 417ff.，他認爲這是一件仿照吐蕃時期的後吐蕃時期的文本。其論點缺乏説服力。該文本中的所謂“古典藏文”詞匯都如同佛教經典文獻般容易理解。沃爾特大談文本中“ད་དག”的多個不規範使用問題。然而，衹有全面研究古藏文中的“ད་དག”纔能確定“正確”用法。沃爾特將“མེ་ཏོག”（花）排除在早期文本的證據之外，因爲這種發音在我們今天的一些藏語方言中有所反映（第 435 頁）。然而，邊緣方言因保留古音而人盡皆知（例如，安多方言中“མི”（人）的齶音發音暗示“མྱི”）。前後矛盾的是，沃爾特認爲在吐蕃時期的文獻中“རྗེ”（王）這個詞在提到贊普時候不可能出現（第 430 頁）。但又對“བོད་ཀྱི་ལྷ་བཙན་པོ་སྤྱི་རྗེ་ལྷས་མཛད་པ་ཁྲི་གཙུག་ལྡེ་བཙན།”（第 435 頁）解釋道：“很容易從碑文或吐蕃時期的文獻中抄寫。”本文按照在線古藏文文獻（Old Tibetan Documents Online）中的方法轉寫古藏文，但“反寫གི་གུ”用“ɪ”而不是大寫字母“I”轉寫。

② Stein, “Tibetica Antiqua I,” 204.

二、儀式日期

三份敦煌文本都提到了 sku bla 的祭祀時間。《吐谷渾紀年》（IOL Tib J 1368）中，用以下短語或類似表達描述該儀式：“ལོ་སར་དང་དབྱར་སླ་ར་བའི་སྐུ་བླ་ཆེད་པོ་གསོལ ‘他們於新年以及孟夏進行祭祀 sku bla’”（IOL Tib J 1368，ll. 05，21，31，36，47，50）。這些段落清楚表明，爲 sku bla 舉行的定期且大型的儀式與每年的特定日期相關，即新年（孟春）、孟夏以及孟冬。《尚書譯文》（PT 986）中包括 sku bla 在内的祭祀儀式均在孟夏（དབྱར་སླ་ར་བ l. 106）舉行；這一細節並非僅僅是對漢文文本的簡單翻譯，而是一種創新。[①] 這很可能與 sku bla 特定的儀式時間密切相關，故而，儀式時間作爲一種創新形式出現在對此漢文文本的轉述之中。《吐谷渾紀年》（IOL Tib J 1368）和《尚書譯文》（PT 986）中描述的儀式時間，在敦煌文獻 PT 2204c 中得到進一步證實，而麥克唐納和石泰安則顯然忽略了這一點。一份處理叛軍糧草的行政文件 PT 2204c 中出現了祭祀 sku bla 的記載，由此可確定其餘事件的時間：“སླ་ར་བའི་ངོ་ལ་མོ་དྲུས་གི་སྐུ་བླ་གསོལ་བའི་ཚེ［在孟（?）祭祀མོ་དྲུས的 sku bla 時］”（l. 16）。敦煌發現的絕大多數文獻均描述了該地區發生的事件。故而，這段文字可以表明 sku bla 儀式不僅在吐谷渾舉行，且普遍舉行於吐谷渾之外的敦煌周邊地區。《吐谷渾紀年》（IOL Tib J 1368）、《尚書譯文》（PT 986）以及 PT 2204c 等三部文本均表明 sku bla 是在孟月（冬或夏）進行祭祀。[②] 故此，sku bla 記載於《尚書譯文》（PT 986）並非同石泰安所言表明 sku bla 的漢地起源，而是表明 sku bla 崇拜在當時吐蕃文化區域中的普遍性。

---

① W. South Coblin, “A Study of the Old Tibetan Shang Shu Paraphrase,” *Journal of the American Oriental Society* III, no. 3 (1991): 538.

② 拉達克的“ཡུལ་ལྷ”儀式與 sku bla 儀式有一些共同之處（見 Nathan W. Hill, “A New Interpretation of the Mythological Incipit of the Rkong po Inscription,” in *Tibetan Inscriptions: Proceedings of a Panel Held at the Twelfth Seminar of the International Association for Tibetan Studies, Vancouver* 2010, ed. Kurt Tropper and Cristina Scherrer-Schaub [Leiden: Brill, 2013], 180，以及下文注 19），但時間卻相當不同，拉達克村民“定期祭祀‘ཡུལ་ལྷ’：在新年（ལོ་གསར）冬至前後、仲夏以及‘སྲུབ་ལྷ’即‘向神獻上第一批莊稼’之際，這標志著豐收的開始。” Pascale Dollfus, “No Sacred Mountains in Central Ladakh?” in *Reflections of the Mountain: Essays on the History and Social Meaning of the Mountain Cult in Tibet and the Himalaya*, ed. Anne-Marie Blondeau and Ernst Steinkellner (Vienna: Verlag der Österreichischen Akademie der Wissenschaften, 1996), 10.

三、儀式目的

《吐蕃遠古氏族“恰”與“穆”》（PT 126）爲 sku bla 儀式的起源神話，是推斷該儀式的目的和背景最有參考價值的文本。其中，恰神使節[1]非常清晰地闡明他們出使穆神宫廷的兩個目的：首先，“དགའ་ནི་ལྷ་བྱེད‘爲瞻仰歡喜之神’”（l. 113）以及“སྐུ་བླ་ལ་ཡོན་འབུལ‘向穆神之王的 sku bla 獻禮’（ll. 124－125）”；其次，説服穆神之王爲人類下凡，恰神之王委托他們“མགོ་ནག་འགྲེང་ལ་རྗེ་མྱེད་རྗེ་སྐོས་ལ（爲無王的直立、黔首賜王！）”（ll. 111－112）。對兩個目的的闡述明確了 sku bla 儀式與聶赤贊普（གཉའ་ཁྲི་བཙན་པོ）神話之間的聯繫，聶赤贊普神話是對吐蕃王權合法性的敘述。根據聶赤贊普神話，贊普原本爲天神後裔，出於慈悲而不情願地降臨人間成爲人間主。[2]

經過一番疑慮之後，穆神之王終於允諾恰神使節祭祀 sku bla。此刻，穆神之王開始轉換了對恰神使節的措辭話語，從第 165 行開始把排出式人稱代詞（exclusive pronoun）“我們（ངེད）”轉換爲包括式人稱代詞（inclusive pronoun）“咱們（འོ་སྐོལ）”以及“མྱེད་འོ་སྐོལ་ལ་དབྱར་མྱེད་པས（您與咱們無區别）”（l. 167）等表述，明確表示穆神和恰神建立了虛擬的親屬關係（fictive kinship）。我們可以把恰神使節的兩個目的聯繫起來，從而將 sku bla 儀式視爲贊普與臣民之間關係的證實。其中，穆神之王類似於吐蕃贊普，而恰神使節則類似於對贊普忠心耿耿的臣民。

《工布第穆摩崖石刻》清楚表明，與恰神使節相同，工布王通過 sku bla 儀式建立了與吐蕃王室的從屬關係：“ཀར་པོ་ནི། ཐོག་མ་ཡས་གཤེགས་པའི་ཚེ།། མཆེད་གཉིས་ཀྱི། སྐུ་བླ་གཉན་པོ་གསོལ་བ་དང（噶爾波，從他首次從上方蒞臨此地時，祭祀兩兄弟凶猛（？）的 sku bla）”。[3] sku bla 是吐蕃贊普的精神代表，而祭祀 sku bla 則意味著從精神層面將個人與贊普聯繫起來，使其

---

① 關於恰神以及與 sku bla 和 PT 126 研究相關的現狀，請參見 Toni Huber, “The Iconography of gShen Priests in the Ethnographic Context of the Extended Eastern Himalayas, and Reflections on the Development of Bon Religion,” in *Nepalica-Tibetica: Festgabe for Christoph Cüppers*, vol. 1, ed. Franz-Karl Ehrhard and Petra Maurer (Andiast: International Institute for Tibetan and Buddhist Studies, 2013), 263-294.

② 參見 Samten Karmay, “The Origin Myths of the First King of Tibet as Revealed in the Can lnga,” in *Tibetan Studies*, vol. 1, ed. Per Kv rne (Oslo: The institute for Comparative Research in Human Culture, 1994), 408-429, and Nathan W. Hill, “Come as Lord of the BlackHeaded: an Old Tibetan Mythic Formula,” in *Tibet after Empire Culture, Society and Religion between 850－1000*, ed. Christoph Cüppers, Rob Mayer, and Michael Walter (Lumbini: Lumbini International Research Institute 2013), 169-179.

③ Iwao Kazushi, et al., *Old Tibetan Inscriptions* (Tokyo: Research Institute for Languages and Cultures of Asia and Africa, Tokyo University of Foreign Studies, 2009), 15, l. 6.

成爲贊普的臣民。①

sku bla 與贊普及其宫廷的命運息息相關，這點在占卜（མོ）文本 PT 1047 中得到進一步證實。該文本共有六節，每一部分涉及特定的占卜類型及其相關的類屬。文本六個部分呈現出一個層次分明的社會等級制度：第一節涉及占卜國王、王室成員和大臣；第二節涉及平民；第三節涉及下層民衆以及動物；最後三個部分涉及敵人以及凶神。sku bla 衹有在第一部分中被提到。②

在吐蕃的社會等級中，sku bla 與吐蕃贊普在精神層面平行，處於吐蕃宇宙等級金字塔的頂端。在墀祖德贊（ཁྲི་གཙུག་ལྡེ་བཙན）時期的詔書《岱噶玉園會盟寺願文》（PT 16）中，sku bla 被列於神靈以及自然力量之首："སྐུ་བླ་རིང་རྗེ་དང་། གནམ་སའི་ལྷ་ཀླུ། ཐམས་ཅད་ཀྱང་འགྲོ་ཞིང་དགྱེས།།（sku bla ring、風、天地間所有神以及蛇（ཀླུ）都感到歡喜以及འགྲོ）"（第 36 頁正面，l. 4）。同恰神使節通過 sku bla 儀式與穆神之王維持親屬關係，吐蕃贊普的臣民也通過相同儀式確認他們與贊普之間的從屬關係。對恰神使節而言，祭祀 sku bla 是穆神之王下凡成爲人間統治者的先決條件。在反復展演這一神話的過程中，時刻向吐蕃贊普的臣民提示，贊普乃天神降臨成爲人間之主。③

在《岱噶玉園會盟寺願文》（PT 16）之天神降臨爲人間主的敘述過程中，也將吐蕃第一贊普與 sku bla 緊密相連："འོ་ལྡེ་སྤུ་རྒྱལ་གནམ་གྱི་ལྷ་ལས་མྱིའི་རྗེར་གཤེགས་པ་ཡོང་གིས་སྐུ་བླ་གཉན། ཆབ་སྲིད་ཆེ། ཆོས་བཟང་།（當鶻提悉補野從天神降臨成爲人間主宰，其 sku bla 強有力，政權大，風俗優良）"（第 35 頁背面，l. 2）。與《吐蕃遠古氏族"恰"與"穆"》（PT 126）相同，此文本中的 sku bla 也與吐蕃第一位贊普從天神降臨爲人間之主的敘事密切相關。由於《岱噶玉園會盟寺願文》（PT 16）是爲慶祝唐蕃會盟而制，石泰安將此文本視爲"sku bla 儀式起源於漢地"的論據。然而，通過分析文本中援引 sku bla 時的語境，可以發現，sku

---

① 大多數對《工布第穆摩崖石刻》的解釋將止貢贊普的長子聶墀（ཉ་ཁྲི）與噶爾波視作同一人，聶墀祭祀自己與其弟夏墀（ཤ་ཁྲི）共同的 sku bla。參見 Hugh Richardson, "The rKong-po Inscription," *Journal of the Royal Asiatic Society of Great Britain and Ireland*, n. s., 104, no. 1（1972）: 38; བསོད་ནམས་སྐྱིད（陈践）དང་དབང་རྒྱལ།（王尧）བོད་ཀྱི་རྗེ་རིང་དང་དྲིལ་བུའི་ཁ་བྱང་།（པེ་ཅིན། མི་རིགས་དཔེ་སྐྲུན་ཁང་། 1984）ཤོག་གྲངས 80; id., བོད་ཀྱི་གནའ་རབས་ཡིག་ཆ་གཅེས་བསྡུས།（ཁྲིན་ཏུའུ། སི་ཁྲོན་མི་རིགས་དཔེ་སྐྲུན་ཁང་། 2003）ཤོག་གྲངས 66-67, 72; Li Fang-kuei and W. South Coblin, *A Study of the Old Tibetan Inscriptions*（Taipei: Institute of History and Philology, Academia Sinica, 1987）, 211, 215; བཀྲ་ཤིས་ཟླ་བ། "ཀོང་པོ་གཡུང་དྲུང་འཛིན་གྱི་རྗེ་རིང་ཡི་གེའི་མ་ཕྱི་དངོས་དང་དེ་འདྲ་བཤུས་བྱས་རིགས་འགའ་ཞིག་གི་ཞིབ་བསྡུར（工布雍仲增崖刻實際原文與一些摹本的比較）" བོད་ལྗོངས་ཞིབ་འཇུག 4（2004）: 16. 與此相反，筆者認爲"噶爾波"與"聶墀"不是同一人，參見 Hill, "Mythological Incipit," 171-182.

② Macdonald, "Une lecture," 271, 276-277.

③《工布第穆摩崖石刻》明確指出，這種儀式危及人的生命："གཅེན་ཀར་པོ་ནི།… མཆེད་གཉིས་ཀྱི། སྐུ་བླ་གཉན་པོ་གསོལ་བ་དང་།… བདག་གི་སྲོག་ལའ་བབ་པ་མན་ཆད་ཀྱི་ཆོ་གར་མཛད་པ། སྲོག་ཕོངས་མ་བགྱིས་ཏེ།།（長子噶爾波……祭祀兩兄弟凶猛的 sku bla……他舉行了危及自己生命的儀式，他不惜生命）" Iwao et al., *Old Tibetan Inscriptions*, 15, ll. 6-7.

bla出現於充滿傳統詞藻和格式語言的天降敘事當中,[①] 這一表現形式與其他關於sku bla的文本相一致，而那些文本並無受漢地影響的證據。

sku bla儀式爲何缺載於《吐蕃大事紀年》（PT 1288，IOL Tib J 750）呢？顯而易見的一個原因是，sku bla儀式並非是吐蕃本部所專用，而是由吐蕃附屬國舉行，這種闡述與《吐蕃遠古氏族“恰”與“穆”》（PT 126）所描述的儀式相一致。將被分封的使節試圖舉行sku bla儀式；而穆神之王本人卻似乎不舉行，衹是不情願地授權該儀式的舉行。吐谷渾、工布以及敦煌等邊遠地區通過定期舉行隆重的sku bla儀式來強化對吐蕃的臣服。然而，吐蕃贊普本人如若要祭拜自己的神化人格時，該儀式就顯得相當奇怪了。故此，《吐蕃大事紀年》（PT 1288，IOL Tib J 750）在記述贊普以及王室成員的官方活動時並沒有提及sku bla儀式，因爲贊普及其王室從未舉行該儀式。[②]

sku bla儀式並非是外來文化傳入吐蕃的產物，而是吐蕃神聖王權意識形態的核心部分。該儀式在祭祀者和作爲神化統治者的吐蕃贊普之間建立起一種從屬關係，該儀式並非由王室所舉行，而是由贊普的臣民所舉行。本文闡述的觀點與麥克唐納的結論基本一致，不僅解釋了sku bla爲何缺載於《吐蕃大事紀年》，而記載於《吐谷渾紀年》（IOL Tib J 1368）、《吐蕃遠古氏族“恰”與“穆”》（PT 126）的原因，還解釋了《工布第穆摩崖石刻》和其他敦煌文獻，如PT 1047和PT 2204c等中的記載，並且更好地解釋了sku bla在兩個文本，即《尚書譯文》（PT 986）和《岱噶玉園會盟寺願文》（PT 16）中的使用情況，相比石泰安所提出的漢地影響論之模糊觀點更能說明問題。

四、sku bla與sku lha：sku bla是山神嗎？

石泰安在總結並認可麥克唐納的研究時指出：sku bla “sont des divinités, souvent des montagnes sacrées, considérées comme les ancêtres des rois qui les protègent”（是神靈，通常指神聖的山脈，被認爲是保護他們的贊普祖先）。[③] 在筆者看來，没有足夠論據可推斷吐蕃時期存在多個sku bla或sku bla是山神。[④] 沃爾特（Michael Walter）指出：“在古藏文文獻中，我們找不到任何有關‘山神崇拜’及其儀式的文字，也没有任何關於他們的

① Hill, “Come as Lord of the Black-Headed,” 169-171.

② sku bla的這一形象可以通過參考人類學文獻得到進一步證實。在拉達克，有一種可能與sku bla同源的儀式，其中被稱爲“ལྷ་བདག་པ”的主祭司是世襲的“王室代表和崇拜大師”。Dollfus, “No Sacred Mountains,” 10. 與sku bla儀式一樣，這一儀式也顯示了對王權的臣服。

③ Stein, “Tibetica Antiqua I,” 200.

④ 對更多古藏文文獻的研究可能需要假設多個sku bla的存在，此處的重點衹是石泰安和麥克唐納所討論的論據，並不能得出這一結論。

記載。"[①] 麥克唐納理論的論證起點是將《工布第穆摩崖石刻》第6行中的sku bla de mo視作單一名詞短語，即de mo是sku bla。麥克唐納還參考了一些文本，證明de mo是工布區域的一個山神。[②] 筆者對de mo是工布山神這一點並無異議，然而，根據于伯赫（Helga Uebach）的論述，必須把《工布第穆摩崖石刻》第6行中的sku bla de mo視作兩個獨立的名詞來分析。[③] 將sku bla de mo作爲單一名詞短語進行分析後，麥克唐納得出結論：吐蕃存在多個sku bla，且sku bla是山神。在本文所引的古藏文文獻中，除吐蕃王室的sku bla外，唯一有關sku bla的證明來自《尚書譯文》（PT 986）。由於該文本是對漢文原文的轉述，必然涉及吐蕃外部神靈。爲方便翻譯，sku bla被比定爲漢地的"天地神"和"明鬼神"，而它們是多元性的存在。本文以及前人研究所分析的古藏文材料並不能確鑿地論證出有多個sku bla存在，而且許多關於sku bla一詞的考證實則指向同一個獨特的實體。

在確定de mo是sku bla之後，麥克唐納對sku bla是山神的其餘論證部分都依賴於對sku bla與sku lha的識別，在一些吐蕃之後的文本中，後者明確指代山神。[④] 麥克唐納並未闡述晚期文獻中的sku lha爲何能與早期文獻中的sku bla相提並論的問題。在古藏文中，"bla"與"lha"兩個音節具有明顯區別，且仍然延續於現代所有藏語方言中。

倘若sku bla與sku lha在語音上的區別不足以指出兩個詞匯之間的差異性，巴卧·祖拉陳瓦的《賢者喜宴》中對這兩個詞匯的對比使用可進一步證實這一點。在唐蕃會盟碑的釋文中，巴卧·祖拉陳瓦將sku bla（非sku lha）列在神聖以及天神等盟誓知鑒中，[⑤] 而sku lha則出現於其引用的墀松德贊弘佛詔書中："དེ་ན་བོད་ཀྱི་ཆོས་རྙིང་པ་ནི་མ་ལགས་ལ། སྐུ་ལྷ་གསོལ་བ་དང་ཆོ་ག་མི་མཐུན་པས། མ་ལེགས་སུ་དགོངས་ཏེ"（當時，一些人追隨吐蕃古代宗教的陋習，沉迷於各種不良行爲，如崇拜sku lha和使用不恰當的儀式。）[⑥] 若如黎吉生（Hugh Richardson）所

---

① Michael Walter, *Buddhism and Empire: The Political and Religious Culture of Early Tibet* (Leiden: Brill, 2009), 230-231, 另參見105, 230-240. 雖然筆者完全接受沃爾特關於sku bla並非山神的結論，然而，筆者並不同意他將sku bla理解爲人類的觀點。參見Nathan W. Hill, "Review of Buddhism and Empire, by Michael Walter," *Journal of the Royal Asiatic Society of Great Britain & Ireland*, 3rd ser., 20, no. 4 (2010): 559-562.

② Macdonald, "Une lecture," 299.

③ Helga Uebach, *Ein Beitrag zur Dokumentation der Inschrift von rKoṅ-po* (Sankt Augustin: VGH Wissenschaftsverlag, 1985), 67 n. 98; Hill, "Mythological Incipit," 178.

④ Macdonald, "Une lecture," 299-300.

⑤ Stein, "Tibetica Antiqua I," 204，引用[illegible]卷，第132頁正面。

⑥ Hugh Richardson, *High Peaks, Pure Earth: Collected Writings on Tibetan History and Culture* (London: Serindia, 1998), 93, 97.

言，這段引文中的sku lha與sku bla相一致,① 那麼，墀松德贊就是在譴責一種完全以延續自身統治地位和神化自身爲目的的儀式。即使墀松德贊是一個不折不扣的實用主義者，致使他認爲一個專門爲了使自身統治合法化而建立的崇拜是一種應遭譴責的反佛活動而加以鎮壓，這會使得sku bla崇拜在工布王向此贊普請願中所扮演的重要角色變得荒謬。工布王必然不會愚蠢到爲了請求減稅而向一位明確計劃鎮壓此崇拜的贊普援引他們對這一令人憎恨的異教崇拜的忠誠。根據巴臥・祖拉在其唐蕃會盟條約釋文中的sku bla gsol與赤松德贊弘佛詔書中的sku lha gsol之間的對比，可以得出結論：sku bla gsol與sku lha gsol是截然不同的兩種儀式。故此，麥克唐納關於sku bla是山神的理論建立在一個站不住腳的原理之上。②

撇開sku lha的含義及其與sku bla的關係，我們可以得出結論：sku bla不是山神。因爲，《尚書譯文》（PT 986）特別地將sku bla與山神作了對比："ཆབ་འོག་དུ་འདུས་པའི་སྐུ་བླའོ་འཚོལ་དང། རི་གཉན་པོ་དང། ཆུ་ཆེན་པོ་ལ་སྟོགས་པ། རོལ་མཆོད་དེ"（其祭祀聚集於其權力下的所有sku bla、以及神山、大河等等）（ll. 109－110）。這段文字雖呈現出sku bla的複數性，但由於其漢文化背景，其所呈現的多重sku bla並不意味著吐蕃儀式傳統存在多個sku bla。同樣，當使用英語單詞"gods"來描述非猶太教—基督教傳統時，也絕不意味著（傳統上）信奉基督教的英國人是多神論者。不宜將sku bla視作山神的最後一個論據是：在《吐蕃遠古氏族"恰"與"穆"》（PT 126）中，穆神之王與其sku bla位於天上，除非天上有山，而這些山又可以運至人間，否則這尊神靈不可能是山神。麥克唐納將sku bla理解爲山神，是基於她把sku bla de mo作爲單一名詞短語的分析，以及她對sku bla與sku lha的識別，然而，兩者皆是錯誤論據。sku bla和神山以及sku bla和sku lha之間的明確區別見於古藏文文本及其巴臥・祖拉陳瓦的引文或釋文。吐蕃衹有一個sku bla，而且sku bla不是山神。

止貢贊普的兩個兒子所祭祀的sku bla是恰神使節祈求祭拜的sku bla，是吐谷渾以及敦煌地區的sku bla，也是吐蕃王室的sku bla；而這個sku bla則與第穆繁衍後代，孕育了工布諸王所崇拜的神靈。古藏文文獻中有關sku bla的證據表明，sku bla是吐蕃贊普的精神對應物（spiritual counterpart），無論在天界或是在穆神之域，sku bla一直都與贊普相伴，且sku bla祭祀儀式由吐蕃贊普的附屬國（而非吐蕃本部）所舉行。

---

① Hugh Richardson, *High Peaks, Pure Earth: Collected Writings on Tibetan History and Culture*, 99, n. II.

② 沃爾特對這段話的翻譯與黎吉生的譯文大相徑庭："在這一點上，除了吐蕃古老的'ཆོས'之外，所有（其他）儀式都不符合祭祀sku bla……皆被視爲不善" Walter, *Buddhism and Empire*, 72, n. 84，括號内爲原文，省略號爲筆者所加。沃爾特認爲此處的sku lha是sku bla的錯誤寫法，但強調没有理由認爲此段涉及山神。沃爾特的翻譯有兩個問題：首先，"མ་ལགས"並非"除了"的意思；其次，對短語"སྐུ་ལྷ་གསོལ་བ་དང་ཆོག་གི་མཐུན་པས"的解釋。黎吉生認爲"དང"協調兩個名詞短語，而沃爾特則認爲其受動詞"མཐུན"所支配，總之，沃爾特解釋的詞序爲："ཆོག་སྐུ་ལྷ་གསོལ་བ་དང་གྱི་མཐུན་པ"。

The sKu-bla Rite in the Tubo Religion

Written by Nathan Wayne Hill, Translated by Komchog Tsetan, Proofread by Yangmotso

Abstract: Rolf Stein, Ariane Macdonald and other scholars consider sku-bla to be a mountain deity. Stein sees the cult as a foreign import, while Macdonald sees it as a central cult of the Tubo religion. After re-examining the relevant passages, the author of this article concludes that sku-bla is not a mountain deity and that the sku-bla ceremony is not a borrowing from outside Xizang but a central element of the ideology of sacred royalty within Tubo. This ceremony created a bond of vassalage between the celebrant and the person of the bTsan-po in his role as deified sovereign; it was not performed by the royal court itself, but rather by the bTsan-po's vassals. This theory explains the absence of sku-bla in the *Old Tibetan Annals* (PT 1288, ITJ 750) and its presence in the *Annals of 'A zha Principality* (ITJ 1368), *Envoys of Phywa to dMu* (PT 126), the rKong po inscription and other Dunhuang texts such as PT 1047 and PT 2204c. This theory also explains the use of the term sku-bla in the *Shangshu paraphrase* (PT 986) and the *Prayers for the foundation of the De ga g. yu tshal monastery* (PT 16), better than the Han influence proposed by Stein.

Keywords: Tubo; Sacred royalty; sKu bla

“林丹汗西逃説”歷史敘事的層累造成

王　策

摘　要：1632年皇太極西征察哈爾林丹汗時，明、後金雙方均形成了“林丹汗被逐西逃”的認識，並通過不斷的歷史書寫，使之成爲史學界長期以來的共識。近年來，蒙古史學界利用檔案等“遺留性史料”開始注意到，1632年林丹汗既未敗逃，也未西渡黄河直奔青海，他早在皇太極出兵之前即向漠北出發，征討兩個不在皇太極陣營中的蒙古部族，此即爲最新的“林丹汗北征説”。本文通過對《滿文原檔》中“地字檔”和“滿附二”當中的林丹汗史料進行系統比勘，同時結合明清兩朝多民族文字史料，對所有“林丹汗西逃”敘述文本的層級關係進行整理，展示出明清朝野各方的歷史敘事的流變過程，以此在史源學和歷史語文學層面的問題意識下，與當前的“西逃説”和“北征説”進行對話。

關鍵詞：林丹汗；察哈爾；皇太極；歷史敘事；層累造成

引　言

1632年（明崇禎五年，後金天聰六年）夏四月，皇太極親率八旗滿洲及嫩科爾沁、敖漢、奈曼、巴林、札魯特、喀喇沁、東土默特和阿魯蒙古中的伊蘇特、翁牛特等蒙古諸部盟軍，合兵征討林丹汗。正史當中的林丹汗自當年起，直至1634年病故，三年來一直處於形影莫測、去向成謎的狀態，皇太極欲與林丹汗主力決一死戰而不得，最後單方面宣稱林丹汗業已西遁青海，此即《清太宗實録》所記載的“先是，壬申年（1632），上統大軍往征蒙古察哈爾國林丹汗。時林丹汗舉國驚恐無措，林丹汗見人心惶擾，知國勢不可爲，爲竄逃計，遂棄故業，渡黄河，西奔圖白忒部落”① 一事。此後的《皇清開國方略》、王先謙《東華録》、《清國史》和《清史稿》等官修史書，也紛紛轉引了這段内容，自此，

① 《清實録》（第二册，《太宗文皇帝實録》卷之十九），北京：中華書局，1985年，第247頁。此段内容未載於《滿文原檔》等檔案史料中。

“林丹汗1632年西逃青藏説”便成爲一種影響深遠的歷史敘事。

然而，近20年來，烏雲畢力格等學者根據前人未曾關注的明代兵部題行稿，首次指出林丹汗在“失蹤”後，曾與“卜羅好兒慎”和“阿不亥”兩個不在滿蒙聯軍戰鬥序列中的蒙古部族，在一個名爲“扯漢哱脱郝”的地點爆發過激烈的交戰①，此後齊木德道爾吉也從《滿文原檔》的“滿附二”中找到了林丹汗當時深處漠北克魯倫河流域的記載②，薩出日拉圖亦根據這一線索，通過清代蒙古文地圖繼續嘗試在漠北鎖定林丹汗當年的下落③。自此，“西逃説”的可信度日益受到多民族語言文字檔案等“遺留性史料”的挑戰，而“林丹汗1632年北征説”（以下簡稱“北征説”）則日益成爲蒙古史熱議的考證方向。

那麼，“遺留性史料”中明言的“林丹汗北上”，又是如何在官修史書中統一口徑替換成“西逃”敘事，並最終成爲日後史學界的主流共識了呢？本文以明清雙方對“皇太極征討林丹汗”事件不同的歷史書寫作爲研究對象，運用語文學和史源學研究範式，考論明清多語種檔案及官私傳世史書文獻之間的記事異同，由此觀察到“西逃説”的建構過程並非一蹴而成，隨著（後）金蒙關係的轉變，這一敘事不斷被增添新的內容，最終呈現出“層累地構造”的文本衍生關係。這個過程大致可以分爲三個階段：首先出現了“西逃庫黑得勒酥説”，而後被替換成“1632年西逃黄河説”，最後演變成“1632年西逃青藏説”。

一、林丹汗北上“庫黑得勒酥”與“克爾阿札爾罕”史事考

“西逃庫黑得勒酥説”，是“林丹汗西逃説”形成的第一步。我們先來查考作爲清初史書最原始的史源的《滿文原檔》中對此的記錄。首先，四月十八日，據原檔中“地字檔”記載：“是夜，達爾漢額駙家陳蒙古二人，帶去良馬六匹逃亡。因該逃人到後，察哈

① 參見烏雲畢力格：《明朝兵部檔案中有關林丹汗與察哈爾的史料》。轉引自烏雲畢力格：《十七世紀蒙古史論考》，呼和浩特：內蒙古人民出版社，2009年。

② 齊木德道爾吉：《天聰六年愛新國大軍征略庫庫和屯史實解讀（一）——以〈滿文原檔〉爲中心》，《內蒙古大學學報》（哲學社會科學版）2014年第4期。

③ 參見薩出日拉圖：《1632年愛新國西征相關史實補考》，中國蒙古史學會“多語種文獻與各民族交往交流交融研究學術研討會”論文，呼和浩特，2021年10月。

爾皆敗逃，（我軍）追之未及之故，軍士甚爲勞苦。”① 此時，皇太極大軍已經抵近林丹汗1630年之後主要的活動中心，正在竭力搜索林丹汗的下落，當天抵達哈納崖（hana hada）之地。

在此五天之後的四月二十三日，“地字檔”又載：“有一蒙古人自察哈爾步行逃來。訊此逃人，逃人答曰：有逃人二名，乘用六馬，告以天聰汗之兵前來之事，察哈爾汗驚後，盡攜其在板升有可帶多於十牛以上（之物資）者，逃往名爲‘庫黑得勒酥’之地。自達里諾爾往，月末可至。等語。”②

“庫黑得勒酥”一詞，《滿文老檔》記作“kuke deresu”，蒙古語意爲“青色的芨芨草”。庫黑得勒酥是（後）金軍所知的第一個林丹汗的藏身地，寶音初古拉根據海西西著作《蒙古地名》中的《光緒朝蒙古遊牧圖》，考證該地位於胡喇干之哈雅湖東北方向色爾騰山的東側，該地臨近所謂“察哈爾國左界”的喀喇莽鼐③；薩出日拉圖根據光緒三十三年繪《喀爾喀車臣汗部落二十三扎薩克旗遊牧圖》，考證該地乃是車臣汗部中前旗與左翼後末旗之間的“köke deresün-ü qoγulai”，大致位於蒙古國東方省喬巴山市的南境，克魯倫河下游的南岸④。由於“küke deresü”是蒙古高原常見的地名，因此學界對林丹汗所去的“庫黑得勒酥”的具體地望，尚未形成統一認識。

本文認爲，以上諸説的差異，可能源自學界對前述引文中的“dal omo ci geneci，biyai dubede isinambi……”之語義存在不同理解。此句之“dubede”在《原檔》當中明確由加圈點的新滿文書寫，筆者自譯作“自達里諾爾往，月末可至”，因爲“dube”本爲“末端”之意，故而“biyai dubede”即直譯爲“到月份的末尾”。此句其後在《清太宗實錄》

---

① 馮明珠主編：《滿文原檔》（第8册），臺北：“國立故宫博物院”，2006年，第155頁。滿文原文爲：tere dobori darhan efu booi fe juwe monggo ninggun sain morin gamame ukaka„ tere ukanju isinafi cahara gemu burlafi amcahakū ofi„ cooha ambula joboho„需要在此説明的是，限於篇幅，本文正文援引的所有滿文和蒙古文史料，均衹錄入筆者本人翻譯的譯文。

② 馮明珠主編：《滿文原檔》（第8册），第157頁。滿文原文爲：caharaci emu monggo yafahan ukame jihe, ukanju de fonjici, ukanju alame, sure han i cooha jiderebe, ninggun morin i juwe ukanju alanafi, caharai han golofi ini baisin i IOWA（筆者注：此處用古回鶻體蒙古文轉寫，以表示原字元之形態。《清太宗實錄》及《皇清開國方略》《滿文老檔》的編譯者均將其釋讀爲juwe，漢譯爲“二”，考慮到原文本已經採用滿文加圈點字編寫，且本頁其他語句中的“juwe”一詞右側均帶點（同頁“juwete”一詞雖不帶點，但依靠te音節的“出頭t”來標記全詞的陰性特徵，故而該詞的juwe不需要帶點），筆者傾向於認爲該詞可能本寫爲juwan，漢譯爲“十”）ihan ci fulu bisire gamaci ojoro niyalma be gemu gamame köhe deresu sere gebungge bade burlame genehe, dal omo ci geneci, biyai dubede isinambi, seme alaha„《滿文老檔》中的此處内容除了少數拼寫差異之外，與《原檔》基本一致。

③ 寶音初古拉：《察哈爾蒙古歷史研究》，内蒙古大學2006年博士論文，第39頁。

④ 參見薩出日拉圖：《1632年愛新國西征相關史實補考》，中國蒙古史學會“多語種文獻與各民族交往交流交融研究學術研討會”論文，呼和浩特，2021年10月。

中被記爲“自大兒湖距彼地約一月程”，這個“一月程”其實是清代史官將“biyai dubede”錯誤釋讀爲“biyai tubade”（即“用一個月到那裏”之意）所致，此後王先謙《東華錄》又將此記爲“自大兒湖距彼約有一月程”，《皇清開國方略》和《清代蒙藏回部典匯》記爲“離達勒鄂漠約一月程”，這都是對《實錄》誤譯的轉述。

若照《原檔》原文記載的行軍速度來看，愛新國前哨於四月二十三日起，直至五月初七日行至達里甘嘎附近的喀喇莽鼐①，超出月末時間不長，鑒於愛新國軍隊一直未能追上林丹汗，可能林丹汗騎兵大軍以其更快的速度，在四月末五月初就已抵達喀喇莽鼐，就此速度計算，察哈爾逃人所謂“月末可至”的“庫黑得勒酥”，應該是一個距離喀喇莽鼐、達里甘嘎更近的地方，故而本文認爲該地應爲今蒙古國蘇赫巴托爾省達里甘嘎縣的呼和德日蘇丘陵（Хөх Дэрсний уxaa），恰好，緊貼蒙古國蘇赫巴托爾省的錫林郭勒盟東北部，目前仍是芨芨草密集分佈的區域②。薩出日拉圖根據“一月程”的速度推算出的“köke deresün-ü qoγulai”，是當今蒙古國東方省（Дорнод）馬塔德縣（Матад）的“Хөх Дэрсний хоолой”③ 或“Хөх Дэрсний хөндий”④，雖然該地更加接近林丹汗此後所處的克魯倫河，但並未切合《原檔》原文所提供的線索。不過，前述同仁均將“庫黑得勒酥”考證爲愛新國大軍北方的地名，這已經是重審“西逃説”過程上的重大進展。

那麽，金人是否知道“庫黑得勒酥”是一個位於其軍隊北方的地名呢？表面上看，“地字檔”再未明言林丹汗在五月二十三日之前的其他藏身地，好像金軍在情報上一直處在如墮煙海的狀態，但金軍至少仍然繼續向北進軍，直達喀喇莽鼐，説明皇太極並不認爲“庫黑得勒酥”是一個在西邊的地名。達力扎布早年間曾認爲“庫黑得勒酥”約在河套一帶⑤，如今看來此論確有值得再考之處。同時，按明代檔案所記，明人當年六月初三日自皇太極麾下的“哈喇慎夷人”處得到的情報“插漢兒營不遇，今插酋已往北躲去”⑥，由此來看，愛新國蒙古盟軍早就得知林丹汗正在北方。

---

① 位於今天蒙古國蘇赫巴托爾省達里甘嘎縣的中蒙邊境一帶。參見譚其驤主編：《中國歷史地圖集（元・明時期）》，中國地圖出版社，1996 年，第 87 頁（該圖將其譯作“哈剌莽來”）。另見《中國歷史地圖集（清時期）》，中國地圖出版社，1996 年，第 57—58 頁（該圖將其譯作“喀喇莽乃”）。

② 參見内蒙古計委國土整治辦公室、内蒙古自治區測繪局編：《内蒙古國土資源地圖集》，内蒙古人民出版社，1987 年，第 26 頁。

③ Өшгөг Энхбаярын Равдан, Гэндэнгийн Лувсан, *Монгол Газар Нутгийн Нэрийн Зүйлчилсэн Толь (Боть V)*, Улаандаатар: МУИС-ийн Хэвлэх үйлдвэрт хэвлэв, 2004он, p. 113.（阿喇布坦・恩和巴雅爾總主編、羅布桑・根敦分册主編：《蒙古地名分類詞典》（第 5 册），烏蘭巴托：蒙古國立大學出版社，2004 年，第 113 頁）。

④ *Монгол Газар Нутгийн Нэрийн Зүйлчилсэн Толь (Боть V)*, p. 233.

⑤ 達力扎布：《明代漠南蒙古歷史研究》，海拉爾：内蒙古文化出版社，1998 年。第 86 頁。

⑥ 《兵部尚書熊明遇等爲赤城投奔之夷人報告奴酋徑撲歸化城似爲可信事題行稿》，中國第一歷史檔案館、遼寧省檔案館編：《中國明代檔案總匯》（第 13 册），桂林：廣西師範大學出版社，2001 年，第 3 頁。

除此之外，"滿附二"也保存了林丹汗身在漠北的證據。其一，在天聰六年九月條目下，"十八日，三人攜馬十四匹，自察哈爾逃來，經問消息，對曰：'察哈爾在克魯倫'"①。由此可知皇太極至遲在1632年九月，即對林丹汗之前並未西逃一事心知肚明。其二，在"滿附二"皇太極西征記事的開頭，有一長段被圈刪的文字，其中亦指出"察哈爾汗聞後遺棄駐牧故地，亡走至克爾阿札爾罕——克魯倫之有名之地"②。這裏提到的"ker ajargan"即蒙古語"keger aǰirγ-a"的滿文拼寫，意爲"沙紅色的兒馬子"。該地名在史料中極爲罕見，經筆者查考，《漠北日記》中出現過"克勒阿祭拉畢"（"畢"當爲"罕"之誤），其北距喀爾喀南界約三百七十三里，《蒙古遊牧記》考其爲土謝圖汗部左翼中旗境内的地名③，在今蒙古國東戈壁省境内，故非林丹汗所去的克魯倫河流域的"ker ajargan"；此外，《朔漠方略》中出現過"克爾阿濟爾罕"，據載，康熙三十五年五月昭莫多戰役後，噶爾丹敗軍四散而逃，清廷遂於七八月間指令多支小股部隊在克魯倫河、土拉河、鄂爾渾河、色楞格河一帶偵查噶爾丹下落，兼收厄魯特潰散兵民。七月末，遣調蘇尼特、喀爾喀兵丁前往土拉河一帶偵查，至八月初十日，該小隊"直至朱兒揮、克爾阿濟爾罕爲一路……偵探消息"④。據此推算，此"克爾阿濟爾罕"當爲一個距離土拉河、朱爾揮均不遠的地名。

"朱爾揮"即蒙古語"jirüke/Зүрх"（意爲"心臟"）的音譯，經排查，《蒙古地名分類詞典》（Монгол Газар Нутгийн Нэрийн Зүйлчилсэн Толь）中，土拉河流域一帶並無名叫"Зүрх"的地名，但在與土拉河僅有一山之隔、且曾爲昭莫多戰役之前的噶爾丹大本營的克魯倫河的河曲處，在今肯特省克魯倫河上游支流僧庫爾河（Цэнхэр гол）中游的扎爾嘎勒特汗蘇木（Жаргарантхаан），有一名爲"Зүрхийн үзүүр"（珠日和山岬）⑤ 之地。

---

① 馮明珠主編：《滿文原檔》（第8册），第320頁。滿文原文爲：juwan jakūn de„ caharaci ilan niyalma juwan duin morin gajime ukame jihe„ mejige fonjici cahara kerulen bi sere„此句於"地字檔"中無載，更不見於《清太宗實錄》及《滿文老檔》，是一份相當珍貴的獨家史料。

② 馮明珠主編：《滿文原檔》（第8册），第389頁。滿文轉寫爲：cahar han donjifi tehe ba nuktehe susu be waliyafi ker ajargan„ kerulen -i gebungge bade burulame genehe„。另，關孝廉將"ker"轉寫爲"ger"，將此句翻譯爲"時察哈爾汗聞之，即棄駐牧地逃往格爾阿吉爾幹、克魯倫地方"。參見關孝廉：《〈舊滿洲檔〉諭删秘要全譯》，《滿學研究》（第一輯），北京：北京社會科學院滿學研究所，1992年，第411頁。

③ （清）張穆：《蒙古遊牧記》，卷七，見排印本《蒙古遊牧記》，太原：山西人民出版社，1991年，第160頁。

④ （清）溫達等撰：《親征平定朔漠方略》，卷二十八。轉引自《西藏學漢文文獻匯刻》（第四輯），北京：中國藏學出版社，1994年，第680頁。另見（清）祁韻士：《欽定外藩蒙古回部王公表傳》，卷三十六。轉引自《景印文淵閣四庫全書》（第四五四册），臺北：臺灣商務印書館，1982—1986年，第454—455頁。原文爲："詔（蘇尼特）郡王薩穆扎之第三子多爾濟思哈布、貝勒博木布置長子素岱，會師圖拉，緝噶爾丹，尋分右翼兵赴珠勒輝克爾阿濟爾罕。"

⑤ *Монгол Газар Нутгийн Нэрийн Зүйлчилсэн Толь* (*Боть* Ⅲ), p. 710.

筆者經訪求蒙古國師友後得知，其附近恰有名叫“克爾阿濟爾罕”之地，其爲僧庫爾河上游臣赫爾曼達勒蘇木（Цэнхэрмандал）白音毛都小組（Баянмод баг）境内的“Хээр азаргын зоо”（克爾阿濟爾罕山梁高地），此應即爲林丹汗所去過的克魯倫河流域的“ker ajargan”。“滿附二”未明言林丹汗去往克爾阿札爾罕的時間，不過我們至少由這處被删除的檔案可知，1632 年林丹汗身處克魯倫河一事，在愛新國内部並不算是秘密。

二、林丹汗“西逃庫黑得勒酥説”的形成過程

既然金軍早就清楚林丹汗在 1632 年時並非“西逃”，而是“北上”，那麽傳統敘事裏的“西逃説”又是如何被愛新國構建出來的呢？本文認爲，早在愛新國書房巴克什們編纂“滿附二”時，即開始將“林丹汗逃往庫黑得勒酥”一事捏合在“林丹汗西逃”敘事之中。

首先，“滿附二”編纂者在四月初七日的條目下，即開始記載漢譯爲：“初七日，抵達都勒伯勒津之後，鑲黄旗纛固山額真達爾罕額駙下俘獲自大淩河蒙古人二人，已攜良馬逃亡矣。”① 這句話與“地字檔”的四月初七日記事相比，本無重大出入，然而非常值得注意的是，“滿附二”此句後有三行大段另行添加的文字，後又被塗抹删除。這一部分雖然不易辨認，但仍可釋讀出“……monggo cahar gurun de manju……ligdan han ambula golofi geren……juraka kuke hoton de takūrafi bayan irgen adun ulha be……cahar gurun……”（漢譯：向蒙古察哈爾國，滿洲……林丹汗大驚，各……啟程，遣人至庫庫和屯，將富民、馬畜……察哈爾國……）等指向性明顯的内容②。

此後，金軍於四月十八日抵達哈納崖，“滿附二”的條目下又記錄：“是夜，達爾漢額駙家陳蒙古二人，帶去良馬六匹逃亡”，在此句後又添加了大段小字：“去往蒙古察哈爾國，告之‘滿洲國無數大軍來攻爾察哈爾國，我來軍隊後，自名爲哈納崖之地逃來。’③等語。其後蒙古察哈爾林丹汗大驚，曉諭衆人後，遺棄生居遊牧之故地，啟程向西敗逃，遣人至庫庫和屯，富民及畜群渡過黄河。察哈爾國大懼，人人驚駭震動，爲逃去故，盡棄

---

① 馮明珠主編：《滿文原檔》（第 8 册），第 392 頁。滿文原文爲：ice nadan de dulbelji gebengge bade isinaha manggi kubuhe suwayan tuu gūsai ejen darhan efu i dalingho ci gajiha juwe monggo sain morin gamame ukaka bihe,,。

② 《清太宗實錄》對此内容的記載是：“甲戌，大軍次都兒白兒濟地方，鑲黄旗固山額真達爾哈所獲大淩河蒙古二人，盜良馬而去。”看來，後面删去的内容，確實没有錄入到《實錄》當中。參見《清實錄（第二册）·大清太宗文皇帝實錄》，卷十一，第 157 頁。

③ 筆者注：四月十八日，金軍剛剛抵達哈納崖。

輜重。”① 經過對比，四月初七日那條被刪除的三行文字，毫無疑問就是四月十八日條目下後續添補的内容。

通過對比以上兩段檔案，我們不得不懷疑“滿附二”所載“逃人洩密”一事的真實性——如果洩密事件確有其事，檔案編纂者爲何曾把它安插在四月初七日，後又將其刪除塗抹，留下了篡改史料的把柄？逃人親口向林丹汗告知金軍已抵達哈納崖一事，此細節並未出現在“地字檔”中相關記事中，這是否是“滿附二”編纂者因爲前文檔案提到金軍十八日抵達哈納崖一事，即在逃人的報信中畫蛇添足地添加了這個細節？“滿附二”此前已在四月一日的條目下明載林丹汗逃往克魯倫河，爲何此處又明言林丹汗“向西敗逃”？總之，由於該“滿附二”記事充斥著對“地字檔”中“逃人報信”之記事的弄巧成拙的刪節、拼接和雕飾，我們不得不懷疑“逃人報信”當中的諸多細節可能出自事後補記。

最爲面目全非的竄改，當屬編纂者將“地字檔”中金軍在五月二十六日獲悉的“林丹汗遷民西渡黄河”這一情報，插補到上述“滿附二”四月十八日條目中，並做了很大的渲染。按照“地字檔”所述，五月二十六日，一名博多格隘口村屯之蒙古人俘虜，向皇太極供出部分察哈爾人衆的下落：“這邊來告我軍來至之情報後，察哈爾將財物牲畜運過黄河，留下者少，運過者衆。在板升處，每家有人。等語。”② 五月二十六日，這是金人第一次得知察哈爾部衆渡過黄河的時間，而“滿附二”通過一番移花接木，把皇太極獲悉察哈爾部衆西渡黄河一事安插在了四月十八日，其後又在四月二十三日條目下宣稱林丹汗逃向“庫黑得勒酥”，通過這種編排，讀者自然會推理出“庫黑得勒酥”是黄河一帶的地名。

通過對前文中“地字檔”“滿附二”和《清太宗實錄》中相同事件之間的比勘可知，“滿附二”是《實錄》一大重要的史源，而《實錄》又是清代諸多官私史書的史源，因

---

① 馮明珠主編：《滿文原檔》（第 8 册），第 403 頁。滿文原文爲：tere dobori darhan efu booi fe juwe monggo ninggun sain morin gamame ukaka,,(+ monggoi cahar gurun de ukame genefi, manju gurun i toloci wajirakū amba cooha suweni cahar gurun be dailaha jimbi,, bi cooha de jifi, hana hada gebungge baci ukame jihe,, seme alaha manggi monggoi cahar likdan han ambula golofi geren de ulhibufi,, banjiha ba nuktehe susu be waliyafi wasihūn burlafi juraka,, hūke hoton de takūrafi bayan irgen adun ulha be hatun i bira be doobuha,, cahar gurun ambula golofi durbeme axxafi burlame genere de ujen jakabe gemu waliyaha,, +)。《清太宗實錄》中對此事件的記錄是：“是夜，鑲黄旗固山額真額駙達爾哈家舊蒙古二人盜良馬六匹，潛奔蒙古察哈爾國，告以滿洲已舉大兵無數來征汝國，我等從軍至哈納崖，先逃來。蒙古察哈爾林丹汗聞之大懼，遍諭部衆棄本土西奔，遣人赴歸化城，驅富民及牲畜盡渡黄河，察哈爾國人倉卒逃遁，一切輜重皆委之而去。”可見，“滿附二”是《實錄》的一個非常直接的史源。參見《清實錄（第二册）·大清太宗文皇帝實錄》，卷十一，第 159 頁。

② 馮明珠主編：《滿文原檔》（第 8 册），第 170 頁。滿文原文爲：cahara ergici musei coohai jihe seme mejige alanjifi ulin ulga be katun i birade juwehe,, bisire komso,, juwehe ambula,, baising de boo toome niyalma bi seme alaha,,。

此，經"滿附二"裁剪、增刪、渲染而炮製的"林丹汗西逃説"，便先是在《實錄》當中正式定型，而後在後世史書中繼續發酵。首先，"滿附二"中有關林丹汗去往克魯倫之克爾阿札爾罕的記載，至遲在順治九年希福等巴克什纂修《清太宗實錄》之前，即被整段圈刪，而"滿附二"中關於皇太極九月時獲知"察哈爾在克魯倫"的這一記載，此後也不見於實錄，因而林丹汗北上一事既不載於實錄，也不會出現在以實錄作爲首要史源的官修史書中，這段關鍵的歷史細節就這樣被蓄意抹去了。除此之外，乾隆朝重新編輯《加圈點字檔》時由於未能在内閣大庫中找到"滿附二"等三卷滿文原稿，加之"地字檔"也未記錄此事，故此段内容亦不載於此後的《滿文老檔》。

由於其他傳世文獻中再無可資考辨"庫黑得勒酥"正確方位的史料依據，此後的清代史官紛紛踩進"滿附二"精心搭建的這個陷阱裏。譬如乾隆朝的《皇清開國方略》將《實錄》中與林丹汗相關的各段記載整合爲"察哈爾汗聞之，大懼，謀奔庫赫得爾蘇地，離達勒鄂謨約一月程，凡部衆家業有兩牛以上者，盡令棄本土隨之西奔"[①]，此即爲捏合"奔庫黑得勒酥"和"西奔"兩個事件的又一案例。此外，乾隆朝的祁韻士及嘉道年間的張穆在編訂整理《皇朝藩部要略》書稿時，又將此語改寫爲："五月甲子（即當年農曆五月二十七日——筆者注），駐軍歸化城，察哈爾林丹汗聞兵至，大懼，奔庫赫得爾蘇地，越二日，知林丹汗在喀喇莽鼐之左界，定議進征，既而窮追不見賊，時已近明境，遂征明。"[②] 這種記載淩亂地將不同史源的敘述雜糅在同一段文字中，不但弄不清庫黑得勒酥與黄河之間是否存在關係，還又把林丹汗奔往庫黑得勒酥的時間推後了一個多月，讀者自此看到的衹能是一段面目全非的歷史。

三、"林丹汗1632年被逐西逃黄河説"的演變過程

皇太極在四月二十三日獲悉林丹汗"奔庫黑得勒酥地方"之後，從達里諾爾湖繼續向北搜尋了小半個月，然而一直一無所獲，直到五月十一日，纔在喀喇莽鼐無奈决定南下進軍歸化城，此後再次聽聞了察哈爾的下落。

前文已述"地字檔"最早記錄了此事："這邊來告我軍來至之情報後，察哈爾將財物牲畜運過黄河，留下者少，運過者衆。在板升處，每家有人。等語。"僅憑此句，其實無法證明林丹汗本人也與屬民一起西遷，雖然按照"地字檔"的多條記載，林丹汗事先確

① （清）阿桂等修：《皇清開國方略》，卷十六。

② 包文漢整理，（清）祁韻士輯纂、張穆復審：《清朝藩部要略稿本》，哈爾濱：黑龍江教育出版社，1997年，第9頁。

實安排一些部衆避居黄河西岸[①]，不過皇太極抵達歸化城之後，並未西渡黄河前往鄂爾多斯追剿林丹汗，祇是命先鋒掠襲林丹汗屬民，這足以説明皇太極並不認爲林丹汗本人戰時曾西渡黄河。

那麽，人們是從什麽時候開始認爲林丹汗1632年西渡黄河了呢？根據明代檔案史料可知，“1632年林丹汗被逐西逃黄河説”的發酵時間最早約在當年五月末六月初，即金軍渡黄河掠奪察哈爾部衆的時候。五月二十九日，明邊從被金軍俘虜的“口外活夷木匠”召兒兔口中得知，“夷分九個頭子，去趕插酋，有插酋已過黄河去了”[②]。六月初三日，被金軍俘獲的爲林丹汗修建廟宇的泥瓦匠尤福成自愛新國軍營中逃跑，初六日進邊後向明軍上報“（愛新國）每頭腦一人，好馬二三匹不等，已將西虜趕過黄河去了，今竟不知蹤影”[③]，由於金軍確實在黄河西岸俘獲了一些察哈爾部民，金軍内部因此自然産生“林丹汗西渡”的聯想，這大概是“林丹汗1632年被逐西逃黄河説”在金軍陣營當中醖釀並傳入明朝的發端。

在金軍内部逐漸産生這一傳言的同時，六月初五日，愛新國漢臣寧完我、范文程、馬國柱等人向皇太極上疏，正式建言利用這一不實傳言，向明邊訛詐勒索物資補給：

> 六月分 初五日，參將寧完我、遊擊范文程、秀才馬國柱同奏：……臣等所謂正大光明之計，當宣諭路過城池，明言追叉哈剌之事，叉哈剌遠遁，盡收其百姓，徒步歸沈，必難保全，借爾地方馬騾牛驢，以作脚力，如和事成，另議償補，若和事不成，異日皇天庇佑，再得御爾地方，准計騷擾地方若干里，免征賦税若干年，此堂堂正正之舉動也。議者謂此語欺天，不可説，殊不知皇天無私，惟德是輔，果能正百官，救萬民，即終日説做皇帝，上天必不見怪，若不體好生之心，徒謹慎於口吻之

---

① 按《清太宗實録》載，五月二十三，皇太極“又命車爾格、察哈喇率兵五百人，往黄河取備船艘，爲前隊。命圖魯什、勞薩先往捉生”，（《滿文原檔》（地字檔）中，金軍奪船捉生之事發生的日期，是五月二十六日。參見馮明珠主編：《滿文原檔》（第8册），第170頁）；五月二十九，“往掠黄河一帶諸將奏報，蒙古已悉渡河而去，不料我軍突至，復渡河而歸，爲我俘獲者以千計”（《滿文原檔》對此記載的俘獲人畜數量爲“ilan tanggū isime……”，即“達到三百”。參見馮明珠主編：《滿文原檔》（第8册），第172頁）。

② 《兵部爲東夷於宣府新平堡等處搶掠守邊插夷情形事行稿》（1039號檔案），中國第一歷史檔案館、遼寧省檔案館編：《中國明代檔案總匯》（第13册），第89頁。

③ 《兵部爲東奴行走西北沿途殺虜夷人情形事行稿》（1037號檔案），中國第一歷史檔案館、遼寧省檔案館編：《中國明代檔案總匯》（第13册），第74頁。

際，而辜上天庇佑，臣等恐未必然也。……①

此前在四月二十六日得知林丹汗下落時，寧完我等人曾向皇太極揭示過金軍師老兵疲、進退維谷的慘淡處境②，直言金軍已處於強弩之末的狀態，無論是繼續追擊林丹汗，還是南下掠明，前景都很黯淡，不如“謂隨來蒙古，宜每國擇二三頭目，准扈從十餘人，隨汗南入，餘者盡發歸各國，以防叉哈刺東侵”（這顯然證明愛新國決策層仍有人不相信林丹汗“倉皇遁逃”，他仍是令金軍如鯁在喉的威脅），同時就近打通山海關返回瀋陽，日後再從長計議。皇太極不甘空手而歸，執意南下攻掠，最後雖然攻占了歸化城，然因擔心林丹汗伺機偷襲③，又逢兵馬水土不服，瘟疫蔓延④，未經久留即帶領疲敝之兵沿著明邊返回瀋陽。此時金軍補給瀕臨中斷，寧完我等人無奈建議在入内明邊時用欺詐的方式，讓明朝相信他已通過此戰取代林丹汗的霸主地位，並向其提供返鄉的補給，以免“從原路出境，是與叉哈刺之兵一同而名利兩失矣”。《實錄》中此段内容的結尾，比《原檔》多出一句“奏入，上嘉納之”，證明皇太極採納了這一“欺天”計策。

---

① 影印本見《清代（未刊）上諭、奏疏、公牘、電文彙編》（第56册），廣西師範大學出版社，2020年，第26544頁；排印本另見潘喆、孫方明、李鴻彬編：《清入關前史料選輯》第二輯中的羅振玉編《天聰朝臣工奏議》，北京：中國人民大學出版社，1989年，第17—18頁。

漢臣的上書，在“地字檔”當中亦有對應的簡譯，其中言及誆騙明邊、言稱察哈爾被其逐走的語句的滿文轉寫爲：muse jugūn i unduri dariha hecen hoton i irgen de alame hendurengge,, cahar han be goro bo?oko,, tehe baising irgen be gemu wacihiyame gaiha,,。筆者自譯爲“我等通告沿路城郭人民，言稱已將察哈爾汗遠逐，盡取板升定居人民”，原文參見馮明珠主編：《滿文原檔》（第8册），第175—178頁。清代漢譯另見《清實錄（第二册）·大清太宗文皇帝實錄》，卷十二，第164頁。譯文爲：“當諭沿路城郭人民，言察哈爾遠遁，部民盡爲我有。”

② 羅振玉編：《天聰朝臣工奏議》。影印本見《清代（未刊）上諭、奏疏、公牘、電文彙編》（第56册），第26538頁；排印本另見潘喆、孫方明、李鴻彬編：《清入關前史料選輯》第二輯，第17頁。原文爲：“行兵到此機宜，止況馬匹疲弱，軍士蹙額，人情如此，天意可知，古有云，窮兵遠征，有幹天和。……這番出兵，有賣牛典衣、買馬制裝、家私蕩然者，今若窮追於二千里之外，富人有馬者能前，貧人馬疲者落後，及得叉哈刺百姓富者未必獲，貧者已獨苦，似此舉動，雖勝何益也？汗若欲再追叉哈刺，十數日得之則已，不得，則入宣大地方，臣等以爲此計未善也，不知離家益遠，收拾益難，見財不取，軍心怠矣，取而馱載，又蹈覆轍矣。”

③ 《大清太宗文皇帝實錄·卷十九》。原文爲：“往年我國出兵，猶恐察哈爾襲我之後，故不久旋師。”《皇清開國方略》中此處行文與實錄略同。然而，《實錄》卷十一另言皇太極曾經對言稱：“察哈爾不能禦而遁，追之無益。今我兵馬疲憊，其暫旋師。”由此證明皇太極雖然時常有意去塑造林丹汗的形象，但偶爾也會“説漏了嘴”，無意間提供出另一個版本的征察哈爾戰爭之敘事。

④ （明）管葛山人（彭孫貽）：《山中聞見錄》。建州卷五、西人志卷十。抄本影印本參見《中國公共圖書館古籍文獻珍本匯刊·叢部：〈羅氏雪堂藏書遺珍（六）〉》，北京：全國圖書館文獻縮微複製中心，2001年，第341頁。點校本另見李澍田編：《先清史料（三朝遼事實錄、山中聞見錄）》，長春：吉林文史出版社，1990年，第110頁。原文爲：“東人久屯板升，地淫雨，馬多斃，乃整衆東歸。”

寧完我等人的計策很快便被付諸實施。六月十三日，“地字檔”中的皇太極在行至張家口堡等處並致函議和時，正式宣稱：“此前，格根汗、布彦洪台吉所屬部民一向於該山西省地方各口領取財物，格根汗、布彦洪台吉之部民一旦爲察哈爾所攻取，則將給與格根汗、布彦洪台吉之財物給了察哈爾；今我既驅逐察哈爾，其給察哈爾之財貨，理應與我也！察哈爾亦邊外之國，我亦爲邊外之國，我軍白白遠道而來後，其將空手而去乎？雖説是我，又以何物賞賜如此之多之辛勞軍士、令其滿載而歸耶？”[①] 在林丹汗的威脅尚未消失的時候，就如此高調地向明朝宣告自己的“戰勝國地位”，這就給明人留下一種皇太極是用軍事手段擊敗林丹汗的錯覺。

寧完我的“欺天”之計，一直讓明朝深信不疑，這是因爲明朝早在戰前即産生“插夷避奴”的預判。由於明蒙聯盟缺乏互信，屢生嫌隙，在啟禎兩朝的明檔中，警惕林丹汗“避奴於西北”的字句本就不絕於書。例如早在崇禎三年（1630）九月十二日，宣鎮方面自“守口夷人”處得知“插漢兵馬俱往西北去訖”後，認爲“插勢甚是叵測，今匝月以來，並無擺户等來到市口領賞，其或云逆奴撕殺，或云避奴於西北，總未可知。……據此看得，插酋前稱調十三大營兵馬親自□□，欲與奴酋撕殺，今又云俱往西北搬去，豈畏而避之耶？”[②] 事實上，此時林丹汗正在征討克魯倫河下游的“哈力哈”和“卜羅合兒氣”[③]，邊境居民言其去往西北，可能是一次訛傳，而明廷在1630年時即有猜忌林丹汗“避奴西去”的心態，故而明人此後再次聽到林丹汗西逃的傳言，自會將其視爲一個“自我實現的預言”。即使到1633年，坐鎮明邊的宣鎮監視太監王坤自察哈爾擺忽宰生處得知林丹汗於去年“奴酋來時，我們往北去撒喇漢家[④]”這一準確情報時，仍懷疑“插酋倏東倏西，況備船河之計，似於避奴，但不狡黠之謀果否爾也”[⑤]，就這樣，林丹汗北征的真實歷史，因爲明朝官方的狐疑而未能傳入明朝境内。可以説，“西逃説”雖出自寧完我的

---

① 馮明珠主編：《原檔》（第8册），第189頁。清代漢譯另見《清實錄（第二册）·大清太宗文皇帝實錄》，卷十二，第165頁。滿文原文爲：ere alin i wargi golo bai teisu teisu duka de gemu gegen han„ buyan hong taiji harangga gurun ulin gaimbihe, gegen han„ buyan hong taiji gurun be cahara gaici„ gegen han„ buyan hong taiji de bure ulin be cahara de buhe„ te bi cahara be bošoci„ cahar de bure ulin be minde bure giyan kai„ cahar inu jasei tulergi gurun„ bi inu jasei tulergi gurun„ mini cooha bai goro de jifi„ tere untuhun genembio„ bi sehe seme uttala joboho cooha de ai šangnafi gamara„。

② 《兵部尚書梁廷棟等爲宣府夷情並調兵嚴加偵備事題行稿》（第649號檔案），中國第一歷史檔案館、遼寧省檔案館編：《中國明代檔案總匯》（第8册），第160頁。

③ “國立中央研究院”編：《明清史料》，丁編第四本，第三一八號檔案。

④ 即指合撒兒後裔宗主土謝圖汗錫喇奇塔特後裔所統屬的茂明安部。參見寶音初古拉：《察哈爾蒙古歷史研究》，内蒙古大學2006年博士論文，第126頁。

⑤ 《兵部爲宣府下西路參將查國寧等員妄報軍情並請提究事行稿》，中國第一歷史檔案館、遼寧省檔案館編：《中國明代檔案總匯》（第14册），第362頁。

一手炮製，但它又確實能迎合中原官紳一直以來對林丹汗的想象，兩種力量一拍即合，最終共同重構了林丹汗的"歷史"，並傳播於中原内地。譬如，成書於明亡之後的《山中聞見錄》和《明史紀事本末》即稱："四月，四王子自將降兵數萬西逐插漢，循老河北走至宣大塞垣外。插漢渡河西徙，四王子窮追至河干，燒絕板升，回騎壓宣府，詣張家口款市，東西兩合勢猖獗。""四月，建州四王子勒西路降人五六萬西來逐插，插戰不勝，益渡河西徙。東人燒絕板升，插漢偕套虜走大漠。"① 可見明末史學家群體也襲用了"林丹汗1632年西逃黄河"敘事。

皇太極勞師無功的遠征過後，"滿附二"在記錄五月二十六日的史事時，首次將"林丹汗西逃黄河説"正式錄入史書："訊及消息，察哈爾汗聽聞愛新軍進入板升後，將板升之財物牲畜經黄河渡運，留者少，運去者衆，唯止窮人在焉。"②《實錄》中的記載與之大致相同："訊知察哈爾汗聞我兵入境，盡攜部民牲畜財物渡黄河以遁，所遺止窮民耳。"③"地字檔"中的"察哈爾"，最終在"滿附二"及《實錄》中變爲"察哈爾汗"，僅僅一字之差，就讓"林丹汗1632年西逃黄河説"在史書中正式定型了。

時隔兩年之後，天聰八年三月甲辰（十五日），《實錄》中的皇太極遣書朝鮮國王時，因出於壓制朝鮮的不臣之心的政治考量，再次以征服者的姿態聲稱："壬申年，我往征蒙古察哈爾，收服其國，直抵黄河班師"④，由此，清廷把收服察哈爾的時間提前到了勞師無功的1632年，並通過外交途徑，以不容置疑的官方權威爲此敘事背書。至於此後皇太極宣稱的諸如"蒙古察哈爾國先爲我兵所敗，心膽皆裂，舉國騷然"⑤ 這樣的言論，在《清太宗實錄》中更是不勝枚舉。

---

①（清）管葛山人（彭孫貽）：《山中聞見錄》，建州卷五、西人志卷十。抄本影印本參見《中國公共圖書館古籍文獻珍本匯刊・叢部：〈羅氏雪堂藏書遺珍（六）〉》，第203、341頁。點校本另見李澍田編：《先清史料（三朝遼事實錄、山中聞見錄）》，第66、110頁。另外，雖然孟森先生曾在《上虞羅氏所刻山中聞見錄題跋》一文中指出，羅氏重刻足本新補的三、四、五卷應爲襲引蔣氏《東華錄》的僞書，然而就本文此處所引用的皇太極西征林丹汗的文字，非但與《東華錄》並不雷同，甚至有某些不見於其他史籍的記載。此外，《明史紀事本末補編》此處文字與《山中聞見錄》同。

② 馮明珠主編：《滿文原檔》（第8册），第422—423頁。滿文原文爲：medege fonjici cahar han aisin cooha baising de dosimbi seme donjifi baising ni ulin ulga be hūwang ho bira be dome juwehe„ bisire komso„ juwehe ambula„ yadara niyalma tehe uthai bi„。

③《清實錄（第二册）・大清太宗文皇帝實錄》，卷十二，第162頁。《實錄》將此事的日期記爲"甲子"日（即二十七日），這比《原檔》中此事的日期晚了一天。此處内容不見於《皇清開國方略》、蔣良騏《東華錄》及王先謙《東華錄》。

④《清實錄（第二册）・大清太宗文皇帝實錄》，卷十八，第235頁。

⑤《清實錄（第二册）・大清太宗文皇帝實錄》，卷十八，第241頁。

四、“林丹汗 1632 年被逐西逃青藏説”的層累構建

如果説“1632 年西逃黄河説”還僅僅是捏合了同一年當中不同月份及不同地理空間裏發生的兩個事件，那麽“1632 年西逃青藏説”則是對兩個年份裏的事件的捏合，是一種更爲典型性的“層累地造成的歷史”的案例。

“1632 年西逃青藏説”出現於 1633 年林丹汗再次西遷之後。1633 年春季，林丹汗返回宣大邊外，再次回到明人的視線中。自五月至九月，林丹汗頻繁攻擊延綏鎮各堡，至十月開始攻擊寧夏鎮一線①，説明察哈爾已自河套平原及鄂爾多斯高原西遷到寧夏鎮周邊。自 1634 年正月開始，明金雙方同時注意到陸續有察哈爾流民東返，皇太極誤認爲林丹汗再次東進，便諭令蒙古牛録兵馬及巴林、喀喇沁、阿禄、阿垻垓等外藩部落合力出兵②。由於當時愛新國正在用兵錦州，故而未派金軍主力部隊西進，且愛新國蒙聯軍也衹獲得寥寥的流民而已。從二月起，出没於賀蘭山的林丹汗讓明朝再次誤認爲察哈爾正在“避建虜遠徙”③。五月，皇太極計劃親征大同，實録記載此時皇太極諭令官兵做好收編察哈爾流散官民的準備④，同時開始獲悉林丹汗“逃往西海地方”⑤。皇太極軍在七八月間進攻宣大兩鎮邊内各城⑥，行軍過程中，金軍陸續接收到大量東遷的察哈爾貴族和屬民；閏八月初七，决定從萬全班師的皇太極，自歸附的嘎爾瑪濟農等察哈爾宰桑口中得知林丹汗已病逝於打草灘。從十月起，陸續有察哈爾難民湧入宣鎮邊内，並提供了林丹汗所謂“懼

---

① （明）談遷著。張宗祥點校：《國榷》，中華書局，1988 年，卷九十二。另見《明實録》附録之二《崇禎實録》，臺北：“中央研究院歷史語言研究所”，1962 年，卷之六。

② 《清實録（第二册）·大清太宗文皇帝實録》，卷十七，第 226 頁。

③ （明）談遷：《國榷》，卷九十三。此句原文爲：“（二月）戊辰，巡撫宣府右僉都禦史焦源溥報：插漢虎墩兔憨避建虜遠徙，部衆離散。”此外，與《國榷》同樣以明末邸報爲主要史源的《崇禎實録》因受清朝文字政策之限制，將此句中的“避建虜”刪去。出於同樣的原因，收録《國榷》内容的谷應泰《明史紀事本末補遺》將此句的“避建虜”修改爲“避建州”。

④ 《清實録（第二册）·大清太宗文皇帝實録》，卷十八，第 241 頁。

⑤ 《清實録（第二册）·大清太宗文皇帝實録》，卷十八，第 242 頁。實録言其一大作戰目的是“兼可收納察哈爾來歸貝勒官民”，但蔣氏《東華録》和《皇朝藩部要略》中對這個目的隻字不提，考慮到蔣良騏所見的歷朝實録均系乾隆初年重修前的“初纂本”，可見早期實録及其史源的編纂者並不認爲收服察哈爾是當時金軍的重要任務。

⑥ 《清實録（第二册）·大清太宗文皇帝實録》，卷十八，第 241 頁。

奴西奔”的情況[①]，同月，實錄中的皇太極也開始宣稱林丹汗“避我西奔”[②]；次年，皇太極命多爾袞等人率軍萬餘人再次西進，往收林丹汗之子額哲接管的察哈爾殘部。

從這個時間表中可知：一、1634 年時的察哈爾在皇太極當年出兵前就已解體崩潰（筆者對此事件的原因已另作專文詳述），大量部衆紛紛脱離林丹汗，轉投明朝或者愛新國。二、林丹汗本人西遷寧夏邊外、或者明金雙方推斷的“避建虜遠徙”“渡黄河西奔圖白特部落”的時間，也早於皇太極親征西進的時間之前，且無證據證明已經深處寧夏邊外的林丹汗此時知道敵軍的這一動向。三、1634 年皇太極西征的目的是爲了攻掠宣大明邊，而不是爲了正面進攻林丹汗，當皇太極次年再次派重兵解決察哈爾部時，林丹汗早已病亡，這一點實錄本身記載也很清楚。四、雖然察哈爾難民也認爲林丹汗是“懼奴西奔”，但由於他們報告此事的時間遠在皇太極出兵大同之後，當他們東返故土時見到愛新國大軍重兵壓境的場面，可能就會在“林丹汗西遷”與“皇太極西征”兩件事之間建立起樸素的聯繫，至於這種平民的認知能否如實反映林丹汗本人的謀劃，現有史料再未提供其他線索。

即便如此，清廷君臣仍然屢屢在公開言論中將林丹汗“渡黄河西奔圖白特部落”的敘事，直接從 1634 年挪移安插到 1632 年皇太極那次徒勞無功的西征一事中，進而將“1632 年西逃黄河説”進一步“層累地構造”成“1632 年西逃青藏説”，使世人加深了對林丹汗的誤解。

目前在檔案史料中能找到的“被逐西逃青藏説”的最早記録，出自《原檔》“滿附三”所收録的天聰九年（1635）十二月二十一日皇太極於太廟中祭祀清太祖之前對衆臣的面諭，其稱：“我軍先前出征之時，蒙古察哈爾汗慓我兵威而不勝，即逃去矣。自此於其地不能安居，惶恐逃去唐古特之時，其國人自亂，衆貝勒大臣及全體國人先來降我，察哈爾汗妻三太后及其子孔果爾，僅餘大臣數名、百姓千餘人矣。復又遣兵而盡獲之，且未

---

① “國立中央研究院”編：《明清史料》，丁編第五本，第四一三號檔案。原文爲“據二夷供稱，是遼東錦州親弟兄。兩人自從跟隨父母，被插漢家達子搶去，跟著王子到大同邊外大板升住牧。被後懼怕東夷大營，盡往西邊起營躲避。”又見中國第一歷史檔案館、遼寧省檔案館編：《中國明代檔案總匯》（第 18 册），第 152 頁。原文爲：“十二月一日，在張家口市口牆外發現十六夷人。狡夷乃馬大等奸謬，不肯真吐順從。卑職自辰審至申時，供吐：原係插酋下守口吃賞舊夷人，先年懼奴西奔，躲至甘州邊後住牧。後因插王出痘疹死了，衹丢下一個小王子，隨帶二十一個宰生，前後隨帶二三萬馬步夷人，其餘夷人各處奔投。”

② 《清實録（第二册）·大清太宗文皇帝實録》，卷二十，第 272 頁。另見阿桂等修：《皇清開國方略》，第十九卷。

使其充作俘虜，令其盡數歸降。"[①] 需要另外指出的是，皇太極此刻言及收服察哈爾、獲取"傳國玉璽"一事的目的，是爲了在平定"莽古爾泰、德格類、莽古爾濟格格之亂"之後，重申自己的皇權合法性地位，用其開疆擴土上的功勳，來進一步獲取朝臣對其權位的效忠。

或許是因爲此時朝中已有察哈爾降臣的緣故，皇太極此刻未明言林丹汗去往青藏的時間，但我們根據"復又遣兵而盡獲之"（即1635年的出兵）之語，仍能推斷"先前出征"或指1634年出兵大同，或指1632年西征林丹汗，可見皇太極此時已開始把林丹汗部衆的西遷和解體歸因於自己的重兵征討。與之類似的是，此後凡於面對蒙古貴族的場合，皇太極在重構林丹汗敘事時都還稍有顧慮。譬如天聰十年皇太極致函喀爾喀車臣汗時，即頗爲低調地聲稱"故而天地譴責察哈爾汗，將察哈爾國人賞賜與我了"[②]，而在崇德三年，皇太極在册封土默特部諸貴族的滿蒙文敕書裏也"數易其口"，他在蒙古貴族能夠直接閱讀的蒙古文文本裏聲稱"蒙古國察哈爾汗因畏懼朕，而向唐古特國的方向出奔而去"[③]，而在需要充當日後修史依據的滿文本裏，又改口稱"察哈爾汗爲朕所敗，奔唐古特部落"[④]，這説明皇太極自知當時蒙古人都知道林丹汗並不是被他親自擊敗的，因此這一政治敘事不適合呈獻在蒙古人面前。

此後，在没有蒙古人作爲目標受衆群體的情況下，清朝宫廷史書對林丹汗敗亡敘事進行"層累構造"的痕跡就更爲明顯。其中，本文開頭援引《清太宗實錄》的引文，便是最典型的"林丹汗1632年西逃青藏説"之敘事："先是，壬申年，上興大兵，往征蒙古察哈爾國林丹汗時，林丹汗舉國之人驚恐無措。林丹汗見人心惶懼，知國勢不可爲，愈加

---

① 馮明珠主編：《滿文原檔》（第9册），第462頁。滿文原文爲：musei neneme cooha genehe de monggoi cahara han i beye horon be alici eterakū burlame genehe bihe,, tereci ini bade teme toktorakū geleme tanggot gurun i baru burlame genere de,, gurun ini cisui facuhūrafi geren beise ambasa gubci gurun gemu neneme dahame jifi,, cahara han i sargan ilan taiheo, jui konggoro,, udu ambasa minggan funceme irgen i teile funcehe bihe,, geli cooha unggifi gemu bahafi olji arahakū wacihiyame dahabufi,,其他漢譯版本另見關嘉祿、佟永功、關照宏譯：《天聰九年檔》，天津：天津古籍出版社，1987年，第144頁。

② 馮明珠主編：《滿文原檔》（第10册），第30頁。蒙古文原文爲：tegüber tngri γajar caqar-un qaγan-i buruγušiyaju caqar ulus-i nadur soyorqaba,,譯文另見李保文譯：《天命天聰年間蒙古文檔案譯稿》（下），《歷史檔案》2002年第1期，第3頁。

③ 齊木德道爾吉、吳元豐、薩·那日松主編：《清内秘書院蒙古文檔案》（第一輯），内蒙古人民出版社，2004年，第217頁。蒙古文原文爲：mongγol ulus-un caqar-un qaγan,, nada-aca ayuju, tangγut ulus jüg eciküi-dür,,。此處内容的漢譯另見希都日古譯：《清内秘書院蒙古文檔案彙編漢譯》，北京：社會科學文獻出版社，2015年，第29—30頁。

④ 中國第一歷史檔案館編：《清初内國史院滿文檔案譯編》（上册），北京：光明日報出版社，1989年，第321頁。該書未附錄滿文原文影印及滿文轉寫。

驚恐，欲避我兵，棄故業，渡黄河西奔圖白特部落。”① 這段文字在《皇朝藩部要略》中，又被簡化爲“先是，六年四月，上親征察哈爾，過興安嶺至達勒鄂謨，林丹汗驚竄，渡黄河將奔唐古特部”②。與前文相比，這兩段文字明確將林丹汗去往甘青地區的時間，提前到了1632年，由此，現實當中從未與林丹汗對陣過、衹在察哈爾遭受内亂後纔趁機收編林丹汗殘部的皇太極，進入到歷史書寫之中，就成爲1632年時就親自擊敗林丹汗的軍事勝利者。

最後，當“西逃青海説”這個層累構造輾轉傳播至宫牆之外時，其偏差逐漸達到了無以復加的地步。譬如被今人譽爲“清代私撰清史的第一本著作”③ 的《聖武記》，乾脆把滿蒙聯軍西征林丹汗的時間拖後了兩年，這種對重大政治事件的關鍵時間節點的改寫，使林丹汗西遷甘青一事更像是政治戰略層面上的總潰敗④。魏源在《聖武記》敘中自稱“迄道光征回疆之歲，始筮仕京師。京師，掌故海也。得借觀史館秘閣官書，及士大夫私家著述、故老傳説”⑤，結合魏源前段與《實録》、蔣氏《東華録》、《方略》多有抵牾的文字可知，他對林丹汗的認知並非源於宫廷内某一部具體的官修史書，很可能在他所處的時代（甚至更早），各類史書中關於皇太極歷次西征林丹汗的敘事就已經被雜糅在了一起。此後孟森先生在《清史講義》中的“清於天聰八年，以兵逼林丹汗走死”⑥ 之語，或許也是受到這類敘事誤導所致。

五、結　語

皇太極及其臣僚不斷層累構造“西逃説”，這是一種常見的政治實踐——他把本非自己親自締造的功績歸到自己名下，從而彰顯自己尚未成熟的實力，進而巧取自己覬覦已久的政治聲望。

具體而言，首先，在1632年，當金軍因深陷荒野、飲食匱乏而勢窮力竭之時，在自

① 《清實録（第二册）・大清太宗文皇帝實録》，卷二十，第247頁。

② 包文漢整理，（清）祁韻士輯纂、張穆復審：《清朝藩部要略稿本》，第13頁。

③ 語出王雄：《古代蒙古及北方民族史史料概述》，内蒙古大學出版社，2008年，第302頁。

④ 魏源著，楊慎之、夏劍欽點校：《魏源全集（第三册）・聖武記（附夷艘寇海記）》，長沙：嶽麓書社，2005年，第94頁。該書將皇太極親征林丹汗這段史事歸納爲：“天聰八年六月，太宗統大軍盡征各部蒙古兵征察哈爾。時遼河夏漲，晝夜冒潦，出其不意，逾内興安嶺千三百里至其庭。林丹汗謀拒戰，而所部解體，遂徙其人畜十餘萬衆由歸化城渡河西奔，沿途離散十之七八，林丹汗走死於青海之大草灘。我大軍至歸化城，收其部落數萬而還。”

⑤ 魏源著，楊慎之、夏劍欽點校：《魏源全集（第三册）・聖武記（附夷艘寇海記）》，第1頁。

⑥ 孟森著，吴俊編校：《孟森學術論著——清史講義》，杭州：浙江人民出版社，1998年，第119頁。

知林丹汗早已遠征漠北腹地而追擊無望後，皇太極的政治團隊欲求儘快與明朝議和，希望明朝認可皇太極繼承林丹汗分配中原物資的經濟專權，用明朝的市賞物資來避免全軍因後勤補給中斷而陷入覆滅的命運，而完成此事的第一步，就是利用信息不對稱的狀態來捏造“林丹汗 1632 年被逐西逃黄河”的假象，讓明朝相信林丹汗真被皇太極淘汰出走，而不是讓明朝一眼看穿皇太極因躲避林丹汗的反攻風險而從歸化城撤退時的窘態。由於明朝此前也一直預判林丹汗“畏奴西遁”，因此輕易相信了這套欺瞞之辭。

此後在 1634 年，察哈爾部在没有任何外力打擊之下自行解體，林丹汗在西遷甘青途中又意外病故，使流離失散的察哈爾部民成爲皇太極的意外收穫。然而，此時皇太極外有明朝和喀爾喀三汗等敵對勢力，内有莽古爾泰、德格類、莽古爾濟格格等政敵，故而在鏟除異己勢力之後，通過繼續層累構造“林丹汗被逐西逃青藏説”之敘事，將 1632 年那場徒勞無益的遠征改寫成一代帝王的不世之功，以此達到穩固自身勢力基本盤的政治目的。

以上就是本文對“林丹汗避兵棄業”這一歷史敘事的形成過程的全部探討。本文未曾奢望徹底“還原”歷史本體中林丹汗的“本來面目”，至多是在極盡所能地搜羅並批判相關文本的基礎上，綜合已知的各條有效線索，運用語文學與史源學的研究手段，去辨析該史事的所有敘事，最終銜接出一個在文本層面上相對更加自洽的歷史圖景——愛新覺羅政權究竟憑藉何種動機、通過何種技藝，去不斷認知、書寫和扭曲林丹汗的歷史形象。最終的詮釋絕非精確無誤，惟願探索的過程，或許尚能體現歷史學所追求的意義與旨趣。

The Lagered Fabrications of the Narrative of “Ligdan Khan’s Westward Fleeing”

Wang Ce

Abstract: In 1632, when Hong Taiji westward attacked Chahar Ligdan Khan, both Ming and Aisin were convinced that “Ligdan Khan was chased and fled to the west”, and through continuous historical writing, it became a longterm consensus among historians. In recent years, by using archives and other remainder sources, Mongolian historians begin to notice that in 1632 Ligdan Khan was neither defeated and fled nor crossed the Yellow River to Qinghai. Moreover, long before the advance of Hong Taiji’s army, Ligdan Khan set off to the northern Gobi Desert to conquer two Mongolian tribes who were not in the Hong Taiji’s faction. This is the latest hypothesis of “Lidgan Khan’s northern expedition”. This article focus on systematical comparison and analysis of the sources about Ligdan Khan in *tongki fuka akū hergen i dangse*, as well as multi-ethnic language sources in the Ming and Qing Dynasties. The goal of study is to sort out the layered relationship of all the texts that writes "Ligdan Khan fled to the west" and to show the changing process of the historical narratives of all parties in the Ming and Qing Dynasties. Thus, in the scopes of historical source systematology and historical philology, this article gets into a conversation with the current "Westward Fleeing" and "Northern Expedition" hypotheses.

Keywords: Ligdan Khan; Chahar; Hong Taiji; Historical narrative; Layered fabrications

論白利・頓悅傑之敗*

澤仁曲措

摘　要： 白利・頓悅傑作爲明清時期在康區的一方重要勢力，對當時有崛起苗头的格魯派而言形成極大威脅，格魯派部分高層邀請和碩特蒙古首領固始汗入康消滅頓悅傑。以往我們認爲這一歷史事件是固始汗和碩特部完成的，筆者根據多方史料還原了這場戰役的概況、頓悅傑的戰敗原因和處置結果。因白利部落自身的多重問題積累，且因以往利益衝突和積怨等，頓悅傑樹敵多方，使得康區多方群體或個人參與到固始汗的軍隊中，對固始汗入康打敗白利・頓悅傑起了重要作用，這些參與者在戰後均受到固始汗不同程度的獎賞，康區多地勢力發展興衰由此奠定。

關鍵詞： 固始汗；白利・頓悅傑；藏文檔案鐵券文書；地方勢力

根據《五世達賴喇嘛傳・雲裳》記載，固始汗率部衆於 1640 年（藏曆龍年）入康區。① 據推算，固始汗摧毀白利・頓悅傑②勢力共耗時一年半，致使聞名一時的頓悅傑被擒殺害，然藏文經典史料諸如《五世達賴喇嘛傳・雲裳》《西藏王臣記》等對固始汗的征伐頓悅傑無詳細記載。目前有關白利・頓悅傑戰敗原因的學術研究，主要的論調是基於五世達賴喇嘛著作相沿成習，認爲白利・頓悅傑是佛教的敵人，筆者亦在《17 世紀白利・

---

* 本文係國家社會科學基金青年項目“17—19 世紀西藏金沙江流域藏文地方誌搜集整理與研究”（批准號：21CMZ038）階段性成果。

① 藏文史料記載“བར་ཁམས”，意爲中部康區，即今天的西藏昌都市轄境。也有部分藏文史料記載爲“芒康”，17 世紀時期芒康並非僅限今日的芒康縣，包括了昌都轄境内的多部。

② 白利・頓悅傑（བེ་རི་དོན་ཡོད་རྒྱལ，17 世紀初—1641 年），白利氏屬於藏族四大姓氏董氏下的一支，“白利”爲藏文བེ་རི的音譯，現已約定俗成使用“白利”二字。依據藏文文獻，“白利”一詞指稱部落、姓氏和人名，但無具體方位記載，後人衹能依據同時出現的地名和山水名一一確認。最早記載白利這個地方勢力是位於青海湖以南的區域，後發展到了牧區多地。至 17 世紀的昌都“妥白利”，白利下部的最後一代領主頓悅傑於 1616 年左右世襲地方領主，此間以今西藏昌都妥垻鄉“白利昂青雄”（བེ་རི་ཧམ་ཆེན་གཞུང）地方爲中心，於廣袤牧區運籌帷幄，四處遷徙征戰稱王，白利地方的人也稱呼頓悅傑爲“白利扎根瑪”（བེ་རི་སྒ་གན་མ，意爲坐擁大帳篷的王）。

頓悅傑與西藏各宗派間的關係考述》[①] 一文中有相關論述。與白利・頓悅傑同時期的康區政治格局、頓悅傑被滅的原因和過程，以及由此引發的對康區局勢的影響甚少被關注。本文通過在西藏昌都地區發現的家藏藏文史料和藏文歷史檔案，試圖還原頓悅傑兵敗於固始汗之時各方勢力的參與、戰爭經過和結果。

一、固始汗得康區多方勢力協助

1640 年固始汗率軍入芒康討伐白利・頓悅傑，在進軍過程中，也有投靠的藏族人和其他格魯派的協助力量參與到固始汗的軍事行動中。有關此部分内容，我們更多地能在與康區相關的家藏藏文史料中看到。

（一）察雅、格吉和拉多的加入

17 世紀察雅（བྲག་གཡབ）地方迎來了它最重要的一次社會變遷。首先是以“恰”“董”“娘”爲主的諸部落統一。其次噶居・扎巴江措[②]作爲當地幾個部落綜合後的重要人物，至衛藏學習後返回當地弘揚格魯派，是地方主要宗派勢力由瑪倉噶舉和珠巴噶舉轉爲格魯派的初始階段，地名也在統一諸部落後由原先的地名娘熱（ཉག་རེ）依照噶居・扎巴江措的修行地貌改爲察雅。[③] 這一系列的調適對於察雅地方在擁護格魯派上發揮了重要作用。《瓊倉一世桑吉扎西傳記花鬘——察雅寺歷史》中記載：“未過多久，固始汗登增曲吉嘉布的軍隊始往中部康區，（察雅瓊倉一世桑吉扎西）思先師（指察雅且倉一世噶居・扎巴江措——引者注）的遺言勉勵，未猶豫前往蒙古軍（指固始汗軍隊——引者注）處，甚感歡喜。‘恰’和‘董’兩地之人反復引路。漸次讓佛法之敵和領屬百姓失去了自由，被俯首關入獄中。當‘嘉波仁波齊’（意爲王如意寶，指固始汗——引者注）抵昌都時賜予自己（指瓊倉一世桑吉扎西本人——引者注）衣物等厚賞。宣察雅喇嘛桑吉扎西對我方有突出幫助，巴爾康（音譯，指中部康區——引者注）地方上下人等不得有傷害，若有則相敵。”[④]

---

① 澤仁曲措：《17 世紀白利・頓悅傑與西藏各宗派間的關係考述》，《中國藏學》2022 年第 3 期。

② 噶居・扎巴江措（1572—1638），察雅活佛一世，出生於今察雅地方。根據歷史上的確立門户，有大小兩位察雅活佛，藏文史籍中稱之爲察雅“瑪貢”（母寺）、“布貢”（子寺）或“且倉”（大户）、“瓊倉”（小户）。

③ 察雅，藏語意爲“岩棚”，清代史料中寫作“乍丫”或“扎雅”。

④ ཆུང་ཚང་སྐུ་ཕྲེང་གསུམ་པ་བློ་བཟང་བསྟན་པ། ཆུང་ཚང་སྐུ་ཕྲེང་དང་པོ་སངས་རྒྱས་བཀྲ་ཤིས་ཀྱི་རྣམ་ཐར་མེ་ཏོག་ཕྲེང་བ་བྲག་གཡབ་བླ་དགོན་གྱི་ལོ་རྒྱུས། དེ་ནས་མི་རིང་བར་གུ་ཤྲི་བསྟན་འཛིན་ཆོས་ཀྱི་རྒྱལ་པོ་དཔུང་དང་བཅས་པ་བར་ཁམས་སུ་ཆིབས་ཀྱི་ཁ་ལོ་བསྒྱུར་པ་ན། བླ་མ་དམ་པའི་ཞལ་ཆེམས་དྲན་པས་བསྐུལ་ཏེ་ཚོམ་ཚོམ་མེད་པར་སོག་ཁྲིད་དུ་མཇལ་ཕྱིན་པས་ཐུགས་མཆོག་ཏུ་རྒྱས་པར་བྱུང་། སྙེ་ཕྱུ་སྐྱོང་གཉིས་ནས་དམག་གི་ཞབས་ཕྱི་ཡང་ལ་ཡང་འཁྲིད་པ་གནང་ལ། རིམ་གྱིས་བསྟན་པའི་དགྲ་བོ་འབངས་དང་བཅས་པ་རང་དབང་བྲལ་ནས་གདོང་སྨད་པར་གྱུར་ཅིང་མཐར་ཁྲིམས་ཀྱི་དོ་རར་བཙུག་སྐྱེ་ཆབ་མདོར་ཕེབས་སྐབས་རྒྱལ་པོ་རིན་པོ་ཆེ་རང་ཉིད་ཀྱི་ན་བཟའ་བཞེས་འཕྲོ་སོགས་གནང་སྦྱིན་གྱི་ནོམས་པ་དང་བཅས་བྲག་གཡབ་བླ་མ་བཀའ་བཅུ་སངས་རྒྱས་བཀྲ་ཤིས་འདི་རང་ཕྱོགས་བསྟན་པའི་ཞབས་ཏོག་གཞན་ལས་ཁྱད་པར་དུ་འཕགས་པས་བར་ཁམས་ཕྱོགས་དྲག་ཞན་ཚང་མས་གནོད་འགལ་དུ་འགྲོ་བ་མ་བྱེད་གལ་ཏེ་བྱས་ན་ང་དང་ཐུག་ཅེས་ཁྲིམས་བསྒྲགས་སུ་མཛད། ༤༡༨༡

可知，白利儘管與察雅未發生過正面衝突，瓊倉桑吉扎西依照噶居·扎巴江措遺言，以護教的名義助力了固始汗這支格魯派上層的保護軍隊。以瓊倉一世桑吉扎西爲首的察雅百姓大力協助了固始汗軍隊，戰後得到固始汗的賞賜，這些賞賜物至今被保存在“察雅瑪貢”。戰後，甘丹頗章和清中央政府均因察雅地方護格魯派有功而賜保護文告和特諭封號“諾們罕”並賜印信。經格魯派的崛起和甘丹頗章的各種策略，格魯派成爲察雅地方最强的宗派力量。

格吉（དགེ་རྒྱལ）部落，藏文史料中亦稱“董白利娘措格吉”（གདོང་བེ་རི་ཉ་མཚོ་དགེ་རྒྱལ），主要指今雜多縣大部，是與頓悅傑同時期的上部白利部落，也是當時雄踞一方的地方勢力，史料中未有記載上下白利部落存在血緣關係。

上部格吉白利曾遭受過頓悅傑的打擊，格吉白利幾乎被頓悅傑占领，後格吉領主噶瑪玉嘉投靠了固始汗。《董仲巴紫史》記載：“此人乃迎請登增曲傑（指固始汗——引者注）到多康的稱之爲‘四養子’或‘藏地四大恩人’的四人之一（指噶瑪玉嘉——引者注）。”[①] 格吉領主聯合固始汗打敗頓悅傑後，格吉領主於水蛇年（1653 年）九月十日領受五世達賴喇嘛進京返藏途經“曲郭扎西齊”（ཆུ་འགོ་བཀྲ་ཤིས་འཁྱིལ）時頒發的鐵券文書（བཀའ་ཤོག/བཀའ་གཏན/གཏན་ཚིགས）。鐵龍年（1700 年）元月三日六世達賴喇嘛對此鐵券文書原件做覆核印鑒（རྒྱབ་གནོན་བཀའ་གཏན）頒發給格吉領主阿旺多吉的侄兒格日丹迴和白瑪倫珠、木狗年（1814 年）十二月二十二日攝政第穆阿旺洛桑土旦晋美嘉措又對此鐵券文書原件做覆核印鑒頒發給格日丹迴和白瑪倫珠侄兒帕巴土旦確列南傑活佛和領主嘎瑪平措。水虎年（1662 年）六月六日格吉領主又領受了五世達賴喇嘛從哲蚌寺甘丹頗章頒發的鐵券文書，後來土猴年（1728 年）二月三日七世達賴喇嘛對此鐵券文書原件做覆核印鑒。以上所有鐵券文書强調了上部格吉白利爲格魯派的施主，需對其勢力加以保護，但受創後的格吉部落勢力未再恢復如初。

拉多（ལྷ་ཐོག），指以今西藏昌都市卡若區拉多鄉爲主，歷史上拉多領主統治過的轄域。拉多地方在藏文史料中的記載最早可追溯至公元 7 世紀，拉多領主[②]在史料中並不多見。拉多與白利之間的交集，是在 17 世紀拉多與白利兩個家族之間有了聯姻。有關 17 世紀的白利，《拉多世系史》中記載：“熱吾父子時期盛極一時，掌控了哲雜崗。彼時，雄

① སྡོང་འབྲོང་པའི་ལོ་རྒྱུས་དེབ་ཐེར་སྨུག་པོ། བསྟན་འཛིན་ཆོས་རྒྱལ་མདོ་ཁམས་སུ་སྤྱན་འདྲེན་པའི་མི་བཞི་ལ་མ་གསོས་བུ་བཞི་དང་། བོད་ཀྱི་དྲིན་ཅན་མི་བཞིར་གྲགས་པའི་ཡ་གྱལ་ཞིག་ཡིན་པར་འདུག ཤ༡༩༣

② 依據不同時期拉多領主在藏文史料中分别稱之爲“拉多嘉波”“拉多台吉”和“拉多土司”。追溯拉多嘉波歷史，其先祖“傑拉嘎”（ཀྱུད་ལྷ་དགའ）擔任文成公主入藏時運送釋迦牟尼佛像的車夫。至吐蕃贊普松贊干布時任命拉嘎爲“多麥”地方的領主。吐蕃贊普赤松德贊時期，授予拉多第五任領主貢瓊“英雄猛虎”的稱號。1374 年，明中央政府爲了管理全藏，將拉多地方納入“朵甘行都指揮使司”17 個千户中。1729 年，清中央政府授以拉多土司“安撫司”，並頒印信。

强的白利王（‘王’指領主——引者注）曲崩欲和睦共處，率領白利一百騎兵前往，浩蕩如同南斗六星，以拉多部落爲證，與其聯姻，‘白拉’二比特領主變成了親家。”① 因此拉多地方未受到白利的任何打擊。且據史料來看，拉多領主麼傑桑珠貢布（མི་རྗེ་བསམ་གྲུབ་མགོན་པོ）積極地參與到頓悦傑與其他地方勢力的糾紛調解中，未有拉多與白利間不和的記載。

然而固始汗征伐頓悦傑時拉多領主卻協助了固始汗，《拉多世系史》記載：“水馬年，蒙古厄魯特四部之頭領固始登增曲傑前往芒康時，拉多喇嘛和仲巴姆慶嘉措二人等前往‘麥須哈日娜’地方迎接。（固始汗）把恩師列爲“四大恩人”之首進行恭敬，並將其封爲前人擁地和雜隆瑪闊1500户的總管。彼時宣佈“俄陀奔姆”以内之地歸拉多擁有，無論何人均不許挑起事端或占有，對此專賜鐵券文書。黛青巴圖魯洪台吉向拉多主僕七人賜予台吉官銜，而後隨福田施主向繞登領主進軍時進行軍援。消滅敵方，獲取勝利後爲表酬謝，將頭領（固始汗）之銀章、旃檀佛像、金制無量壽佛像、水晶鑲嵌的佩刀、康瑟喇嘛的火槍“賈雅瑪”，蓋有活佛印章的佩刀等賜給圓滿完成任務的主僕七人。”② 依據這份資料，可見拉多領主曾爲固始汗立下過汗馬功勞，得到了充分優待並獲台吉稱號和豐厚奬賞。所以，衹能推斷在大勢所趨下拉多領主爲了自保投奔了固始汗。至17世紀拉多領主在擁有當地權威的合法性基礎上被崛起的政治力量賦予了權威。

除了以上所列察雅、格吉和拉多地方的參與外，根據史料來看，另有被白利攻打的類烏齊、囊謙、强巴林寺和色卓仲巴的領主等地方勢力亦因與頓悦傑的衝突，均不同程度地參與到固始汗攻打頓悦傑的隊伍之中。③

（二）德格的辅助

在德格領主兼第一任德格土司向巴平措（བྱམས་པ་ཕུན་ཚོགས，1678—?）前德格家族尚未

① ཨ་གྲོ་སླ་རམས་པ་འགྱུར་མེད་རྣམ་རྒྱལ། རྒྱལ་རིགས་ཤིང་སྟག་ཆེན་པོ་ལྷ་བུ་ལྷ་ཐོག་དཔོན་གྱི་གདུང་རབས་དེབ་ཐེར་ལེགས་པར་བཤད་པ་ཆོས་སྲིད་སྒོ་བརྒྱ་འབྱེད་པའི་ལྡེའུ་མིག རེའུ་ཡབ་སྲས་ཀྱི་སྐུ་རིང་ལ་གླིང་རིན་ཆོག་པ་བྱུང་ནས་འབྲི་ཟ་སྒང་འདི་བཟུང་བ་ཡིན་ནོ། དེ་སྐབས་ཤིག་ན་སྟོབས་ཆེན་བེ་རི་རྒྱལ་པོ་ཆོས་འདུས་ཀྱིས་འགོ་འཚོས་ནས། བེ་རི་མི་བརྒྱ་ཧ་བརྒྱ་གནམ་གྱི་སྐར་མ་འབྲུ་དྲུག་མིན་པ་ཁ་ལ་བཏབ་ཀྱང་། ལྷ་ཐོག་གི་སྡེ་ཡུལ་གཡས་སུ་བཞག་ནས་མཐུན་འབྲེལ་བསྒྲུབ་ཕྱིར་བེར་ལྷ་གཉིས་པོ་ཉེ་བྱས། པར་མ། འཕྲུལ་དེབ། ༡༨༥

② 同上，ཆུ་རྟ་ལོར། སོག་པོ་ཨོ་རོད་ཚོ་བཞིའི་དཔོན་གུ་ཤྲི་བསྟན་འཛིན་ཆོས་རྒྱལ་ཆིབས་སྒྲ་སྐར་ཁམས་སུ་བསྒྱུར་བའི་ཚེ། ལྷ་ཐོག་བླ་མ་དང་འབྲོང་པ་མི་ཆེན་རྒྱ་མཚོ་ཟུང་སྐར་སྦོད་ཏ་རི་སྣར་ཆིབས་བསུ་ལ་ཕྱིན། དྲིན་ཅན་མི་བཞིའི་ཐུལ་དབུར་རྒྱལ་བླ་བཀོད་པའི་བསྐོ་སྐངས་དང་བཅས། སྟོན་ཚད་ཡབ་མེས་གོང་མའི་ས་ཡུལ་གར་ཡོད་དང་། ཟ་ལུང་དམར་ཁོག་པའི་སྡེ་སོ་དུད་སྟོང་དང་ལྔ་བརྒྱའི་སྤྱི་དཔོན་ལ་བསྐོས། དེ་དུས་ང་ཐོག་འདུར་མོ་ཚུན་ཆོད་ཀྱི་ས་ཆ་ལྷ་ཐོག་མ་གཏོགས་གཞན་གྱི་རྩོད་བསླངས་བདག་བཟུང་བྱར་མི་ཆོག་པའི་ཤེ་བམ་གནང་། དའི་ཆང་བ་དུར་ཧུང་ཐའི་ཇིས་ལྷ་ཐོག་དཔོན་གློན་བདུན་ལ་ཐའི་ཇི་ཆོ་ལོ་བྱིན་ནས་མཆོད་ཡོན་གྱི་དམག་རབ་བརྟན་རྒྱལ་པོའི་སྟེང་དུ་ཆས་པའི་དཔུང་རོགས་ལ་ཕྱིན། དགྲ་ཁམས་རྩལ་དུ་བཏགས་པའི་གཏང་རག་ཏུ་རྒྱལ་པོའི་ཕྱག་དམ་གྱི་དངུལ་ཐམ། ཙན་དན་གྱི་ཇོ་བོ། ཚེ་དཔག་མེད་པའི་གསེར་སྐུ། ཤེ་ལ་པོ་ཤེལ་དཀར། ཁང་སར་བླ་མའི་མེ་མདའ་རྒྱབ་ཡ་མ། སྤྲུལ་སྐུའི་ཕྱག་ཤན་དམ་འབྱར་རྣམས་བྱས་དོན་འགྲུབ་པའི་དཔོན་གཡོག་བདུན་ལ་སྩལ་ཏོ། ༡༧༠༨

③ 有關白利・頓悦傑擴張領土時攻打類烏齊、囊謙和色卓仲巴部分有較爲豐富的藏文史料。但就與固始汗聯盟衹有零星記載，這些地方後期與甘丹頗章也無密切聯繫。

達到發展的頂峰期，德格家族和林葱（གླིང་ཚང）家族在當地仍舊有著實力競爭，至德格領主向巴平措在位時與固始汗結爲軍事聯盟。

我們能從史料中看到德格領主加入固始汗隊伍的條件和得到的獎賞。《協仲德格世系》記載："固始汗登增曲嘉向尊者寄去押稟禮物，稱：白利加害佛法衆生，吾欲出兵討伐，請加盟軍援，我等獲勝後將白利所有搭帳篷而居的牧區均歸我所有，所有立木門而居的農區均作爲戰利品賞賜給你。故而隨即援助蒙古軍（指固始汗軍隊——引者注）。打敗白利後，將金沙江彼岸的白利之地作爲戰利品劃歸德格所有。"① 《德格世系》記載："'卡朵'（今江達縣旺布頂鄉——引者注）之外是白利屬地，是由蒙古人奉獻的，'旺布頂'之内是一喇嘛的屬地，以發兵震懾納入自己的屬下。對面爲白利之地，被蒙古頭領供奉給了高僧。'益隆'（今德格縣境内——引者注）地方，原爲白利之牧區，被固始登增曲傑爲答謝恩供奉給了德格。"②《康區德格嘉布政教史》中記載："固始汗登增曲嘉與白利王的兩軍交戰，德格法王軍援（指固始汗軍隊——引者注），白利兵敗，白利・頓悦被擒等，因此固始汗看重了他（指德格法王——引者注）。同時，向巴平措也獲得了'法王'的稱號，由此，固始汗與向巴平措二人間形成穩固的福田施主關係。在白利・頓悦嘉布管下的現今西藏江達縣貝哇（今岩比鄉）和瓦熱（今同普鄉）、卡朵帕熱（青泥洞鄉）、翁堆帕熱（指汪布頂對岸）、屬於南部牧區的五個地方，現今歸屬德格拉達兩地的益隆等地併入其下。"③ 固始汗將原頓悦傑勢力範圍的部分地方劃給德格頭領，由此德格的轄區得到了擴張，德格家族的發展勢頭顯然盛於林葱家族。戰後的分封成爲德格發展的重要因素，在此基礎上德格領主的多方舉措使其勢力發展進入高速發展的階段。

---

① ཞི་ཆེན་དྭང་ཡིག་བསྟན་འཛིན་རྒྱལ་མཚན། ཞི་དྭང་སྡེ་དགེའི་རྒྱལ་རབས། གུ་ཤྲཱི་བསྟན་འཛིན་ཆོས་རྒྱལ་གྱིས་བླ་ཆེན་འདི་ཉིད་ལ་བཀའ་ཤོག་རྟེན་བཅས་མཛད་ནས། བེ་རི་འདིས་བསྟན་འགྲོ་ཡོངས་ལ་གནོད་འདུག་པས་ངེད་ཀྱི་དམག་དཔུང་ཕྱིན་ཆེས་ཡིན་པས། ཁྱོད་ནས་དགྲ་ཐབས་ཀྱི་དཔུང་གྲོགས་གྱིས་དང་། ངེད་རང་རྒྱལ་བའི་ཚེ་བེར་སྡེ་འབྲོག་པ་སྦྲ་ཐག་འཐེན་ཚད་ངས་བྱེད། ཡུལ་སྡེ་ཤིང་སྒོ་བཙུགས་ཚད་ཁྱོད་ལ་དཔའ་རྟགས་སུ་སྦྱིན་ཟེར་བ་བྱུང་དུས། སོག་པོའི་དཔུང་རོགས་བྱས་ཏེ། བེ་རི་ཐལ་བར་བརླགས་པའི་དཔའ་རྟགས་ལ་འབྲི་ཆུ་ཕ་རིའི་བེར་སྡེ་རྣམས་འོག་ཏུ་འདུས་པ་ཡིན། དཔེ་མེད་ཕྱིས་བཞུས། ༡༧༢

② སྡེ་དགེ་རྒྱལ་རབས། མཁར་མདོ་ཕ་རི་ནི་བེ་རིའི་སྡེ་ཡིན་པ་སོག་པས་ཕུལ། དབོན་སྟོད་ཚུ་རི་ནི། བླ་མ་ཞིག་གི་སྡེ་ཡིན་པ་དཔུང་གིས་སྤྱ་བཀོང་ནས་འབངས་སུ་བྱས། ཕ་རི་ནི་བེར་སྡེ་ཡིན་པ་ལ་སོག་རྒྱལ་གྱིས་བླ་ཆེན་ལ་ཕུལ། ཡིད་ལྷུང་བ་ནི། བེ་རིའི་འབྲོག་སྡེ་ལ་གུ་ཤྲི་བསྟན་འཛིན་ཆོས་རྒྱལ་གྱིས་སྡེ་དགེ་ལེགས་གསོལ་ཕུལ། ༡༧༤

③ ལྷ་ཞུང་འཆི་མེད་རྡོ་རྗེ་དང་བློ་གཡང་། ཁམས་སྡེ་དགེ་རྒྱལ་པོའི་སྲིད་དོན་ལོ་རྒྱུས་ལས། གུ་ཤྲཱི་བསྟན་འཛིན་ཆོས་རྒྱལ་གྱི་དཔུང་དང་བེ་རི་རྒྱལ་པོ་གཉིས་འཐབས། སྡེ་དགེའི་ཆོས་རྒྱལ་གྱིས་དཔུང་རོགས་མཛད། བེ་རིའི་དམག་བརླགས་ཤིང་བེ་རི་དོན་ཡོད་འཛུ་བཟུང་བྱས་པ་སོགས་ཀྱིས་གུ་ཤྲཱི་ཧན་གྱིས་མཐོང་ཆེན་ཐོབ་ཅེས་དང་། དུས་མཚུངས་སུ་བྱམས་པ་ཕུན་ཚོགས་ལའང་ཆོས་རྒྱལ་གྱི་གོ་གནས་ཐོབ། དེར་བརྟེན་གུ་ཤྲཱི་ཧན་དང་བྱམས་པ་ཕུན་ཚོགས་གཉིས་བར་མཆོད་ཡོན་གྱི་འབྲེལ་བ་དམ་པོར་ཆགས་ བེ་རི་དོན་ཡོད་རྒྱལ་པོའི་ཁོངས་སུ་གཏོགས་པའི་མངའ་འོག་ད་ལྟའི་བོད་ལྗོངས་ཀྱི་འཇོ་མདའ་རྫོང་གི་དཔེ་ཤར་དང་ཤ་ར། མཁར་མདོ་ཕ་རི། དབོན་སྟོད་ཕ་རི་དང་ལྷོ་འབྲོག་ཁོངས་སུ་གཏོགས་པའི་ས་གནས་ཁག་ལྔ། ད་ལྟའི་སྡེ་དགེའི་ཁོངས་སུ་གཏོགས་པའི་ལྷ་སྟག་གཉིས་ཀྱི་ཡུལ་ཆགས་ཡིད་ལྷུང་བཅས་ཀྱི་ས་ཆ་དབང་དུ་བཀུག ཀྲུང་གོའི་བོད་རིག་པ་དཔེ་སྐྲུན་ཁང་། ༢༠༠༨ལོ། ༡༢༧

（三）“涅果瑪”背主求榮

涅果瑪（གཉེར་རྒོད་མ）出生於今西藏昌都貢覺縣，幼時家境貧困，因天資聰慧被頓悦傑用爲管家。關於他們是如何從密切的主僕關係成爲仇人，在《貢覺阿頗拉瓊圖登協繞江措傳記簡介》中有這樣一段記載：“頓珠嘉布（指頓悦傑——引者注）多次夢見自己被涅果瑪騎（在身上），頓悦傑便想乘機殺之，便從麽德苯教寺院向住在朵珠地方珠達寺的涅果瑪發了一封定於某日前來的邀請函，同時向在‘阿勒囊’的小僧登貢等幾位重要信使也發了一封信，稱：在上述規定日期前往迎請涅果瑪，並交代在中途將其殺害。這兩封信是同時寫的，因當時文書操作人員誤將兩份信件交叉送錯，涅果瑪發現後立即逃亡避難，在烏堅修行洞内隱藏二十天。”① 因二人反目使頓悦傑心有餘悸。“此人篤信佛教，多康兩地對貢噶登培具信（作者可能誤寫了噶瑪丹培名），他主僕二人稍有心意不和，主人有所變心，逃至衛藏。當時恰巧是吉雪第巴索南群培派固始汗消滅了藏巴汗，向其投靠，致蒙古軍（指固始汗軍隊——引者注）向貢覺等多麥地方派兵。”② 以這段資料來看，關於兩人不睦的最終導火索是因頓悦傑夢意不詳而動了殺機，有關此部分内容的口述也與此記載幾乎一致。傳言涅果瑪因得到神的指示，如逃到衛藏則順意而前往避難，其後爲固始汗消滅敵軍引路。有口述涅果瑪獲固始汗的奬賞後，另得到德格領主的女兒爲妻。總之，因涅果瑪與頓悦傑的不和，涅果瑪爲保命而投奔了固始汗，對固始汗軍隊瞭解白利地方情況和製定征討頓悦傑的策略發揮了重要作用。關於涅果瑪對消滅頓悦傑的貢獻，筆者在田野調查中發現六件重要的藏文鐵券文書，經初步分析鑒定，確定爲17世紀末至18世紀初形成的有關下白利領主頓悦傑管家涅果瑪的一組系列檔案原件。通過漢譯文書的全部内容，梳理文告頒佈的内容和具體頒發人物，可知分別爲洪台吉對此印鑒的鐵券文書、並印鑒宗堆圖記、巴圖爾台吉所頒覆核印鑒鐵券文書、王如意寶洪台吉的鐵券文書和覆核印鑒巴圖爾台吉的鐵券文書，以及第司桑傑嘉措所頒覆核印鑒鐵券文書和蓋印。據歷史背景和對史料内容的初步分析，能看到因涅果瑪的功勞，讓其後人繼續享受來自蒙藏聯合地方政府的優待。這些文書也有助於進一步瞭解甘丹頗章地方政權前中期的文書特點以及蒙藏聯

---

① གོ་འཇོ་བླ་ཆུང་ཨ་ཕོ་འབམ། ཐུབ་བསྟན་ཤེས་རབ་རྒྱ་མཚོ་མཆོག་གི་རྣམ་ཐར་ངོ་སྤྲོད་མདོར་བསྡུས། འབྲུག་པ་གཉེར་རྒོད་མའི་བྱུང་བ། དོན་གྲུབ་རྒྱལ་པོའི་རྨི་ལམ་ན་གཉེར་རྒོད་མས་རང་གི་གཞའ་ནས་ཞོན་པ་ཞིག་ལན་མང་དུ་མྱིས། ནམ་ཞིག་གསོད་པར་བརྩམས་ཏེ། སྒྲ་སྒྲུའི་བོན་དགོན་ནས་གཉེར་རྒོད་མ་མདོ་དྲུག་ནང་དུ་འབྲུག་མདའ་དགོན་དུ་ཡོད་པར་ཆོས་གྲངས་བཀར་ཏེ་འབོད་ཡིག་གཅིག་དང་། ཨ་ལི་ནང་དུ་ཇོ་ཕྲུག་བསྟན་མགོན་སོགས་པོ་ཉ་དྲག་ནོས་ཁ་ཤས་ཡོད་སར་ཆོས་གྲངས་དེར་གཉེར་རྒོད་མ་འབོད་མིར་བཏང་བས་ལམ་དུ་གསོད་དགོས་པའི་ཡི་གེ་བཅས་མཉམ་བྲིས་བྱས་ནས་དྲུང་ཡིག་གི་ནོར་ཏེ་ཡི་གེ་བརྗོལ་བས་གཉེར་རྒོད་མ་དེ་འཕྲལ་དུ་བྲོས་ཏེ་ཨོ་རྒྱན་སྒྲུབ་ཕུག་ཏུ་ཞག་ཉི་ཤུ་ཙམ་གབ། འཕྲུལ་དེབ། ཤ༢༣༨

② 同上，དེ་ཉིད་བན་ལ་ཤིན་ཏུ་དད་དེ་མདོ་ཁམས་གཉིས་སུ་ཀུན་དགའ་བསྟན་འཕེལ་ལ་ཤིན་ཏུ་གུས་བཀུར་ཞུ། ཁོང་དཔོན་གློན་གཉིས་བློ་ཚུང་ཟད་མི་མཐུན་པས་དཔོན་ཆེན་ཐུགས་ཚུང་ཟད་ལོག བོད་དུ་བྲོས། སྐབས་དེར་སྐྱིད་ཤོད་སྡེ་པ་བསོད་ནམས་ཆོས་འཕེལ་གྱིས་གོ་ཤྲི་བསྐུལ་ཏེ་གཙང་པ་སྡེ་སྲིད་བཅོམ་ནས་ཡོད་སྐབས་དེ་ལ་མགོ་བཏགས་ཞུས་ཏེ་སོག་དམག་གོ་འཇོ་སོགས་མདོ་སྨད་དུ་ཕབ། ཤ༢༣༧

盟的地方政權在康區的影響。

這些文書由過世不久的涅果瑪最後一位直系後代所收藏，其人爲今西藏貢覺縣阿旺鄉（ཨ་དཀར）人，此人已逝。當年他將關於其家族的文書原件送給筆者家鄉的一位堪布，堪布爲支持此研究，特此慷慨地讓我拍攝原件。根據六件檔案頒發的先後順序，分別按照原文著錄並解釋如下：

1. 洪台吉頒給涅果瑪之孫‘垻巴’的鐵券文書

（1）藏文正文

༄ གོ་འཛོའི་རྫོང་སྡོད་ལས་འཛིན་ཨེལ་ཆི་སོགས་སྣེ་སླེབས་རྣམས་ལ་སྤྲིངས་པ་གཉེར་རྐོད་མའི་ཚོ་ཞུ་འབའ་པ་ཟེར་བ་འདི་ལ་རྒྱ་ནས་ཐོག་ཤ་སྤར་ནས་འབྲི་གི་མེད་འདུག་ཅིང་རྩྭ་ཤིང་དང་གཞོན་ཁྲལ་སོགས་ཁྲལ་རིགས་ཆེ་ཕྲ་ཡང་པ་བྱས་ཡོད་པས་བསྣད་གཙེར་མ་བྱེད་པར་བདེ་བར་ཡི་གེ་འཛིན་རྒྱུག ཆུ་བྱི་ཟླ་ཚེས་ལ་བྲིས།

（2）正文漢譯

貢覺“宗堆”（相當於縣官）、官員“誒奇”（蒙古文，意爲使者）等知曉：涅果瑪侄子垻巴無所納義務，草木及乘騎等所納大小稅負減輕，故不得誣害襲擾，讓其執此文書安樂生活。寫於水鼠年　月　日。洪台吉爲涅果瑪之孫垻巴不得徵收任何差稅所頒鐵券文書。

此鐵券文書載體爲黄色綢緞，規格尺寸爲 0.73 厘米 ×0.45 厘米，以“邱益體”藏文書寫。文末書寫日期爲水鼠年，即公元 1672 年，文書末尾鈐用洪台吉的朱印。

2. 覆核洪台吉印鑒鐵券文書

（1）藏文正文

༄ མཆོད་རྟེན་གྱིས་རྟ་ར་ཨ་ནེ་མའི་རྩིག་པ་མན་ཆོད་འབྲ་པ་ལ་ལྷག་གནས་སྔ་སྦྱིན་ཡོད་པས་སུས་ཀྱང་ཟེར་སྣད་མེད་པར་ངེས་པ་གྱིས། ས་བྱ་ཟླ་༣ཚེས་༡༥ལ།

གོང་ལྟར་སོར་གནས་ཀྱི་ཐེའུ་སྦྱིན་ཡོད། ཆུ་བྱི་ཟླ་༤ཚེས་༣༠ལ།

（2）正文漢譯

佛塔處馬圈阿奶瑪牆以下土地照舊封賜給“垻巴”，任何人不得尋釁滋事！請知曉！如上照舊封賜所頒覆核印鑒。水鼠年四月三十日。

此鐵券文書載體爲黄色綢緞，規格尺寸爲 0.75 厘米 ×0.55 厘米，“邱益體”藏文書寫。寫於水鼠年，即公元 1672 年，文告内容前後附有三枚覆核黑色方印。

3. 洪台吉鐵券文書覆核並印鑒宗堆圖記

（1）藏文正文

གཉེར་མའི་ཚོ་བོ་འབྲ་པའི་གཞོན་མར་ད་ལམ་ནས་གཟུང་དགོང་པ་བྱས་པས་སྣད་གཙེར་མ་བྱེད། ཤིང་སྤྲུལ་ཟླ་༢ཚེས་༡༦ལ་རྩ་ཤིང་གཉིས་ཀྱང་ཡང་ཆ་བྱས་ཡོད་པས་སྣད་མེད་དགོས། ཆུ་བྱི་ཟླ་༤ཚེས་༣༠ལ།

（2）正文漢譯

自即日起涅果瑪侄子垻巴所納乘騎稅負准其免繳，不得尋釁！木蛇年八月十六日。草木兩稅也減輕，不得尋釁！水鼠年四月三十日。

（3）藏文正文

༄ རྒྱལ་པོའི་བཀའ་ཤོག་རིན་ཆེ་ཐེབས་པའི་འབྲུ་དོན་བཞིན་ལ་གཞིས་བཞུགས་རྫོང་མ་གཉིས་ཀྱི་༄ཞབས་འདེགས་ཀྱི་ཕྱག་ཐམ་མཛད་འདུག་པ་བཞིན་བདག་སྤྲེལ་པོས་ཀྱང་༄ཞབས་འདེགས་ཀྱི་ཐེའུ་རྒྱབ་ཡོད་པས་མ་གཅེར་ ཆུ་ཕག་ཟླ་༤ཚེས་༡༡ལ།

（4）正文漢譯

根據法王所賜鐵券文書之意，依照前任兩位（宗堆）已蓋有覆核印鑒，我等二人亦鈐蓋覆核印章，不得惹！水猪年四月十一日。

此鐵券文書載體爲黄色綢緞，規格尺寸爲0.75厘米×0.7厘米，以“邱益體”藏文書寫。分别覆核於1665年（木蛇年）、1672年（水鼠年）、1683年（水猪年）。兩份文告中共附有6個覆核黑印，印文内容不詳。

4. 巴圖爾台吉頒給垻巴家族的覆核印鑒鐵券文書

（1）藏文正文

༄ མངག་འོག་དྲག་ཞན་སྤྱི་དང་རྫོང་སྡོད་གཉེར་ལས་འཛིན་ བསྐོས་མི་གཙོ་དམངས་མཐའ་དག་ལ་སྤྲིངས་པ། གཉེར་རྐོད་མའི་ཚའུ་འབའ་པར་ཁྲལ་རིག་གང་ཡང་མི་དགོས་པའི་དཔོན་རིན་ཆེའི་བཀའ་ཤོག་འདུག་དོན་ལྟར་ལ་འདི་ནས་ཀྱང་རྒྱབ་ཞབས་འདེད་ཀྱི་ཐམ་ཁ་ཕྱིན་པ་ཡིན་པས་ད་ཆ་ཨུ་རྒྱན་བཀྲིས་སྲུན་ལ་གནོད་འགལ་ཤོག་པར་འགྲོ་བ་མ་བྱེད་པར་བདེ་བར་ཡིག་འཛིན་ཆུག་ཤིང་ཁྱི་ཟླ་བ་བརྒྱད་པའི་ཚེས་བཅུ་བདུན་ལ་གོ་བི་ནས་བྲིས།

（2）正文漢譯

所屬大小人等，尤其各宗堆、管理人員及委任者等主要人員皆知曉，涅果瑪的侄兒“垻巴”無需繳納任何差稅，有頭領如意寶的鐵券文書，此處也對此覆核鈐印，即發對吾堅扎西兄妹勿有絲毫損傷住安，切記！木狗年八月十七日寫於果比。

根據内容和時間段應爲巴圖爾台吉爲涅果瑪侄兒‘垻巴’之子吾堅扎西本人及後代不得徵收任何差稅所頒覆核印鑒鐵券文書。此鐵券文書載體爲黄色綢緞，規格尺寸爲0.75厘米×0.5厘米，以“邱益體”藏文書寫。文末標注木狗年八月十七日，即公元1694年，朱印。

5. 爲涅果瑪之孫吾堅扎西所頒覆核印鑒鐵券文書

（1）藏文正文

（原件中缺損）རྫོང་སྡོད་གཉེར་ལས་འཛིན་སྡེ་སྤྱིལ་ ལྷིང་དཔོན་ བསྐོས་མི་གཙོ་བོ་མི་དམངས་བཅས་ལ་སྤྲིངས་པ་གཉེར་རྐོད་མའི་ཚོ་བོ་འབའ་པར་ཁྲལ་རིགས་གང་ཡང་མི་དགོས་པའི་༄བཀའ་ཤོག་རྒྱལ་པོ་ཧུང་ཐའི་ཇི་དང་། བ་ཐུར་ཐའི་ཇི་གཉིས་ཀྱིས་གནང་འདུག་དོན་ལྟར་འདི་ནས་ཀྱང་ཐམ་ཁ་ཕྱིན་པ་ཡིན་པས་ ཁྱེད་གོང་འཁོད་སུས་ཀྱང་ཁྲལ་རིགས་གསར་འགེལ་སོགས་ཟེར་མི་བདེ་བ་མ་བྱེད་པ་ འབའ་པའི་བུ་ཨོ་རྒྱན་བཀྲིས་སྲུན་བརྒྱུད་བཅས་བདེ་བར་ཡི་གེ་འཛིན་ཆུག སེ་ཁྱི་ཟླ་ཚེས་ལ་ཆོས་འཁོར་དཔལ་གྱི་ལྷ་ས་ནས་བྲིས། ཧུང་ཐའི་ཇི་སྐུ་མཆེད་ཀྱི་ཕྱག་ཐམ་ལ་གནས་བཞིན་ཡིན་ན་རྒྱབ་བསྟེན་བྱས་པ་ཡིན།

（2）正文漢譯

宗堆、各官員、定本、委任之主要人員皆知曉：涅果瑪侄兒‘垻巴’無需繳納任何稅負，對此有我王洪台吉及巴圖魯台吉兩位所賜鐵券文書，此處亦照舊覆核鈐印，請上述任何人等不得新增賦稅等進行滋擾，讓垻巴之子吾堅扎西兄弟子嗣照續執此文書。切記！火鼠年　月　日寫於法輪常轉之地吉祥拉薩。尊依洪台吉弟兄之印而覆核。

爲涅果瑪之孫垻巴之子吾堅扎西本人及世襲不得徵收任何差稅所頒覆核印鑒鐵券文書。此鐵券文書載體爲黃色綢緞，規格尺寸爲0.74 厘米×0.45 厘米，以“邱益體”體藏文書寫。文末標注的火鼠年即公元1696 年，黑印。根據此鐵券文書記載，在洪台吉頒發的鐵券文書基礎上，巴圖爾台吉覆核印鑒，重申記載內容有效。再者，根據接下來的鐵券文書內容記載，在洪台吉和巴圖爾台吉頒發並覆核印鑒的基礎上，第司桑傑嘉措予以覆核印鑒，由此我們能够推斷鈐用印章爲第司桑傑嘉措的方形黑印。

6. 爲涅果瑪之孫吾堅扎西所頒覆核印鑒鐵券文書

（1）藏文正文

༄ མཆོག་དམན་བར་པ་སྤྱི་དང་བྱེ་བྲག་ཁམས་སྟོད་ཀྱི་རྫོང་སྡོད་གཞིར་ལས་འཛིན་བྱ་བ་ཞི་དྲག་གི་སྣེ་མོར་མངགས་སྐྱེལ་བསྐོས་མི་གཙོ་དམངས་སོགས་མཐའ་དག་གིས་ངེས་རྒྱུར་གཞིར་རྐོད་མའི་ཚེའུ་འབའ་པར་ཁྲལ་རིགས་གང་ཡང་མི་འཁྲི་བའི་དཔོན་རིན་པོ་ཆེ་ཧུང་ཐའི་ཇིའི་བཀའ་ཤོག་དང་དེའི་རྒྱབ་བསྙོན་ཞབ་ཐུར་ཐའི་ཇིའི་བཀའ་ཤོག་དེ་བཞིན་ཅན་ཞྭ་སྡེ་སྲིད་སངས་རྒྱས་རྒྱ་མཚོ་ནས་ཀྱང་རྒྱབ་བསྙོན་གནང་འདུག་བཞིན་འདི་ཁ་ནས་ཀྱང་ཞབས་འདེགས་ཀྱི་ཐམ་ཁ་བྱིན་པ་ཡིན་པས་ད་ཆ་ཨོ་རྒྱན་བཀྲ་ཤིས་སྤུན་བརྒྱུད་བཅས་རྣམས་ལ་གནོད་འགལ་སོགས་པར་འགྲོ་བར་སྤུ་ཙམ་མ་བྱེད་པར་ཡི་གེ་བདེ་བར་འཛིན་ཆུག་མེ་ཕག་ཟླ་ ༡༠ ཚེས་ལ་བྲིས།

（2）正文漢譯

大小人等尤以康區“宗堆”、各官員、文武首長人員、委任爲群衆代表等知曉：有涅果瑪侄兒“垻巴”無需繳納任何稅賦，對此有王如意寶洪台吉的鐵券文書和巴圖魯台吉的覆核印鑒鐵券文書，依此亦有第司桑傑嘉措的覆核印鑒，在此照舊符合印鑒。即日起不得對吾堅扎西兄弟姐妹子嗣等有絲毫襲擾誣害，讓其執此文書安樂生活！切記！寫於火猪年十月　日。

爲涅果瑪之孫垻巴之子吾堅扎西本人及後代不得徵收任何差稅所頒覆核印鑒鐵券文書。此鐵券文書載體爲黃色綢緞，規格尺寸爲0.7 厘米×0.7 厘米，以“邱益體”藏文書寫。火豬年，即公元1710 年，黑印。1705 年第司桑傑嘉措被弑，此處拉藏汗是否會覆核不確定，也有可能是第司達孜瓦拉加結旦覆核，具體覆核人是誰待考。

通過以上六件藏文歷史檔案的先後頒發順序確定文書內容，可知：第一、第四爲鐵券文書，由時任甘丹頗章的首領頒發，第二、第三爲第一件鐵券文書的覆核印鑒，第五、第六爲第四份的覆核印鑒，依照公文格式和內容是甘丹頗章政權中期形成的鐵券文書。覆核印鑒鐵券文書作爲強調性質的公文，由歷任地方政府首領在文書上印鑒覆核，前後依次頒發的鐵券文書種類公文具有時間上的連續性和内容上的關聯性，在甘丹頗章時期這些文書具有法律效力和權威性。依據上述官方文書内容，能够證明因涅果瑪對固始汗消滅頓悦傑有功，致使該家族和後輩一直蒙受甘丹頗章的優待，地方官對此從一不二。

由此，根據這些家藏史料能看到固始汗的綜合力量，他聯合各地勢力打敗了頓悦傑，爲自己的進軍做了精密部署。固始汗個人及甘丹頗章讓這些參與勢力在擁有原有屬地和百姓的基礎上，給予了奬賞和册封，康區的各地勢力在此階段也發生了較大變化。

二、固始汗打敗頓悦傑的經過

固始汗入康消滅頓悦傑的時間存在幾種不同的説法，另外，對固始汗是如何處置頓悦傑的也莫衷一是。

關於頓悦傑是否要與固始汗正面開戰，在《果頓尼瑪登增傳記》中有記載："白利王因自傲而出名，當蒙古騎兵（指阿爾斯蘭——引者注）抵達時，衆高僧占卜卦象不盡相同。"① "王（指頓悦傑——引者注）卻信騙子之謊言和虚假授記，經幾次與蒙古軍交戰後，白利主營亦被蒙古軍（指固始汗軍隊——引者注）所占领。"② 這裏的衆多高僧指頓悦傑的上師甘倉和囊辛嘉瓦洛珠，可知他們就是否要跟固始汗發生正面戰爭持不同觀點。公元1639年五月，固始汗聯合多康的軍隊展開了與頓悦傑的第一戰，白利在兩個月内失去了堡壘，前線受到打擊，聯合軍繼續向"白利噶千"（བེ་རི་སྒར་ཆེན，宿營搭帳的白利千人）進攻，爆發了大規模戰爭。固始汗按原先計劃聯合昌都、察雅、拉多、類烏齊、仲巴、德格、格吉和囊謙等地發動作戰，白利受到多重打擊。《西藏王臣記》記載："土兔年（1639年）五月軍隊到達白利地方，白利王爲首的竄逃，福報被鐵籠罩，像被磁石吸住鐵粉般投到法場。"③

五世達賴喇嘛作爲當時具有決策性的關鍵人物，對於戰事的時間記載應準確無誤。經過一年多的時間，頓悦傑被聯合軍隊殲滅。另載："1642年固始汗在中部康區取得勝利的

---

① སྒོ་སྟོན་ཉི་མ་བསྟན་འཛིན། དཔལ་གཞེན་བསྟན་སྐྱན་རིའི་མཁན་པོ་སྒོ་སྟོན་ཉི་མ་བསྟན་འཛིན་དབང་གི་རྒྱལ་པོའི་རྣམ་ཐར་ལེགས་བཤད་ཉི་མ་འབུམ་གྱི་འོད་ཅན། བེ་རི་རྒྱལ་པོ་ང་རྒྱལ་ཆེ་བའི་གྲགས་ཆེ་བས། སོག་པོ་རྟ་ཁྲ་ཅན་ལྷུང་ནས་བྱུང་བར། བླ་མ་རྣམས་ཐུགས་དམ་བརྟག་པ་ཞལ་མ་འཆམ་པར། མི་རིགས་དཔེ་སྐྲུན་ཁང་། ༢༠༡༢ལོ། ཤ༡༣༥

② 同上，རྒྱལ་པོས་ཟོག་པོའི་རྫུན་ཚིག སོག་པའི་ལུང་བསྟན་དེ་ཡིད་ལ་བཟུང་ནས། སོག་པོ་དང་འཐབ་འཁྲུག་འགའ་ཞིག་བྱས་མཐར། བེ་རི་རྒྱལ་ས་ཡང་སོག་པོ་ལ་ཤོར་ཤ༡༣༦

③ ངག་དབང་བློ་བཟང་རྒྱ་མཚོ། དེབ་ཐེར་དཔྱིད་ཀྱི་རྒྱལ་མོའི་གླུ་དབྱངས། ས་ཡོས་（༡༦༣༩）ཧོར་ཟླ་ལྔ་པའི་ནང་དུ་བེ་རི་ཐོག་ཏུ་དཔུང་ཚོགས་རྣམས་བཏེག མངའ་འབངས་ཕལ་ཆེར་བྲོས། ལྕགས་འབྲུག་ཟླ་བ་བཅུ་གཅིག་པའི་ཉེར་ལྔ་ལ། བེ་རི་དཔོན་པོ་སོགས་མཐའ་བཙན་པོར་བྲོས་པ་རྣམས་ཀྱང་། གང་གིས་བསོད་ནམས་ཀྱི་ལྕགས་ཀྱུ་རྣོན་པོས། ཁབ་ལེན་རྡོ་བ་དང་ལྕགས་ཕྱེའི་སྣང་ཚུལ་ལྟར་ཁྲིམས་ཀྱི་དོ་ར་ཆེན་པོར་ཡོངས་སུ་བཅུག མི་རིགས་དཔེ་སྐྲུན་ཁང་། ༡༩༨༠ལོ། ཤ༡༨༣

消息傳來，我在絲巾上題詞，酬謝神靈，獻給扎倉咒師殿、乃窮護法神。”① 固始汗消滅頓悅傑後，迅疾派格念頓珠和大王妃到拉薩報捷，並派色欽烏巴西率大批蒙古人給五世達賴喇嘛請安問候。有口述大昭寺周圍四大經幡柱中的“居雅達欽”（རྒྱས་ཡག་དར་ཆེན，意爲上策經幡）即與這一戰役有關。是當時第巴索南群培收到固始汗消滅卻圖汗和白利・頓悅傑之後，喜極而言：“一切安排如願達成。”爲紀念這兩場固始汗的勝仗，他於公元1639年在大昭寺左側立此經幡紀念。《色卓仲巴史》②《繞熱教法史》③《朵康格仲部落史》④ 和《達隆噶舉史・大海精華》⑤ 等書中對頓悅傑被攻和擒獲的時間及領路者亦有記載。

三、頓悅傑的最終命運

頓悅傑在面臨固始汗的這支遠征軍時，雖英勇抵抗，然最後失敗的原因有幾點。首先，對康區而言，地理落差相對較大，多存在山高谷深、山河相間、南北縱裂的地形，擁有天然的防禦屏障，也使得康區地勢險峻、易守難攻，導致了地理上的阻隔與分散，面對這種特殊的地理條件和分散獨立的地方勢力，對固始汗而言也需要做一定的瞭解和準備，這一點我們可以從固始汗入康到消滅頓悅傑這一年半的時間段中看出。當時因頓悅傑樹敵過多，所有被頓悅傑征伐的地方領主均希望通過投靠固始汗，通過參與戰事從而逃脫頓悅傑的掌控，同時期許得到固始汗的賞地賜封等。另，固始汗巧妙地利用五世達賴喇嘛的威望，以護教的名義籠絡人心，爭取短時間內的廣泛支持。戰爭爆發後，五世達賴喇嘛爲了影響人們在這些征服發生不久後對他們的看法，在《西藏王臣記》中將固始汗作爲一個超越利益的代理人，使其暴力行爲合法化，後世格魯派著作相沿成習，導致這場戰爭始終未能擺脫格魯派歷史敘事的影響。其次，被白利攻下的類烏齊、色卓仲巴、囊謙和上部格吉白利均爲牧區，這些地方勢力都有屬於自己的血族關係，如果要成爲這些地方的領導者，則頓悅傑需要上層的認可和部衆的支持，並且通過聯姻、盟誓、共同的宗派扶持和榮辱參戰建立起血族關係網。然而頓悅傑對於强攻下來的地方缺乏統治管理，並未用適合於當地的管理方式去維護戰果，也没有重視草原遊牧人的社會等級結構，史籍中未有頓悅傑

① 五世達賴喇嘛阿旺洛桑嘉措著，陳慶英、馬連龍、馬林譯：《五世達賴喇嘛傳・雲裳》（北京：中國藏學出版社，1997 年，第 173 頁）載：“當塔布囊烏金羅本拉質問他時，他斷然回答：‘是我自己改變了主意’。”

② འབྲོང་དཔོན་ཆེ་སྟོབས། སིབ་འབྲོག་འབྲོང་པའི་ལོ་རྒྱུས། དཔེ་གཟུགས་ལག་བྲིས་དཔར་སློག ཤ༦

③ རག་ར་སྤྲུལ་སྐུ་ངག་དབང་བསྟན་པའི་རྒྱལ་མཚན། རྒྱལ་རབས་ཆོས་འབྱུང་ཤེལ་དཀར་མེ་ལོང་མཁས་པའི་མགུལ་རྒྱན། བོད་ལྗོངས་བོད་ཡིག་དཔེ་རྙིང་དཔེ་སྐྲུན་ཁང་། ༡༩༩༠ལོ། ཤ༢༨༤

④ སྟོ་བསྟན་འཛིན་ཉི་མ། མདོ་ཁམས་དགེ་འབྲོང་གི་ལོ་རྒྱུས་དེབ་ཐེར་ལྷོ་ཟླའི་ཟེགས་མ། ཀན་སུའུ་མི་རིགས་དཔེ་སྐྲུན་ཁང་། ༢༠༡༢ལོ། ཤ༦༥

⑤ རྗེ་དྲུང་འཇམ་དཔལ་ལུང་རྟོགས། སྟག་ལུང་བཀའ་བརྒྱུད་ཀྱི་ལོ་རྒྱུས་དེབ་ཐེར་རྒྱ་མཚོའི་སྙིང་བཅུད། རི་བོ་ཆེ་དགོན་པའི་ནང་ཁྲུལ་ཡིག་ཆ། ཤ༩༤

與其他部族結成聯盟的記載。頓悦傑與其父親阿潘傑（ཨ་འཕེན་རྒྱལ）不同，從未以遊牧民的方式在草原上舉行隆重儀式和盛大場面建立自己更大的政治影響。並且，頓悦傑打破了其父親阿潘傑與昌都帕巴拉活佛之間的福田施主關係，一度與强巴林寺關係緊張。在自己的勢力轄域内對格魯派以外的其他宗派開明，這種勢力膨脹是格魯派上層的隱患。第三，頓悦傑在時代動亂的大背景下異軍突起，這是他面對當時社會所處部落發展做出的選擇，在氈帳和馬背這種流動的征戰中有他自己的擴張優勢，卻没有建立起一個逐日强盛的地方政權管理。對於時代機遇，他並未對此有遠大的認識，在没有堅實的群衆基礎、大量的經濟和人口來支撑地方勢力穩定發展的情況下常年作戰，無法滿足實力擴充的補給供應，通過與近鄰的征戰、控制要道和商道來獲取平常的物質支撑。這些戰爭甚至有時候並不是真正的戰爭，是搶劫和部落之間的世仇。第四，頓悦傑雖英勇迎戰，但雙方實力懸殊。從史料記載來看，正式開戰到戰敗共消耗兩個月，但由於史料中並未對頓悦傑的防敵策略有詳細記載，因此不敢妄斷白利一方是否缺乏防禦部署。但通過當時固始汗與卻圖汗一戰來看，固始汗一方的謀略優勢明顯。第五，時至今日我們依然難以通過史料和文物證明史料中提到的頓悦傑與卻圖汗、藏巴汗有過聯盟。早在 1621 年固始汗在拉薩向藏巴汗發難時，卻圖汗與頓悦傑都未曾派兵去幫忙。1637 年卻圖汗被固始汗攻打時，頓悦傑和藏巴汗也未去支援。1639 年頓悦傑被固始汗討伐時，藏巴汗未派兵援助。因此，除去排除隱患外，没有印迹三方有直接聯係共同對抗格魯派，但也不排除彼此之間存在政治上的遥相呼應。總之，以上因素造就了歷史上聞名一時的頓悦傑被滅，他的被滅致使時局發生了大的變化，不僅康區各地勢力有所更替，整個西藏也在和碩特部軍隊的護教名義下被掌握在了蒙藏聯合的甘丹頗章手中。

有關對白利·頓悦傑的處置有幾種説法。據《西藏王臣記》記載，固始汗於 1640 年進軍康區攻打頓悦傑，並於 1641 年藏曆六月將其擒拿，1641 年藏曆七月十五日入獄，在今昌都市被處死。另有其他幾種不同説法至今被口傳。比如，頓悦傑被固始汗生擒後在臨時監獄關閉數日後被殺；固始汗將頓悦傑的頭顱掛至今昌都市的“雜桑卡”（རྫ་ཟམ་ཁ，指今昌都市四川橋段——引者注），以此作爲警示。筆者認爲這種説法有一定的參考性，在白利做田野調查時瞭解到白利一帶較多的口述也持此説，當地人覺得正是因爲將頓悦傑頭顱懸掛在橋上這種惡劣做法，導致頓悦傑之後白利地方再無“布頓悦”（指頓悦傑——引者注）這樣的驍勇人士。在昌都民間有種説法，頓悦傑在打仗時被“達普卡”（今昌都市附近）的一位女性從高處扔石頭致死。此外還有多種説法，比如：因爲固始汗尊崇帕巴拉爲上師，將頓悦傑作爲貢品獻給神靈而火供；頓悦傑的大將多數戰死，他帶著殘餘人馬撤退到“芒康格熱崗”（སྨར་ཁམས་ཀེ་རེ་སྒང），由於追兵使頓悦傑全軍潰散；頓悦傑和身邊的人在“芒康色察崗”（སྨར་ཁམས་གསེར་ཁྲ་སྒང）的逃命途中與固始汗部下打殺而落入敵軍之手；

被活埋；被丟入坑中任其太陽暴曬致死；頓悅傑因喝醉墜馬而被擒拿；等等。這場戰役始於1639年藏曆五月，終於1640年藏曆十一月二十五日。爲何頓悅傑的死法有如此多的版本？目前尚未發現任何史料用文字記載頓悅傑的死法，因此難以通過文獻史料找尋歷史事實。《康珠傳記》記載："此時不論認識與否都對此發願、發善心，若仔細一想，在南瞻部洲無人比此人更悲慘。"① 在昌都流傳一種説法，頓悅傑被殺那年很多地方有莊稼遭霜灾，自那之後藏曆七月十五日被認爲是霜灾時節。這種説法有一定的偏見，也可以説這些口傳資料中不同程度地將頓悅傑妖魔化。關於這些傳説的版本非常之多，具體這些説法起於何時無法得知，因此也難以檢驗其真實性。時至今日所有康珠噶瑪丹培有影響的竹巴噶舉派寺院仍以英雄史流傳著頓悅傑的傳奇。②

四、結　語

白利・頓悅傑在藏文傳統史料中被簡單歸結爲，他因破壞佛教發展而被和碩特部固始汗在格魯派部分高層的邀請下被滅。本文在梳理相關傳統史料的基礎上，依據搜集到的家藏藏文史料和藏文歷史檔案得知，歷史上格魯派邀請固始汗入藏消滅頓悅傑的計劃成功實施是由固始汗軍隊爲主，並由被頓悅傑觸犯利益的藏地本土多方勢力加入，總結了頓悅傑的戰敗原因和被處置的不同説法。頓悅傑的失利是隨著康區的地方特徵而出現的，有著時代的烙印，對整個17世紀前中期西藏地方政治史的研究而言至關重要，他的崛起和戰敗致使康區各地勢力有了較大變化，也一定程度上改變了康區的政治格局。

參考文獻

1. ཁམས་སྤྱིལ་ཀརྨ་བསྟན་འཕེལ། དཔལ་རྒྱལ་བ་མདོ་ཁམས་པ་ཀརྨ་བསྟན་འཕེལ་གྱི་རྣམ་པར་ཐར་པ་གྲུབ་པའི་རོལ་རྩེད། ཁམས་སྐར་གསུང་རབ་ཉམས་གསོ་རྒྱུན་སྤེལ་ཁང་ནས་པར་དུ་བསྐྲུན། ༢༠༡༡ལོ།

2. Kurtis R. Schaeffer and Bryan J. Cuevas, Editors. *Power, Politics and the Reinvention of Tradition in Seventeenth and Eighteenth Century Tibet: Proceedings of the International Association for Tibetan Studies*, Xth Seminar, Leiden: Brill Publishers, 2006.

---

① མི་ཕམ་ཀུན་དགའ་བཟང་པོ། དཔལ་རྒྱལ་བ་མདོ་ཁམས་པ་ཀརྨ་བསྟན་འཕེལ་གྱི་རྣམ་པར་ཐར་པ་གྲུབ་པའི་རོལ་རྩེད། ད་ཡོན་ཏན་གྱི་བློ་མ་ཤེས་སོང་བ་འདི་ལ་ཐམས་ཅད་ཀྱི་སྨོན་འདུན་གྱིས། སྙིང་རྗེ་བསྒོམས། བསམ་གཞིག་བྱས་ན་མི་འདི་ལས་སྙིང་རྗེ་བ་སྐྱོ་རྒྱལ་འཛམ་བུའི་གླིང་ན་མེད། ཁམས་སྐར་གསུང་རབ་ཉམས་གསོ་ཚོགས་པས་བསྐྲུན། ༤༡༧༧

② 在昌都妥壩的珠古寺（གྲུ་གུ་དགོན）和貢覺縣的努寺（ནུབ་དགོན）兩座竹巴噶舉派寺院中分別發現存有左右一支手骨殘骸，寺院保管者解釋爲頓悅傑的手骨，認爲這種命運非凡之人的手可用於宗教儀軌辟邪。其真實性待考。

On the Defeat of Be-ri Don-yod-rgyal

Tshe-ring Chos-mtsho

Abstract: As an important force in the Kham region during the Ming and Qing dynasties, Be-ri Don-yod-rgyal posed a great threat to the Gelug sect that was attempting to rise at that time. Some high-level members of the Gelug sect invited the Heshuote Mongolian leader Gushri Khan to enter Kham and eliminate Don-yod-rgyal. In the past, we believed that this historical event was completed by Gushri Khan and the Heshuote tribe. Based on various historical materials, the author attempted to restore the overview of this battle, the reasons for the defeat of Don-yod-rgyal, and the outcome of the disposal. Due to the accumulation of multiple issues within the Be-ri tribe, as well as past conflicts of interest and grievances, Don-yod-rgyal established multiple enemies, which led to the participation of various groups or individuals in the army of Gushri Khan in the Kham region. This played an important role in the defeat of Be-ri Don-yod-rgyal by Gushri Khan in the Kham region. These participants were rewarded to varying degrees by Gushri Khan after the war, laying the foundation for the development and decline of various forces in the Kham region.

Keywords: Gushri Khan; Be-ri Don-yod-rgyal; Tibetan historical documents of bKva shog; Local lords

貢桑諾爾布書畫創作考略*

李彦樸

摘　要：作爲清末開明蒙古王公與民國蒙藏院總裁的貢桑諾爾布，與諸多社會名流過從既密，相交亦深，且時有筆墨題詠，爲後人留下了數量不多而彌足珍貴的書畫遺産，充分體現了他對中國傳統文化藝術的深度接受。

關鍵詞：貢桑諾爾布；清末民初；書畫創作

貢桑諾爾布，字樂亭，號夔盦。生於清同治十一年五月初九日（1872年6月14日），卒於民國十九年冬至月二十五日（1931年1月13日）[①]。卓索圖盟喀喇沁右旗（今内蒙古自治區赤峰市喀喇沁旗）人，曾先後創辦崇正文學堂、守正武備學堂、毓正女子學堂，爲當時的蒙古民族教育革新貢獻至巨。

作爲清末開明蒙古王公與民國蒙藏院總裁的貢桑諾爾布，盡心政務，劬力公事。其人學識淵深，多才多藝，詩文書畫，臻於上流。他在北京執政之餘，與諸多性情相契、志趣相投之社會名流時相過從，言笑晏晏，談論娓娓，如切如磋，如琢如磨。此間，貢桑諾爾布烹文煮字，揮翰染素，至情至性，至真至純，爲後人留下了“可觀可鑒、可寶可藏”的書畫遺産，且年次不爽，脈絡分明，在“蒙古王公中，無出其右者”[②]。以上诸端，充分體現了貢桑諾爾布對中國傳統文化的高度認同與深度接受，也顯示了其人豐富多彩的生活經歷與藝術旨趣。

本文根據有限的文獻記載，鉤稽舊聞，推闡遺事，探微得其幽深，詮解發其要諦，盡量展現貢桑諾爾布在清朝末年至民國初年的主要書畫創作活動。

---

* 本文係教育部人文社會科學研究規劃基金項目“貢桑諾爾布年譜長編”（項目號：14YJA770004）、國家民委民族研究委託項目“晚清東北及内蒙古地區交往交流交融史研究”（項目號:2023－GMI－104）成果之一。

① 白拉都格其：《貢桑諾爾布生卒年月考》，《内蒙古社會科學》2002年第6期。

② 王洗凡：《前蒙藏院總裁貢桑諾爾布事略》，《蒙古旬刊》1931年第13期“專載”欄目，第4頁。

一、貢桑諾爾布在清光緒末年的書畫創作

（一）貢桑諾爾布在清光緒末年的書法創作

光緒二十六年（1900）之前，貢桑諾爾布致李光久（字恒亭，號建齋，曾任浙江按察使）的書信墨蹟至今猶存①。這是我們目前見到的貢桑諾爾布最早的行書墨蹟②，文筆飛動，字體瀟灑，以氣勢見長，以清韵爲重，充分顯示出貢桑諾爾布的内在涵養與深厚功力。

光緒二十九年（1903）春，貢桑諾爾布在北京值年班期間，劬學敏求，效仿古賢，爲自己的書齋取名爲“夔盦”，誠請當時寓居蘇州的學界耆宿俞樾（字蔭甫，自號曲園居士，浙江德清人，清道光三十年進士，曾任河南學政）爲其題寫齋名。據《俞曲園先生年譜》記載：“光緒二十九年（癸卯），八十三歲。春，蒙古喀喇沁王寄紙來，求先生書‘夔盦’兩大字。”③

光緒二十九年（1903），曾任喀喇沁王府崇正學堂總教習的錢桐（字孟材、孟禪，錢維翰之長子，北京大學教授、著名經濟學家錢端升之叔父）自費赴日本留學，貢桑諾爾布爲其壯行，特撰書《浪淘沙·送錢孟材行》一闋，字櫛句梳，其情真摯；詞達理舉，其意綿長。上片云：“明日送君行，珍重聲聲，此去迢遙萬里程；地北天南雖暫隔，異地同情。”其下片云：“世事太縱橫，一語丁寧；從今時望好音聆，見我良朋勞致意，代達愚誠。”④ 光緒三十年（1904），錢桐在日本短暫學習一年之後歸國，應上海三林學堂創辦人秦榮光（初名載瞻，號月汀，後號炳如。宋龍圖閣直學士秦觀二十五世孫。上海歲貢生，浦東陳行人。卒謚“温毅”）之聘，擔任軍體課教員。

光緒二十九年四月，貢桑諾爾布經日本駐華公使内田康哉介紹，同御前大臣喀爾喀親王那彦圖之長子祺承武、肅親王善耆之長子憲章等人，秘密從北京出發，在天津私搭日本郵船東渡日本，參觀日本大阪舉行的第五次勸業博覽會。在日本各地考察期間，貢桑諾爾布有感而發，先後作七律《瀛海展輪》一首，五古《博覽會志遊日本客中》一首、七絕《嵐山觀櫻》一首、七絕《宿奈良菊水樓（用壁間鳴鶴仙史韻）》二首、七絕《東京有

① 李俊義：《貢桑諾爾布致建齋書札考釋》，《内蒙古大學藝術學院學報》2013 年第 4 期。

② 此書札墨蹟參見趙一聲、王翼奇主編：《香書軒秘藏名人書翰》下册，杭州：浙江古籍出版社，2005 年，第 683—686 頁。

③ 徐澂輯：《俞曲園先生年譜》，江蘇省立蘇州圖書館，民國二十九年（1940）五月校印，第 25 頁。

④ 邢致祥撰：《熱河省蒙古喀喇沁右旗札薩克親王貢桑諾爾布之略史》附《夔盦詩詞集》，1938 年鉛印本，第 56 頁。

感》四首、七絕《和宫島誠一郎君即席原韻》一首、七絕《贈吉原四郎君》一首、七絕《贈日本下田歌子女史》一首等，以遣興寄情。[①] 可惜的是，上述諸詩，其原詩墨蹟，筆者目前僅見到日本國立公文書館收藏的貢桑諾爾布《和宫島誠一郎君即席原韻》，書於紅箋之上："鼓棹蓬瀛問益來，欣承雅教有緣哉。急須（手稿作'仰求'）惠我經邦策，共飲歐洲得勝杯。"款署："養浩即席恭和宫島栗香先生韻，喀喇沁王。"除此之外，還有隨從貢桑諾爾布訪問日本的陸君略即席和詩一首，書於紅箋之上："忝隨賢王到東來，兩次探奇亦壯哉（余前年曾來此）。惟望高明分幸福，龍荒從此醉霞杯。"款署："養浩堂即席敬和栗香先生原韻即求斧正，陸君略草。"箋封署有"卅六""四月廿七日來""喀（手稿誤作'咖'）喇沁王之詩"。"卅六"指日本明治三十六年，即公元 1903 年。此行書温潤樸雅，飄然丰俊，不激不厲，有爲有守。

貢桑諾爾布此次東瀛之行，廣交日本各界朋友，談笑多鴻儒，往來少白丁。他"精書畫，工詞章，日人得之，視爲瑰寶"[②]。這可從貢桑諾爾布題贈日人河原忠、河原操子、冲貞介等人的墨蹟中再次得到印證。

光緒三十二年十二月二十五日（1907 年 1 月 19 日），貢桑諾爾布賦七絕一首并書贈日本教育家河原忠："家學原源惠亞東，而今遠塞沐春風。欣成巾幗英雄業，遙拜先生教育功。"款署："拙詩不工，聊以言意，時乙巳嘉平念（同'廿'——引者）五書也。梧堂老先生法鑒，喀喇沁王。"字爲隸體，秀美飛動。下鈐"夔盦""喀喇沁王"二印。[③]

此前，貢桑諾爾布曾書錄舊作七絕《拂劍有感》一首并書贈河原忠之女河原操子（曾應貢桑諾爾布之聘，任喀喇沁右旗毓正女學堂教習）："寶劍十年匣底藏，光瑩秋水發毫芒。健兒身手非堪羨，自古英雄起朔方。"[④] 款署："河原先生正句，喀喇沁王。"字爲行楷體，書卷氣十足；七絕寫得自信滿滿，生機勃勃。下鈐"喀喇沁王"方形白文篆印、"曾經滄海"方形白文篆印。[⑤]

（二）貢桑諾爾布在清宣統年間的書畫創作

宣統元年（1909），在上海執教的錢桐專程來到北京，向喀喇沁王貢桑諾爾布極力推

---

① 李俊義、侯志、李彦樸、白雲竹撰：《貢桑諾爾布年譜長編》，未刊稿，第 89—92 頁。

② 王洗凡：《前蒙藏院總裁貢桑諾爾布事略》，《蒙古旬刊》1931 年第 13 期"專載"欄目，第 4 頁。

③ 此七絕墨蹟原載於福島貞子：《日露戰争秘史中の河原操子》卷首，東京：日本婦女新聞社，昭和九年（1934）十二月二十日印刷，昭和十年（1935）一月一日發行。圖版之右有日文説明："喀喇沁王が河原忠（操子父）に與へられたる詩書"〔喀喇沁王贈與河原忠（河原操子之父）之詩手跡〕。

④ 邢致祥：《熱河省蒙古喀喇沁右旗札薩克親王貢桑諾爾布之略史》附錄《夔盦詩詞集》，1938 年鉛印本，第 32 頁。

⑤ 此七絕墨蹟原載於一宫（河原）操子：《蒙古土產》卷中，圖版之右有日文説明："喀喇沁王殿下御親筆"（喀喇沁王殿下手跡），東京：實業之日本社，明治四十二年（1909）十一月印行。

介辭世不久的秦榮光辦學業績。貢桑諾爾布被秦榮光的事蹟所感染，欣然撰文并書寫了秦榮光人生中的點横撇捺，顔曰《秦温毅先生事略》：“先生諱榮光，號炳如，初諱載瞻，號月汀。上海歲貢生。敏而好學，博洽古今，下筆千言立就，講學四十餘年，斥空言，期實踐，鄉里推大師。創建三林書院，以經史、算術、時務課士。請於官，設義塾二，又私設義塾六。既而書院改爲中學，義塾悉改小學。今三林、陳行、楊思三區，學堂二十餘所，鄉僻男女皆知向學，學業之盛，冠上海一邑，皆先生經營提倡之力也。性方嚴，非義不苟取與，非禮不苟言動。處家孝友敦篤，與人交，寬厚和易，而遇事踔厲奮發，堅忍不撓，必達其目的而後已。既沉毅多遠略，不獲大施，則思小試於一鄉。恤嫠保赤，賒棺代葬，施衣捨藥，修橋樑，造渡船，浚河港三十六處，公益之舉，知無不爲。而請免周浦塘河工，奔走控訴歷十餘載，用力最勤，鄉人感之最深。喜抑強扶弱，有古俠士風，蟻媒賭棍、流氓土豪，務懲創之，使不敢動。已亥、庚子以後，浦東梟蛋縱横，獨不敢越題橋市而西者，先生之威德有以懾之也。熟於梓桑利弊，嘗謂吾鄉棉利將竭，而支港淤塞，稻田不開，必有抱布餓死之厄；厘卡鹽捕，蠹國害民，民怨已甚，一發難收，必有土崩瓦解之危。晚經世變，益皇皇然謀自立之策，學堂而外，尤注意於習武備、興實業，謂此三者標本兼施，富強並進，救亡圖存，唯一至計，而實力舉行，則非結團體不爲功。聞先生言者，爭憤激思奮。故三林校之體育獨負盛名，課勤院之工藝，日漸進步，皆先生之遺澤也。光緒三十年七月卒，壽六十有四。私謚温毅，以子錫田仕内閣中書，錫圭仕翰林院庶吉士，誥封奉政大夫。以三林學堂辦有成效，傳旨嘉獎。著文集十卷、外集四卷、詩集六卷、《補晉書[①]藝文志》四卷、《學校志》一卷、《水利志》一卷、《同治上海縣志札記》八卷、《光緒南匯縣志札記》二卷、《上海竹枝詞》六卷、《陳行竹枝詞》一卷、《梓鄉雜錄》四卷、《梓鄉文獻錄》四卷、《淮海支譜》一卷、《家傳》一卷、《先芬詠》一卷。”文末款署：“大清宣統建元閏月朔，蒙古喀喇沁王撰并書。”

此文刊載於《上海縣竹枝詞》卷首[②]，生情并茂，辭采紛披。一代耆英秦榮光，斯人雖去，遺範猶存，鬚眉畢現，音容宛在，其高光形象，盈諸筆端，躍然紙上。此文甫一問世，立即引起社會各界的廣泛關注，傳誦不已，讚頌有加，由此可見貢桑諾爾布揄揚之功。

---

① 原稿此處脱“書”字。

② 秦榮光：《上海縣竹枝詞》（全一册）卷首，1912 年上海胡祖德鉛印本。

宣統二年（1910）端午節，貢桑諾爾布與人合作《鍾馗》一幅，現藏於首都博物館[①]。左上方款署："庚戌端陽合作"。左下方鈐"喀喇沁王"方形白文篆印、"喜柏川牧"方形白文篆印。此畫不拘常格，率意天成，形神畢肖，呼之欲出。

宣統二年臘月初十日，貢桑諾爾布仿明代書畫家徐渭筆意作《花卉》一幅，現由貢桑諾爾布六叔僧官其格普日來之後人收藏[②]。右上方款署："庚戌嘉平月十日，仿青藤老人筆意，作於松九精舍，爲連璧參領囑。喀喇沁王。"下鈐"喀喇沁王"方形白文篆印、"喜柏川牧"方形白文篆印。貢桑諾爾布六叔僧官其格普日來之後人還收藏另外兩幅貢氏臨摹的書畫[③]，創作時間不詳。其中一幅臨摹清人鄭板橋（揚州八怪之一）《竹》，款署："摹板橋道人，夔龕。"另外一幅臨摹清人《花草》，款署："門前柳色常相映，洞口桃花定不如。此戴醇士稿也，漫摹之，愧不得神似。夔龕。"下鈐"喀喇沁王"方形白文篆印、"喜柏川牧"方形白文篆印。上述三幀書畫，有清芬澹遠之氣，具秀逸疏爽之風。貢桑諾爾布酷愛書畫，轉益多師，由此可知，於焉可視。

清宣統三年八月十九日（1911 年 10 月 10 日），武昌起義爆發。兩個月之後，錫良[④]臨危受命，第二次出任熱河都統。受南方時局影響，當時的熱河地區"雖稱完全安靜"，而所屬喀喇沁右旗地方社會治安卻異常混亂，濁世滔滔，紅塵炎炎。職是之故，時任喀喇沁右旗王札薩克貢桑諾爾布心緒繁雜，致信剛剛赴任的熱河都統錫良，請求發給槍支彈藥，以維護當地社會治安，全文如次："清翁仁兄大人惠覽：拜別杩範，彌殷葵傾。覘旌節之遙臨，益瞻馳之綦切。敬啟者，現武昌事起，南數省糜亂已極，影響所及，人心思亂，搖搖欲動，在在可慮。熱河雖稱完全安靜，乃目下敝旗一帶土匪蠢動，搶劫斃命之案層見迭出。蒙漢商民人等志存保安，聯合立會，恐人心不齊，由敝旗稟請，示遵前來，除飭覆作速舉辦外，望祈閣下一俟敝旗保安會呈文到時，速飭各府州縣一體舉辦，並令出示曉諭，俾衆咸知，免生阻力。至敝旗前於溥帥任内備文請領槍支三百杆，子彈三十萬。閣下無論如何爲難，速賜發給，以救眉急。并賜回玉，是爲切盼。此請大安！愚弟貢桑諾爾

---

① 倪葭：《民國時期畫家眼中的貢桑諾爾布》附《〈吳昌碩、陳年等爲貢桑諾爾布所作册頁〉賞析摘要》，《中國書畫》2015 年第 2 期。此畫被誤解爲"貢桑諾爾布與喜柏川牧合作"，其實不然，筆者贊同忒莫勒先生的觀點："牧者，官也。古時治民之官爲牧。'喜柏川'爲地名。張穆《蒙古遊牧記》卷二"喀拉沁右翼旗下"載：'扎薩克駐錫伯河莊'。川者，水也。柏又音'伯'，故喜柏川即錫伯河，僅音譯用字不同。'喜柏川牧'之意與'喀喇沁王'同。"參見忒莫勒：《喀喇沁王與書畫》，《内蒙古圖書館工作》1985 年第 4 期。

② 此畫照片承蒙内蒙古自治區赤峰市喀喇沁王府博物館原副館長吳漢勤先生見示，謹表謝意！

③ 此畫照片承蒙内蒙古自治區赤峰市喀喇沁王府博物館原副館長吳漢勤先生見示，謹表謝意！

④ 錫良（1852—1917），字清弼，號夢如，晚號止齋，巴嶽特氏，蒙古鑲藍旗人。清同治十三年（1874）進士，晚清名臣，曾兩次出任熱河都統。

布頓首。”① 此書札係楷體，工穩沉肅，蒼勁挺厚，有晉唐人風。

錫良雖冗務纏身，收到貢桑諾爾布的書札之後，仍即刻回函。此書札錄副件篇首有“復喀喇沁王貢樂亭，宣統三年十二月再任熱河都統，抄送”字樣。篇尾有“十二月十二日繕”字樣。②

貢桑諾爾布與錫良的往還書札，雖語多客套，然措詞典雅，置字準確，思想敏鋭，分析精密，表述練嫻，條辨清晰，其文采風韻於此可見一斑。

宣統年間，女教育家、詩人吕美蓀③“遇蒙古喀喇沁王於北京商務印書館”。吕美蓀與肅親王善耆之長妹淑舫格格“有苔岑之好”，因而與貢桑諾爾布及其福晉善坤（淑舫格格之胞妹）結識。在吕美蓀筆下，留下了有關貢桑諾爾布書法的珍貴記録：“（喀喇沁王）頗能書，寫一聯贈余曰：‘秋月冰壺映懷抱，汀蘭洲杜交芬芳。’下款：‘喀喇沁王。’不書名，圖章曰：‘世守漠南。’及其北旋，余贈以詩曰：‘謝君洲杜芬芳語，勵我冰壺襟抱清。何以將情送行李，應隨滿月出邊城。’”④ 其言雖簡，其情則深，感人肺腑，動人心魄。

二、貢桑諾爾布在民國初年的書畫創作

（一）貢桑諾爾布在書刊雜誌上公開發表的書畫作品

民國初年，貢桑諾爾布在當時的書刊雜誌上公開發表書畫作品，其藝術造詣，足爲文苑景仰，殊堪士林矜式。

民國元年（1912），時任蒙藏事務局總裁的貢桑諾爾布爲《西北雜誌》創刊題詞，以表賀意：“民國肇造，報界革新；交通利便，殫見洽聞；筆刀墨血，競爭生存；館舍林立，滬漢京津；顧茲蒙藏，山間川阻；風氣蔽塞，瞀視無睹；不識共和，奚知民主；消息莫達，致生齟齬；惟我同志，引爲己憂；思祛其惑，爰咨爰諆；利用楮墨，以代舌喉；經

---

① 此書札墨蹟照片參見虞和平主編：《近代史所藏清代名人稿本抄本》第3輯第137册“錫良檔一二〇”，鄭州：大象出版社，2017年，第355—356頁。

② 此書札墨蹟照片參見虞和平主編：《近代史所藏清代名人稿本抄本》第3輯第137册“錫良檔一二〇”，第373—374頁。

③ 吕美蓀（1879—?），原名賢鈖，先後易名眉孫、眉生、美蓀，字清揚，號仲素，别署齊州女布衣。歷任天津北洋女子公學監督、奉天女子師範學堂總教習、女子美術學校校長、安徽第二女子師範校長。著有《遼東小草》《葂麗園詩》《陽春白雪詞》《瀛州詩訪記》《葂麗園隨筆》等詩文，與其姐吕惠如、其妹吕碧城並稱“淮南三吕”，享譽文壇藝苑。

④ 吕美蓀：《葂麗園隨筆》，1933年鉛印本，第7—8頁。

詧慘澹，自春徂秋；有志竟成，不事卻顧；西北雜誌，破荒而出；生面別開，牖智籲俗；敢效華封，三呼以祝；維此一紙，勝十萬師；取消獨立，先事之資；以固邊疆，以鞏國基；千秋萬歲，休哉懿歟！”款署：“中華民國元年十一月六日，喀喇沁親王貢桑諾爾布謹祝。”① 該題詞雖無新奇語句，但態度率直，言辭中肯，於矫正時弊、引領風氣、樹立標桿、做出榜樣之《西北雜誌》，寄慨遙深，發自心底。

民國八年（1919），貢桑諾爾布爲卓宏謀所著《蒙古鑒》一書的出版題詞：“蒙事指南”。字爲隸體，圓潤靈動；款署：“貢桑諾爾布題”。字爲行楷體，一筆不苟。下鈐“喀喇沁王”方形白文篆印。②

民國九年（1920），杜師業曾與吳傳綺一起編纂《庚申》雜誌，由北京庚申學會出版發行。貢桑諾爾布爲《庚申》創刊號題詞：“群言衷聖”。字爲隸體，大方奇古；款署：“貢桑諾爾布恭賀”。③ 字爲魏碑體，剛勁整飭。

民國十一年（1922），善耆在旅順病逝。貢桑諾爾布作《哭肅忠親王》七律二首以悼之，其一：“驚聞噩耗倍淒然，壯歲豪情恍目前。戚婭之間真我契，等倫以内孰君賢？未酬夙願成長恨，剩有虛名待後傳。何況吞塊今死別，睽違兩地已十年。”其二：“回憶嬉遊盡妙齡，而今無此好園庭。羨君竟作千秋鑒，愧我空添兩鬢星。一代忠貞同想像，半生顛險幾曾經。采薇不負東山志，留與兒孫作典型。”④ 其詩抒述分离想念，充滿淒情哀思，人之悲歡，物之沉浮，於斯可見一斑。

民國十三年（1924），貢桑諾爾布在扇面上畫數枝梅花，並將此畫作贈給曾在北洋政府財政部任僉事的王修（字季歡，號楊弇，又號雲藍，浙江湖州人），扇面右側第一行署“甲子六月夔盦寫”，下鈐“貢”朱文方形篆印。第二行、第三行署“楊弇先生清賞”“夔又識”，左鈐“喀喇沁王”白文方形篆印。此梅花扇面，疏影橫斜，令人賞心悅目。貢桑諾爾布又在另一扇面上爲王修畫一幅古松，扇面左側署“季歡先生屬”“夔盦”，下鈐“喀喇沁王”白文方形篆印。此古松扇面，誠如宋詩所言：“直氣森森恥屈盤，鐵衣生澀紫鱗幹。”王修受贈之後，愛不釋手。民國十四年（1925），王修將受贈之扇面帶到上海。民國十五年（1926），王修將此畫作照片先後刊載於他本人創辦並主編的《鼎臠》美術週刊，且以《夔盦古松》爲題撰文，表而出之：“喀喇沁王貢桑諾爾布，字樂亭，別署

① 《西北雜誌（北京）》1912 年第 1 卷第 1 期。

② 該題詞墨蹟照片刊載於《蒙古鑒》一書卷首，1919 年鉛印本。

③ 該題詞墨蹟照片刊載於《庚申》1920 年第 1 卷第 1 期卷首。

④ 邢致祥：《喀喇沁右旗札薩克親王貢桑諾爾布之略史》附《夔盦詩詞集》，1938 年鉛印本，第 62—63 頁。

夔庵（盦），蒙古喀喇沁人。作畫古媚可愛，多文人意。間作山水，著墨不多，饒有逸致。”①

民國十三年，貢桑諾爾布的另一幅山水畫作扇面，刊載於《湖社月刊》②，題爲《貢桑樂亭先生畫扇》，款署：“甲子五月，夔盦”。下鈐“喀喇沁王”白文方形篆印。此畫用筆清簡，疏密遠近，佈置得當，意到神存。

民國十三年，貢桑諾爾布創作的《花卉》在中日繪畫聯合第三次展覽會上展覽。③

民國十四年，貢桑諾爾布爲《西北月刊》“中華西北協會二周年紀念特刊號”題詞：“於卦得乾，義主嘉會；風雲既通，古曰無外；麗澤之講，邪説必汰；扶大雅輪，斯爲其最。”款署：“貢桑諾爾布敬題”。④ 其詞淳而正，其義皎而朗。

民國十五年（1926），貢桑諾爾布爲《肅忠親王遺集》作序，其墨蹟刊布於卷首，全文如下：“肅忠親王與余爲至戚，亦摯友也，情最契合，故深悉王之生平。幼而岐嶷，迥殊流輩。襲封後，即值庚子之亂，於國政多所建議，顧不能盡行其志。旋遭國變，遁跡海濱，孤忠苦節，抑鬱而終，其志可欽，其遇亦可悲矣。喜吟小詩，吟成隨棄去，其遺稿不及百篇，商之楊子勤先生爲訂正之。因譜《滿江紅》一闋，以當序文云爾：一卷蒼涼，幾顛沛，半生經歷；千古恨、魯戈揮日，事難重覿；滄海桑田人事改，煙雲過眼成陳跡；人去矣、剩有數篇詩，收殘集。記前劫，徒傷抑。頻搔首，無消息。歎孤蹤荒島，小舟蓑笠；漫道浮生如泡影，精誠應化冤禽石；對青燈，遺句百回吟，潸然泣。”款署：“丙寅秋日，姻愚弟貢桑諾爾布拜題。”下鈐“喀喇沁王”白文方形篆印、“夔盦”朱文方形篆印。⑤ 事既可伤，文亦凄怨，相知之情，何其篤也。

民國十六年（1927），貢桑諾爾布書寫的“結翰墨緣”四個隸書大字，古樸蕭散，頗具漢碑遺風。落款爲楷書：“丁卯仲冬，夔盦題。”左鈐“喀喇沁王”白文方形篆印。此書作發表於中國畫學研究會主辦的《藝林旬刊》。⑥

（二）貢桑諾爾布未公開發表的書畫作品

民國十一年（1922 年，歲次壬戌），貢桑諾爾布畫牡丹扇面，款署：“弁群先生法正。

① 該古松扇面照片刊載於《鼎爞》1926 年第 18 期（舊曆三月初八日印行）。該梅花扇面照片刊載於《鼎爞》1926 年第 42 期（舊曆八月廿八日印行）。

② 該畫作墨蹟照片刊載於《湖社月刊》1927 年第 10 期。

③ 佚名編：《中日繪畫聯合第三次展覽會目錄》，1924 年鉛印本，第 19 頁。

④ 該題詞原載於《西北月刊》1925 年第 26 期“中華西北協會二周年紀念特刊號”卷首。

⑤ 小平總治編：《肅忠親王遺集》，1928 年紅色套印本，卷首。

⑥ 該題詞墨蹟照片刊載於《藝林月刊》1928 年第 5 期。

壬戌正月，夔盦仿羅飯牛①意作。”下鈐“喀喇沁王”白文方形篆印。② 此畫師古而不泥古，落落大方，饒有風致。

上文中提到的“弁群”爲金城好友張增熙（1875—1922），字弁群，號查客，浙江南潯人。張寶善之子，張靜江之兄，張乃燕之父。其人愛好金石書畫，精鑒賞，尤工書法，南潯當地人曾將張弁群之書和金城之畫並稱“雙傑”。

民國十二年（1923 年，歲次癸亥），貢桑諾爾布畫桃花扇面：“獻夫仁兄屬。癸亥四月，夔盦。”下鈐“喀喇沁王”白文方形篆印。③ 獻夫其人生平不詳。此畫追琢功深，頗堪清賞。

民國十二年，貢桑諾爾布爲肅親王善耆遺墨《肅忠親王楷書册頁》撰寫跋語：“嵩護衛泰，字環五，肅府護衛也。其爲人忠直篤實，臨事不苟。余爲肅邸姻戚，知之最悉。庚子之役，辛亥之變，護衛之竭誠效忠，尤爲難得。今出此册祈跋，在護衛本非考求翰墨，留意臨池者。惟以故主手澤珍重寶貴，是其心亦可見矣。嗚呼，世道陵夷，人心不古。肅忠親王大節昭垂，翰墨自是餘技，而嵩護衛之惓念故主，尊重遺翰，則此册之傳，又非尋常翰墨可比，誠有關於世道人心，豈淺鮮哉！用志數語，以期不朽。”款署：“癸亥九月下旬，夔盦識。”下鈐“喀喇沁王”白文方形篆印、“夔盦”朱文方形篆印。④ 此跋辞旨清捷，意深文綺，念舊之意，何其厚也。

民國十六年（1927），貢桑諾爾布爲好友夏孫桐繪畫。畫面右上方有隸書題款：“東籬佳色”。行書小字款署：“丁卯十月爲閏枝仁兄有道法正，夔盦。”⑤

民國十七年（1928），貢桑諾爾布爲滿洲貴族衡桂《華岩瀧圖》題識：“華岩瀧此圖，日本日光之勝景也。丙寅歲，小山往遊寫之。戊辰仲春，夔盦題。”下鈐“喀喇沁王”“夔盦”二印。⑥

民國十八年（1929），貢桑諾爾布作《秋菊圖》，并在畫上自題《百字令》，其中上闕

① 貢桑諾爾布所提到的羅飯牛，即清代書畫家羅牧，此人“字飯牛，江西寧都人，僑居南昌，敦古道，重友誼，善飲。工楷法；山水得魏石床傳授，筆意空靈，在黄董之間，卒年八十餘”。參見竇鎮輯：《國朝書畫家筆錄》卷二，《江氏聚珍板叢書》二集，1924 年刻本，第 32 頁。

② 此畫作爲 2010 年夏季北京保利國家拍賣有限公司拍賣品。參見鄭曉光、李俊義主編：《貢桑諾爾布史料拾遺》上册，呼和浩特：内蒙古人民出版社，2012 年，卷首插頁。

③ 此畫作爲 2010 年夏季北京保利國家拍賣有限公司拍賣品。參見鄭曉光、李俊義主編：《貢桑諾爾布史料拾遺》上册，卷首插頁。

④ 此文墨跡原載《肅忠親王楷書册頁》之後，2011 年秋季藝術品拍賣會《翰逸神飛——歷代書法專場》拍賣圖錄（北京泰和嘉成拍賣有限公司印製，2011 年 11 月 26 日）著錄。

⑤ 張瑤：《鑒定國寶的“國寶”：史樹青傳》第十章《“文物百科全書”式的大家》，南京：江蘇人民出版社，2012 年，第 85 頁。

⑥ 此畫照片參見石春雨：《衡桂〈華岩瀧圖〉》，《紫禁城》1987 年第 4 期。

云："滿城風雨，愛東籬佳色，紛披瑤蕊。淺白深紅爭鬥豔，又間青黃藍紫。葉葉枝枝，疏疏密密，朵朵堆堆綺。金風玉露，聚將叢菊盈咫。"下闋云："更趁傍砌黃華，星星點點，小似纖纖指。惜少徐黃真妙手，辜負生綃麻紙。隨意揮毫，調脂弄粉，也試雕蟲技。南陽菊水，願同延壽受祉。"此畫署款："己巳夏五，日長無事，偶尋篋中，剩有尺綃，作此圖並題此闋，以作消遣計。喜柏川牧。"下鈐印記："夔盦""喀喇沁王""喜柏川牧""百峰山館"四印。此畫現藏於内蒙古圖書館。①

綜上所述，受當時京城文化氛圍之薰染，貢桑諾爾布癡迷於中國傳統書畫、古典詩詞以及楹聯的創作，語見真情，坦誠直率，其雅韻清興，委實不淺。

筆者於貢桑諾爾布之書畫，廣搜博訪，細大不捐，溯其淵源，體其大略。凡此種種，雖未窺全豹，然鱗爪宛然，於貢桑諾爾布若沉若浮、若隱若顯之書畫藝術研究，或有小補云爾。

A Textual Research on of Gunsennorob's Calligraphy and Painting Creation

Li Yan-pu

Abstract: Gunsennorob, both as a Mongolian feudal prince of late Qing Dynasty and as the president of the Bureau Mongolian and Tibetan Affairs in the period of Republic of China, interacted closely and deeply with many public figures, once in a while created few but precious calligraphy and inscription works, which are precious heritages passed down, and simultaneously, fully reflects his deep acceptance of traditional Chinese culture and art.

Keywords: Gunsennorob; The late Qing Dynasty and the early Republic of China; Calligraphy and painting creation

① 忒莫勒：《喀喇沁王與書畫》，《内蒙古圖書館工作》1985年第4期。

“磨勒”音義與中古“魚國”問題*

范英傑

摘　要：《太平寰宇記》記錄的“磨勒”音義，反映古突厥語balïq是由malïq去鼻音化的結果，這爲中古“魚國”問題的探討提供了關鍵線索。《魏書》及隋唐佛教經錄、僧傳等傳世漢籍記錄的“磨（摩）勒國”或與“魚國”有關，結合《虞弘墓誌》銘辭部分的暗示以及虞弘墓石槨圖像所呈現的內容風格，“魚國”應即地處安息與大月氏之間的“末禄國”，其在6世紀西域文明交流網絡中發揮了橋樑和紐帶作用。

關鍵詞：魚國；磨勒；古突厥語；去鼻音化；末禄國；穆國

自1999年山西太原隋代虞弘墓發掘以來，有關虞弘族屬和魚國地望的問題一直是學界矚目的話題。二十多年來，學者們就此提出種種看法，見仁見智，但在具體考證的邏輯鏈上存在不同程度的缺憾，相關問題仍撲朔迷離。①

筆者近來關注傳世漢籍中的古突厥語語料，發現《太平寰宇記》中記錄的“磨勒”音義對中古“魚國”問題的深入探討有所幫助。“磨勒”一詞，見於《太平寰宇記》“關西道振武軍金河縣·磨勒城水”條：“突厥名魚爲磨勒，此水出魚倍美，故以指名。”② 據此，“磨勒”即“魚”之古突厥語音譯名稱。在麻赫默德·喀什噶里（Mahmūd al-Kāšγarī）於11世紀70年代編纂的《突厥語大詞典》中，“魚”之突厥語爲balïq。③ 在克

* 本文係教育部人文社會科學研究規劃基金項目“《元和姓纂》匯輯箋證”（項目編號：22JYA770019）的階段性成果。

① 相關研究學術史，參見馮培紅：《廿年虞弘夫婦合葬墓研究回顧與展望——以虞弘族屬與魚國地望爲中心》，《西域研究》2020年第2期，收入氏著《魚國之謎：從蔥嶺東西到黄河兩岸》，蘭州：甘肅教育出版社，2023年，第38—60頁。

② （宋）樂史撰、王文楚等點校：《太平寰宇記》卷38《關西道十四》，北京：中華書局，2007年，第807頁。

③ Mahmūd al-Kāšγarī, *Compendium of the Turkic Dialects* (*Dīwān Luγāt at-Turk*), Vol. 1, ed. and trans. by R. Dankoff in collaboration with J. Kelly, Mass.: Harvard University, 1982, p. 290. 漢譯本作balïk，參見麻赫默德·喀什噶里編：《突厥語大詞典》第1卷，校仲彝等譯，北京：民族出版社，2002年，第397頁。

勞森（G. Clauson）的《13 世紀以前突厥語語源辭典》中，該詞作 balïk。[①] 而“磨勒”的早期中古音爲 *ma-lək，[②] “磨”的中古漢語音值 ma 對應古突厥語音 ba，聲母 m-變爲 b-與唐代西北方音中廣泛存在的去鼻音化現象有關，[③] “勒”的入聲韻尾-k 與突厥語形式的韻尾-q / -k 對應，故“磨勒”確爲 balïq 一詞的音譯。概言之，“磨勒”應是 balïq 早期形式的音寫，《太平寰宇記》的記錄很大可能是採自隋唐圖經或突厥風俗記、本末記之類的文本。[④]

迄今爲止，學界在探討中古“魚國”問題時，尚未對《太平寰宇記》所保存下來的“磨勒”音義加以關注。考慮到“磨勒”與“魚”存在明確的音義對應關係，從“磨勒”入手似乎可爲解決此問題提供一個新的思路。

一、傳世漢籍所見“磨（摩）勒國”及其與“魚國”的對應

在傳世漢籍中，我們可以找到以“磨勒”爲國名的記載。如《魏書·世宗紀》正始四年（507）夏四月壬寅，“吐谷渾、鳩磨羅、阿拔磨拔切磨勒、悉萬斤諸國並遣使朝獻”[⑤]。中華書局點校修訂本將“阿拔磨拔切磨勒”視爲一國，是否妥當，尚需斟酌。

在隋唐佛教經錄和僧傳典籍中，還記有“摩勒國”一名，較早見於隋代費長房撰《歷代三寶紀》和唐初道宣撰《續高僧傳》，皆云北周時有“摩勒國沙門達摩流支”來華。[⑥] 張星烺先生推測“摩勒國”似即《大唐西域記》中的摩臘婆國（Malava）。[⑦] “摩臘婆”的早期中古音爲 *ma-lap-ba。[⑧] 雖説對音無定字，但“磨勒”與“摩臘婆”對音已不

---

① G. Clauson, *An Etymological Dictionary of Pre-Thirteenth-Century Turkish*, London: Oxford University Press, 1972, p. 335. 承蒙李聖傑學弟指教，balïk 是土耳其的轉寫方案。本稿行文中統一採用 balïq。

② Edwin G. Pulleyblank, *Lexicon of Reconstructed Pronunciation in Early Middle Chinese, Late Middle Chinese, and Early Mandarin*, Vancouver: University of British Columbia Press, 1991, p. 217, 184.

③ W. South Coblin, *Studies in Old Northwest Chinese*, *Journal of Chinese Linguistics Monograph Series*, No. 4, Berkeley: Project on Linguistic Analysis, University of California, 1991, p. 13; W. South Coblin, *A Compendium of Phonetics in Northwest Chinese*, *Journal of Chinese Linguistics Monograph Series*, No. 7, Berkeley: Project on Linguistic Analysis, University of California, 1994, p. 58.

④ 范英傑：《“磨勒城水”考辨》，《敦煌學輯刊》2023 年第 1 期，第 45—47 頁。

⑤ 《魏書》（點校本二十四史修訂本）卷 8《世宗紀》，中華書局，2017 年，第 243—244 頁。

⑥ （隋）費長房：《歷代三寶紀》卷 11《譯經·齊、梁、周》，《大正新脩大藏經》第 49 册，東京：大正一切經刊行會，1924 年，第 100 頁中；（唐）道宣撰，郭紹林點校：《續高僧傳》卷 1《譯經篇一·菩提流支傳》，中華書局，2014 年，第 18 頁。

⑦ 張星烺編注、朱傑勤校訂：《中西交通史料汇編》，中華書局，2003 年，第 1980 頁。

⑧ Edwin G. Pulleyblank, *Lexicon of Reconstructed Pronunciation in Early Middle Chinese, Late Middle Chinese, and Early Mandarin*, p. 181, 217, 241.

合，字更難稱允切。相比之下，“摩勒國”更可能是《魏書》記錄的“磨勒”。

北魏與西域諸國交往頻繁。上述《魏書·世宗紀》所記朝獻諸國，吐谷渾、悉萬斤在史乘中多有所見，而“鳩磨羅國”或可與《大慈恩寺三藏法師傳》中的“鳩摩羅”[①]相對應。另，《隋書·突厥傳》載沙鉢略西擊阿波，“阿拔國部落乘虛掠其妻子”[②]。此“阿拔國部落”即《隋書·長孫晟傳》所記仁壽三年（603）背達頭而降隋的鐵勒部之“阿拔”[③]。據顧祖禹之説，阿拔國“在突厥之西南”[④]。雖然“磨拔切”尚無從稽考，但考慮到“阿拔”和“磨勒”均有所對應，故《魏書》“阿拔磨拔切磨勒”似應點斷爲“阿拔、磨拔切、磨勒”。

探討“魚國”問題，對“魚”的音義解讀顯然是尤爲關鍵的一環。既然“磨勒”爲“魚”之古突厥語音寫，那麽“磨（摩）勒國”有無可能是中古時期的“魚國”呢？如前所述，“磨勒”的早期中古音爲 * ma-lək，其詞源是魚之突厥語 balïq。考慮到柯蔚南（W. South Coblin）業已揭示出中古西北方音去鼻音化發生在 7 至 8 世紀中葉這一關鍵信息，漢語“磨勒”的聲母有一個 m- > b-的變化。[⑤] 艾騖德（Christopher P. Atwood）認爲，古突厥碑銘所反映的古代突厥語方音中也存在聲母去鼻音化現象。[⑥] 這一推測得到了古突厥文碑銘最新解讀的支持。以“莫賀”爲例，該詞對應 8 世紀前期突厥文碑銘中的 baγa。[⑦] 據學者近年對古突厥文碑銘的釋讀，在 8 世紀初的古突厥語中存在“莫賀”爲 maγa 之用例。[⑧] 這表明，古突厥語方音中的確存在聲母 m- > b-的變化，且發生於 8 世紀前期。據此，“魚”之突厥語 balïq 的早期語詞形式構擬應爲 * malïq，即 balïq 爲早期

---

① （唐）慧立、彦悰著，孫毓棠、謝方點校：《大慈恩寺三藏法師傳》卷 5，中華書局，2000 年，第 102 頁。

② 《隋書》（點校本二十四史修訂本）卷 84《突厥傳》，中華書局，2019 年，第 2103 頁。

③ 《隋書》卷 51《長孫晟傳》，第 1503 頁。

④ （清）顧祖禹撰，賀次君、施和金點校：《讀史方輿紀要》卷 45《山西七》，中華書局，2005 年，第 2062—2063 頁。

⑤ W. South Coblin, *Studies in Old Northwest Chinese*, p. 13; W. South Coblin, *A Compendium of Phonetics in Northwest Chinese*, p. 58. 關於唐代漢語中 m-被去鼻音化之後變成 b-的例證，可資參照的有 bayan“磨延”“莫緣”、baγa“莫賀”、bögü“牟羽”等。參見 Mao-Tsai Liu, *Die Chinesischen Nachrichten zur Geschichte der Ost-Türken(T'u-küe)*, Wiesbaden: Otto Harrassowitz, 1958, Vol. 1, p. 60; Peter B. Golden, *An Introduction to the History of the Turkic Peoples*, Wiesbaden: Otto Harrassowitz, 1992, pp. 158-159; Christopher P. Atwood, “Some Early Inner Asian Terms Related to the Imperial Family and the Comitatus”, *Central Asiatic Journal*, Vol. 56, 2013, pp. 61-68。

⑥ Christopher P. Atwood, “Some Early Inner Asian Terms Related to the Imperial Family and the Comitatus”, pp. 64-65.

⑦ Talat Tekin, *Tunyukuk Yaziti*, Ankara: Simurg, 1994, pp. 4-5.

⑧ 白玉冬、吐送江·依明：《蒙古國新發現毗伽啜莫賀達干碑文釋讀》，《敦煌學輯刊》2018 年第 4 期，第 18 頁。

*malïq去鼻音化的結果。至於上文提到的“摩勒國”之“摩”，實際上與“磨”之早期中古音完全相同。[①]“摩”的聲母也經歷了 m- > b-的轉變。如吐魯番哈喇和卓 90 號墓所出麴氏高昌永康年間（466—485）《高昌主簿張綰等傳供帳》記錄的官號“摩何”與《虞弘墓誌》中的“莫賀”均可視爲對 baγa 一詞的轉寫，[②] 而其原語構擬應是 *maγa，[③] 這在突厥第一汗國時期刻寫的《布古特碑》（Bugut inscription）粟特文部分的釋讀中得到了印證。[④]

6 世紀中期，突厥汗國崛興於蒙古高原，在木杆可汗（553—572 年在位）時期，其地境向西已拓展到“西海萬里”、鐵門關（tämir）一帶，[⑤] 席捲河中粟特地區，強勢控制了東西交通命脈。[⑥] 在以往有關“魚國”問題的探討中，有學者敏銳地注意到“魚”的對應突厥語形式，並嘗試尋找與之相應的漢語音譯名稱。考慮到在虞弘生活時代，突厥汗國及突厥語族在中國北方及内陸歐亞（Inner Eurasia）地區已存在廣泛影響力，以及虞弘墓石槨圖像中存在鮮明的突厥因素，這一路徑無疑頗具合理性。但遺憾的是未考慮到中古西北方音的去鼻音化現象。林梅村先生主張虞弘的種族爲步落稽，步落稽之名來自突厥語“魚（balaq）”[⑦]。此説得到部分學者支持。郭平梁先生認同魚即 balïq 的觀點，但又在質疑步落稽説的同時，提出《虞弘墓誌》所見“尉紇驎城”即赫連夏時期的“薄骨律城”，並勘同爲 balïklandï。[⑧] 馮培紅先生則在綜合檢討前人研究的基礎上，提出魚國即“漕國”、

---

① Edwin G. Pulleyblank, *Lexicon of Reconstructed Pronunciation in Early Middle Chinese, Late Middle Chinese, and Early Mandarin*, p. 217.

② 羅新：《高昌文書中的柔然政治名號》，《吐魯番學研究》2008 年第 1 期，第 40 頁；羅新：《虞弘墓誌所見的柔然官制》，載北京大學歷史學系編《北大史學》第 12 輯，北京：北京大學出版社，2007 年，第 54—57 頁。

③ 于子軒：《柔然文小考》，《中華文史論叢》2021 年第 2 期，第 114—116 頁。

④ Yutaka Yoshida, “Futher Remarks on the Sino-Uighur Problem”, *Researches in Asian Languages*, Vol. 3, 2000, pp. 9-11; V. Rybatzki, “Titles of Türk and Uigur Rulers in the Old Turkic Inscriptions”, *Central Asiatic Journal*, Vol. 44, No. 2, 2000, p. 220.

⑤ 《周書》卷 50《突厥傳》，中華書局，1971 年，第 909 頁；耿世民：《古代突厥文碑銘研究》，北京：中央民族大學出版社，2005 年，第 121 頁。

⑥ 關於 6 世紀中後期突厥汗國對中亞地區政治、經濟、文化、語言等方面的滲透及突厥與粟特的交互影響，可參見 Sören Stark, *Die Alttürkenzeit in Mittel-und Zentralasien: Archäologische und historische Studien*, Wiesbaden: Dr. Ludwig Reichert Verlag, 2008, pp. 207-314。相關書評參見陳浩：《評史書仁〈突厥汗國時期内亞的考古學與歷史學研究〉》，《西域研究》2014 年第 2 期，第 138—142 頁。

⑦ 林梅村：《稽胡史跡考——太原新出隋代虞弘墓誌的幾個問題》，《中國史研究》2002 年第 1 期，第 72 頁。

⑧ 郭平梁：《〈虞弘墓誌〉新考》，《民族研究》2006 年第 4 期，第 65、67 頁。

《虞弘墓誌》所記“□奴栖”即突厥語 balag（魚）的觀點。[①] 近來，馮氏提出新説，以步落稽即突厥語“balïk（魚）”爲前提，認爲魚國即《大唐西域記》記錄的“跋□迦國”[②]。

需要注意的是，“步落稽”在北朝時業已出現，並不存在聲母變化情況，[③] 其早期中古音爲 * bɔʰ-lak-kɛj，[④] 對應突厥語形式，卜弼德（Peter A. Boodberg）構擬爲 * bulaqï，[⑤] 何星亮先生則以爲是 bölük（“部分”之義）。[⑥] 赫連夏時期的“薄骨律”，早期中古音爲 * bak-kwət-lwit，[⑦] 卜弼德構擬的突厥語形式爲 * bögü-uluš，意即“神奇之地”[⑧]。據包文勝、王培培二位最新研究，“薄骨律”之含義應即騮白馬即駁馬，音譯於蒙古—突厥語 boɣurul aqta 或 boɣrul at。[⑨] 這一主張的合理性在於它有堅實的文獻支撑並考慮到了音義的一致性。“跋祿迦”爲梵文 bālukā 或 Vālukā 之音譯，本義爲“沙漠”，[⑩] 其早期中古音爲 * bəit-ləwk-kia，[⑪] 難以勘同爲 balïq 的早期形式 * malïq，且“步落稽”與“跋祿迦”亦難對應。另，林梅村先生將“魚”的突厥語寫作 balaq 尚無不可，[⑫] 但馮培紅先生反復誤引作 balag

---

① 馮培紅：《中古史上的四位魚弘——兼説流寓中國的西域魚國人》，《檔案》2018 年第 11 期，第 36 頁；馮培紅：《廿年虞弘夫婦合葬墓研究回顧與展望——以虞弘族屬與魚國地望爲中心》，第 52 頁。

② 馮培紅：《虞弘的家族與生平》，載劉進寶主編《絲路文明》第 6 輯，上海：上海古籍出版社，2021 年，收入氏著《魚國之謎：從葱嶺東西到黃河兩岸》時，主要觀點納入第四章，並在結語部分作了進一步延伸，第 112—138、338 頁。

③ 關於“步落稽”的語源、語義問題，筆者另有專文探討，兹不贅述。

④ Edwin G. Pulleyblank, *Lexicon of Reconstructed Pronunciation in Early Middle Chinese, Late Middle Chinese, and Early Mandarin*, p. 43, 203, 138.

⑤ Peter A. Boodberg, “Two Notes on the History of the Chinese Frontier”, in *Selected Works of Peter A. Boodberg*, compiled by Alvin P. Cohen, Berkeley / Los Angeles / London: University of California Press, 1979, pp. 258-259.

⑥ 何星亮：《稽胡語若干詞試釋》，《民族語文》1982 年第 3 期，第 41 頁。

⑦ Edwin G. Pulleyblank, *Lexicon of Reconstructed Pronunciation in Early Middle Chinese, Late Middle Chinese, and Early Mandarin*, p. 41, 111, 205.

⑧ Peter A. Boodberg, “Selections from Hu T'ien Han Yüeh Fang Chu”, in *Selected Works of Peter A. Boodberg*, p. 118.

⑨ 包文勝、王培培：《薄骨律、額里合牙與銀川地名考釋》，載杜建錄主編《西夏學》第 22 輯，蘭州：甘肅人民出版社，2021 年，第 69—71 頁。

⑩（唐）玄奘、辯機原著，季羡林等校注：《大唐西域記校注》卷 1《跋祿迦國》，中華書局，2000 年，第 66 頁。關於“跋祿迦”的音義、地理等情況，參見周連寬：《跋祿迦國考》，《大唐西域記史地研究叢稿》，中華書局，1984 年，第 74—82 頁。

⑪ Edwin G. Pulleyblank, *Lexicon of Reconstructed Pronunciation in Early Middle Chinese, Late Middle Chinese, and Early Mandarin*, p. 27, 201, 143.

⑫ 林氏所參考的是馮·家班（A. von Gabain）的拼寫。參見林梅村：《稽胡史跡考——太原新出隋代虞弘墓誌的幾個問題》，第 72 頁注 5。並參 A. von Gabain, *Alttürkische Grammatik*. 3rd ed, Wiesbaden: Otto Harrassowitz, 1974, p. 326。

則似屬迎合“步落稽”或“跋禄迦”音譯的臆改。“奴栖”之早期中古音 *nɔ-sɛj[①] 則與 balïq 韻尾更不相合。

幸賴《太平寰宇記》保存的材料，我們得知古突厥語 balïq 是由聲母 m-變爲 b-後的形式，這一點至爲關鍵。balïq 早期構擬應爲 *malïq，與中古早期漢文史料中的“磨（摩）勒”更爲契合。從中古西北方音去鼻音化的現象來看，將隋《虞弘墓誌》所見“魚國”徑直與突厥語 balïq 勘同的主張以及諸如與“步落稽”“薄骨律”“跋禄迦”等的對應均存在明顯問題，終不如“磨（摩）勒”當之。

二、“末禄國”與“魚國”的勘同

在早期漢文史料中，確實存在與“磨勒”聲母、入聲韻尾相同且可資比勘的名稱。《後漢書·西域傳》所記位於安息東界的“木鹿”[②]，其早期中古音爲 *məwk-ləwk，[③] 與“磨勒”音十分貼近。[④] 一般認爲，杜環《經行記》所記“末禄國”即“木鹿”，隋代稱“穆國”（昭武九姓之一），地當位於今中亞土庫曼斯坦之 Merv 城。[⑤]“末禄”的早期中古音 *mat-ləwk，[⑥] 亦與“磨勒”音貼近。據此，“磨勒”與“木鹿”“末禄”存在同音異譯之可能。那麽，“木鹿”“末禄國”是否可與“魚國”勘同呢？

首先，“木鹿”“末禄國”的地理位置與學界主流觀點對虞弘族屬（中亞粟特人）及

---

① Edwin G. Pulleyblank, *Lexicon of Reconstructed Pronunciation in Early Middle Chinese, Late Middle Chinese, and Early Mandarin*, p. 227, 244.

② 《後漢書》卷 88《西域傳》，中華書局，1965 年，第 2918 頁。

③ Edwin G. Pulleyblank, *Lexicon of Reconstructed Pronunciation in Early Middle Chinese, Late Middle Chinese, and Early Mandarin*, p. 220, 201.

④ 據韓儒林先生介紹，不同時代的譯音都有一定的規律。參見韓儒林：《關於西北民族史中的審音與勘同》，《南京大學學報》（哲學社會科學版）1978 年第 3 期，收入氏著《穹廬集：元史及西北民族史研究》，上海人民出版社，1982 年，第 214—220 頁。此處 *məwk-ləwk 及稍後提到的 *mat-ləwk 中，məwk 和 mat 的韻尾-k 和-t 可能都是同一個-r 的對音。假定原音是 məwr-ləwk，入聲韻尾-r 和聲母 l-相連，有可能合併爲一，漢語音譯变成磨勒。此類現象，如高昌回鶻的亦都護（Ïduq-qut）名號中，Ïduq 的韻尾-q 在漢語音譯名中未被標出。參見白玉冬：《于闐文 P. 2741 文書所見達靼駐地 Buhäthum 考》，載朱玉麒主編《西域文史》第 2 輯，北京：科學出版社，2007 年，收入氏著《九姓達靼遊牧王國史研究（8—11 世紀）》，北京：中國社會科學出版社，2017 年，第 104 頁。感謝白玉冬教授教示。

⑤ 馮承鈞原編、陸峻嶺增訂：《西域地名》（增訂本），中華書局，1982 年，第 65 頁；（唐）杜環著，張一純箋注：《經行記箋注》，中華書局，1963 年，第 57—58 頁；郭鋒：《唐杜環西行所見末禄國——對畫缸相獻習俗之地域文化特點的考察》，載賴永海主編《絲路文化研究》第 6 輯，商務印書館，2021 年，第 112 頁注 1。

⑥ Edwin G. Pulleyblank, *Lexicon of Reconstructed Pronunciation in Early Middle Chinese, Late Middle Chinese, and Early Mandarin*, p. 218, 201.

"魚國"地望（粟特地區）的比定十分貼近。尤值得注意的是，《虞弘墓誌》銘辭"水行馭曆，重瞳號奇。隆基布政，派胤雲馳，潤光安息，輝臨月支"與誌文"高陽馭運……弈葉繁昌，派枝西域"明顯存在對應關係，① 是暗示"魚國"地望的關鍵信息。遺憾的是，既往學者的相關解讀出現了極爲嚴重的偏差，② 惟周偉洲、余太山二位先生有著敏銳、清醒的認識。

根據"潤光安息，輝臨月支"一句，余太山先生認爲"虞弘之先可以追溯的居地應該在嬀水即阿姆河北岸的索格底亞那（Sogdiana）"，進而比定爲粟特地區的 Massagetae；③ 周偉洲先生則推斷虞弘祖居地及國家應爲大月氏。④ 但仔細尋繹不難發現，銘辭中"潤光安息，輝臨月支"這一表述實際與"木鹿""末祿國"的位置更加契合。"月支"即大月氏，史載其"居嬀水北""西則安息"，⑤ 而"木鹿"地處安息東界，號稱"小安息"，⑥ 則"木鹿"亦即"末祿國"恰好在"安息"與"月支"之間，與"潤光安息，輝臨月支"若合符契。

周偉洲先生敏銳地將《虞弘墓誌》"派枝西域"與有虞氏西遷聯繫起來。⑦ 有虞氏發祥地"嬀水之汭"與西域"嬀水"相映成趣，⑧ 後者又稱"烏滸水"即今阿姆河（Oxus），當與虞弘祖居地密切相關。周先生將此作爲其論斷的一個支撑，但除大月氏外，安息和末祿國同樣臨近西域"嬀水"。《經行記》云末祿國"南有大河，流入其境"，⑨

① 拓片圖版和錄文參見山西省考古研究所編著《太原隋虞弘墓》，北京：文物出版社，2005 年，第 89、91 頁。

② 羅豐、楊曉春、王素、石見清裕、馮培紅等學者均認爲"潤光安息，輝臨月支"指的是虞弘出使波斯所途經，此説不確。仔細比對不難發現，誌文與銘辭實際上是嚴格對應的，"倜儻人物，漂注□□"對應銘辭"簪纓組綬，冠蓋羽儀。桂辛非地，蘭馨異土"，而虞弘"銜命波斯、吐谷渾"對應銘辭"翱翔數國，殷勤十主"一句。參見羅豐：《一件關於柔然民族的重要史料——隋〈虞弘墓誌〉考》，《文物》2002 年第 6 期，第 80 頁；楊曉春：《〈虞弘墓誌〉所見"魚國""尉紇驎城"考》，《西域研究》2007 年第 2 期，第 117 頁；〔日〕石見清裕：《ソグド人墓誌研究》，東京：汲古書院，2016 年，第 133 頁；王素：《北魏尔朱氏源出粟特新證——隋修北魏尔朱彥伯墓誌發覆兼説虞弘族屬及魚國今地》，《故宫博物院院刊》2018 年第 5 期，第 64 頁；馮培紅：《虞弘的家族與生平》，第 82 頁。

③ 余太山：《魚國淵源臆説》，《史林》2002 年第 3 期，第 18—20 頁。

④ 周偉洲：《隋虞弘墓誌釋證》，榮新江、李孝聰主編《中外關係史：新史料與新問題》，科學出版社，2004 年，第 249 頁。

⑤ 《史記》（點校本二十四史修訂本）卷 123《大宛列傳》，中華書局，2013 年，第 3810 頁。

⑥ 《後漢書》卷 88《西域傳》，第 2918 頁。

⑦ 周偉洲：《隋虞弘墓誌釋證》，第 248 頁。

⑧ 余太山：《古族新考》，商務印書館，2012 年，第 109 頁。

⑨ （唐）杜環著，張一純箋注：《經行記箋注》，第 59 頁。

“大河”即今穆爾加布河，末祿國在該河與阿姆河之間。①

其次，《虞弘墓誌》提到虞弘曾“銜命波斯”，且在虞弘墓所出石槨雕繪圖像中涵蓋了波斯、粟特、印度、阿拉伯、突厥等多種文化因素，尤其是具有波斯風格的頭冠、飄帶、服飾等以及波斯人形象頻繁出現，② 似乎也暗示“魚國”地處中亞、西亞、南亞交匯要地，且與波斯存在密切的地緣文化聯繫。而連接伊朗和粟特地區的末祿國尤爲符合這一特徵，其較早成爲各大宗教盛行、彙聚之地，起源於波斯的摩尼教在3世紀後期已傳至末祿並站穩腳跟，③ 木鹿在5世紀前期已成爲景教大主教駐錫地。④ 末祿國具有較高的波斯化程度，應是虞弘勝任出使波斯任務及其墓葬大量出現波斯風格圖像的一個重要因素。

虞弘墓石槨雕繪有鮮明的祆教圖像，⑤ 而“末祿國”亦有雕刻、繪畫風俗，其“以畫缸相獻”具有鮮明的祆教文化背景。⑥ 槨壁及槨外圖像中的鉢、尤其是巨型甕與木鹿及其周邊出土容器十分相似。⑦ 另外，槨壁浮雕所反映的鄉土地域文化亦值得關注，⑧ 如其地盛產葡萄、瓜果、布帛與《經行記》所記末祿國“樹木交映”“有細軟疊布，羔羊皮裘”“尤多葡萄”等亦十分吻合，⑨ 這似乎也透露出“魚國”與“木鹿”“末祿國”存在密切關聯。

① 蔡鴻生：《唐代社會的穆姓胡客》，《中國史研究》2005年增刊，第77頁。《經行記箋注》誤以爲“大河”即阿姆河，第59頁。

② 張慶捷：《虞弘墓石槨圖像中的波斯文化因素》，載葉奕良編《伊朗學在中國論文集》第3集，北京大學出版社，2003年，第237—255頁。

③ 王媛媛：《從波斯到中國：摩尼教在中亞和中國的傳播》，中華書局，2012年，第21頁。

④ Erica C. D. Hunter, “The Church of the East in Central Asia”, *Bulletin of the John Rylands University Library*, Vol. 78, No. 3, 1996, p. 132. 並參林悟殊著，殷小平整理增訂：《唐代景教再研究》（增訂本），商務印書館，2021年，第27頁。

⑤ 關於虞弘墓石槨圖像文化屬性的探討，主要參見張慶捷：《虞弘墓石槨圖像中的波斯文化因素》，第237—255頁；山西省考古研究所編著：《太原隋虞弘墓》，第95—156頁；畢波：《虞弘墓所謂“夫婦宴飲圖”辨析》，《故宮博物院院刊》2006年第1期，第66—83頁；齊東方：《虞弘墓人獸搏鬥圖像及其文化屬性》，《文物》2006年第8期，第78—84頁；張小貴：《虞弘墓祭火圖像宗教屬性辨析》，余太山、李錦繡主編《歐亞學刊》第9輯，中華書局，2009年，第266—278頁。

⑥ 郭鋒：《唐杜環西行所見末祿國——對畫缸相獻習俗之地域文化特點的考察》，第113—124頁。

⑦ 圖片參見郭鋒：《唐杜環西行所見末祿國——對畫缸相獻習俗之地域文化特點的考察》，第121—122頁。

⑧ 山西省考古研究所編著：《太原隋虞弘墓》，第96—117頁。

⑨（唐）杜環著、張一純箋注：《經行記箋注》，第59—60頁。據《箋注》所云，“細軟疊布”即波斯錦。疑虞弘墓石槨浮雕中馬背上的軟錦似即“細軟疊布”。另，馮培紅先生曾嘗試對虞弘之父“君陁”進行解讀，並懷疑“君陁”又譯作“君達”，進而與“軍達”菜聯繫起來，但將“君達”與“順達”等同並無根據。參見馮培紅：《虞弘的家族與生平》，第67—68頁。值得注意的是，《經行記》記錄末祿國土產蔬菜有“軍達”，《大唐西域記》稱之爲“葷陁”，或與虞弘之父名“君陁”有關。參見余欣：《中古時代的菜蔬與外來文明：諸軍達的伊朗淵源》，《復旦學報》（社會科學版）2013年第6期，第74頁。

還值得注意的一點是，《虞弘墓誌》所見兩處“魚國”，“魚”字均有明顯剜改的痕跡。關於其原刻字，學界有“虞”和“漕”兩説，① 筆者懷疑更可能是“穆”字。② 其一，“末祿國”在隋代也稱“穆國”；其二，《經行記》云：“胡姓末者，兹土人也。”③ 這個“末”系“末祿”之簡稱，同“穆”。④ 與虞弘大約同時代，北齊有“穆叔兒”等“有至開府、儀同者”，⑤ 而虞弘誌蓋即題作“大隋故儀同虞公”⑥；又有穆姓人物帶“波斯首領”“波斯”稱號，⑦ 反映穆國人波斯化較深。虞弘墓濃厚的波斯風格令人懷疑其胡姓應是“穆”。疑因“木鹿”“末祿”（穆）與“磨勒”音近，故取義剜改爲“魚國”，從而巧妙地與太原土著大姓“虞”呼應。

要之，“木鹿”是早在《後漢書》中就業已存在的漢語音譯名稱，《虞弘墓誌》巧妙通過突厥語這一中介將其轉化爲漢字“魚”，⑧ 又在此基礎上比附晉陽大姓“虞”。正如呂思勉先生所指出的那樣，北方民族改易姓氏或部落名“亦喜附會音義，別生新解”⑨。若考慮到這一點，再結合漢文史籍中並無西域“魚國”的記載以及北朝後期虞弘及其父曾有在漠北柔然、陰山地帶及晉北地區爲官的經歷，⑩ 則“魚國”並非必定與“魚”有關，而更可能是受突厥語族影響下的“磨勒”音義轉化、雅化附會。

---

① 山西省考古研究所編著：《太原隋虞弘墓》，第 88 頁；馮培紅：《中古史上的四位魚弘——兼説流寓中國的西域魚國人》，第 36 頁；馮培紅：《廿年虞弘夫婦合葬墓研究回顧與展望——以虞弘族屬與魚國地望爲中心》，收入氏著《魚國之謎：從蔥嶺東西到黄河兩岸》時，主要觀點調整至第六章第五節，第 190—191 頁。

② 馮培紅先生將《虞弘墓誌》兩處“魚”字左側遺留痕跡判斷爲“氵”部。經筆者仔細辨識原石和清晰拓片，尤其是將兩個“魚”字的左側殘留筆劃結合起來看，殘留原字構件似乎更像“禾”部。

③ （唐）杜環著、張一純箋注：《經行記箋注》，第 58 頁。

④ 蔡鴻生：《唐代社會的穆姓胡客》，第 76 頁。

⑤ 蔡鴻生：《唐代社會的穆姓胡客》，第 77—78 頁。

⑥ 山西省考古研究所編著：《太原隋虞弘墓》，第 90 頁。

⑦ 蔡鴻生：《唐代社會的穆姓胡客》，第 78、80 頁。

⑧ 據學界主流意見及本文考訂結論，虞弘應是粟特人。以此爲前提核檢，“魚”之突厥語形式 balïq，與粟特語語音（kp-）相去甚遠，與對應的中古波斯語 māhīg 倒有一定相似之處，但不能等價，僅做參考附記於此。參見 B. Gharib, *Sogdian Dictionary (Sogdian-Persian-English)*, Tehran: Farhangan Publications, 1995, p. 191; D. N. MacKenzie, *A Concise Pahlavi Dictionary*, London: Oxford University Press, 1971, p. 53。承蒙白玉冬教授、李聖傑學弟賜教，特此申謝！

⑨ 呂思勉：《呂思勉讀史劄記》，上海古籍出版社，1982 年，第 808 頁。

⑩ 據《虞弘墓誌》載，虞弘之父君陀曾任茹茹國莫賀去汾、達官，使魏任朔州刺史；虞弘曾遷領並、代、介三州鄉團，檢校薩寶府。而據《魏書・地形志上》（第 2736 頁），朔州“本漢五原郡”，治今和林格爾縣土城子，並參譚其驤主編《中國歷史地圖集》第 4 册，北京：地圖出版社，1982 年，第 52 頁。

三、結　語

鑒於“磨勒”與 balïq（魚）在音義上的明確對應以及中古時期“磨”字的去鼻音化現象，筆者傾向於認爲“磨（摩）勒國”“木鹿”“末禄國”應即“魚國”，前者取音（malïq），後者取義（魚）。《魏書》記載磨勒國曾於6世紀初朝獻北魏，隋唐佛教經錄和僧傳記載摩勒國僧人在北周時入華，這與虞弘及其祖、父的生活時代恰好一致。“磨（摩）勒”與“木鹿”“末禄”的早期中古音極爲貼近，三者應是同音異譯的關係。另，《經行記》記載“末禄國”有“佛寺”①，其故址還發現了6世紀中期的佛教遺跡，② 這與前述僧傳中所記“摩勒國”的情況吻合。

“木鹿”“末禄國”位於安息與大月氏之間，地處中亞與西亞、南亞交通孔道，是西域文明交流網絡的一個重要樞紐，其彙聚中亞、西亞、南亞等多種文明尤其是波斯化程度較高，這與《虞弘墓誌》銘辭所記“潤光安息，輝臨月支”高度吻合，亦與虞弘墓石槨圖像所透露的内涵相近。“魚國”應即史籍所載地處安息與大月氏之間的“木鹿”“末禄國”，也就是隋代的穆國。

Pronunciation and Meaning of “Mole” and the “Yu State” in Medieval Times

Fan Ying-jie

Abstract: The pronunciation and meaning of “Mole” recorded in *Taiping Huanyuji*, reflects that balïq in the ancient Turkic is the result of denasalization by malïq. This provides an important clue for the discussion of “Yu state” in medieval times. The “Mole state” recorded in *Wei Shu*, the buddhist catalogues and biographies of eminent monks during the Sui and Tang dynasties may be related to the “Yu state”. Combined with the *Epitaph of Yu Hong* and the pictures on the stone chamber of Yu Hong’s tomb, the Yu state should be the Molu state located between the Anxi (Parthian) and the Dayuezhi.

Keywords: Yu State; Mole; Ancient Turkic; Denasalization; Molu State; Mu State

---

① （唐）杜環著、張一純箋注：《經行記箋注》，第59頁。

② 蔡鴻生：《唐代社會的穆姓胡客》，第76—77頁。

“俘”轉“民”：契丹統治下各民族的身份轉型與族群凝聚*

周　赫

摘　要：契丹政權的建立，伴隨著其對周邊不同政權、不同族群、不同地區的掠奪、戰爭、強制遷徙、移民屯邊以及“因俗而治”的民族政策等一系列確立、鞏固、維持其統治需要的措施而進行。其中漢族、渤海族、奚族、女真等在遼代逐漸凝聚的過程中，其户籍身份由“俘”轉變爲“民”，一定程度上使各民族底層成員接受並適應了“契丹”的身份，構成了遼代“民族共同體”的框架，且“俘”轉“民”的身份轉型現象對族群凝聚具有啟示性。

關鍵詞：俘户；契丹；民族共同體；族群

在契丹部落聯盟的末年至契丹族建立鞏固的遼朝政權的過程中，契丹族對周邊各族採用了先“俘略”再輔以民族政策“相容”的統治手段。俘略主要是指契丹經略周邊的民族或族群的成員之時，對其採用殘殺、驅趕、俘掠、遷移人口及掠奪財產等殘忍的征服手段，迫使其他民族成員并入到“契丹”之中，但又未賦予其他民族成員合法的身份。被俘略者成爲“契丹”中的俘虜、奴隸、奴婢等社會底層群衆，人身自由與合法權益遭到了極大的限制。“相容”是指契丹統治者對“降將”“歸順”“投奔”等主動融入“契丹”的民族，以維護契丹統治階級利益服務爲目的，頒佈的一系列相容並蓄的多元文化政策，如在對待漢族、渤海族等民族成員的問題上採用“因俗而治”的民族政策，撫平文化，建立各民族之間接觸、瞭解、交往、交融的關係橋樑，將民族衝突逐漸轉化爲民族凝聚。隨著契丹政權的穩定，以及税收經濟、生產生計、軍事建設、社會發展的需要，出現了“蕃漢轉户”“二税户”“頭下户”等促使各民族成員户籍身份發生轉變的現象，諸多民族成員的身份由“俘”轉型成爲“民”，互嵌入“契丹”民族共同體之中。其對契丹政權

* 本文係2022年度遼寧省社會科學規劃基金項目“遼代遼西地區族群凝聚與文化認同研究”（L22CMZ003）階段性成果。

的認同逐漸加深，但仍不可避免地處於遼朝的民族壓迫和歧視之下。本文試就這一民族凝聚過程中所産生的“俘”轉“民”的身份轉型現象略陳管見。

一、相關問題研究綜述

研究契丹統治下各民族身份轉型與族群凝聚相關的著述極爲罕見，但與之相關的遼代各民族遷徙、民族分佈、人口規模、民族構成以及民族政策等方面的研究汗牛充棟，且内容豐富、分析詳實，既有統計人口分佈方面的資料，又有遼代民族政治、經濟、社會等政策方面的解析，爲本研究所借鑒。

最早對遼朝各族人口的地理分佈情況進行研究的著作爲《遼代中國社會史（907—1125 年）》①，其中雖然統計了户籍人口，但也指出了《遼史》在記載人口時遺漏了“俘户”。隨後雖然有很多學者對人口數量進行了研究，但多關注於宫户、部民、御帳親軍、僧尼、二税户、陵户等人口計數，對流人、奴隸、戰俘等“隱户”人口的統計簡略或趨近於無。《遼朝人口蠡測》② 按照族、部③對遼朝的人口進行了推測，該文根據不同時期、不同地域、不同户類等因素進行了分類，參引文獻較爲齊全翔實，户計準確，是遼朝人口研究的典範之作，被多方研究所引用。但“俘户”、漁獵户、遊牧户、採集户、流人等“隱户”人口數量仍難統計，究其原因，亦如孟古托力對東北地區漢族人口研究時所得結論：“多數掠奪人口的戰爭，没有標明數字；投靠來的人口，除個别幾次外，均零零散散。”④ 此後，衆多學者雖然對遼朝的人口進行了統計與梳理，但也衹是對州縣城、軍隊、宗教等類型的人口構成再次辨析，統計人口數量的數字稍微精確，而研究框架與統計方法，皆未跳出孟古托力研究之藩籬。也因此，在研究遼朝户籍的問題時，需結合影響人口流動的其他因素，其中最爲重要的因素是民族的移民與遷徙。民族移民與遷徙的原因有很多，以漢族爲例，基本分爲移居避戰、叛變融入、戰亂逃入、被擄略至契丹統治轄區四種。渤海族則因國破後或逃亡或被契丹强制遷移而産生了人口流動。與此相關的著述有《遼代移民遼西及其影響探析》⑤《遼代的移民政策和州縣制的建立》⑥《遼朝的民族遷徙

① ［德］魏特夫（K. A. Wittfogel）、馮家昇：《遼代中國社會史（907—1125 年）》（*History of Chinese Society: Liao*, 907-1125），紐約：麥克米倫出版社，1949 年。

② 孟古托力：《遼朝人口蠡測》，《學習與探索》1997 年第 5 期，第 116—123 頁。

③ 按照契丹族、漢族、女真族、渤海、奚、五國、鐵利、兀惹、吐谷渾、高麗，以及大漠南北各族各部等。

④ 孟古托力：《遼朝人口蠡測》，《學習與探索》1997 年第 5 期，第 119 頁。

⑤ 吳鳳霞：《遼代移民遼西及其影響探析》，《北方文物》2015 年第 2 期，第 59—64 頁。

⑥ 田村實造：《遼代的移民政策和州縣制的建立》，載劉俊文主編、索介然譯：《日本學者研究中國史論著選譯・第 5 卷・五代宋元》，北京：中華書局，1993 年，第 491—522 頁。

及其評價》[1] 等，從地理因素出發，對遼代移民史進行時間與地域的劃分，側重點放在契丹政權施行的民族政策對經濟與社會發展所產生的影響，這類文章往往討論遼政權建立初期建置中的人口來源與構成，以及政權穩定之後，各地區所產生的經濟產業與文化類型，偏向於制度中民族發展，而非民族凝聚所創造的精神財富。此類集大成的著作爲《中國移民史》[2]，其中對各民族遷移的過程、分佈的狀況及其對經濟、文化、民族構成與交融等方面的影響論述得非常細緻，對不同地域的“俘户”來源進行羅列、歸納、分析、總結，非常直觀地展現了契丹部落聯盟時期及政權建立後安置各民族的狀況。也因此，在探討各民族身份轉型之時，仍需借鑒遼代民族政策與地方行政制度的設置，如遼代設置提轄司，用來安置管理“俘户”[3]，有文《遼代提轄司探討》[4] 對宫分提轄司與頭下軍州提轄司的人户成分進行了論述，其中提到契丹在戰爭中俘虜的漢族、渤海族、奚族等民族的戰俘，這些“俘户”有的成爲契丹王和貴族的私人部曲，部分進行農業生產，“不論是宫分提轄司還是頭下軍州提轄司，最初都是契丹領主‘分地’上管理農耕俘户的機構……其後，大量以‘城’‘寨’爲單位的管理農耕俘户的‘私城’被逐步納入州縣體制内進行管理，而‘私城’所在區域的管理機構——提轄司亦隨之轉化爲斡魯朵和頭下軍州内的機構”。[5] 因此，從研究遼代政治制度學者的著述中，能夠提煉出徙民建制的過程是影響民族身份轉型的重要因素。同理，在遼代統治者在上京道、中京道、東京道中規定的管理各民族的政治、經濟、軍事等方面的制度中，亦可以提煉出遼代州縣、斡魯朵、頭下軍州以及五京制度中繼承和發展各民族建置的特點，這體現了契丹族對其他民族治理的觀念與模式的轉變，並影響著其他民族在融入“契丹共同體”過程中身份認同的轉變。如在武玉環的《遼代斡魯朵探析》[6] 與《遼代部族制度初探》[7] 中，可以觀測到斡魯朵與部族制的設置對其所轄區域内的户籍管理，其中提及户籍待遇時指出“州縣、部族、斡魯朵户有一定的人身自由，而行宫斡魯朵户則没有，甚至連生命保障也没有。”[8] 可見，武玉環對斡魯朵的人户和管理機構進行研究後認爲，斡魯朵中也包含了“俘户”與平民的編制，這亦是研究遼代人户身份的一個視角。他參照《遼史・地理志》討論了“俘户”建置的

---

① 王德忠：《遼朝的民族遷徙及其評價》，《東北師大學報》(哲學社會科學版)1998 年第 4 期，第 61—66 頁。

② 吳松弟：《中國移民史・第四卷・遼宋金元時期》，上海：復旦大學出版社，2022 年。

③ （元）脱脱：《遼史》卷 39《地理志三》，中華書局，2016 年，第 487 頁。“黔州，阜昌軍，下，刺史。本漢遼西郡地。太祖平渤海，以所俘户居之，隸黑水河提轄司。”

④ 楊逍：《遼代提轄司探討》，《中央民族大學學報》（哲學社會科學版）2021 年第 1 期，第 126—132 頁。

⑤ 楊逍：《遼代提轄司探討》，《中央民族大學學報》（哲學社會科學版）2021 年第 1 期，第 129 頁。

⑥ 武玉環：《遼代斡魯朵探析》，《民族研究》2000 年第 2 期，第 51—62 頁。

⑦ 武玉環：《遼代部族制度初探》，《史學集刊》2000 年第 2 期，第 31—36 頁。

⑧ 武玉環：《遼代斡魯朵探析》，《民族研究》2000 年第 2 期，第 59 頁。

斡魯朵州縣，如祺州、宗州。在論述太祖時期的部族組織時，得出的第五條結論中指出“在部族内，已摻雜進大量降俘的人口，這些降俘的人口有的爲漢族、有的爲渤海、女真、室韋、奚族。”[①]“聖宗時期增置的十八部，多爲俘降的北方各民族人户，如女真、烏古、敵烈、唐古、回鶻、鼻古德、五國部等。聖宗把上述各族人户置爲部，分隸北、南府，節度使屬各路統軍司、招討司。”[②] 另有《從典籍裏淺析遼代“二税户”》[③] 參照《中州集》討論“二税户”的人口來源，提出軍州二税户的主體爲俘獲的漢人、渤海人及奚人等，在論述“二税户”的階級性質及趨勢時，又指出經濟因素對頭下軍州二税户的影響，即俘虜客户向普通税户的轉變。對於社會經濟的發展對遼朝户籍設置的影響這一問題，有《契丹社會經濟史稿》[④] 詳細討論過，如書中列舉了奚族俘户建置[⑤]。由此，學者們多年來對遼朝所實行的民族政策方面的研究，爲本文討論遼朝統治者維持和治理各部族、民族、部落之間的關係提供了史料基礎與理論依據。

此外，學者們在研究契丹統治下單一民族的發展史時，注意到各民族成員身份在不同社會性質、不同制度、不同文化等背景下所承擔的社會功能，並結合史料探討遼代契丹、漢、渤海、奚、党項等民族在政治、經濟、軍事等上所能行使的權利，同時提出各民族反抗契丹統治之緣由，有主張民族壓迫因素者，如《奚族及其歷史發展》[⑥]《遼代渤海人的逃亡與遷徙》[⑦]；亦有主張非民族壓迫因素者，如《論遼金關係》[⑧]。有對遼與單一民族之間建制互嵌模式所引起的户籍來源、人口分佈、遷徙與建置歸屬等内容作一番考察和探討，如《遼代奚族考略》[⑨]《遼代的渤海遺民——以東丹國和定安國爲中心》[⑩]《“東女真”與“西女真”》[⑪]《遼代女真屬國、屬部研究》[⑫]《契丹境内党項部落的分佈》[⑬]《論〈遼

---

① 武玉環：《遼代部族制度初探》，《史學集刊》2000 年第 2 期，第 33 頁。

② 武玉環：《遼代部族制度初探》，《史學集刊》2000 年第 2 期，第 34 頁。

③ 孟娟：《從典籍裏淺析遼代“二税户”》，《漢字文化》2019 年第 8 期，第 63、71 頁。

④ 陳述：《契丹社會經濟史稿》，北京：生活・讀書・新知三聯書店，1963 年。

⑤ 陳述：《契丹社會經濟史稿》，第 12—13 頁。

⑥ 楊若薇：《奚族及其歷史發展》，《歷史教學》1983 年第 7 期，第 39—42 頁。

⑦ 楊保隆：《遼代渤海人的逃亡與遷徙》，《民族研究》1990 年第 4 期，第 93—103 頁。

⑧ 任崇嶽：《論遼金關係》，《中央民族學院學報》1988 年第 4 期，第 12—15 頁。

⑨ 王玲：《遼代奚族考略》，《民族研究》1983 年第 2 期，第 55—60 頁。

⑩ 劉浦江：《遼代的渤海遺民——以東丹國和定安國爲中心》，《文史》2003 年第 1 期，第 179—192 頁。

⑪ 蔣秀松：《“東女真”與“西女真”》，《社會科學戰線》1994 年第 4 期，第 167—176 頁。

⑫ 程妮娜：《遼代女真屬國、屬部研究》，《史學集刊》2004 年第 2 期，第 84—90 頁。

⑬ 湯開建：《契丹境内党項部落的分佈》，《寧夏社會科學》1990 年第 2 期，第 73—80 頁。

史〉中的唐古部族》[①]《遼朝與烏古敵烈部的關係》[②]《遼朝烏古敵烈地區屬國、屬部研究》[③] 等，其中不乏涉及“俘户”或各民族成員身份相關問題，可爲本文所借鑒，但對於身份轉型的問題並未涉及。

綜上所述，學界在研究遼代各民族族群人口的分佈與流動、遼代統治者施行的統治措施時，存在對“俘户”相關問題的研究，並且所涉研究範圍非常之廣，既與契丹建國前後經略周邊各民族的方式相關，也與契丹國家社會經濟發展所施行的統治舉措有關。但觀點論述與佐證材料皆一筆帶過，並未提出更爲明確的理論依據，“俘户”作爲各民族族群中所共存的特殊群體，其民族認同的意識形態並未得到深入的闡述。

二、俘户的身份轉型

遼代“俘户”這一特殊的群體，在遼代經略的各民族群體之中都存在。與歷史上諸多被俘民族的群體相類，一位民族成員的“俘户”身份或者説他的户籍身份並非一成不變，而是隨著統治者對户籍管理政策或政治制度的變化而轉變的。在對《遼史》《契丹國志》《三朝北盟會編》等文獻解讀時，可以注意到契丹對“俘獲”而來的人口，進行了不同的管理，如“徙其民”“籍於軍”“驅人民入蕃”“婦女悉驅”或者“殺獲殆盡”[④]，但史書中並不會對虜獲的群體多寡進行統計，而是用“甚衆”一筆帶過。學界曾對遼朝的總人口數進行過推測，對各民族的占比也有所論述[⑤]。除契丹族外，其“境内的民族族稱有 59 個之多。東方有女真、渤海等族，南面主要是漢族，北方有斡朗改、敵烈、烏古、室韋、鼻古德、烏丸等族，西北有奚、霫、黑車子室韋、突厥、吐谷渾、党項、吐蕃、沙陀、阻卜、粘八葛、黠戛斯、回鶻等族。”[⑥] 這些民族約占遼代總人口的 80%，雖然其中不乏各部族可統計的人口丁户，但隱户的現象仍存在，如受天贊二年（923）奚族反遼起

---

① 楊浣：《論〈遼史〉中的唐古部族》，《民族研究》2005 年第 6 期，第 82—87 頁。

② 孟廣耀：《遼朝與烏古敵烈部的關係》，《内蒙古師範大學學報》（哲學社會科學版）1981 年第 3 期，第 73—83 頁。

③ 程妮娜：《遼朝烏古敵烈地區屬國、屬部研究》，《中國史研究》2007 年第 2 期，第 87—97 頁。

④ 這類記載多見於《遼史》，其中《太祖紀》《太宗紀》《兵衛志》《營衛志》等篇反復出現數次相關内容，篇幅有限不一一列舉。另相關内容亦可見於《舊五代史》《新五代史》《三朝北盟會編》《契丹國志》等文獻。

⑤ 孟古托力在《遼朝人口蠡測》中提出遼最盛時的人口爲 840 萬；武玉環在《遼代人口考述》中計 750 萬左右；王育民在《中國人口史》中計 900 萬；袁祖亮在《中國古代邊疆民族人口研究》中計 780 萬；等等。孟古托力認爲契丹族人口占比爲 18%，漢族占比 39%；項春松在《遼代歷史與考古》中認爲契丹族與奚族占總人口的 23%—30%。

⑥ 翁獨健：《中國民族關係史綱要》，北京：中國社會科學出版社，1990 年，第 446 頁。

義的影響，遼太祖耶律阿保機對奚族進行括户，查出了大量的“隱丁”，改奚族五部爲六部①，“新丁户”人口的增加使奚族可承擔生產、生計與兵役的群體增加，但也使得隱户中部分“俘户”轉爲“民户”。因而，契丹統治下各民族身份轉型涉及的民族互嵌方式問題、社會經濟發展不平衡對統治措施的導向、階級結構下各民族生產方式與社會經濟發展的適應性、朝廷與各民族聚居地區關係變化的過程等一系列複雜又深刻的問題。而各民族群體中都共存的特殊群體“俘户”又隨著契丹國建立、發展、消亡的歷史，從被動變爲主動融入“契丹”，其身份也從“俘”變爲“民”，並在契丹統治下享有更多的人身權利，“俘户”所在的族群也在契丹經略各民族的過程中，經歷了分散到重組的過程。這一身份轉型的歷史過程，在文獻中未見有較多的記載，究其原因還是與“俘户”的身份相關，他們雖然構成了人口政策的龐大基數，但因未能掌握實權且受身份限制，難以列入史册。因此在研究其身份轉型的過程時，我們衹能從史書的隻言片語中，逐漸構建其民族意識與認同意識的全貌，而能夠證明“俘户”在身份轉型以後促進族群凝聚的證據，則可以採用倒推的方式，從遼代民族交往、交流、交融的結果，以及遼代各族群創造的文化現象，反補其在族群凝聚中所發揮的作用，故而“俘户”的身份轉型主要涉及兩方面的問題。

一是“俘户”的產生。自唐朝末年起契丹部落聯盟征討各地，如經略漢族時，契丹統治者於遼太祖、太宗、聖宗時期發動數次戰爭，俘獲人口不計其數，並制定法律約束②其逃亡行爲，徙漢族離開故地，置州縣編户③等措施。經略奚族時，先後發動六次戰爭，俘虜大量的人口，或編入契丹部族組織，或置新户如迭剌迭達部、乙室奥隗部等。經略女真時，將女真族分爲三部分，即熟女真、生女真、回跋女真，並編熟女真入户籍。④ 這裏需要注意的是，契丹對周邊民族進行多次征戰的主要目的是爲了掠奪人口進行經濟生產，其中從事農業生產的人口包括避戰北上定居的中原漢族、渤海移民，由牧獵轉爲農耕的契丹族，以及被俘至農耕經濟區的漢族、渤海族、奚族等民族成員；從事狩獵和畜牧業爲主的人口不僅包括了常年以遊牧經濟爲生產方式的契丹族，並且包括了奚族、女真、室韋等，其中不乏徙至遊牧生產經濟區的“俘户”。

二是遼代“因俗而治”的統治政策，使得“俘户”有機會轉變爲“民户”。契丹統治者吸取了前朝多種經略經驗，如在對待北方草原民族時，採用羈縻政策，保留了部落聯盟

① （元）脱脱：《遼史》卷33《營衛志下》，中華書局，2016年，第387頁。

② （元）脱脱：《遼史》卷3《太宗紀上》，第40頁。“以軍前所俘叛入幽州者皆斬之。”

③ 如上京道的徽州、成州、懿州、渭州，壕州、原州、福州、横州、鳳州、遂州、閭州、松山州、豫州、寧州等頭下州，上京臨潢府的長泰縣、定霸縣、寶和縣、潞縣、易俗縣、遷遼縣、宣化縣等。

④ （元）脱脱：《金史》卷1《本紀一》，中華書局，2016年，第2頁。“契丹盡取渤海地，而黑水靺鞨附屬於契丹。其在南者籍契丹，號熟女直；其在北者不在契丹籍，號生女直。”

的形式，建立了屬國、部族等制度。在經略渤海族時，依照其原有的統治制度，建立了東丹國，但爲防止渤海族的反叛，徙大姓家族至契丹，以州縣安置。對待漢族時，採用“以國制治契丹，以漢制待漢人”① 的雙軌政治制度。中央行政體制施行“北、南面官制”，地方施行部族制、屬國制與州縣制，法律制度中“番法”和“漢法”並存，官制有世選制度和科舉制度。此外，與安置各民族的相關制度還包括“宫户”“二稅户”“頭下州”等。但促使統治者將“俘户”轉爲民户的契機，則與各民族融入“契丹共同體”的方式以及各民族成員心理相關。由於各民族融入“契丹共同體”的方式較爲被動，並且在編入“契丹共同體”之後，仍然承擔了大部分的勞動，各族群之間的矛盾與隔閡難以消除，且社會秩序無法控制，致使各民族成員產生了反抗的情緒，其中俘民渴望獲得人身自由與安全的情緒最爲迫切。對於契丹的統治來講，俘虜來的人口組成了龐大的生產基數，並按照其民族特點組成了契丹經濟與社會發展的鏈條，每一個民族都是這一鏈條上不可摘除的一環。於是自遼興宗以後，契丹統治者不再對外進行大規模的兼并戰爭，而是將發展的重心轉移到統治區域内社會經濟與文化交往上，保持各民族地區原有的社會政治制度、生產方式和文化形態，並根據各民族不同的生產、生活方式、風俗習慣採取不同的經濟政策。於是各民族之間交往、交流、交融的程度逐漸加深，各民族文化遷移互嵌，出現了各民族雜居、通婚、貿易等現象，境内各民族經濟與文化上的差異逐漸減小，並趨於同一，漢律、漢服②、漢食逐漸被契丹族所接受。在諸多民族政策的制度中，最爲直觀且有效促使“俘户”轉爲民户的方式，即是契丹統治者對各民族的增置，除上文中提到對奚族的增部、對女真族置屬國、屬部外，對烏古、敵烈、室韋等部族成員亦增設新部③。通過增設新部、國、州、縣的方式，“俘户”被編入民户之中，身份發生了轉變。其身份轉型意味著人身自由、擁有財產，所享受到的權利與其他民族成員等同，並進行重複性、穩定性的生產勞動，融入社會經濟文化發展中，成爲“契丹共同體”的一員，其自身對族群的認同感逐漸加深，民族隔閡逐漸減弱，族群凝聚的程度逐漸加深。

三、身份認同與族群凝聚

契丹政權存續期間，自稱“北朝”，襲用“中國”認同觀念，在與漢族、契丹族、渤海族、女真族等民族相互接觸和互動的過程中，通過對“本族群”與“其他族群”的民

---

① （元）脱脱：《遼史》卷45《百官志一》，第685頁。

② 《遼史》卷13《聖宗本紀四》、卷56《儀衛志》等卷皆有相關記載。同時參考任崇嶽：《論遼代契丹族對漢族文化的吸收和繼承》，《中州學刊》1983年第3期，第95—100頁。

③ （元）脱脱：《遼史》卷33《營衛志下》，第392頁：“聖宗以舊部族置者十六，增置十八。”

族特徵進行比較，逐漸建構新的民族共同體，在遼代表現爲以契丹族群爲核心的民族共同體。從遼的政治架構看，他繼承了渤海設五京的傳統，首創北、南面官制度與四時捺鉢制度等；從文化特徵來看，契丹族創造了自己的民族文字，統治思想上主推儒學，宗教上流行佛教和道教，遼中後期佛教成爲國教；經濟上將農業經濟向東北推進，擴大東北農業文明區域的範圍，同時向西拓延草原絲綢之路，使臣、軍隊、商人等頻繁活動，自此東歐、中歐的許多民族第一次認識到"中國"（契丹）。隨著時間推移，各族群的關係也在不斷發生變化，既有消亡、分裂，也有整合、交往、交流、交融。其中固然與遼朝統治者推行的一系列民族政策有關，亦與各族群之間經濟往來、文化融合等現象相關，究其根本原因仍是各民族成員在契丹統治下，逐漸建構並共用特定的信仰、價值觀、習慣、習俗和社會標準，對於"俘户"來講則是基於其自我身份認同，是對原族群的身份認同，還是"契丹"身份的認同。通過對"俘户"轉爲民户這一過程的歷史考察，可以看出，被編入"宫户""頭下户""御帳親軍"的俘民大多受契丹族直接管理，所依附的軍事組織形式與生產關係與契丹族同，逐漸契丹化；而如奚族、烏古、敵烈、北敵烈、渤海族、漢族等部分"俘户"，屬於在其原有的部族基礎上增設新部族中的一員，原生計方式與文化模式基本保留，因此在"俘户"身份階段更偏向於對原族群身份的認同，在轉變爲民户身份之後，亦會存在對"契丹共同體"身份認同的現象。而漢族、渤海族、女真等民族的部分"俘户"，被"徙""遷""移"之後不滿契丹的統治，甚至多次"逃亡""抗税"並建立地方民族政權，如渤海族建立"安定國""烏合國"，這類"俘户"對自我身份的認同更偏向於原族群。此外，與契丹族保持羈縻關係的女真人不在遼朝行政轄區之内，這也爲女真亡契丹埋下了必然的種子。

因此，"俘户"轉型爲民户之後，對族群的認同是在各族群之間互嵌或互動的過程中逐漸構建起來的。契丹統治者實行"因俗而治"的方針，並在一定的時間内通過統一教育、制度模仿、文化遷移等，將各民族成員組建爲"契丹"的一部分，將文化觀念與族群觀念綁定，對轄區内的各民族行爲進行整合、規範與界定標準，安撫並促進社會穩定，是爲促進族群凝聚積極的一面。當然，契丹族對待不同民族或族群的態度與政策存在差異性，因而各族群對"契丹"的認同與依賴存在差異。伴隨著契丹族構建政權的過程，屬民制度體系成爲一套"分類"民族特性後的系統，有的民族成員被強調"契丹"的身份，有的則弱化了這套系統的運行，而這一過程又是一套不同文化交融並創新文化的過程。

族群認同是各民族或族群成員個體主觀意識的集體表現，具有較強的自主性與層次性，通過一系列的文化要素表現出來，以文化認同爲基礎，對本族與他族之間的共性，會產生意識形態上的承認。雖然這一過程中，原生性的紐帶和情感是根深蒂固的，即以血緣、家庭、親屬、宗族的認同爲基礎，但對於俘民來講，強調各成員之間共同的歷史經歷與遭遇，共同的語言、親屬關係、宗教信仰、風俗習慣以及社會經濟生活，也是對族群身份認同的重要意識來源。這似乎造成了各族群成員對原族群①的自我意識和認同感的加強，而對多族群之間所形成的共同體民族的認同減弱，即便其身份由“俘户”轉爲民户，但仍是被盤剝、壓迫的一方，封建性的人身依附關係依然受限。故而在契丹政權破滅之時，他們又非常迅速地融入新的民族共同體之中。

以史爲鑒，“俘”轉“民”的過程，是“俘”自我身份認同感的轉型，亦是族群凝聚的關鍵。契丹統治者在治理過程中，保證各民族成員身份的平等，佐以統治政策導向“契丹”的身份歸屬與認同，並制定了滿足其對政治權利意識需求的選官制度，強調經濟文化模式上的共性，從而創建了“契丹化”的共同體。

From “Captive” to “People”: Identity Transformation and Ethnic Cohesion under the Rule of Khitan

Zhou He

Abstract: The establishment of the Khitan regime was accompanied by a series of measures to establish, consolidate, and maintain the rule, such as plundering, wars, forced migrations, emigration, and the ethnic policy of “ruling according to custom” towards different regimes, communities, and regions around the Khitan. In the process of gradual cohesion of the Han, Bohai, Xi, and Jurchen ethnic groups, their household registration status was changed from “captive” to “people”, which, to a certain extent, led to the acceptance of the identity of the “Khitan” by the members of the lower strata of different ethnic groups and their adaptation to it, and constituted the framework of the “ethnic community” during the Khitan period. The identity transformation from “captive” to “people” was instructive for the cohesion of the ethnic groups.

Keywords: Captive; Khitan; Ethnic community; Ethnic groups

---

① 這裏需要注意的是，不同族群對契丹統治的政治認同的程度亦有不同，如奚族與契丹屬“異種同類”，奚族融入契丹共同體的程度較深；漢族有主動融入契丹者，亦有被動融入契丹者，從“北、南面官”“五京制度”等制度的實施來看，漢族對契丹的政治認同較高；渤海族對契丹的政治認同最低，主要原因在於“亡國之恨”的歷史記憶。但是對於俘民來講，他們不僅受到契丹的管轄，也受到原族群的管治，自主選擇身份認同的權力有限，在族群凝聚過程中是充數角色，其民族身份認同的意識形態隨其所在族群意識形態的變化而變化。

普巴金剛修法在薩迦派的起源與傳承*

李夢妍

摘　要：按照寧瑪派密教體系，普巴金剛是大瑜伽八大修部（bKa'-brgyad）中與"事業"（phrin las）相關的一類修法。普巴金剛修法自蓮花生傳入西藏後主要由寧瑪派傳承，然而，薩迦派的普巴傳承亦可追溯至蓮花生，自成體系並傳承至今，因此有"薩普"（Sa-phur）或"昆氏傳承"（'Khon-lugs）之稱。有學者指出普巴金剛修法在薩迦派的重要性表現在薩迦派早期最神聖、最重要的儀軌和修法都以普巴作爲本尊。本文將從以下五個方面介紹普巴金剛修法在薩迦派的傳承：1. 早期在昆氏家族内部的傳承，2. 薩迦五祖的傳承，3. 薩迦五祖之後的傳承，4. 孜東普巴傳承，5. 薩迦派的普巴文獻。

關鍵詞：普巴金剛；薩迦派；傳承史

普巴金剛（rDo-rje-phur-pa，Vajrakīlaya 或 Vajrakīla）是藏傳佛教中起源於前弘期且廣爲流傳的密教修法。其最初起源學界並無定論，目前爲止有兩種主流觀點，一爲印度起源説，一爲藏地起源説。普巴金剛在佛教文本語境中一般有三層含義，第一層是作爲法器或本尊手幟的普巴金剛，又被稱爲金剛橛，通常由銅、鐵、木頭、象牙等材質構成，可分爲兩個部分，下部爲三稜刀鋒，前端收尖，這是其最具辨識度的特點。上部爲手柄，若細分可分爲三部分，最頂端爲本尊的頭，如馬頭明王、大黑天等；中間是真正抓握的地方，一般裝飾有金剛、蓮瓣、圓環、八變柄等；下部起連接作用，裝飾有結、蛇紋、本尊或動物的頭等。普巴金剛具有鎮服土地、擊退敵人、祛除魔障、呼風唤雨的作用。第二層是作爲本尊的普巴金剛，又稱金剛童（rDo-rje-gzhon-nu，Vajrakumāra）。普巴本尊通常身黑藍色，有三頭、六臂、四雙腳，每一頭有三眼，共九眼。右頭白色，代表文殊的忿怒相大威德金剛（gShin-rje-bshed，Yamāntaka），左頭紅色，代表阿彌陀佛或觀音的忿怒相馬頭明王（rTa-mgrin，Hayagrīva）。第三層是作爲密教修法的普巴金剛，屬於寧瑪派密教大瑜伽教法

* 本文係 2020 年度國家社科基金青年項目"藏傳密教普巴金剛修法的傳承與修習研究"（項目批准號：20CMZ010）階段性研究成果。

中的八大修部。普巴金剛修法在西藏主要由寧瑪派通過教傳（bKa'-ma）和岩傳（gTer-ma）兩種方式傳承。[①] 教傳主要由上師和弟子口耳相傳。岩傳，又可稱爲伏藏傳承，是寧瑪派特有的一種傳承方式，簡單説來，即祖師將文本、聖物等可承載教法的物品埋藏在隱秘之處，待條件允許時，由後人挖掘出來。

一、早期在昆氏家族内部的傳承

雖然在敦煌藏文文獻和早期藏文史籍《娘熱教法史》中並没有薩迦普巴傳承的相關記載，但是藏文史料都將魯益旺波（Klu'i-dbang-po）視爲薩迦派第一位普巴傳承者。他作爲“預試七人”之一，從蓮花生處接受普巴和真實（Yang-dag）這兩種教法並在修習後取得成就。[②] 索多巴·洛追堅贊（Sog-bzlog-pa Blo-gros-rgyal-mtshan，1552—1624/5）的《具吉祥普巴教法源流·稀有海浪》（下文簡稱《稀有海浪》）載魯益旺波之弟多吉仁欽（rDo-rje-rin-chen）在依於普巴後也取得了成就。[③]《賢者項嚴》載多吉仁欽的第六代後人格通（dGe-mthong）在修習普巴後親見普巴壇城。[④] 格通之子昆東貝波（'Khon-ston-bal-po）在一座名爲扎莫若浪（Tsha-mo-rong-glang）的岩洞裏修習普巴與真實，獲得成就以

① 關於普巴金剛修法在寧瑪派各種傳承的具體論述，見 Mengyan Li, *Origination, Transmission, and Reception of the Phur-pa Cycle: A Study of the rDo-rje-phur-pa Cycle of Tantric Teachings in Tibet with Special Reference to Sog-bzlog-pa Blo-gros-rgyal-mtshan's* (1552-1624) *Phur pa'i lo rgyus*, Hamburg: Staats - und Universitäts Bibliothek Hamburg, 2019, pp. 51-124。

② 達倉·貝覺桑波（sTag-tshang dPal-'byor-bzang-po）的《漢藏史集》（*rGya bod yig tshang*，成都：四川民族出版社，1998 年，第 309 頁）給出他修習這兩種教法的地方在葉爾巴（Yer-pa）。葉爾巴又稱扎葉巴（Brag-byer-pa），位於拉薩東部達孜縣。

③《具吉祥普巴教法源流·稀有海浪》（*dPal rdo rje phur pa'i lo rgyus chos kyi 'byung gnas ngo mtshar rgya mtsho'i rba rlabs*）是目前所見關於普巴金剛教法史最爲詳盡的文獻，目前筆者蒐集到該文本的 10 個版本，並作出精校本，見 Mengyan Li 2019, pp. 269-368。下文引用此文獻時，將使用此精校本。此處出自《稀有海浪》（精校本 2019，§18，p. 307. 12-15）。《漢藏史集》（第 309 頁）的記載略有不同：多吉仁欽從蓮花生和魯益旺波處習得普巴教法。

④《賢者項嚴》（*mKhas pa'i mgul rgyan*），收於《西藏史集五部》（*Deb ther khag lnga*），拉薩：西藏藏文古籍出版社，1990 年，第 207 頁。從多吉仁欽到格通的五代分别是：喜饒雲丹（Shes-rab-yon-tan）、雲丹迥乃（Yon-tan-'byung-gnas）、楚臣傑波（Tshul-khrims-rgyal-po）、多吉祖德（rDo-rje-gtsug-tor）和格嘉（dGe-rgyab）。然而，從多吉仁欽到格通之間的世系不同文獻記載不一：與《賢者項嚴》一致的有桂譯師·迅魯伯（'Gos-lo-tsā-ba gZhon-nu-dpal）的《青史》（*Deb ther sngon po*，2 卷，四川民族出版社，第 262 頁）和阿美夏（A-mes-zhabs）的《薩迦世系史》（*Sa skya'i gdung rabs*，北京：民族出版社，第 14—15 頁）。《稀有海浪》（精校本 2019，§18，p. 307）記載祖德希惹（gTsug-tor-shes-rab）爲喜饒雲丹之子。這裏的祖德希惹應是多吉祖德的另一稱謂。《漢藏史集》（第 310 頁）將祖德希惹列爲喜饒雲丹之孫，中間一代爲楚臣傑波。

及將十二地母（*bstan/brtan ma bcu nyis*）收爲侍從的能力。[①] 格通之孫昆·饒·喜饒楚臣（'Khon Rog Shes-rab-tshul-khrims）獲得普巴成就後也獲得了一些神通。[②] 他曾親見本尊白日月（dKar-mo-nyi-zla）和人頭千鬘護法（sTong-gi-thod-'phreng-can）。[③]《稀有海浪》記載喜饒楚臣之前昆氏家族的成員都習得了普巴成就。[④]

在喜饒楚臣時期，新譯密咒開始興起。他勸説其弟昆·袞卻傑波（'Khon dKon-mchog-rgyal-po，1034—1102）向卓彌譯師（'Brog-mi-lo-tsā-ba，992/993—1074？/1077？）學習新譯密續，並把和舊譯密咒相關的文本、法器作爲伏藏埋起來，卻出現了不祥的徵兆。他衹能將這些伏藏重新挖掘出來，包括現證普巴的文本、關於真實的文本、兩對檀木普巴等，

① 《漢藏史集》（第310—311頁）和《薩迦世系史》（第15頁）。扎莫若浪位於薩迦東部的普日山上，距薩迦約一天的脚程，見 Gene Smith, *Among Tibetan Texts: History and Literature of the Himalaya Plateau*, Boston: Wisdom Publications, 2001, p. 298, note 311。

② 《漢藏史集》（第311頁）和《薩迦世系史》（第15頁）。

③ 見 Cyrus Stearns, *Luminous Lives: The Story of the Early Masters of the Lam 'bras Tradition in Tibet*, Boston: Wisdom Publications, 2001, p. 109。白日月和人頭千鬘分别是普巴金剛和真實嘿嚕嘎的專門護法，從魯益旺波向蓮花生求得這兩個護法後，它們一直是昆氏家族的重要修習本尊，見 Cyrus Stearns 2001, p. 230, note. 104。這兩個護法本尊通常成對出現，又被稱爲白日月姐弟（dKar-mo-nyi-zla-lcam-sring/dral）或白魔姐弟（dKar-bdud-lcam-dral）。阿美夏獲得了白魔姐弟及其隨許兩個傳承，見《阿美夏聞法録》（A: *Chos kyi rje dpal ldan bla ma dam pa rnams las dam pa'i chos ji ltar thob pa'i tshul legs par bshad pa zab rgyas chos kun gsal ba'i nyin byed las rje btsun grub pa'i 'khor lo bsgyur ba dpal sa skya pa chen po 'jam mgon bsod nams dbang po'i zhal snga nas kyis rjes su bzung ba'i sarga*, in *A mes zhabs gsung 'bum* (B), 29 vols, Kathmandu: Sa-skya-rgyal-yongs-gsung-rab-slob-nyer-khang, 2000, vol. 1, p. 606. 1-3 和 B: *Chos kyi rje dpal ldan bla ma dam pa rnams las dam pa'i chos ji ltar thos pa'i tshul legs par bshad pa zab rgyas chos kun gsal ba'i nyin byed ces bya ba las yab rje sbas pa'i sangs rgyas sngags 'chang mtshungs med grags pa blo gros kyis rjes su bzung ba'i tshul gyi sarga*, in *A mes zhabs gsung 'bum* (B), 29 vols, vol. 1, pp. 640. 5-641. 3. ）。人頭千鬘護法又叫魔王人頭項鬘（bDud-rgyal-thod-'phreng-can），阿美夏也獲得了該護法修習和口訣傳承，見阿美夏的《大黑源流》（*dPal rdo rje nag po chen po'i zab mo'i chos skor rnams byung ba'i tshul legs par bshad pa bstan srung chos kun gsal ba'i nyin byed*, in *A mes zhabs gsung 'bum* (B), 29 vols, vol. 25, p. 432. 5-6）。對這一對護法的描述，見 Réne De Nebesky-Wojkowitz, *Oracles and Demons of Tibet: The Cult and Iconography of the Tibetan Protective Deities* [The Hague: Mouton, 1956 (first edition)]. Kathmandu: Book Faith India, 1996 (second reprint), p. 87。

④ 《稀有海浪》（精校本：§18, 307. 19，翻譯參見 Mengyan Li 2019, p. 225），類似記載亦見郭若扎西（Gu-ru-brka-shis）：《郭扎佛教史》（*Gu bkra'i chos 'byung*），北京：中國藏學出版社，1990年，第337頁。有些文獻也將真實修法加入其中，提到直到喜饒楚臣昆氏家族的成員都習得了普巴和真實的成就，見《漢藏史集》（第309—312頁）、《薩迦世系史》（第15—20頁）和《賢者項嚴》（第207頁）。

並把這些交給袞卻傑波。[1]

蔣貢康楚（'Jam-mgon-kong-sprul，1813—1899）也簡單介紹了早期薩迦派的普巴傳承。魯益旺波獲得普巴和真實修法後，將其無間斷地傳給袞卻傑波。袞卻傑波認爲這些修法無法利益衆生，決定將其埋起來。這使得本尊護法十分生氣，他不得不將這些伏藏挖出來。因此這兩種修法一直傳到薩迦五祖直至今日。[2]《松巴佛教史》載貢卻傑布（dKon-mchog-rgyal-po，1034—1102）之前，幾乎所有昆氏家族的成員都把普巴作爲他們的主要本尊。[3]

二、薩迦五祖的普巴傳承

關於薩迦五祖的普巴傳承目前尚未發現十分詳細的記載。《稀有海浪》簡單提到自袞卻傑波後，普巴修法在五祖之間流傳。[4] 巴臥・祖拉陳哇（dPa'-bo gTsug-lag-'phreng-ba）寫到薩迦派一直在其教傳中把普巴當作主要的本尊。[5]《郭扎佛教史》對五祖的普巴傳承有幾行文字：儘管在袞卻傑波之後，薩迦派轉向新譯密咒，但是袞卻傑波仍將普巴和真實修法傳給其子袞噶寧波（Kun-dga'-snying-po，1092—1158）。袞噶寧波的兒子索南孜摩和扎巴堅贊寫了關於普巴修法的文本。薩迦班智達（Sa-skya Paṇḍita Kun-dga'-rgyal-mtshan，1182—1251）翻譯了《普巴本續小品》（*Phur pa rtsa ba'i dum bu*）。八思巴（'Phags-pa Blo-gros-rgyal-mtshan，1235—1280）復興了與下部事業（*smad las*）相關的解脫灌頂。此後，

---

① 《稀有海浪》（精校本：§18，307. 20－308. 8）。關於挖掘出的這些伏藏，其他文獻記載略有不同，參見《漢藏史集》（第312—313頁）和洛桑・確吉尼瑪（Blo-bzang Chos-kyi-nyi-ma）的《土觀宗教源流》（*Thu'u bkwan grub mtha'*，蘭州：甘肅民族出版社，1984年，第177頁）。《薩迦世系史》（第18—20頁）也簡略記載了這個故事：袞卻傑波接受了喜饒楚臣的建議，把與舊譯密咒相關的文本、法器埋起來，但是由於普巴和真實的本尊過於強大，無法掩埋，因此他的後代也修習這兩個本尊並且供奉白日月護法。

② 蔣貢康楚（'Jam-mgon-kong-sprul）：《普巴本續釋》（*Phur pa rtsa ba'i 'grel pa = dPal rdo rje phur pa rtsa ba'i rgyud kyi dum bu'i 'grel pa snying po bsdus pa dpal chen dgyes pa'i zhal lung*），in *rGya chen bka' mdzod: A Collection of the Writings of 'Jam-mgon Kong-sprul-blo-gros-mtha'-yas*, 20 vols, Paro: Ngodup, 1975-6: vol. 3, p. 51. 2-6。

③ 松巴堪布・益西班覺（Sum-pa-mkhan-po Ye-shes-dpal-'byor）：《松巴佛教史》（*Chos 'byung dpag bsam ljon bzang*），甘肅民族出版社，1992年，第769頁：*sa skya'i dkon mchog rgyal bo ma byong gong gi 'khon phal cher gyis phur ba gtso bor byed kyang.*

④ 《稀有海浪》（精校本：§18，308. 8-11，翻譯見Mengyan Li 2019：p. 225）。

⑤ 巴臥・祖拉陳哇：《賢者喜宴》（*mKhas pa'i dga' ston*），北京：民族出版社，2006年，第281頁：dpal ldan sa skya pa na rim gyi yi dam gyi gtso bo phur pa bka' ma la mdzad pa sogs…。

普巴教法在薩迦派更加流行。① 八思巴的普巴法器如今仍被作爲主要聖物供奉在曲彌寺中。②

三、五祖之後的普巴傳承

頓珠法王寫到，當舊譯密咒受到猛烈批評時，薩迦派依然堅持普巴和真實兩種修法並尊重其正確性，並且喇嘛丹巴・索南堅贊（Bla-ma-dam-pa bSod-nams-rgyal-mtshan，1312—1375）通過普巴獲得成就並撰寫了和普巴相關的文本。③ 喇嘛丹巴亦從甘巴・仁欽堅贊（Gan-pa Rin-chen-rgyal-mtshan）處獲得薩迦派普巴金剛灌頂。④

大乘法王袞噶扎西堅贊（Kun-dga'-bkra-shis-rgyal-mtshan，1349—1425）從其叔父大元・洛追堅贊（Blo-gros-rgyal-mtshan-dpal-bzang-po，1332—1364，第15代薩迦法王）聽聞普巴金剛薩迦派灌頂。當他前往南京拜見明成祖時，明成祖賜予他包括普巴金剛本尊在内的許多本尊。⑤ 俄爾寺的第一任住持俄爾欽・袞噶桑波（Ngor-chen Kun-dga'-bzang-po，1382—1456）在他的《聞法錄海洋》（*Thob yig rgya mtsho*）中記載了他接受的不同普巴教法，包括普巴灌頂、《普巴本續小品》、蓮花生所作《道次第》（*Lam rim*）、喇嘛丹巴所作《壇城儀》（*dKyil chog*）和《成就法廣中略三篇》（*sGrub thabs rgyas 'bring bsdus*）、《威猛普巴隨賜》（Phur pa drag po'i rjes gnang）、白日月護法隨賜和人頭千鬘護法隨賜。這些與普巴相關的教法都由貝丹楚臣（dPal-ldan-tshul-khrims）傳授給他。⑥

郭循努貝的上師桑傑仁欽（Sangs-rgyas-rin-chen，1350—1431）在其70歲時（1419）傳授了很多教法，包括薩迦普巴的威猛隨賜。⑦ 第21代薩迦法王洛追堅贊（Blo-gros-

---

① 《郭扎佛教史》，第337—338頁。

② Jörg Heimbel, *Vajradhara in Human Form: The Life and Times of Ngor chen Kun dga' bzang po*, Nepal: Lumbini International Research Institute, 2017, p. 94.

③ 頓珠仁波切（bDud-'joms-rin-po-che）：《頓珠教史》（*bDud 'joms chos 'byung*），四川民族出版社，1996年，第611頁。

④ 《薩迦世系史》，第273頁。

⑤ 《薩迦世系史》，第334、346頁。

⑥ 俄爾欽・袞噶桑波：《聞法錄海洋》（*Thob yig rgya mtsho*），收於《俄爾欽全集》（*Ngor chen bka' 'bum*），4 vols. Dehradun: Ngor Pal E-Wam Cho Dan, 1993, vol. 4, pp. 267. 5-269. 2, 另見 Jörg Heimbel 2017, p. 151。Heimel提到俄爾欽學習的内容都與新譯密咒相關，而普巴是例外。

⑦ 《青史》，第193頁。類似記載見丹增龍朵尼瑪（bsTan-'dzin-lung-rtogs-nyi-ma）的《大圓滿教法史》（*rDzogs chen chos 'byung*，中國藏學出版社，2004年，第164頁），然而這裏僅提到普巴灌頂威猛隨賜，未强調是薩迦派的傳承。需要注意的是，《大圓滿教法史》把這件事放在桑傑仁親17歲時，所傳教法的内容和順序與《青史》一致，些許表述略有不同。

rgyal-mtshan，1444—1495）幼時即從其父南喀堅贊（Nam-mkha'-rgyal-mtshan，1398—1472，第 18 代薩迦法王）學習真實和普巴修法。[①] 釋迦卻丹（Shākya-mchog-ldan，1428—1507）向第 21 代薩迦法王洛追堅贊請求薩迦普巴的灌頂，後者應允，但是因爲一些原因没有聽聞。[②]

薩迦大譯師健貝陽·袞噶索南（Sa-lo-chen-po 'Jam-pa'i-dbyangs Kun-dga'-bsod-nams，1485—1533，第 22 代薩迦法王）6 歲時從希饒堅贊（Shes-rab-rgyal-mtshan，1436—1494，第 20 代薩迦法王，洛追堅贊之兄）獲得普巴金剛灌頂。15 歲時，他進行普巴金剛的念修，並親見金剛童本尊。二十幾歲時，他閉關進行以普巴金剛爲本尊的修證時，親見薩比協卓（Sa-bir-zhal-sprod）、金剛童和喇嘛丹巴·索南堅贊等本尊。[③] 第 23 代薩迦法王袞噶仁欽（Kun-dga'-rin-chen，1517—1584）曾做四次普巴金剛念修。他繪有以真實、普巴、勝樂、喜金剛等爲主尊的唐卡一幅。爲了薩迦祖師的期供，他建立了包括普巴金剛在内的衆多本尊壇城修供儀軌。[④] 根據第 41 代薩迦法王的説法，袞噶仁欽之後薩迦派把普巴法會定在藏曆七月並延續至今，正是爲了紀念袞噶仁欽爲恢復薩迦派寺廟和教法傳統付出的辛勞。[⑤] 袞噶仁欽和其長子索南旺波·扎巴堅贊（bSod-nams-dbang-po Grags-pa-rgyal-mtshan，1559—1621）到達桑耶寺後，用薩迦派的普巴金剛儀軌爲桑耶寺舉行隆重的開光儀式。隨後，他和伏藏師喜饒沃色（Shes-rab-'od-zer）從桑耶寺的白塔内取出一把九股金剛杵。據説這一九股金剛杵成爲其普巴金剛灌頂的法器。[⑥]

袞噶仁欽的次子，即第 25 代薩迦法王扎巴洛追堅贊（Grags-pa-blo-gros-rgyal-mtshan，1563—1617）多次聽聞金剛童成熟灌頂（rDo-rje-gzhon-nu'i-smin-byed-kyi-dbang-bskur-ba），亦聽聞了普巴金剛威猛解脱加持（Phur-pa-drag-po-sgrol-ba'i-rje-gnang）。他曾帶領其父的侍從修習包括真實和普巴在内的衆多密教修法。8 歲被認定爲其父繼承人和法主後，扎巴洛追堅贊不間斷地修習真實、普巴、勝樂和喜金剛等本尊，並取得成就。[⑦]

索南旺波（bSod-nams-dbang-po，1559—1621）幼時即從其父學習薩迦派的真實和普

---

① 《薩迦世系史》，第 303 頁。

② 袞噶卓卻（Kun-dga'-grol-mchog）：《釋迦卻丹傳記》（*Shākya mchog ldan rnam thar*），收於《釋迦卻丹全集》（*Shākya mchog ldan gyi gsung 'bum*），24 vols. Kathmandu: Sachen International, Guru Lama, 2006, vol. 16, p. 114. 2。

③ 《薩迦世系史》，第 381、384、396 頁。袞噶索南的叔父南喀仁親堅贊貝桑布（Nam-mkha'-rin-chen-rgyal-mtshan dPal-bzang-po，1453-?）幼時便開始修習普巴金剛，見《薩迦世系史》，第 378 頁。

④ 《薩迦世系史》，第 421、431、435 頁。

⑤ 第 41 代薩迦法王關於普巴金剛的採訪：http：//hhsakyatrizin. net/teaching-vajrakilaya/。Cho Trin，Volume 2，Number 1。

⑥ 《薩迦世系史》，第 437、440—441 頁。

⑦ 《薩迦世系史》，第 494、497—498 頁。

巴修法。包括真實與普巴在内的諸多本尊向他示現尊容，他亦多次親見金剛童。他曾多次向具緣弟子傳授真實和普巴的灌頂、加持和教誡等教法。① 他拜訪俄爾寺時，俄爾寺第12代住持袞卻貝丹（dKon-mchog-dpal-ldan，1526—1590）向他傳授金剛鬘修法和其他教法。作爲回報，索南旺波在俄爾寺僧人集會上傳授普巴金剛灌頂和相關的《威猛解脱灌頂》（*Drag po sgrol dbang*）。② 俄爾寺幾乎没有寧瑪派的相關修法，除了崗薩拉章（Khang-gsar-bla-brang）19世紀晚期的幾個住持，例如阿旺洛追寧波（Ngag-dbang Blo-gros-snying-po，1876—1952），他們非常勤奮地修習普巴。③ 薩迦法王扎巴洛追堅贊和索南旺波都是阿美夏的上師。

扎巴洛追堅贊之子圖登旺秋（mThu-stobs-dbang-phyug，1588—1637）8歲時就掌握了普巴羌姆奏樂的規範，隨後多次做普巴金剛回遮儀軌並向僧衆傳授普巴灌頂。④

阿美夏（A-mes-zhabs Ngag-dbang-kun-dga'-bsod-nams，1597—1659，第27代薩迦法王）是薩迦普巴傳承中非常重要的一位上師。他自幼就從其父扎巴洛追堅贊學會了真實與普巴護法的修念，5歲時從其父處聽聞了依普巴彩砂壇城能熟灌頂（rdo rje phur pa'i rdul tshon gyi dkyil 'khor du smin byed）等法教。他也熟練掌握普巴金剛儀軌的唱誦、奏樂、畫線等。⑤ 他多次念修普巴教法並給僧衆傳授普巴灌頂。⑥

他不僅撰寫了很多與普巴相關的文本，例如成就法的注釋、舞蹈儀軌手册等，還獲得了兩個與金剛童相關的灌頂傳承，這兩個傳承有相同的起源。第一個是金剛童彩砂大壇城灌頂（*rdo rje gzhon nu'i rdul tshon gyi dkyil 'khor chen por dbang bka'*），第二個是金剛童彩砂大壇城上部事業菩提修行灌頂（*rdo rje gzhon nu'i rdul tshon gyi dkyil 'khor chen por stod las byang chub sgrub pa'i dbang bskur ba*）。這兩個灌頂雖然起源相同且最後都傳給阿美夏，但是其中有不少分支。⑦ 除了以上傳承，阿美夏也習得薩班翻譯的《普巴本續小品》（蓮花生作）、年·智童（gNyags Jñānakumāra）翻譯的《殊勝壇城次序》（*dKyil mchog las rim*）、《成就法念誦義成》（*sGrub thabs bklags pas don grub*）、薩欽所作《成就法》（*sGrub thabs*）

---

① 《薩迦世系史》，第474—475、480頁。

② Jörg Heimbel 2017，p. 152，note. 444，他給出這次會面的時間在1587年。

③ Jörg Heimbel 2017，pp. 151-152.

④ 貢嘎洛追（Kun-dga'-blo-gros）：《薩迦世系史續編》（*Sa skya'i gdung rabs ngo mtshar bang mdzod kyi kha skong*），民族出版社，1991年，第225、232—233、235和238頁等。

⑤ 《薩迦世系史續編》，第296、299頁等。

⑥ 具體敘述見《薩迦世系史續編》，如第304、315、344—345和350頁。

⑦ 《阿美夏聞法録》（A：pp. 564. 1-565. 2和B：pp. 624. 4-626. 4）。上部事業指以獲得成就與解脱爲目標的普巴修法，與之對應的是下部事業，以避邪驅魔爲主要目的，例如息增懷誅（*zhi rgyas dbang drag*）。區分二者的標準不在於修法的先後順序或本尊的次第，而是是否以救贖爲直接目標。

和扎巴堅贊所作《普巴成就法偈頌》（*Phur pa'i sgrub thabs tshigs bcad ma*）。[①]

阿美夏之子，即第28代薩迦法王阿旺索南旺秋（Ngag-dbang-bsod-nams-dbang-phyug，1638—1685）於37歲時（木虎年）製造了普巴金剛緞制本尊像。同年，在貢嘎曲德寺（Gong-dkar-chos-sde，又名Gong-dkar-rdo-rje-gdan）向25位弟子做普巴彩尊上部事業菩提修習灌頂（Phur-pa-lha-khra'i-stod-las-byang-chub-sgrub-pa'i-dbang-bskur）。阿旺索南旺秋去世後第三個月，法王強巴·阿旺丹巴熱結（Chos-rje Ngag-dbang-bstan-pa-rab-rgyas）向他的靈塔廣作供養，其中有大威德和普巴傳承上師一人高香泥像76尊。[②]

第29代薩迦法王阿旺袞噶扎西（Ngag-dbang-kun-dga'-bkra-shis，1656—1711，阿旺索南旺秋之子）和第30代薩迦法王阿旺袞噶·索南仁欽（Ngag-dbang-kun-dga' bSod-nams-rin-chen，1705—1741，阿旺袞噶扎西之子）從小聽聞普巴灌頂，多次修行普巴金剛，進行普巴金剛的回遮和開光等儀式，向廣大僧衆傳授相關灌頂和修法等。[③] 索南仁欽還曾學習與《普巴金剛廣釋·十萬黑色》（*Phur pa 'bum nag*）相關的教誡。[④]

第31代薩迦法王袞噶洛追（Kun-dga'-blo-gros，1729—1783，索南仁欽之子）對普巴教法的學習和實踐貫穿其一生。他學習了喇嘛丹巴所作的關於普巴彩砂壇城的《現證普巴金剛廣中略三篇》。另外，他也掌握了普巴成就法、《普巴食子回遮·天鐵金剛尖》（*rDo rje phur pa'i gtor bzlog gnam lcags rdo rje'i dbal*）和《普巴護法催請回遮·十輻輪》

---

① 《阿美夏聞法錄》（A：p. 565. 2-3）。這裏的《成就法念誦義成》可能是喇嘛丹巴所作《吉祥普巴金剛成就法·念誦義成》（*dPal rdo rje phur pa'i sgrub thabs bklags pas don grub*），收在《薩迦索朗堅參全集》（*Bla ma dam pa bsod nams rgyal mtshan gyi gsung 'bum*），西藏藏文古籍出版社，2016年，卷11，第117—182頁。[W3CN3409]

② 《薩迦世系史續編》，第435、446和496頁。阿旺索南旺秋一生多次修習和傳授普巴教法，見同上，第418、453、468和500頁等。普巴彩尊傳承，與普巴黑尊（Phur-pa-lha-nag）相對，因其本尊顏色多樣而得名。一些藏文史籍認爲普巴彩尊傳承亦直接出自蓮花生，詳見Mengyan Li 2019，pp. 73-74。

③ 《薩迦世系史續編》，第501、505、508、596、637、642和665頁等。

④ 《薩迦世系史續編》，第594頁。《普巴金剛廣釋·十萬黑色》通常被認爲是普巴本續最早的注釋，據傳作者是Ngam-'bre-sa-le。該文獻目前存有兩個版本，一個收在《寧瑪教傳廣集》（*rNying ma bka' ma rgyas pa*, 58 vols, Kalimpong: Dujung Lama, 1982-1987, vol. 10, pp. 215-558），另一個收在一部關於普巴的文集中（*Two rare Vajrakīla Teachings from the Miraculous Lotus-born Gu-ru Rin-po-che Padmasambhava*, Gangtok: Gonpo Tseten, 1976, pp. 1-229）。該文獻的英文翻譯，見Martin Boord, *A Bolt of Lightning from the Blue: The Vast Commentary on Vajrakīla that Clearly Defines the Essential Points*, Berlin: Edition Khordong, 2002, pp. 110-344。

（*Phur srung bskul bzlog 'khor lo rtsibs bcu*）等修法。[①] 他亦學習了《普巴金剛廣釋・十萬黑色》，多次擔任普巴大法會的金剛上師。[②] 袞噶洛追之弟袞噶索南・圖登旺秋（Kun-dga'-bsod-nams mThu-stobs-dbang-phyug，1734—1757）幼時即從其父索南仁欽獲得普巴金剛灌頂，多次在不同地方修行普巴並用其做開光儀式。[③]

薩迦第32代法王旺堆寧布（dBang-sdud-snying-po，1763—1809）的傳記中有很多他學習、修習普巴教法以及實施相關儀軌的記載，例如14歲時，在普巴金剛壇城內，其父即袞噶洛追向他兄弟二人傳授普巴灌頂，之後，父子三人做普巴念修。19歲時，依其父指令，在普巴法會中擔任金剛上師。其傳記提到他作有一篇關於普巴善住儀軌的文本。[④]

旺堆寧布之子，即第33代法王白瑪敦都旺秋（Padma bDud-'dul-dbang-phyug，1792—1853）年輕時即通曉普巴金剛的修習、儀軌和壇城並且參加普巴修供舞。他亦從其父處聽聞普巴上部事業菩提修習（rdo rje phur pa stod las byang chub sgrub pa'i dbang）灌頂。[⑤] 白瑪敦都旺秋之子，即第34代法王多吉仁欽（rDo-rje-rin-chen，1819—1867）六七歲時學習了普巴修習和壇城，隨後又做了三個月的普巴念修。[⑥] 第35代法王扎西仁欽（bKra-shis-rin-chen，1824—1865）8歲時從其父白瑪敦都旺秋處接受普巴上部事業菩提修習灌頂和下部事業威猛解脱灌頂（*smad las drag po sgrol dbang*），隨後又完成普巴念修。他也在江孜一個名爲古巴扎倉（Gud-pa-grwa-tshang）的地方做了一次普巴回遮儀軌。他曾連續七天做普巴彩砂壇城甚深修供。[⑦] 第36代法王袞噶索南（Kun-dga'-bsod-nams，1842—1882）從小即學習了普巴金剛教法，亦從其父阿旺袞噶仁欽（Ngag-dbang-kun-dga'-rin-chen，生卒年不詳）聽聞普巴上部事業菩提修習灌頂和下部事業威猛解脱灌頂。[⑧] 他也把普巴上下部事業灌頂傳給其子哲書雲丹嘉措（Drag-shul-yon-tan-rgya-mtsho）。[⑨]

扎西仁欽之子，第37代法王袞噶寧布（Kun-dga'-snying-po，1850—1899）從其父聽

---

① 扎喜・成列仁青（Drag-shul 'phrin-las-rin-chen）：《薩迦譜》（*Sa skya'i gdung rabs ngo mtshar rin chen kun 'phel*），四川民族出版社，1992年，第41和48頁。這裏的《普巴回遮・天鐵金剛尖》是健貝陽・袞噶索南（1485—1533）所作普巴儀軌文獻標題的縮寫，全名爲《吉祥金剛童食子回遮普摧魔障之補遺明釋・天鐵金剛尖》（*dPal rdo rje gzhon nu'i gtor zlog dgra bgegs kun 'joms kyi lhan thabs gsal byed gnam lcags rdo rje'i dbal*）。

② 《薩迦譜》，第94、116和129頁。

③ 《薩迦世系史續編》，第717、720和725頁。

④ 《薩迦譜》，第397、437和507頁。

⑤ 《薩迦譜》，第522和527頁。

⑥ 《薩迦譜》，第607和613頁。

⑦ 《薩迦譜》，第658、661、665和696頁。

⑧ 《薩迦譜》，第631和632頁。

⑨ 《薩迦譜》，第643頁。

聞了普巴上下兩部事業灌頂，15 歲時，在一次普巴修習法會上，他基於阿美夏的《普巴金剛釋論》等向僧衆做了講解。之後，他從袞噶索南處聽聞了大型普巴法會（phur chen）、普巴壇城（phur dkyil）、小型普巴法會（phur chung）、普巴回遮、普巴護法催請與回遮（phur srung bskul bzlog）等内容。1884 年，金剛上師向他傳授了《詳盡現證金剛童·大型普巴法會》（*rDo rje gzhon nu'i mngon rtogs rgyas pa phur chen*）、阿美夏所傳普巴壇城和普巴回遮等修法。50 歲時他做了七天普巴修供儀軌。①

袞噶索南之子，第 38 代法王贊林欽古旺堆（'Dzam-gling-che-rgu-dbang-sdud，1855—1919）從小即從其父學習普巴上下兩部事業灌頂。袞噶寧布之子，第 39 代法王哲書欽列仁欽（Drag-shul-'phrin-las-rin-chen，1871—1935）3 歲時達隆瑪珠·阿旺丹貝尼瑪（sTag-lung-ma-sprul Ngag-dbang-bstan-pa'i-nyi-ma）賜給他一個普巴金剛橛，隨後又向他傳授健陽欽哲旺波（'Jam-dbyangs-mkhyen-brtse-dbang-po，1820—1892）的普巴精要伏藏的灌頂和教誡。10 歲時，從其父處習得普巴金剛教法。他多次擔任普巴儀軌上師並且大約從 1902 年後至少每個月都會舉行普巴精要修供儀軌。②

贊林欽古旺堆之子，第 40 代法王阿旺圖登旺秋（Ngag-dbang mThu-stobs-dbang-phyug，1900—1950）幼時即跟隨第 39 代法王學習普巴教法。他曾傳授普巴上下部事業灌頂隨賜、喇嘛丹巴 ·索南堅贊的《廣成就法念誦義成》（*sGrub thabs rgyas pa bklags pas don grub*，又稱爲《大型普巴法會》）等普巴教法。③

德松仁波切（sDe-gzhung-rin-po-che，1906—1987）向卓瑪頗章（sGrol-ma-pho-brang）的住持阿旺袞噶仁欽（Ngag-dbang-kun-dga'-rin-chen，1902—1950）請求昆氏普巴灌頂並在 1949 年習得全部教法。阿旺袞噶仁欽又向他傳授了上部和下部事業普巴灌頂，並給他講解阿美夏的兩部與普巴相關的著作《普巴上下部事業注釋》（*Phur pa'i stod smad rnam bshad*）和《小普注釋·甘露精要》（*Phur chung rnam bshad bdud rtsi snying thig*）。④ 德松仁波切把阿美夏的《普巴成就法注釋》傳給薩迦派第 41 代法王阿旺袞噶·德欽白巴（Ngag-dbang-kun-dga' Theg-chen-dpal-'bar，1945—　）後，阿旺袞噶是目前所知該文本的最後一位傳承人。⑤ 阿旺袞噶 4 歲時從其父獲得薩迦普巴灌頂，10 歲後，他開始傳授薩迦

① 《薩迦譜》，第 709、711—712、718、740 和 777 頁。

② 《薩迦譜》，第 837、839、849 和 849 頁。

③ 袞噶丹巴尼瑪（Kun-dga'-bstan-pa'i-nyi-ma）：《阿旺圖登旺秋傳》（*Ngag dbang mthu stobs dbang phyug rnam thar*），Delhi: T. G. Dhongthog Rinpoce，p. 24. 3-4, 56. 4 and pp. 57. 6-58. 6.

④ David P. Jackson, *A Saint in Seattle: The Life of the Tibetan Mystic Dezhung Rinpoche*, Boston: Wisdom Publication, 2003，p. 163.

⑤ David P. Jackson 2003，p. 627，note 628.

普巴傳承。1999 年他在錫金傳授薩迦派的普巴灌頂。① 薩迦第 41 代和第 42 代法王在世界各地多次傳授普巴灌頂。

至此，筆者大致梳理了從薩迦始祖至今普巴金剛在薩迦派的流傳情况。可以看出，普巴修法在薩迦派的傳承從未中斷，直到今日很多薩迦派寺廟每年定期舉行普巴儀軌或法會。一般來説，薩迦派完整的普巴法會持續整個藏曆七月，但由於人力、物力等原因，通常會精簡到十幾天，也有很多寺廟選擇其他時間舉行。② 按照薩迦第 41 代法王的説法，普巴金剛是薩迦派唯一傳承没有中斷的儀軌並且薩迦普巴僅有一次傳給了昆氏家族之外的成員，隨後又傳回昆氏家族。

四、孜東普巴傳承

薩迦普巴中有一系傳承與孜東寺密切相關，又被稱爲孜派普巴（rTse-lugs-phur-pa）。孜東寺（rTse-gdong-chu-sde gSang-che-smra-ba'i-gling）位於日喀則南木林縣孜東村，由南喀扎西·貝桑波（Nam-mkha'-bkra-shis dPal-bzang-po）建造。該寺寺志給出兩個建寺的年代 1429 年和 1489 年，由於建寺者的生卒年尚未確定，該寺的建造年代依然存疑。③ 孜東普巴因其“普珠”（phur sgrub）金剛舞而聞名，一直延續到今日，在藏曆九月十二至二十三日舉行。據説孜東寺現在表演的“普珠”以薩迦第 31 代法王袞噶洛追所作普巴金剛舞儀軌爲依據。④ 另有兩篇關於普巴唱誦記譜（dbyangs yig）的文本收在《孜東唱誦記譜》（*rTse gdong dbyangs yig*）中。

孜東拉章從薩迦派的四大拉章之一都卻拉章衍生而來，其始祖袞噶桑珠（Kun-dga'-bsam-grub，1515—1572）有一子名袞噶德勒扎西（Kun-dga'-bde-legs-bkra-shis，1549—1588）。後者又有三子袞噶索南倫珠（Kun-dga'-bsod-nams-lhun-grub，1571—1642）、才旺霍鎖·索南堅贊（Tshe-dbang-hor-sog bSod-nams-rgyal-mtshan，1573—1590）和吉旦甲霍（'Jig-rten-rgya-hor，1578—1625，又名吉旦旺秋）。長子袞噶索南倫珠，曾擔任俄爾寺第 15

① Carl Yamamoto (tr.), “Short Biographies of Three Tibetan Lamas and Their Activities in Sikkim: Sakya Trichen”, *Bulletin of Tibetology*, vol. 42, no. 1-2, pp. 46-47 and p. 53.

② 關於西藏薩迦寺普巴大法會的具體過程和圖片，見薩迦·班典頓玉：《薩迦普巴金剛》，上海：中西書局，2011 年。

③ 《孜東寺史》(bKra-shis-dbang-rgyal, *gTsang g·yas ru rtse gdong gi phyi nang snod bcud kyi ngo sprod lo rgyus gzhon nu'i mgul rgyan*), Dharamshala: A-myes-rma-chen-bod- kyi-rig-gzhung-zhib-'jug-khang, 2009, p. 32. 15 and p. 171.

④ 兩篇普巴金剛舞儀軌收於《袞噶洛追全集》(*Kun dga' blo gros bka' 'bum*), 6 vols, Kathmandu: Sa-skya-rgyal-yongs-gsung-rab-slob-gnyer-khang, 2008, vol. 3。[W1KG1880]

代堪布，從小即學習了普巴壇城儀軌，8 歲時新創立了修習普巴的羌姆舞。後從南喀貝桑（Nam-mkha'-dpal-bzang，1532—1602，俄爾寺第 13 代堪布）聽聞普巴金剛上下部事業灌頂和隨許，以及《廣中略三種成就法》（*sGrub thabs rgyas 'bring bsdus gsum*）。他也多次做普巴金剛的灌頂和修行。①

吉旦甲霍之孫蔣貢旦增旺布（'Jam-mgon-bstan-'dzin-dbang-po，1639—1690/1694）從其叔父索南倫珠聽聞普巴金剛灌頂後，不斷修行並多次傳授普巴灌頂並擔任普巴法會之會首。② 蔣貢旦增旺布的幼弟阿旺諾布·索南旺傑（Ngag-dbang-nor-bu bSod-nams-dbang-rgyal，1645—？）和第 29 代薩迦法王阿旺袞噶扎西一起修習普巴。③ 索南旺傑有一子名袞噶才旺仁增（Kun-dga'-tshe-dbang-rig-'dzin，1667—1691），曾從索南倫珠處習得袞噶桑珠的《普巴金剛壇城儀軌和自入》（*Phur pa'i dkyil mchog dang bdag 'jug*），也向阿旺袞噶扎西請求教法，後者給予他以真實和普巴爲主的無數灌頂教誡。④

五、薩迦派的普巴文獻

（一）現存的普巴文獻

現存最早的普巴文獻當屬《普巴本續小品》（*Phur pa rtsa ba'i dum bu*，D 0439；P 0078），與蓮花生的梵文本一致，由薩班在後藏香曲（Shangs-chu）河流域一個叫做香賽興（Shangs-sreg-zhing）的地方發現並翻譯成藏文。⑤ 布頓（Bu-ston）提到他的上師尼瑪贊堅（Nyi-ma'i-mtshan-can）和日惹（Rigs-ral）說《普巴本續小品》的梵文本曾經在尼泊爾出

① 《薩迦世系史續編》，第 53、57、64、79 和 84 頁。此處的《廣中略三種成就法》應爲喇嘛丹巴所作。

② 《薩迦世系史續編》，第 118、121、122、128、134、140 和 143 頁。

③ 《薩迦世系史續編》，第 208 頁。

④ 《薩迦世系史續編》，第 191、526 頁。

⑤ 《普巴本續小品》：*rdo rje phur bu rtsa ba'i rgyud kyi dum bu | slob dpon padma 'byung gnas dngos kyi rgya dpe dang mthun par | dpal ldan sa skya paṇ ḍi tas | g-yas ru'i sa cha | shangs kyi sreg zhing du bsgyur cing zhus te gtan la phab pa'o* ‖。類似敘述見《青史》（第 136 頁）、《賢者喜宴》（第 272 頁）、《普巴教法源流》（gTsang-mkhan-chen 'Jam-dbyangs-dpal-ldan-rgya-mtsho, *rDo rje phur pa'i chos 'byung rgyud sde mang po'i gleng gzhi dang sbyar bar*），收於荒棄等編：《本尊金剛橛歷史資料彙編》（*dPal phur pa chos 'byung dang rgyud 'grel phyogs bsgrigs*），民族出版社，2006 年，第 84 頁和《普巴成就法注釋》（*Phur pa bsgrub thabs rnam bshad = bCom ldan 'das rdo rje gzhon nu'i gdams pa nyams len gyi chu bo chen po sgrub pa'i thabs kyi rnam par bshad pa 'phrin las kyi padmo rab tu rgyas pa'i nyin byed*），in *A mes zhabs gsung 'bum*（A），42 vols，vol. 12，p. 15. 6-7）。

現過。[①] 布頓把這一本續收在了他編的《十萬續目錄》(*rGyud 'bum gyi dkar chag*, 373. 4)中。

五篇由扎巴堅贊所作關於普巴的文獻收在《薩迦五祖全集》(*Sa skya bka' 'bum*) 中：[②]

1. 《普巴金剛現證》(*rDo rje phur pa'i mngon par rtogs pa*), vol. 8, pp. 709-734.

2. 《普巴事業儀》(*Phur pa'i las byang*), vol. 8, pp. 734-768.

3. 《普巴金剛成就法集》(*rDo rje phur pa'i sgrub skor*), vol. 8, pp. 769-776. 3.

4. 《朵瑪簡略供養》(*mChod gtor bsdus pa*), vol. 8, p. 776. 3-782. 1.

5. 《普巴金剛成就法》(*rDo rje phur pa'i sgrub thabs*), vol. 8, pp. 782. 2-800.

八思巴有一篇題爲《普巴朵瑪供養儀》(*rDo rje phur pa'i gtor chog*) 的文獻收在《新獲薩迦全集》(*Sa skya bka' 'bum gsar rnyed*, vol. 3, pp. 725-730) 中。[③]

喇嘛丹巴的文集中收有六篇與普巴相關的文獻：[④]

1. 《吉祥普巴金剛壇城易證儀》(*dPal rdo rje phur pa'i dkyil chog rtogs par sla ba*), 卷卷 11, 第 1—55 頁。

2. 《吉祥普巴金剛壇城易證儀夾注》(*dPal rdo rje phur pa'i dkyil chog rtogs sla mchan can*), 卷 11, 第 56—116 頁。

3. 《吉祥普巴金剛成就法・念誦義成》(*dPal rdo rje phur pa'i sgrub thabs bklags pas don grub*), 卷 11, 第 117—182 頁。

4. 《吉祥金剛童成就法心要》(*dPal rdo rje gzhon nu'i sgrub thabs snying po*), 卷 11, 第 183—214 頁。

5. 《吉祥金剛童灌頂易證儀》(*dPal rdo rje gzhon nu'i dbang chog rtogs sla*), 卷 11, 第 215—269 頁。

6. 《吉祥金剛童威猛事業隨賜》(dPal rdo rje gzhon nu'i drag po'i phrin las kyi rjes gnang), 卷 11, 第 270—290 頁。

健貝陽・袞噶索南作有數篇關於普巴上師祈請、普巴壇城儀軌、普巴火供和金剛童回遮等方面的文獻，收在其文集中的有以下七篇：[⑤]

---

① 見《布頓佛教史》(第 266 頁)：*kho bo'i bla ma skad gnyis smra ba nyi ma'i mtshan can dang rigs ral la sogs pa | bsam yas nas rgya dpe rnyed pa'i phyir dang | phur pa rtsa ba'i dum bu'i rgya dpe bal por yang snang bas rgyud yang dag go zhes gsung ngo* ‖。《普巴本續小品》的梵文本尚未被發現。Martin Boord 根據藏文本把其譯成英文，見 Martin Boord 2002, pp. 79-90。

② 《薩迦五祖全集》(*Sa skya bka' 'bum*), 15 vols, Dehradun: Sakya Center, 1992-1993, vol. 8.

③ 《新獲薩迦全集》(*Sa skya bka' 'bum ma phyi gsar rnyed phyogs bsgrigs*), 3 vols. Lhasa: s. n., 1999.

④ 《薩迦索朗堅參全集》, 卷 11。

⑤ *Sa lo chen po 'jam dbyangs kun dga' bsod nams kyi gsung 'bum*, 1 vol., Kathmandu: Sa-skya-rgyal-yongs-gsung-rab-slob-gnyer-khang, 2007.

1.《吉祥普巴金剛傳承上師祈請》(*rDo rje phur pa'i bla ma brgyud pa'i gsol 'debs*), vol. 1, pp. 411-422.

2.《吉祥金剛童憤怒成就法》(*dPal rdo rje gzhon nu'i khro bo'i sgrub thabs*), vol. 1, pp. 621-629.

3.《吉祥普巴金剛念修明示・具甘露光》(*dPal rdo rje phur pa'i bsnyen sgrub kyi gsal byed bdud rtsi'i 'od can*), vol. 1, pp. 630-648.

4.《普巴金剛羌姆解說》(*rDo rje phur pa'i 'chams bshad*), vol. 1, 825-830.

5.《普巴金剛壇城儀明示・寶瓔珞》(*rDo rje phur pa'i dkyil 'khor cho ga'i gsal byed rin po che'i do shal*), vol. 1, pp. 831-869. ①

6.《普巴金剛薩迦傳承火供・金剛火光》(*rDo rje phur pa sa lugs kyi sbyin sreg rdo rje'i me 'od*), vol. 1, pp. 869-878. ②

7.《吉祥金剛童食子回遮普摧魔障之補遺明示・天鐵金剛尖》(*dPal rdo rje gzhon nu'i gtor zlog dgra bgegs kun 'joms kyi lhan thabs gsal byed gnam lcags rdo rje'i dbal*), vol. 1, pp. 879-906.

衮噶仁欽撰寫了關於薩迦派普巴壇城儀軌的文獻,③ 四篇收在他的文集中:④

1.《〈吉祥普巴金剛念修明示・具甘露光〉大持咒士之箋注本》(*dPal rdo rje phur pa'i bsnyen bsgrub kyi gsal byed bdud rtsis 'od can zhes bya ba la sngags 'chang chen po'i mchan gnang ba*), vol. 2, pp. 315-338.

2.《吉祥普巴金剛上部事業菩提修習壇城儀軌・能熟自他之實修極明釋・開啓悅意心智》(*dPal rdo rje phur pa'i stod las byang chub sgrub pa'i dkyil 'khor gyi cho ga rang gzhan smin byed kyi phyag len shin tu gsal ba yid 'ong blo gros kha 'byed*), vol. 2, pp. 339-418.

3.《普巴金剛灌頂介紹・能令智者生喜》(*rDo rje phur pa'i dbang gi mtshams sbyor blo gsal dga' ba skyed byed*), vol. 2, pp. 419-476.

---

① 《阿美夏聞法錄》(A:第598—599、602和605頁)載阿美夏聽聞了一些薩迦譯師健貝陽・衮噶索南關於普巴的教法,其中包括這裏所列前五篇(有些篇名略有不同)以及另外兩篇《普巴金剛上部事業灌頂傳承祈請》(*rDo rje phur pa'i stod las kyi dbang gi brgyud pa'i gsol 'debs* 和《下部事業威猛隨許上師傳承祈請補遺》(*sMad las drag po sgrol ba'i rjes gnang gi bla ma brgyud pa'i gsol 'debs kha skong*)。

② 《薩迦世系史續編》(第411頁)提到旺堆寧布學習衮噶索南所作《普巴息災護摩》(*Phur pa'i zhi ba'i sbyin sreg*),可能爲此處所列文獻。

③ 《薩迦世系史》,第435頁。

④ *dPal sa skya pa chen po sngags 'chang ngag gi dbang po kun dga' rin chen bkra shis grags pa rgyal mtshan dpal bzang po'i bka' 'bum*, 1 vol., Kathmandu: Sa-skya-rgyal-yongs-gsung-rab-slob-gnyer-khang, 2007, vol. 2. [W1KG 4326]

4.《普巴金剛成就雨羌姆備忘·能轉顯現》(*rDo rje phur bu dngos grub char 'bebs kyi 'chams gyi brjed byang snang ba 'gyur thub*)，vol. 2，pp. 477-592，作於 1576 年。①

袞噶洛追將扎松德達嶺巴（rTsa-gsum-gter-bdag-gling-pa，1694—1783）一篇關於黑紅噶烏普巴與真實的伏藏文獻寫下來。② 袞噶洛追作有多篇與普巴舞、普巴成就法中上師的職責、依於普巴的上師瑜伽、普巴善住、普巴回遮儀軌和祈請普巴本尊等内容有關的文獻。③

1.《吉祥薩迦普巴大修之羌姆等際必需實修美飾》(*dPal sa skya'i phur sgrub chen mo'i 'chams la sogs kyi skabs su nye bar mkho ba phyag len mdzes rgyan*), vol. 3，pp. 791-806.

2.《普巴修習阿闍梨之事務增補》(*Phur sgrub sob dpon gyi byed sgo zur 'debs*), vol. 3，pp. 807-820.

3.《薩迦至尊殊勝父法·依於普巴金剛之上師瑜伽修持·不違密續之甚深精要》(*Sa skya'i rje btsun yab chos mchog | rdo rje phur pa la brten pa'i bla ma'i rnal 'bor nyams len tshul | rgyud dang mi 'gal zab gnad*), vol. 4，pp. 427-433.

4.《吉祥普巴金剛開光加持·凡百所欲之雨·能熄五濁不順衰敗火之大悲海》(*dPal chen rdo rje phur pa yi || rab gnas byin rlabs 'dod dgu'i char || lnga bdo'i mi mthun rgud tshogs me || zhi byed thugs rje'i rgya mtsho*), vol. 4，pp. 1047-1091.

5.《普巴回遮注釋結合》(*Phur bzlog bshad pa'i mtshams sbyor*), vol. 5，pp. 455-463.

6.《吉祥普巴金剛詛詈催請·制服邪引·勇士之吼》(*dPal rdo rje phur pa'i dmod bskul log 'dren tshar gcod dpa' bo'i nga ro*), vol. 5，pp. 465-469.

7.《吉祥金剛童中等食子回遮·金剛火力之電鬘·鎮服魔軍》(*dPal rdo rje gzhon nu'i gtor bzlog 'bring po rdo rje me dbal gyi glog phreng bdud dpung zil gnon*), vol. 5，pp. 567-643.

8.《贊頌至尊薩迦不共護法白日月姐弟和普巴護法·吉祥熾炎·天神鼓聲》(*rJe btsun sa skya pa'i thun mong ma yin pa'i srung ma dkar bdud lcam dral phur srung dang bcas pa la bstod pa dpal 'bar lha'i rnga sgra*), vol. 5，pp. 751-762.

9.《吉祥屍林主、普巴護法白日月姐弟和十二丹瑪祈求偈頌·事業放光一切所願任運成就》(*dPal dur khrod kyi bdag po dang dkar bdud phur srung bstan ma bcu gnyis bcas la*

① 該文也收於《昆氏普巴釋論/羌姆譜備忘錄》(*'Khon lugs phur pa'i rnam bshad 'chams yig brjed byang*)，New Delhi: Ngawang Sopa, 1973，pp. 217-364。該文集以尼泊爾木斯塘的木刻本爲底本重印。

② 該伏藏文獻是一篇念誦筆記，題爲《無上黑紅噶烏普巴與真實：念誦筆記·主之鑰匙畢扎哈》(*Bla med yang phur gwa'u dmar nag las 'don cha'i zin bris dbang po'i lde mig bhi dza ha*)，收於《扎松伏藏集》(*gNam lcags rtsa gsum gling pa'i ring lugs zab gter chog khrigs skong*)，vol. 33，Kathmandu: bKa'-gter-sri-zhu-e-waṃ-dpe-skrun-khang (Ewam Publications), 2002-2010，vol. 18，pp. 551-559。

③《袞噶洛追全集》(*Kun dga' blo gros bka' 'bum*)，vol. 3.

mnga' gsol gyi tshigs bcad phrin las 'od 'bar bsam dgu lhun grub), vol. 5, pp. 1035-1044.

10. 《吉祥薩迦父法真實與普巴護法食子獻供法・極喜天女》(*dPal sa skya'i yab chos yang phur rnam gnyis kyi srung mar mchod gtor 'bul tshul ma mo rab dga'*), vol. 5, pp. 1107-1122.

11. 《桑耶熱瓊扎倉普巴羌姆正誤》(*bSam yas rab byung grwa tshang par phur 'chams la skyon 'don gnang ba*), vol. 6, pp. 177-183.

12. 《普巴金剛持明催請補遺・阿美夏父子侄等小傳》(*rDo rje phur pa'i rig 'dzin bskul gyi zhal skong a mes zhabs yab sras dbon sogs kyi rnam thar nyung ngu*), vol. 6, pp. 215-220.

13. 《合併薩迦大譯師教言〈吉祥普巴金剛念修明示・具甘露光〉之本文與大持咒士所作箋注——依阿美夏之言教略作增補》(*dPal rdo rje phur pa'i bsnyen sgrub gsal byed bdud rtsi'i 'od can zhes bya ba sa lo chen po'i gsung la sngags 'chang chen pos dkyus mchan lhan cig bsdebs cing a mes zhabs kyi gsung nas kyang cung zad kha bskangs ba*), vol. 6, pp. 329-362.

14. 《普巴祈禱》(*Phur pa'i 'dod gsol*), vol. 6, pp. 622-626.

15. 《吉祥金剛童之主根本壇城火供・中部日光》(*dPal chen rdo rje gzhon nu'i bdag nyid rtsa ba'i dkyil 'khor gyi sbyin sreg dbus kyi nyi 'od*), vol. 4, pp. 735-746.

16. 《吉祥金剛童火供儀軌・智慧大火》(*dPal rdo rje gzhon nu'i sbyin sreg gi cho ga ye shes me chen*), vol. 4, pp. 747-843.

17. 《依吉祥金剛童鎮服破敗魔障之口訣・須彌橛》(*dPal rdo rje gzhon nu'i sgo nas phung sri mnan pa'i man ngag ri rab phur bu*), vol. 6, pp. 287-296. ①

阿美夏創作了很多關於普巴成就法和普巴羌姆的文本，收在他文集中的有以下十三篇：②

1. 《舊譯密咒總安立・普巴卷極秘利刃教法源流文》(*gSang sngags rnying ma spyi'i rnam gzhag dang | phur pod yang gsang spu gri'i byung tshul gyi yi ge*), vol. 8, pp. 1-6.

2. 《普巴金剛修供實修必需之文・聰慧易行》(*rDo rje phur pa'i sgrub mchod kyi phyag len la nye bar mkho ba'i yi ge blo gsal 'jug bde*), vol. 8, pp. 7-14.

3. 《世尊金剛童教誡之實修大河成就法注釋・令事業蓮圓滿綻放之日光》(*bCom ldan 'das rdo rje gzhon nu'i gdams pa nyams len gyi chu bo chen po sgrub pa'i thabs kyi rnam par bshad pa 'phrin las kyi padmo rab tu rgyas pa'i nyin byed*), vol. 8, pp. 15-608.

---

① 最後三篇關於普巴火供和鎮魔的文獻被單獨編成文集，題爲《普巴四業之火供和鎮魔》(*Phur pa'i las bzhi'i sbyin sreg dang sri mnan*), New Delhi: Dhongthog Rinpoche, 1978。

② *A mes zhabs gsung 'bum* (B), 29 vols, Kathmandu: Sa-skya-rgyal-yongs-gsung-rab-slob-nyer-khang, 2000, vol. 8 and 9. 其中第 3 和 4 篇也收在《昆氏普巴釋論/羌姆譜備忘錄》中。

4. 《〈吉祥金剛童食子回遮普摧魔障明示·天鐵金剛尖〉注釋·摧破魔王智慧大火·事業光周遍放射》（*dPal rdo rje gzhon nu'i gtor bzlog dgra bgegs kun 'joms kyi gsal byed gnam lcags rdo rje'i dbal gyi rnam par bshad pa bdud sde 'joms pa'i ye shes kyi me chen phrin las kyi 'od zer kun tu 'phro ba*, vol. 8, pp. 609-828)

5. 《普巴金剛唱誦與奏樂備忘》（*rDo rje phur pa'i dbyangs rol brjed tho*, vol. 9, pp. 1-4)

6. 《大型定期食子自生本尊·大型普巴法會唱誦奏樂等儀則備忘補遺》（*Dus gtor chen mo'i bdag bskyed phur chen mdzad skabs kyi dbyangs res rol mo sogs kyi phyag len brjed thor btab pa 'phros don dang bcas pa*, vol. 9, pp. 4-9)

7. 《〈羌姆譜·能轉顯現〉之略義·事業周遍》（*'Cham dpe snang ba 'gyur thub kyi bsdus don 'phrin las kun khyab*, vol. 9, pp. 9-16)

8. 《〈普巴金剛羌姆譜·能轉顯現〉之略義·事業周遍非必需之文·普求一切希願》（*rDo rje phur pa'i 'cham dpe snang ba 'gyur thub kyi bsdus don 'phrin las kun khyab ma nye bar mkho ba'i yi ge don gnyer kun smon*, vol. 9, pp. 17-42)

9. 《從普巴金剛成就雨降之〈羌姆譜·能轉顯現〉中分別列出之舞姿略攝羌姆譜·事業如意》（*rDo rje phur pa dngos grub char 'bebs kyi 'cham dpe snang ba 'gyur thub las logs su bkod pa'i stangs stabs bsdus pa'i 'cham dpe 'phrin las bsam 'phel*, vol. 9, pp. 43-55)

10. 《吉祥薩迦大寺普巴供修時發佈之公告通知·開啓心智》（*gDan sa chen po dpal ldan sa skya'i phur pa sgrub mchod kyi skabs su tshogs skad gtong tshul gyi brda sbyor blo gsal sgo 'byed*, vol. 9, pp. 55-64)

11. 《普巴金剛壇城儀·開啓悅意心智·集別處（所見教授）而成大寶瓔珞·愚者意解·除意之暗》（*rDo rje phur pa'i dkyil chog yid 'ong blo gros kha 'byed las rin chen do shal du zhal 'phangs pa rnams phyogs gcig tu bsdebs pa blo dman rnams kyis rtogs par sla ba yid kyi mun sel*, vol. 9, pp. 65-232)

12. 《薩迦父法普巴金剛和吉祥喜金剛火供實修親訓以及從持咒師扎巴洛追手稿直接抄錄部分·希求之必需》（*Sa skya pa'i yab chos rdo rje phur pa dang dpal kyai rdo rje'i sbyin sreg gi phyag len zhal shes ma sngags 'chang grags pa blo gros kyi phyag bris dngos las bshus pa dang bcas pa don gnyer nyer mkho*, vol. 9, pp. 233-240)

13. 《吉祥金剛童火供實修顯明·事業任運》（*dPal rdo rje gzhon nu'i sbyin sreg gi phyag len rab tu gsal ba 'phrin las lhun grub*, vol. 9, pp. 240-256)

另有一部關於薩迦普巴的文集，收錄了 13 篇文獻，從喇嘛確扎加措（Bla-ma Chos-

grags-rgya-mtsho）收集的寫本複製而來。[①] 這些文本來自康區的囊謙縣，全由無頭体寫成，每一篇字體不同，第九篇與巫術有關但題目不詳，後三篇與普巴沒有直接關係。目前可確定作者的有四篇：第三篇由阿美夏所作、第五和第七篇由袞噶洛追所作、第八篇由健貝陽·袞噶索南所作。[②]

1. 《吉祥普巴金剛傳承祈請·具吉祥周遍動靜世間》（*dPal rdo rje phur pa'i brgyud 'debs dpal ldan brtan g·yo kun khyab*）

2. 《吉祥金剛童成就法·念誦義成》（*dPal rdo rje gzhon nu'i sgrub thabs bklags pa don grub*）

3. 《普巴金剛壇城儀·開啓悅意心智·集別處（所見教授）而成大寶瓔珞·愚者意解·除意之暗》（*rDo rje phur pa'i dkyil chog yid 'ong blo gros kha 'byed las rin chen do shal du zhal 'phangs pa rnams phyogs gcig tu bsdebs pa blo dman rnams kyis rtogs par sla ba yid kyi mun sel*）

4. 《吉祥普巴金剛等續部修供》（*dPal rdo rje phur pa sogs rgyud sde rnams kyi sgrub mchod*）

5. 《吉祥普巴金剛詛詈催請·制伏邪引·勇士之吼》（*dPal rdo rje phur pa'i dmod bskul log 'dren tshar gcod dpa' bo'i nga ro*）

6. 《下部威猛事業解脫儀：大型普巴回遮之建立攪動生起·明鏡》（*sMad las drag po bsgrol chog las phur bzlog chen po'i phyag 'debs srub skyes gsal ba'i me long*）

7. 《依吉祥金剛童鎮服破敗魔障之口訣·須彌橛》（*dPal rdo rje gzhon nu'i sgo nas phung sri mnan pa'i man ngag ri rab phur bu*）

8. 《吉祥金剛童食子回遮普摧魔障之補遺明釋·天鐵金剛尖》（*dPal rdo rje gzhon nu'i gtor zlog dgra bgegs kun 'joms kyi lhan thabs gsal byed gnam lcags rdo rje'i dbal*）

9. 題目不詳，與巫術有關。

10. 《依吉祥普巴金剛和威猛誅法接引行刑者之口訣》（*dPal rdo rje phur pa'i sgo nas drag po mngon spyod kyi sgo nas gshed ma rjes su bzung ba'i man ngag*）

11. 《四篇目錄·言相續》（*dKar cha bzhi gsungs rgyun ma*）

12. 《具吉祥薩迦派護法禮贊唱誦記譜部分和鼓譜》（*dPal ldan sa skya pa'i bka'i srung rnams kyi bstod pa'i dbyangs yig lhu dang rnga tshig*）

13. 《師供和畏怖曲調·大譯師仁欽桑波所傳具吉祥薩迦派傳規之俄爾傳承十八種大

---

① *Vajrakīla Texts of the Sa-skya-pa Tradition: A Collection of Rituals Focusing upon Vajrakīla according to the Traditions Transmitted by the 'Khon Ancesiors of the Sa-skya-pa*, Bir, H. P.: D. Tsondu Senghe, 1979.

② 這四篇均見於上述其作者文集中。

型唱誦・取悦護法之供奉唱誦與鼓譜・莊嚴佛教之最上莊嚴》（*Bla mchod dang 'jigs byed gdang dbyang | lo chen rin bzang nas brgyud pa'i dpal ldan sa skya pa'i phyag srol ngor lugs dbyangs chen bco brgyad chos skyong mnyes par byed pa'i mchod dbyangs dang rnga tshig rgyal bstan mdzes pa'i rgyan mchog*）

（二）記載但尚未發現的普巴文獻

除了上面所列大量與薩迦派普巴金剛相關的文獻外，仍有一些相關文獻在文獻中被提及但目前尚未發現。就筆者目前所知，阿美夏在其《普巴成就法注釋》（第 427—428 頁）中列舉了 8 位薩迦派祖師所作關於普巴金剛的文獻，現將其整理如下：

1. 袞噶寧布
   a. 《真實普巴共通成就法》（*Yang phur thun mong ba'i sgrub thabs*）
   b. 《事業儀軌根本文》（*Las byang gi gzhung*）
2. 扎巴堅贊
   a. 《普巴備忘》（*Phur pa'i tho yig*）
3. 喇嘛丹巴・索南堅贊
   a. 《廣中略三種成就法》（*sGrub thabs rgyas 'bring bsdus gsum*）
   b. 《壇城易證儀等》（*dKyil 'khor gyi cho ga rtogs par sla ba sogs*）①
4. 希饒堅贊
   a. 《成就法》（*sGrub thabs*）
   b. 《集衆多甚深、簡明、必需之普巴傳規口訣所成之手册》（*Phur pa lugs srol mang po'i man ngag zab bsdus nyer mkho rnams phyogs gcig tu bsgrigs par mdzad pa'i yig cha*）
5. 大譯師健貝陽・袞噶索南
   a. 《成就法念修明示》（*sGrub thabs bsnyen sgrub gsal byed*）
   b. 《壇城儀・寶瓔珞》（*dKyil chog rin chen do shal*）
   c. 《答仁欽澤管家所問》（*Rin chen rtse'i gnyer pa'i dris lan*）
6. 袞噶仁欽
   a. 《〈成就法念修明示〉夾注・如意寶》（*sGrub thabs bsnyen sgrub gsal byed kyi mchan bu yid bzhin gyi nor bu*）
   b. 《壇城儀・開啓悦意心智》（*dKyil 'khor gyi cho ga yid 'ongs blo gros kha 'bye*）

---

① 此處所列《壇城易證儀等》應與喇嘛丹巴文集中所收兩篇關於《普巴壇城易證儀》的文獻一致。

c.《上下部事業灌頂與隨賜手册》(*sTod las dang smad las kyi dbang dang rjes gnang gi yig cha*)

d.《答東熱法主袞噶樂住所問》(*sTong ra chos rje kun dga' legs grub kyi dris lan*)

7. 索南旺波

a.《成就法略文》(*sGrub thabs kyi yi ge chung ngu*)

8. 扎巴洛追堅贊

a.《中等成就法・利他甘露流》 (*sGrub thabs 'bring po gzhan phan bdud rtsi'i chu rgyun*)①

《薩迦世系史》記載喇嘛丹巴作《現證普巴金剛廣中略三篇》(*rDo rje phur pa'i mngon rtogs rgyas 'bring bsdus gsum*),扎巴洛追堅贊作《普巴中等成就法》(*rDo rje phur pa'i sgrub thabs 'bring po*)。②如前所述阿美夏曾習得薩欽所作《成就法》(*sGrub thabs*) 和扎巴堅贊所作《普巴成就法偈頌》(*Phur pa'i sgrub thabs tshigs bcad ma*)。前者應與上所列袞噶寧布的《真實普巴共通成就法》爲同一文本。袞噶才旺仁增曾學習袞噶桑珠所作的《普巴金剛壇城儀軌和自入》(*Phur pa'i dkyil mchog dang bdag 'jug*)。③阿旺袞噶・索南仁欽從其父處聽聞《真實與普巴布面畫灌頂》(*Yang phur ras bris kyi dbang*) 和《真實與普巴口訣阿底經卷語教》(*Yang phur man ngag a ti glegs bam gyi lung*)。④

The Origination and Transmission of the rDo-rje-phur-pa Teachings in the Sa-skya School

Li Meng-yan

Abstract: According to the rNying-ma Tantric system, the rDo-rje-phur-pa cycle, related to "activities" (*phrin las*), belongs to the eight Sādhana (bKa'-brgyad) section of the Mahāyoga teachings. Although the rDo-rje-phur-pa teachings are transmitted mainly by the rNying-ma school after Padmasambhava brought them from India to Xizang, the teachings of the Sa-skya school can also be traced back to him and are still transmitted nowadays. Gene Smith suggested that the most

① 《薩迦世系史》(第 501 頁) 亦記載他作有《普巴中等成就法》(*rDo rje phur pa'i sgrub thabs 'bring po*)。

② 《薩迦世系史》,第 285、501 頁。

③ 《薩迦世系史續編》,第 191 頁。

④ 《薩迦世系史續編》,第 585 頁。袞噶索南・圖登旺秋幼時從其父索南仁欽處依於普巴金剛的布面畫(*rdo rje phur pa'i ras bris*)獲得了灌頂,見同上第 717 頁。

sacred and treasured ancestral rituals and practices of the Sa skya school are centered around Phur-pa as the deity. This article intend to introduce the Phur-pa transmission in the Sa-skya school through five aspects, namely, (1) the narrative of the early transmission in the 'Khon family, (2) the transmission by the five patriarchs of the Sa-skya school, (3) the transmission after the five patriarchs, (4) the transmission in the rTse-gdong monastery, also known as rTse-lugs-phur-pa, and (5) the texts related to the Phur-pa transmission of the Sa-skya school.

Keywords: rDo-rje-phur-pa; Sa-skya school; Transmission history

Энэтхэгийн сонгодог сурвалж "Бигармижид хааны намтар" -ын анхны шинжлэл*

（印度經典《伯格爾米基德汗的傳記》初探）

Huhe Borjigid（呼和）

摘　要：印度經典《伯格爾米基德汗的傳記》（*bekermiǰid qaγan-u namtar*）是藏傳佛教在蒙古地區再度傳播的背景下由梵文直接譯成蒙古文的佛教經典作品。盡管該傳記源自古印度，但其中融入了藏傳佛教伏藏文獻《瑪尼寶訓》及多羅那他、宗喀巴等著名高僧的相關内容。然而，學界對於該傳記在蒙古地區的傳播、譯者和文本情況等問題研究還不夠充分。本文旨在探討爲何該傳記中出現了藏傳佛教伏藏文獻《瑪尼寶訓》以及多羅那他、宗喀巴等高僧的原因。根據蒙古、漢、藏等多語種史料，我們瞭解到該傳記的譯者巴哈班智達在赴蒙古地區之前曾在藏地停留了很長時間。在此期間，他不僅修習了藏傳佛教的經文，而且對早期滿、蒙古、藏之間的關係發揮了一定的積極作用。由此可以斷定，該傳記中出現的伏藏作品和藏傳佛教人物與巴哈班智達的政教活動有密切的聯係，有必要進行更深入的研究。

關鍵詞：《伯格爾米基德汗的傳記》；藏傳佛教；《瑪尼寶訓》；傳播

"Бигармижид хааны намтар"（*Biγarmiǰid qaγan-u namtar*）бол Бигармижид хааны тухай гурван ном буюу "Гучин хоёр модон хүний үлгэр" хэмээн алдаршсан эртний Энэтхэгийн сонгодог сурвалж бичгүүдийн нэг нь болно. Гэвч Монгол оронд тархсан "Бигармижид хааны намтар" нь Энэтхэгийн ямар нэгэн зохиолтой яв цав нийцнэ хэмээн ойлгож үл болно. Энэ тухай эрдэмтэн Ц. Дамдинсүрэнгээр "Монгол 'Бигармижид хааны намтар' нь үнэхээр Энэтхэг гаралтай байлаа ч гэсэн өдий төдий

* 本文係國家社科基金項目"'一帶一路'沿線國家蒙古文古籍數字化回歸與開發利用研究"（19BMZ029）階段性成果。

сунжирч Монголын ахуй байдалд зохицож өөрчлөгдсөн байна"[1] гэж таньсан нь тун зүйтэй. Олдой би бээр тус өгүүлэлд мөн энэ асуудлын тухай өөрийн үзэлтээ дэвшүүлэх болно.

Дээр зууны жараад онд, эрдэмтэн Ц. Дамдинсүрэн бээр "Бигармижид хааны намтар" -ын агуулгыг танилцуулж, хэсэг шинжлэл хийсэн бөгөөд Оросын зарим эрдэмтдийн хийсэн шинжилгээн судалгааныг танилцуулж байсан билээ. Гэвч тэрээр "Арж борж хааны үлгэр" ба "Гучин хоёр модон хүний үлгэр" -ийг шинжэлсэнийг бодвол тус судалгааг дэмий өрнүүлж чадсангүй. Шалтгаан нь тухайн үеийн нөхцөл боломж, жишээлбэл: "Бигармижид хааны намтар" -ын бичмэл эх, хамаа бүхий баримт материал бүрэн гүйцээгүйтэй шууд холбоотой. Нэгэн зүйлийг ярихад, одоо ч гэсэн "Бигармижид хааны намтар" -ын агуулга бүтцээс бусад асуудлыг нягт судлахад хэцүү, нэн ч түүний Монгол оронд уламжлагдсан ирэл гарал зэрэг чухал асуудлыг өгүүлэн шинжлэхэд шууд материал хараахан олдоогүй байсаар. Ц. Дамдинсүрэнгийн тус судалгааны тухай бүтээл нийтлэгдсэнтэй бараг адилхан цаг даруй 1962 онд Английн Монголч эрдэмтэн Чарльз Бауден бээр Энэтэгийн Шинэ Дели хотод "*Vikramāditya Tales from Mongolia*" (*Энэтхэгийн газрын Бигармижид хааны тууж оршивой*)[2] гэдэг ном хэвлүүлсэн бөгөөд номын эхний танилцуулгадаа голцуу 32 бүлэг үлгэрийн агуулгыг товчлон танилцуулсан билээ. үүний дараагаар тус судалгаан зогсонгуйрсан гэж хэлж болох бөгөөд бараг хагас зуун өнгөрсний дараа буюу XXI зууны эхний үеэр Өвөр Монголын Нийгмийн Шинжлэх Ухааны Хүрээлэнгийн эрдэмтэн А. Шонхор бээр "Бигармижид хааны тууж" -ийн хэлбэрийн судлал[3]гэдэг өгүүлэл нийтлүүлж, голцуу тус үлгэрийн агуулга жич хэлбэрийг хөндөж бичсэн нь илхэн. Тус өгүүлэлд олдой би бээр "Бигармижид хааны намтар" -ын агуулга, бүтэц, бичмэл эх, Монгол оронд уламжлагдсан бичмэл эхийн ирэл гарлын асуудал жич тус үлгэр нь Энэтхэг гаралтай зохиол атлаа Манигамбум, XIV зууны үеийн шарын шашны том зүтгэлтэн Зонхов Богд илэрсэн шалтгаан зэрэг аль олон асуудлыг хөндөж өгүүлэхээр байна.

---

① Ц. Дамдинсүрэн. *Бигармижид хааны тухай гурван ном*, Studia Mongolia Institutilinguae Et Literarum Academiae Scientiarum Reipublicae Populi Mongol. УБ. 1961. т. 80-81.

② Charles R. Bawden, *Vikramāditya Tales from Mongolia*, International Academy of Indian Culture J 22 Hauz Khas Enclave, New Delhi 16, 1962.

③ А. Шонхор. *Эрдэнийн хуурцаг*. ӨМАХХ. 2013. т. 1-29.

Нэг . “Бигармижид хааны намтар” -ын агуулга хийгээд бүтэц загвар

1. 1. Агуулга

“Бигармижид хааны намтар” нь Бигармижидийн арван хоёр насандаа гэрээс салсан хийгээд мянган гэрэлт, Гучин хоёр лагшин төгссөн хүүхэнтэй урагласан, дээд тэнгэрээс алтан ширээ олж бурхан багш Шагжамунийн зарлигаар Вайшили балгасанд засаг барьсан зэрэг үлгэрүүдийг багтаажээ. Доор бид Өвөр Монголын Их Сургуулийн номын сангийн хадгаламж, уул нь Денмаркын хааны ордны номын санд хадгалагдаж байсан Mong 22 тэмдэгт “Бигармижид хааны үлгэр”[①] гэх бичмэл эх ба Английн монголч эрдэмтэн Чарльз Баудены Энэтхэгийн Шинэ Делид хэвлүүлсэн “*Vikramāditya Tales from Mongolia*” (*Энэтхэгийн газрын Бигармижид хааны тууж оршивой*) гэх номыг үндэслэн тус намтрын агуулгыг танилцуулъя. Олдой миний ажигласнаар тус үлгэрийг доорх мэт хэдэн хэсэгт ангилан хураангуйлж болно.

1. Бигармижид гэрээс салсан, даруй нэгдүгээр ба хоёрдугаар бүлэг үлгэр. Бигармижид бол Энэтхэгийн анхны хаан Махасамабадийн гуравдугаар хөвгүүн болно. Тэрбээр нэг удаа ганцаар авлаж яваад ихэд ундаассан тул бэргэнийхээ гэрт хүрч унд хүссэнд бэргэн нь завгүй гээд дэмий ойшоосонгүй. Бигармижид ихэд уурлаж бэргэнээ зэмлэсэнд бэргэн нь түүнийг чи сайн эр бол лянхуагаас төрсөн Гучин хоёр бэлгэ төгссөн мянган гэрэлтэй тийм хатан авч ир гэв. Энэ шалтгаанаар Бигармижид гэрээс салсан билээ. Түүний араас эцэг эх ах дүү бүгдээр олон удаа хүн томилсон боловч Бигармижид буцаж ирсэнгүй, улам цааш аялсаар холыг зорив.

2. Бигармижид Бидъяавадитай урагласан, даруй гуравдугаар бүлгээс хорьдугаар бүлэг. Бигармижид аршийн дүрээр цааш явж Сүрьеэ хааны нутагт ирсэн билээ. Энэ Бидъяавади бол Сүрьеэ хаан үргүйн тул өнгөт тэнгэрээс гуйж, хурмастын зарлигаар авч ирсэн хүүхэн билээ. Сүрьеэ хаан Бигармижидэд Бира Бигармижид хэмээх нэр хайрлав. Бигармижид Сүрьеэ хааны нутагт ирээд дэмий удалгүй Бидъяавадийг буулгаж авахын төлөө зүг бүрээс долоон хаад өөрийн цэрэг ангиа дагуулж түүний нутгийг зорив. үүнээс болж эдгээр долоон хаан ба Бигармижид нийт найман хүн Бидъяавадийг буулгах явдал болжээ. Сүрьеэ хааны түшмэл Бидъяавадийг

---

① Дэлгэр. *Өвөр Монголын Их Сургуулийн Номын сангийн бичил фильмийн хадгаламж- Европт хадгалагдаж байгаа эртний монгол сурвалж бичгийн агуулгын товчит гарчиг*. ӨМСХХХ. 2014. т. 347-348.

Бигармижидэд өгөхөд санал ихтэй байсан бөгөөд эсэргүүцэж байсан нь илхэн. Хурмаст тэнгэр Бидъяавадийг ертөнцөд буух үед нэгэн тэмдэг өгсөн билээ. Даруй Бидъяавадийг буулгаж чадах хүн нь түүний хайрласан эрдэнийг атгавал мянган гэрэл гарна. Эцэст Бигармижид тэр эрдэнийг атгасанд үнэхээр мянган гэрэл гарсан бөгөөд долоон хаан хир хэмгүйгээ мэдэж нутаг уруугаа буцжээ. Бигармижид Бидъяавадийг буулгаж амар сайхан жаргаж суужээ. Тус арван долоон бүлэгт долоон хаан ба Сүрьеэ хааны түшмэлийн ярилцаа нэлээд хэсгийг эзэлсэн байна.

3. Лянхуагаас төрсөн, Гучин хоёр бэлгэ төгссөн хүүхэнтэй урагласан, даруй хорин нэгдүгээр бүлгээс гучдугаар бүлэг. Бигармижид Бидъяавадитай урагллаад жарган сууж байснаа эцэг эх хамаг бүгдээр түүний тул санаа болж байна гэж зүүдлээд бие сэтгэл ихэд муужирсан байна. үүнийг нь Бидъяавади хийгээд Сүрьеэ хаан үзээд учир шалтгааныг нь асуусанд тэрээр урьдын тангарагласан тангараг даруй Лянхуагаас төрсөн, гучин хоёр бэлгэ төгссөн хүүхэн авах учир гэж хэлэв. үүнийг нь сонсоод Сүрьеэ хаан жич Бидъяавади хүлээн зөвшөөрсөн билээ. Бигармижид мөн аршийн дүрээр явж, Бандида, Тойн зэрэг уулзаж учирсан хүмүүсийн бодь хутаг олоход тусалсан билээ. Тэрээр улам цааш явсаар Бат-Очир сүмд арван хоёр жил бясалгалд суув. Очир ёгини түүнд Лянхуагаас төрсөн, гучин хоёр бэлгэ төгссөн хүүхэн хаана байхыг хэлж өгөв. Бигармижид түүний хэлснээр Лянхуагаас төрсөн, гучин хоёр бэлгэ төгссөн хүүхнийг олж аваад гэр зүгээ буцах замд Лянхуа цэцгийг алдрааж, гарч ирсэн хүүхний өвөр дээр амарч байтал Раднаа нэрт хүний хар эм үүнийг олж үзэв. Хүүхэн тэр даруй Лянхуа дотор оров, хар эм Лянхуа цэцгийг далайд хаяж, Бигармижидийн толгойг өвдөг дээрээ тавьж суув. Хуурамч хар эм энэхүү Лянхуагаас төрсөн хүүхнийг гүтгэж хорлох гэж оролдсон боловч эцэстээ ялагдав.

4. Бигармижид Лянхуагаас төрсөн Цэцэг хатантайгаа тэнгэрийн оронд очсон хийгээд Вайшили балгасанд 80 жил засаг барьсан, даруй гучин нэгдүгээр ба гучин хоёрдугаар бүлэг. Раднаачид Суваран далайд хүрч Бигармижид ба хатан хоёулыг бурхан тэнгэр нар урьж байх захиаг дамжуулав. Хурмаст тэнгэр Бишокармад зарлиг буулгаж жаргалант орон байгуултугай гэсэн бөгөөд энэхүү жаргалант оронд Бигармижидийн суух орд харшийг байгуулж бүтээ гэж захив. Бурхан багшийн зарлигаар Бигармижидэд Бэлрэнз хааны хувилгаан ширээг өгсөн бөгөөд түүнийг дэлхийд буулгаж өөрийн орон болох Вайшили балгасаныг захируулжээ. Бигармижид Вайшили балгасанд наян жил хаан суугаад нирван дүр үзүүлэв. Бигармижидийг залгамжилж суух хаан нь хувилгаан ширээг хадгалж үл чадахын учир үүнийг Хүүгэл балгасны зүүн зүг Ямуна нэрт мөрний захад Хангибү вачри нэрт агуйд тавив, бас ширээний эрдэнэсийг аваад гучин хоёр модон хүн хийж амь оруулаад ийн захив: “Энэ ширээн дээр хойно аливаа хүн сууя хэмээх бөгөөс та бээр Бигармижидийн аливаа явдлыг тоолон хэлээд, тэр мэт бэрх явдлаар явсан бөгөөс суу. Тэр мэт бэрх явдлаар эс явсан бөгөөс сууж үл болмуй хэмээн бүү суулгагтун” гэв. Мөн Бигармижид хааны шарилыг Балба Төвөд хоёрын сайн газрыг сонгож тавив. “Бигармижид хааны намтар” -ыг ангилан хураангуйлбал иймэрхүү байна. Тус намтар нь нэлээд монголжуу болсон нь мэдэгдэм байдаг боловч эртний Энэтхэгийн сонгодог үлгэр зохиолын хэв намба, бүтэц загвар, өнгө будаг гүн байхыг үгүйсгэж эс болно.

1. 2. Бүтэц загвар

“Бигармижид хааны намтар ” нь гучин хоёр бүлгээр бүрэлдсэн бөгөөд ажиглахад энгийн тоочилтын аргаар бичигдсэн боловч үнэндээ эртний Энэтхэгийн үлгэр зохиолын голлох хэв маяг буюу хэвшил загвар болох “ Их үлгэрт бага үлгэрийг шигтгэх”（大故事裏套小故事）аргыг ашигласан нь мэдэгдэм байна. Гэвч нөгөө хоёр, дарүй тус намтартай нягт харьцаа холбоотой үлгэр болох “Арж борж хааны үлгэр” ба “Гучин хоёр модон хүний үлгэр” -ийг бодвол иймэрхүү хэвшил загвараар голлосонгүй билээ. “Арж борж хааны үлгэр” ба “Гучин хоёр модон хүний үлгэр” -т яг иймэрхүү үлгэрийн хэвшил загварыг ашигласан бөгөөд үлгэрийн эхнээс төгстөл их үлгэрт бага үлгэрийг шигтгэж, шигтгэн хэлхээлэх хэлбэр（連串插入式）① -ийг ашигласан билээ.

“Бигармижид хааны намтар”-ын Бант нэрт арав есдүгээр бүлэгт, Бигармижид Бидъяавадитай урагласны дараа, Лянхуагаас төрсөн, гучин хоёр бэлгэ төгссөн хүүхнийг олж авах тангаргаар биелүүлэхийн төлөө Бидъяавадид Мундаа нэрт балгасаны Мосуур нэрт хааны нэрт түшмэл Да а ла-ийн дөрвөн мутарт хоншим бодисадва хөвгүүнийг олсон үлгэрийг ярьж өгсөн билээ. Манзадура нэрт хорьдугаар бүлэгт, Бигармижид Бидъяавадигаас аяарлаж явахын өмнө Бидъяавади Бигармижидэд Өглий нэрт балгасаны Тана нэрт хааны үлгэрийг ярьж өгсөн билээ. Бүшба нэрт гучин нэгдүгээр бүлэгт, хурмастаас бурхан багшийн урьд хэлсэн үгээ нуулгүй айлд гэсэнд, бурхан багшаас хурмастын урьд төрлийн үлгэрийг хурмаст хийгээд тэнгэр нарт ярьж өгсөн билээ. Тус намтрын зарим бүлэгт энэ мэтээр их үлгэрт бага үлгэр шигдэж

① 潘珊:《鸚鵡夜譚：印度鸚鵡故事的文本與流傳研究》，北京：中國大百科全書出版社，2016 年,第 49 頁。

орсон үзэгдэл нэлээд ажиглагдаж байдаг бөгөөд эдгээр бага үлгэр нь их үлгэрийн үргэлжлэлд дэвсгэр болж байх нь ч мэдэгдэж буй. Гэвч иймэрхүү хэв загвар бүх зохиолын гол хүүрнэх хэлбэр биш юм.

Хоёр. "Бигармижид хааны намтар"-ын бичмэл эх

2.1. Монгол бичмэл эх

"Дундад Улсын эртний Монгол ном бичгийн ерөнхий гарчиг"①, "Өвөр Монголын Их Сургуулийн Номын сангийн бичил фильмийн хадгаламж-Европт хадгалагдаж байгаа эртний Монгол сурвалж бичгийн агуулгын товчит гарчиг"② зэрэг Монгол ном бичгийн гарчгийн эмхтгэл жич олдой миний улсын дотоодын эл номын сан жич данс эвхмэлийн санд хийсэн бодит байцаалтыг үндэслэвэл, "Бигармижид хааны намтар"-ын бичмэл эх гуравхан хувь байгаа бөгөөд агуулгын хувьд тус тус бүтэн ба товчилсон агуулгатай бичмэл эх хэмээн ангилж болно. үүнд бүтэн агуулгатай бичмэл эх гэдэг нь гучин хоёр бүлэг агуулга нь бүрэн байхыг хэлж буй, товчилсон агуулгатай бичмэл эх гэдэг нь бүлгийн тоо нь тодорхой бус бөгөөд агуулга нь нилээд дутуу бичмэл эхийг хэлж буй. Эдгээр гурван хувь бичмэл эх нь даруй Өвөр Монголын Их Сургуулийн номын сангийн хадгаламж, уул нь Денмаркын хааны ордны номын санд хадгалагдаж байсан Mong 22 тэмдэгт, гарчиг нь "Бигармижид хааны үлгэр"③ (бүтэн агуулгатай бичмэл эх) ба Mong 118 тэмдэгт, гарчиг нь "Богд Бигармижид хаан ... тэргүүн дэвтэр, гучин хоёр бэлгэ төгссөн мянган гэрэлтэй"④ (Товчилсон агуулгатай бичмэл эх) эх хийгээд Хай цүньшөний хувийн хадгаламж болох "Богд Бигармижид хааны цадиг анхны бүлэг оршивой"⑤ (бүтэн агуулгатай бичмэл эх) хэмээх гарчигтай бичмэл эх билээ.

---

① 參見烏林西拉等編：《中國蒙古文古籍總目》，北京：北京圖書館出版社，1999 年。

② Дэлгэр. *Өвөр Монголын Их Сургуулийн Номын сангийн бичил фильмийн хадгаламж- Европт хадгалагдаж байгаа эртний монгол сурвалж бичгийн агуулгын товчит гарчиг*. ӨМСХХХ. 2014.

③ Бигармижид хааны үлгэр. Өвөр Монголын Их Сургуулийн Номын сангийн хадгаламж, уул нь Денмаркын хааны ордны Номын санд хадгалагдаж байсан Mong 22 тэмдэгт бичмэл эх.

④ Богд Бэкэрмижид хаан...тэргүүн дэвтэр (Гучин хоёр бэлгэ төгссөн мянган гэрэлтэй). Өвөр Монголын Их Сургуулийн Номын сангийн хадгаламж. Уул нь Денмаркын хааны ордны Номын санд хадгалагдаж байсан Mong 118 тэмдэгт бичмэл эх.

⑤ Богд Бэкэрмижид хааны цадиг анхны бөлөг оршивой, хай цүн шэнийн хувийн номын сангийн хадгаламж.

Улсын гадаадад голцуу Ц. Дамдинсүрэнгийн тус судалгааг өрнүүлэх үед ашиглаж байсан бичмэл эх хийгээд Английн монголч Чарльз Баудены Энэтхэгийн Шинэ Делид хэвлүүлсэн “*Vikramāditya Tales from Mongolia*” (*Энэтхэгийн газрын Бигармижид хааны тууж оршивой*) зэрэг бичмэл эхүүд байдаг. Ц. Дамдинсүрэнгийн “Бигармижид хааны тухай гурван ном”[①]-ыг үндэслэвэл, түүний цуглуулсан “Бигармижид хааны намтар” таван хувь байдаг. Олдой би бээр эдгээр таван хувь бичмэл эхийн гарчиг, дэвтрийн тоо зэрэг хийгээд Ц. Дамдинсүрэнгийн “Монголын уран зохиолын тойм (дээд дэвтэр)”[②]-д “Бигармижид хааны намтар”-ыг танилцуулсан агуулгаас шинжвэл энэхүү таван хувь бичмэл эхэд мөн бүтэн ба товчилсон агуулгатай бичмэл эх байхыг мэдэж болно. Учир юу гэвэл, энэхүү таван хувь бичмэл эхээийн доторх “Махасабади хааны хүвгүүн богд Бигармижид хааны намтар” (Махасамади хааны хөвгүүн богд Бигармижид хааны намтар) хэмээх нэрийдэлтэй бичмэл эх нь дөрвөн дэвтэр байхаас үзвэл бүтэн агуулгатай бичмэл эх болох нь гарцаагүй (товчилсон бичмэл эх нь зөвхөн 50 гаруй хуудастай, нэгэлхэн жижиг дэвтэр байдаг). Гэвч Ц. Дамдинсүрэн бээр “Монголын уран зохилын тойм (дээд дэвтэр)”-т тус намтрын агуулгыг танилцуулах үед ашигласан бичмэл эх нь олдой миний үзэхээр товчилсон дэвтэр билээ. Учир юун гэвэл, түүний танилцуулсан агуулга дотор Бигармижид гэрээс салсан, Лянхуагаас төрсөн, гучин хоёр бэлгэ төгссөн Цэцэг хатныг авсан хийгээд намтрын сүүлийн хэсгийн агуулга л байдаг. Харин бүтэн бичмэл эхэд байдаг бараг тус намтрын хагас агуулгыг эзэлсэн Сүрьеэ хаан, Сүрьеэ хааны түшмэл ба долоон их хаантай хийсэн ярилцаа хийгээд Бигармижид Бидъяавадийг буулгаж авсан агуулга харагдахгүй. Чарльз Баудены 1962 онд хэвлүүлсэн “Vikramāditya Tales from Mongolia” нь бүтэн агуулгатай бичмэл эх болох нь гарцаагүй. Уг бичмэл эхийн ард “энэхүү Бигармижид хааны туужийн эх бичгийг Сэцэн хан аймгийн Чин ачит вангийн хошууны захирагч занги бөгөөд Ховдын хязгаарыг тохинуулах хичээнгүй баатар бэйл Гомбоёншингаас буулган авч төдий л их засварласангүй хэвлэвэй” хэмээн тодорхойлсноос үзвэл энэхүү бичмэл эх нь мөн Монгол улсад тархаж байсан бичмэл эх болох юм. Чарльз Баудэн бээр номынхоо танилцуулгын хэсэгт тус намтрын гучин хоёр бүлэг агуулгыг товчлон танилцуулснаар барахгүй агуулга, бүтэц хэлбэр, эх ирэлтийн талаар дөхөм

---

① Ц. Дамдинсүрэн. *Бигармижид хааны тухай гурван ном*, Studia Mongolia Institutilinguae Et Literarum Academiae Scientiarum Reipublicae Populi Mongol. УБ. 1961.

② Ц. Дамдинсүрэн нар. *Монголын уран зохиолын тойм*. ӨМАХХ. 1982. т. 587-589.

өгүүлсэн билээ.

2.2. Төвөд орчуулгын бичмэл эх

Монгол Улсын үндэсний Номын Санд хадгалагдаж байгаа "བྱང་ཆུབ་སེམས་དཔའ་དྲང་སྲོང་བི་ཀྲ་མི་ཛི་ཏ་རྗེ་ཐར་དང་པོའི་འཇུག་རྫོགས་ཞེས་བྱ་བ་བཞུགས་སོ།།①(*Бодисадва богд Бигармижид хааны намтрын анхны бүлэг оршивой*) нэрийдэлтэй бичмэл эх хийгээд "རྗེ་རྒྱལ་པོ་བི་ཀྲ་མི་ཛི་ཏའི་དཀའ་བ་སྤྱོད་པའི་ལེའུ་སོ་གཉིས་བཞུགས་སོ།།"②(Богд *Бигармижид хааны туулсан үйл гучин хоёр бүлэг оршивой*) нэрийдэлтэй бичмэл эх нь даруй "Бигармижид хааны намтар"-ын Төвөд орчуулгын бичмэл эх болох юм. Тус хоёр хувь Төвөд орчуулгын бичмэл эх нь бүтэн агуулгатай бичмэл эхийг үндэслэн орчуулсан нь илхэн.

Монгол оронд уламжлагдсан "Бигармижид хааны намтар" нь анх Санскрит хэлэн дээрх ямар нэгэн зохиолтой маш төсөөтэй болох нь мадаггүй бөгөөд шууд Санскрит хэлнээс Монгол хэлэнд орчуулагдсан билээ. Харин Монгол бичмэл эхийг үндэслэн Төвөд хэлэнд орчуулагдсаныг энэхүү хоёр хувь Төвөд орчуулгын бичмэл эх гэрчилж байна. Бас нэгэн зүйлийг тодорхойлон ярихад, Монгол оронд уламжлагдсан "Бигармижид хааны намтар"-ын эл бичмэл эх нь агуулгын ялгаа оршихгүй, харин нэрийдлийн зөрөө оршдог. Энэхүү хоёр хувь Төвөд орчуулгын бичмэл эх нь бүтэн агуулгат Монгол бичмэл эхтэй агуулгын ялгаа оршихгүй, харин нэрийдлийн зөрөө оршдог. Энэ нь Монгол бичмэл эх ба Төвөд орчуулгын бичмэл эхийн агуулга нь нэлээд тогтуун гэснийг харуулж байна. Тус хоёр Төвөд орчуулгын бичмэл эхийн орчуулагдсан цаг зэрэг асуудлыг дараачийн хэсэгт өгүүлэх тул энд хуудас хэмнэе.

Гурав. "Бигармижид хааны намтар"-ын уламжлал тархалтын ул мөрийн асуудал

"Бигармижид хааны намтар"-ын Монгол оронд уламжлагдсан ул мөрийн асуудлыг өгүүлэхээс өмнө, эрхбиш анхаарах чухалтай нэгэн зүйл бол "Бигармижид хааны намтар", "Арж борж хааны үлгэр" ба "Гучин хоёр модон хүний үлгэр" нь харилцан

① བྱང་ཆུབ་སེམས་དཔའ་དྲང་སྲོང་བི་ཀྲ་མི་ཛི་ཏ་རྗེ་ཐར་དང་པོའི་འཇུག་རྫོགས་ཞེས་བྱ་བ་བཞུགས་སོ།།, Монгол Улсын үндэсний Номын сангийн төвд номын фондын хадгаламж, Дугаар: MOOS8255-001.

② རྗེ་རྒྱལ་པོ་བི་ཀྲ་མི་ཛི་ཏའི་དཀའ་བ་སྤྱོད་པའི་ལེའུ་སོ་གཉིས་བཞུགས་སོ།།, Монгол Улсын үндэсний Номын сангийн Төвөд Номын фондын хадгаламж, Дугаар: MOOS8766-001.

нягт харьцаа холбоотой үлгэрийн цоморлиг болохыг мэдэх хэрэгтэй. Энэ тухай эрдэмтэн Ц. Дамдинсүрэн бээр аль эрт дуу алдаж, энэхүү гурван зохиолыг “нэгэн хэлхээ зохиол буюу гурвалж зохиол гэж нэрлэнэ”① гэв. Олдой миний цуглуулсан 50 гаруй бичмэл эхэд суурилан өгүүлбэл, энэхүү гурван адил бус агуулгатай зохиолд бүр Бигармижид хааны үлгэр үйл явдлыг бичсэн боловч өдгөө өгүүлж буй “Бигармижид хааны намтар”-ын үүсэж бүрэлдсэн цаг нь хамгийн эрт болох юм. Учир нь тус намтарт Бигармижидийн амьд сэрүүн үеийн үйл явдлыг бичсэн бол, нөгөө хоёр бичмэл эх нь түүний нирван дүр үзүүлсний дараа, амьд сэрүүн үеийнх нь хамаг амьтан зургаан зүйлийг тэтгэн ивээсэн үйл явдлыг дурдан өгүүлэх буюу эзлэн сууж байсан алтан ширээний тухай үлгэрийг өгүүлдэг юм (Энэ тухай дараачийн хэсэгт нарийн өгүүлнэ).

Нөгөө нэгэн тодорхойлох чухалтай зүйл гэвэл, өдгөө тус гурван үлгэрийн уг эх нь хэдийгээр Энэтхэг гаралтай боловч зарим агуулга нь нэлээд монголжуу болсон бөгөөд Төвөд уламжлалт бурхны шашны ул мөр байхыг анхаарах хэрэгтэй. Энэ нь Төвөд орчуулгын бичмэл эхэд суурилан хэлсэн зүйл биш, харин энэхүү гурван бичмэл эхийг шууд Санскрит хэлнээс Монгол хэлэнд айлтгасан буюу орчуулсан боловч, Монгол бичмэл эхийг үндэслэн Төвөд хэлэнд орчуулсан бөгөөд энэхүү соёлын өв хөрөнгийг Энэтхэгээс Монгол оронд ачаалсан хүн нь Төвөд оронд удаан сууж байсныг мөн анхаарах хэрэгтэй. Эдгээр зүйл нь тус намтрыг зөвхөн агуулгын төдий судлахаас нэн цаашдын хамаа бүхий асуудлыг шийдвэрлэхэд зангилаа гэж таних хэрэгтэй.

3.1. Монгол оронд уламжлагдсан бичмэл эхийн ирэл гарлын асуудал

Олдой миний мастер цол хамгаалсан өгүүлэл “Гучин хоёр модон хүний үлгэр’’-ийн судлал, бичмэл эх, уламжлал, агуулгын харьцуулал②-д, энэхүү гурван хэлхээ зохиолоос “Арж борж хааны үлгэр” ба “Гучин хоёр модон хүний үлгэр”-ийн аль олон асуудлыг өгүүлсэн бөгөөд эдгээр үлгэрүүдийг айлтгаж ярьсан ба орчуулсан Энэтхэг азар Баха бандидын тухай зарим асуудлыг хөндөж өгүүлсэн. Мөн “Арж борж хааны үлгэр’’-ийн Төвөд орчуулгын бичмэл эхийн судлал”③ гэх өгүүлэлд эдгээр гурван

---

① Ц. Дамдинсүрэн нар. *Монголын уран зохиолын тойм*. ӨМАХХ. 1982. т. 586.

② Хөх. *Гучин хоёр модон хүний үлгэрийн судлал бичмэл эх, уламжлал, агуулгын харьцуулал*, Өвөр Монголын Их Сургуулийн мастер зэрэг хамгаалах өгүүлэл. 2019.

③ 呼和:《文本與歷史:〈阿爾札波爾札汗的故事〉藏譯本研究》,《蒙古學問題與爭論》(*Quaestiones Mongolorum Disputatae*)2023 年第 19 期。

хэлхээ зохиолын Төвөд орчуулгын бичмэл эх жич “Чин улсын дотоод нарийн бичгийн яамны монгол данс эвхмэлийн эмхэтгэл” зэрэг түүхэн материалыг үндэслэн Баха бандидын Монгол, Төвөд ба цагаан Хаант Оросын төр шашинд холбогдсон хэрэгт оролцож байсаныг дурдсан бөгөөд түүний эдгээр хэлхээ зохиолыг их төлөв айлтгасан ба орчуулсан цагийг нь нотолсон билээ. Гэвч “Бигармижид хааны намтар”-ийн Монгол оронд уламжлагдсан ирэл гарлын талаар тодорхой өгүүлсэнгүй. Учир нь: Нэг, “Бигармижид хааны намтар”-ын Монгол бичмэл эх хийгээд Төвөд орчуулгын бичмэл эх нь нөгөө хоёр үлгэрийн цоморлиг “Арж борж хааны үлгэр” ба “Гучин хоёр модон хүний үлгэр” шиг эхний үг буюу төгсгөлийн үг гэж байхгүй, иймийн учир үүнийг хэн орчуулсан гэж шууд хэлж чадахгүй. Тэгвэл, одоохонд олдогдоод байгаа “Бигармижид хааны намтар”-ын бичмэл эх нь нэлээд хожуу үеийн гар дамжин хуулбарлагдсан бичмэл эх болох нь тодорхой, эрдэмтэн Ц. Дамдинсүрэн бээр “Монголын уран зохиолын тойм”-д тус намтрын агуулгыг танилцуулах үед ашигласан бичмэл эх нь нэн ч товчилсон агуулгатай бичмэл эх билээ. Хоёр, хэдийгээр “Өндөр гэгээний намтар”-т “Бикармаужидийн туужийг цээжээр хэлснийг базаж авсан”① гэдэг тэмдэглэл байдаг боловч, олдой би бээр энэхүү “Бикармаужидийн тууж” гэдэг нь “Арж борж хааны үлгэр” болохыг нотолсон②, харин эрдэмтэн Ц. Дамдинсүрэн бээр “Гучин хоёр модон хүний үлгэр” мөн гэж үзсэн. Тодруулж ярьвал, энэхүү “Бикармаужидийн тууж” нь бидний тус өгүүлэлд гол ярилцах сэдэв даруй “Бигармижид хааны намтар”-ыг зааж байхгүй, энэ нь нөгөө талаар тус намтар нь айлтгаж ярьсан зүйл биш, орчуулагдсан зохиол болох нь илүү баттайг харуулж байна. Хэдийгээр олдой би бээр энэхүү гурван хэлхээ зохиолын тухай хэдэн өгүүлэл бичсэн боловч, “Бигармижид хааны намтар”-ын тухай судалгаан өрнүүлж байсангүй нь ийм шалтгаантай буюу. Тэгвэл, тус “Бигармижид хааны намтар”-ыг хэн орчуулсан бол? үнэндээ энэхүү асуудал нь аль эрт нэлээд баттай хариулттай болжээ, даруй Баха бандид орчуулсан байж таарна. Гэвч дээр өгүүлсэн “Бигармижид хааны намтар”-ын Монгол, Төвөд бичмэл эх нь эхний үг буюу төгсгөлийн үггүйн учир, үүнийг шууд Баха орчуулсан гэж хэлэхэд бэрх. Олдой би бээр Монгол, Төвөд бичмэл эх, энэхүү гурван хэлхээ зохиолын агуулга зэрэгт дулдуйдаж, зарим гэрч баримтаар энэхүү

① ［蒙古］拉·呼日勒巴特爾：《哲布尊丹巴一世傳》，呼和浩特：内蒙古人民出版社，2009 年，第 277 頁。

② 呼和：《印度“木頭人的故事”在蒙古地區的傳播與影響》，《民族文學研究》2023 年第 1 期，第 150—160 頁。

асуудлыг туршин өгүүлэхээр байна.

1. “Арж борж хааны үлгэр”-ийн Төвөд орчуулгын бичмэл эхийн эхний үгэнд “Богд Лувсандамбийжалзан Балсанбугийн амьд сэрүүн үед Энэтхэгийн орноос ирсэн бандид азар Баха хэмээгчээр Гучин хоёр модон хүний түүхийг Энэтгэгийн хэлнээс Монголын хэлэнд орчуулсан ...”① гэх түүхэн сураг ба “Гучин хоёр модон хүний үлгэр ”-ийн Төвөд орчуулгын бичмэл эхийн төгсгөлийн үгэнд “ Богд Лувсандамбийжалзан Балсанбугийн үед, Энэтхэгээс ирсэн хоёр азарын нэг Дарнат Маха гүрүгийн шавь бандид азар... хоёр хааны түүхийг чулуун хуруут Азар бээр Богдод Энэтхэгийн хэлнээс Монголын хэлэнд орчуулан айлтгасан...”② зэргээс үзвэл, Энэтхэгээс Монгол оронд ирж, Өндөр гэгээн Занабазарын дэргэд байсан хоёр азарын нэг нь болох Баха бандид бээр“Арж борж хааны үлгэр” ба “Гучин хоёр модон хүний үлгэр”-ийг айлтгасан ба орчуулсан гэдгийг мэдэж болно. Тэр тусмаа энэхүү айлтгасан хийгээд орчуулсан цаг үе нь Өндөр гэгээний амьд сэрүүн цаг үед явагдсан нь мөн түүхэн үнэнтэй нийцэж буй. Олдой би бээр энэ тухай “Арж борж хааны үлгэр”-ийн Төвөд орчуулгын бичмэл эхийн судлал”③-д тодорхой өгүүлсэн тул энд нуршихгүй. Тэгвэл үлгэр үйл явдлын талаар маш нягт харьцаа холбоотой энэхүү гурван хэлхээ зохиолын нөгөө нэг болох “Бигармижид хааны намтар”-ыг орчуулсан нь мөн Баха бандида байх ёстой юм.

Энэ тухай зарим баримтаар өгүүлье. Мэдээжээр “Гучин хоёр модон хүний үлгэр”-ийг Баха хийгээд Баахан хэмээх хоёр бандид тус тусын орчуулга хийсэн. үүнд, Баха бандидын орчуулсан “Гучин хоёр модон хүний үлгэр”-т “Бигармижид хааны намтар”-ын зарим агуулга тэр хэвээр нь ажиглагдаж байна. Хэдэн жишээ үзүүлбэл: Баха бандидын орчуулсан “Гучин хоёр модон хүний үлгэр ”-ийн Бигармижид хааны хоёрдугаар бүлэгт: “Балар эрт сав бүтээсний хойно, гэрлээс хувилсан Манха самбади нэрт нэгэн их хаан бөлгөө. Тэр хааны Лагчам манха, Лагчам нэрт хоёр хатан ажгуу.

---

① ཛེ་རྒྱལ་པོ་བི་ཀྲ་མི་ཛི་ཏའི་སྒྲུང་པ་ནི་ཤིང་མིའི་དང་པོ་ལས་བརྩམས་ཏེ་ཤིང་མི་བཅུ་གསུམ་གྱི་བར་དུ་རྒྱལ་པོ་ཆེན་པོ་ཨརྗེ་བུརྗེ་དང་ཕན་ཚུན་སྨྲས་པར་བྱེད་པའི་ལོ་རྒྱུས་བཞུགས་སོ||, Монгол Улсын үндэсний Номын сангийн хадгаламж. Дугаар: MOOS8257-001, 2a.

② ཛེ་རྒྱལ་པོ་ཆེན་པོ་ཀི་སི་ནས་བི་ཀྲ་མི་ཛི་ཏའི་ཁྲི་ལ་བཞུགས་པའི་ཕྱིར་དུ་ཤིང་མིའི་དང་པོ་མདྷ་ཀྲྀ་ལ་ནས་བཟུང་སྟེ་ཤིང་མི་སོ་གཉིས་པའི་བར་དུ་ཕན་ཚུན་སྨྲ་བི་ལོ་རྒྱུས་བཞུགས་སོ||, Монгол Улсын үндэсний Номын сангийн хадгаламж. Дугаар: MOOS82456-002, 160b.

③ 呼和:《文本與歷史:〈阿爾札波爾札汗的故事〉藏譯本研究》,《蒙古學問題與爭論》(*Quaestiones Mongolorum Disputatae*)2023 年第 19 期。

Индра банди Чакравади Бикармачид нэрт гурван хөвгүүн бөлгөө…"① гэх агуулга нь "Бигармижид хааны намтар" эхэлмэгц яг иймэрхүү агуулгаар эхэлж байдаг. Баахан бандидын орчуулсан харгалзсан хэсэгт Баха бандидынхаас нэлээд товчилсон нь мэдэгдэж байна. Бахын орчуулсны хорин тавдугаар бүлэгт: "Эрт цагт Дивангар бурхны үед Балираза нэрт нэгэн их хаан бөлгөө… "②, Кисэнэ хааны хорин долдугаар бүлэгт: "Сүрьеэ хааны гучин хоёр бэлгэ төгссөн хүүхэн… "③, Бигармижид хааны гучин хоёрдугаар бүлэгт: "Эрт цагт Бали раза хаан, энэ ширээг Бэкэрмижидэд хайрласны тул…"④, мөн тус бүлэгт: "Бэкэрмижид ээ сонс, Чи урьд арван хоёр насан дээр Бэрхэй лугаа хэрэлдээд, цэцгээс хувилсан хатныг олбоос бүү иртүгэй хэмээн ам авсан бөлгөө…"⑤ зэрэг агуулга нь "Бигармижид хааны намтар"-ын харгалзсан агуулгатай яв цав тохирч байна. "Бигармижид хааны намтар"-ын зарим агуулга нь Бахын орчуулсан "Гучин хоёр модон хүний үлгэр"-ийн зарим агуулгатай давхцаж байх нь илхэн. Харин Бааханы орчуулгад нэлээд нь ажиглагдахгүй, эсэхүл ажиглагдсан ч жаахан зөрөөтэй буюу нэлээд товчилсон байдалтай байдаг. Энэ нь "Бигармижид хааны намтар" ба Баха бандидын орчуулсан "Гучин хоёр модон хүний үлгэр"-ийн зарим агуулга нь тэр хэвээрээ тохиролцохыг харуулж байх бөгөөд эдгээр гурван үлгэрийн цоморлигийг айлтгасан ба орчуулсан хүн нь Баха бандид болно гэж танихад баримт болж болмоор юм.

① Баха бандидын орчуулсан. Нэгдүгээр модон хүнээс гучин хоёрдугаар модон хүн хүртлээ Гиснэн хахан луга харилцан өгүүлэлцсэн үлгэрийн жаран тавдугаар бүлэг оршив. ӨМӨЗО-ы Номын сангийн хадгаламж, 28b.

② Баха бандидын орчуулсан. Нэгдүгээр модон хүнээс гучин хоёрдугаар модон хүн хүртэл Гиснэн хаан луга харилцан өгүүлэлцсэн үлгэрийн жаран тавдугаар бүлэг оршив. ӨМӨЗО-ы Номын сангийн хадгаламж, 160b.

③ Баха бандидын орчуулсан. Нэгдүгээр модон хүнээс гучин хоёрдугаар модон хүн хүртэл Гиснэн хаан луга харилцан өгүүлэлцсэн үлгэрийн жаран тавдугаар бүлэг оршив. ӨМӨЗО-ы Номын сангийн хадгаламж, 20b.

④ Баха бандидын орчуулсан. Нэгдүгээр модон хүнээс гучин хоёрдугаар модон хүн хүртэл Гиснэн хаан луга харилцан өгүүлэлцсэн үлгэрийн жаран тавдугаар бүлэг оршив. ӨМӨЗО-ы Номын сангийн хадгаламж, 202b.

⑤ Баха бандидын орчуулсан. Нэгдүгээр модон хүнээс гучин хоёрдугаар модон хүн хүртэл Гиснэн хаан луга харилцан өгүүлэлцсэн үлгэрийн жаран тавдугаар бүлэг оршив. ӨМӨЗО-ы Номын сангийн хадгаламж, 203a.

2. Өөр нэгэн баримт гэвэл, Баха бандидын орчуулсан “Гучин хоёр модон хүний үлгэр”①-ийн бүрэлдэхүүн үлгэр “Кисэнэ хааны үлгэр” -ийн 16, 22, 23, 25, 26, 32 дугаар бүлэг ба нөгөө нэгэн бүрэлдүүн үлгэр “Бигармижид хааны үлгэр”-ийн 2, 26, 32 бүлэгт Дарнат (Дарнатын хувилгаан) ажиглагддаг бөгөөд Маха гүрү, Их багш, Богд, Багш гэх мэтийн тодотголтой бөгөөд Кисэнэ хаан, Бигармижид хааны багшийн дүрээр илэрсэн билээ. Жишээлбэл: 16 дугаар бүлэгт “Да ра на та Манха гүрү миний багш болой... ”②, 25 дугаар бүлэгт “Эд бүгдийг да ра на та богдод өргө”③ энэ мэт. Энэ нь Баха бандид бээр тус үлгэрийн бичмэл эхийн төгсгөлд өөрийгөө “Дарнат Маха гүрүгийн шавь...” хэмээн тодотгосонтой ихээхэн холбоотой гэж таньж болно. Харин Баахан бандидын орчуулсан “Гучин хоёр модон хүний үлгэр”④-т Дарнат дэмий илрэхгүй билээ, зөвхөн “Кисэнэ хааны үлгэр”-ийн 16, 23, 32 дугаар бүлэгт илрэв. Гэхдээ үүн дэхь 16 дугаар бүлэг нь түүний Баха бандидын орчуулгаас шууд хуулсан бүлэг болох юм. үүнээс үзвэл Баахан бандидын орчуулгад Дарнатын тухай дэмий дурдсангүй нь илхэн. Дарнатын тухай ингэж чухалчилж байх шалтгаан бол “Бигармижид хааны намтар”-т Дарнат төдийгүй Зонхов зэрэг Төвөд уламжлалт бурхны шашны их багш нар илэрсэн билээ. үүний шалтгаан нь Баха бандид бээр өөрийн дээд багш Дарнат ба түүний урьд төрлийн үлгэр түүхийг өөрийн орчуулгадаа шигтгэсэн бөгөөд довойлгосонтой холбоотой болов уу хэмээн таньж болмоор (Дарнаттай холбогдсон асуудлыг дараачийн хэсэгт үргэлжлэн өгүүлнэ).

3. Бас нэгэн баримт гэвэл, Монгол Улсын үндэсний Номын сангийн Төвөд номын хөмрөгт хадгалагдаж байгаа энэхүү гурван хэлхээ зохиолын Төвөд орчуулгын бичмэл эхийг шүүвэл, Баахан бандидын орчуулсан “Гучин хоёр модон хүний үлгэр” харагдахгүй, мөн “Арж борж хааны үлгэр”-ийн Төвөд орчуулгын бичмэл эхийн эхний

---

① Баха бандидын орчуулсан. Нэгдүгээр модон хүнээс гучин хоёрдугаар модон хүн хүртэл Гиснэн хаан луга харилцан өгүүлэлцсэн үлгэрийн жаран тавдугаар бүлэг оршив. ӨМӨЗО-ы Номын сангийн хадгаламж.

② Баахан бандидын орчуулсан. Түмэн жаргалант хааны алтан ширээг олсон цадиг оршив. ӨМӨЗО-ы Номын сангийн хадгаламж.

③ Баха бандидын орчуулсан. Нэгдүгээр модон хүнээс гучин хоёрдугаар модон хүн хүртэл Гиснэн хаан луга харилцан өгүүлэлцсэн үлгэрийн жаран тавдугаар бүлэг оршив. ӨМӨЗО-ы Номын сангийн хадгаламж, 113а.

④ Баха бандидын орчуулсан. Нэгдүгээр модон хүнээс гучин хоёрдугаар модон хүн хүртэл Гиснэн хаан луга харилцан өгүүлэлцсэн үлгэрийн жаран тавдугаар бүлэг оршив. ӨМӨЗО-ы Номын сангийн хадгаламж, 160а.

үг ба төгсгөлийн үг жич “Гучин хоёр модон хүний үлгэр”-ийн Төвөд орчуулгын бичмэл эхийн төгсгөлийн үгийг шүүвэл, эдгээр үлгэрүүдийг бүр Баха бандидтай холбон ярьдаг, харин Баахан бандидын тухай жаахан ч сураг байхгүй. Хэдийгээр “Бигармижид хааны намтар”-т эхний үг буюу төгсгөлийн үг байхгүй боловч, Баха бандидтай холбогдох боломж маш өндөр юм. Учир юу гэвэл, эдгээр зохиол нь Монгол хэлнээс Төвөд хэлэнд орчуулах ажил нь их төлөв Өндөр гэгээнийг нирван болсон, даруй 1723 оноос Баахан бандидааг “Гучин хоёр модон хүний үлгэр”-ийг орчуулсан 1746 оноос өмнө буюу адилавтар цагт орчуулагдсан юм.[①] Энэ тухай Олдой би бээр “Арж борж хааны үлгэр”-ийн Төвөд орчуулгын бичмэл эхийн судлалд өгүүлсэн болохоор энд хуудас хэмнэе. Нэр үл мэдэгдэх хүнээс энэхүү гурван үлгэрийн цоморлигийг Төвөд хэлнээ орчуулах үед “Бигармижид хааны намтар”-ын Монгол бичмэл эх нэгэнт байх-н（Баха бандид эдгээр үлгэрүүдийг айлтгасан ба орчуулсан цаг нь 1675 оноос өмнө байх ёстой）учир, энэхүү зохиол нь мөн Баха бандидын орчуулсан болох нь нэлээд баттай юм. Харин Баахан бандидтай бол холбоогүй бөгөөд тухайн үед Өндөр гэгээний дэргэд ирсэн Энэтхэгийн хоёр азраас бусад хүмүүс үүнийг айлтгах буюу орчуулах боломжгүй гэж хэлж болно. Дээрх баримтад дулдуйдаж, бид Монгол оронд уламжлагдсан “Бигармижид хааны намтар”-ын бичмэл эх хийгээд орчуулагчийн асуудлыг энэ мэтээр шийдвэрлэж болмоор.

3.2. “Манигамбум”, Дарнат ба Зонхов богд илэрсний шалтгаан

Эрдэмтэн Ц. Дамдинсүрэн бээр “Бигармижид хааны намтар”-ын 19 дүгээр бүлгийн дотор 14 буюу 15 дугаар зууны үед эмхлэгдсэн Төвөдийн “Манигамбум” гэдэг зохиолыг хэд дахин дурдсан ба 32 дугаар бүлгийн дотор Төвөдийн XIV зууны үед байсан Зонховын тухай өгүүлсэн байна. Энэтхэг хэлнээс Монголд орчуулсан бол “Манигамбум” ба Зонхов тэр зохиолд орох учиргүй[②] гэв. үнэхээр эрдэмтэн Ц. Дамдинсүрэнгийн өгүүлсэн шиг тус намтрын 19 дүгээр бүлэгт: “Да ла чи манай үгийг хичээж сонс чи тэр аршид, бие хэл сэтгэлээ бариад Манигамбумын судрыг барьтугай араха нь тэр буй…Хурдаар Манигамбумын судрыг барьтугай хэмэгч Арахын төдийхөн

---

① 呼和：《文本與歷史：〈阿爾札波爾札汗的故事〉藏譯本研究》，《蒙古學問題與爭論》（*Quaestiones Mongolorum Disputatae*）2023 年第 19 期。

② Бигармижид хааны үлгэр. Өвөр Монголын Их Сургуулийн Номын сангийн хадгаламж, уул нь Денмаркын хааны ордны номын санд хадгалагдаж байсан Mong 22 тэмдэгт бичмэл эх, арав есдүгээр бүлэг, нүүрын дугаар нь тодгүй.

буй яа”① гэдэгчилэн Төвөдийн “Манигамбум” гэдэг зохиол хэд удаа илэрсэн билээ. Тэгвэл 32 дугаар бүлэгт: “Очирдарын… сэтгэлийн хувилгаан Дарната… миний биеийн хувилгаан Ананд, зарлигийн хувилгаан Субуди, сэтгэлийн хувилгаан Зонхов болой”② гэдэгчилэн зөвхөн Зонхов богд илэрсэн бус, Дарната бас илэрсэн билээ.

Тэгвэл энэхүү Энэтхэг гаралтай үлгэрийн цоморлигт яагаад “Манигамбум” (*ma Ni bka' 'bum*), Дарнат ба гэлүгбаа бүлгийг үүсгэн байгуулагч Зонхов илэрсэн бол? Энэхүү асуудалд Ц. Дамдинсүрэн бээр тодорхой дүн гаргаж чадсангүй нь олдой миний дээр тодорхойлсон энэхүү соёлын өвийг Энэтхэгээс Монгол оронд ачаалсан хүн нь Төвөдөд урт хугацаа сууж байсан тухай материалыг ашигласангүйгээс болсон гэж таниж болно. Тодруулж хэлбэл, “Бигармижид хааны намтар”-ын Монгол оронд уламжлагдсан ул мөрийг тодорхойлох нь энэхүү асуудлыг үндсэндээ шийдвэрлэж чадна гэж үзэж болно.

“Манигамбум” бол Соронзонгомбын нэрийг зээлж айлдсан Төвөдийн бурхны шашин, түүх ба Соронзонгомбын намтар жич сургаал номлолын нэгэн хувь “сангийн ном”-ын алдарт зохиолын чуулган мөн. ③ Түүний буй болсон цагийн тухай “Агуулгаас нь үзвэл, хожуу үеийн Цисундезан хааны шашныг дэлгэрүүлж, цаашлабал “хойт дэлгэрэлтийн үе”-д Адиша Төвөдөд очсон ба Төвөд уламжлалт бурхны шашны эл урсгал бүлгийн бүрэлдсэний тухай тэмдэглэл байдаг, иймээс хэсэглэн эзэлж байсан цаг үед буй болсон гэж магадлаж болно”④ гэжээ. Энэхүү хэсэглэн эзэлж байсан цаг үе нь даруй IX зууны дундажад Төвөдийн хаант төр задарснаас XIII зууны дундаж үед Юань улс Төвөдийг нэгтгэх хүртэлх цаг үеийг заадаг билээ. Дарнат бол Жононбаа бүлгийн түүхэнд төдийгүй Төвөд уламжлалт бурхны шашны түүхэнд ч гэсэн байр суурь ихтэй эрдэмтэн лам мөн. Зонхов бол Төвөд уламжлалт бурхан шашны гол урсгал бүлгийн нэгэн болсон гэлүгбаагийн шашны үндэслэгч юм.

“Бигармижид хааны намтар”-д, “Манигамбум” ба Төвөд уламжлалт бурхны шашны ихэс хувилгаад Дарнат, Зонхов илэрсний шалтгаан нь тус намтрыг орчуулсан

---

① Ц. Дамдинсүрэн нар. *Монголын уран зохиолын тойм*. ӨМАХХ. 1982. т. 590.

② Бигармижид хааны үлгэр. Өвөр Монголын Их Сургуулийн Номын сангийн хадгаламж, уул нь Денмаркын хааны ордны номын санд хадгалагдаж байсан Mong 22 тэмдэгт бичмэл эх, Гучин хоёрдугаар бүлэг, нүүрын дугаар нь тодгүй.

③ 王堯、陳慶英主編：《西藏歷史文化辭典》，拉薩：西藏人民出版社，1998 年，第 169 頁。

④ 陳慶英、張亞莎主編：《西藏通史・宋代卷》，北京：中國藏學出版社，2016 年，第 383 頁。

Энэтхэгийн бандид азар Бахын тухайн үеийн төр шашинд оролцож байсан ул мөртэй холбоотой. "Чин улсын дотоод нарийн бичгийн яамны Монгол данс эвхмэлийн эмхтгэл"[①]-ийн зарим дансыг үндэслэвэл, 1646 оноос 1654 оны хооронд Баха хутагтаар Эеэр засагч хаантай захидал нэвтрэлцэж байв. Түүний суурьшиж байсан газар нь Брэйбүн хийд билээ. үүнээс үзвэл Баха бандидаар Төвөдөд удаан сууж байсан нь илхэн байна. Тэгвэл түүний өөрийгөө "Дарнат Маха гүрүгийн шавь..." хэмээн тодотгосон түүхэн сургийг мөн анхаарах хэрэгтэй.

Ц. Дамдинсүрэн бээр энэхүү тодорхойллыг үндэслэн: Дарнат гэж Анхдугаар Жавзандамба хутагт буюу Өндөр гэгээнийг хэлж байгаа бололтой. Өндөр гэгээнийг Төвөдийн XVII зууны үеийн эрдэмтэн Дарнатын хувилгаан гэдэг юм"[②] гэж баримт дутуу өгүүлжээ. А. Шонхор бээр "Дарната Манха гүрү" болбоос манай үзэхээр, Санскрит хэлэнд цагаарсан бөгөөд таван ухаанд нэвтэрсэн Дарнат Гунгаанямбуу (1575-1634) буюу[③] гэв. Олдой би бээр хойнох үзэлтийг зөвшөөрч буй. үүний тухай жаахан тодруулж ярьвал, дээрх хэсэгт өгүүлсэн Баха бандида өөрийн орчуулсан "Гучин хоёр модон хүний үлгэр"-т Дарнатын тухай үлгэр түүхийг нилээд хэмжээгээр шигтгэж, байр суурийг нь товойлгосон нь тэрээр Дарнат мах гөрөөтэй харьцаа холбоотой нь тод юм. Нэн ч өөрийгөө "Дарнат маха гүрүгийн шавь..." хэмээн тодотгосноос үзвэл, түүнтэй нэгэн үед амьдарч байсан Дарнат бол даруй Жононбаа бүлгийн Дарнат Гунгаанямбуу болно. Харин тухайн цаг үед халхын нэгдүгээр дүрийн Жавзандамба хутагтыг Төвөдийн Брэйбүн хийдийн Жамъянцойжил (嘉央曲傑) -ийн хувилгаан гэдэг юм.[④] Баха бандид Жононбаа бүлгийн их багш Дарнат Гунгаанямбуугийн шавь гэдгээс үзвэл, тэрээр Дарнат Гунгаанямбууг амьд сэрүүн байх үед нь Төвөд оронд ирсэн байх ёстой. Тэрээр Төвөд оронд удаан сууж байсан бөгөөд Дарнат Гунгаанямбууд шавилж байсан хугацаандаа Төвөд уламжлалт бурхны шашны ном судрыг сурч судлах нь ч мэдээжийн хэрэг. Иймийн учир түүний Монгол оронд хүрч очоод орчуулсан "Бигармижид хааны намтар"-т Төвөдийн "Сангийн ном" болох "Манигамбум"

① 齊木德道爾吉、吳元豐、薩·那日松等編：《清内秘書院蒙古文檔案匯編》，内蒙古人民出版社，2003 年，第 154 頁。

② Ц. Дамдинсүрэн. *Монголын уран зохиолын тойм*. ӨМАХХ. 1982. т. 677.

③ А. Шонхор. *Эрдэнийн хуурцаг*. ӨМАХХ. 2013. т. 27-28.

④ 陳慶英、金成修：《喀爾喀部哲布尊丹巴活佛轉世的起源新探》，《青海民族學院學報》2003 年第 3 期，第 12 頁。

хийгээд Дарнат, Зонхов мэтийн Төвөд уламжлалт бурхны шашны ихэс богд нар уншигдах нь ойлгомжтой хэрэг болох юм. Гэвч анхааруустай нь, Баха хутагтаар тус намтрыг Монгол оронд хүрч очоод орчуулах үед Төвөд уламжлалт бурхны шашны зарим зохиол буюу хүмүүсийг оруулснаас бус, энэхүү намтар нь Төвөд оронд уламжлагдаж боловсрогдсон явцыг дамжсангүй бололтой. Учир нь зөвхөн “Бигармижид хааны намтар” төдийгүй нөгөө хоёр үлгэрийн цоморлигийг бүр Монгол бичмэл эхийг үндэслэн Төвөд хэлэнд орчуулсан билээ. Энэ нь Монгол оронд эдгээр гурван үлгэрийн цоморлиг анх уламжлагдах үед Төвөд хэлийг дамжсангүй, гэвч Төвөд оронтой холбоогүй гэсэн үг биш.

Дөрөв. Бигармижид хааны тухай гурван номын үүсэж бүрэлдсэн дэс дараа

Бигармижид хааны тухай гурван ном хэмээн нэрлэсний шалтгаан нь “Бигармижид хааны намтар”, “Арж борж хааны үлгэр” хийгээд “Гучин хоёр модон хүний үлгэр”-т тус бүр ондоо агуулгатай “Бигармижид хааны үлгэр” байдаг билээ. Тодруулж ярьвал, “Арж борж хааны үлгэр”-т үнэндээ Арж борж хааны тухай үлгэргүй, модон хүнээс түүнд “Бигармижид хааны үлгэр”-ийг өгүүлдэг юм. “Гучин хоёр модон хүний үлгэр” нь “Кисэнэ хааны үлгэр” ба “Бигармижид хааны үлгэр”-ээр бүрэлджээ. Иймээс бас нэгэн ондоо агуулгатай “Бигармижид хааны үлгэр” байна гэсэн үг. “Бигармижид хааны намтар”-ын агуулга нь тэр хэвээрээ Бигармижидийн арван хоёр насандаа гэрээс гарч, Бидъяавади ба Лянхуагаас төрсөн хүүхэнтэй урагласан хийгээд Вайшили балгасанд наян жил засаг барьсан үлгэр түүх билээ. Иймийн учир эдгээр гурван үлгэрийн цоморлигийг энэ мэт нэрлэж болдог. Эрдэмтэн Ц. Дамдинсүрэн: “Арж борж хааны тууж, Кисэнэ хааны тууж, Бигармижид хааны намтар энэ гурвуул нийлж нэгэн бүхэл зохиол болмуй”① хэмээн өгүүлсэн бөгөөд эдгээр гурван үлгэрийн цоморлигийг холбогдол бүхий судалгаандаа байн дахин хэлхээ зохиол буюу гурвалж зохиол хэмээн нэрлэнэ гэв. үүнээс үзвэл, энэхүү гурван зохиол нь нягт харьцаа холбоотой болох нь тодорхой. Ойрын хэдэн жилд, олдой би бээр

① Ц. Дамдинсүрэн. *Монгол уран зохиолын дээж зуун билиг оршивой*. (Гутгаар дэвтэр). ӨМАХХ. 2009. т. 1091.

энэхүү гурван үлгэрийн цоморлигийн нилээд тооны бичмэл эхийг цуглуулсан бөгөөд холбогдол бүхий судалгааг өрнүүлсэн билээ. Доор энэхүү гурван хэлхээ зохиолын үүсэж бүрэлдсэн цагийн дэс дарааг туршин өгүүлье.

Энэхүү гурван бие даасан үлгэрийн цоморлигийн агуулгыг бүрэн шүүсний дүнгээс үзвэл, хамгийн өмнө дугаарлагдах нь даруй бидний тус өгүүлэлд ярилцаж буй "Бигармижид хааны намтар" байж таарна. Учир нь "Бигармижид хааны намтар" бол Бигармижид хааны арван хоёр наснаас эхлэн бэр авсан жич Вайшили балгасанд наян жил засаг барьсан үлгэрийг бичсэн билээ. Харин "Арж борж хааны үлгэр" дэх модон хүнээс Арж борж хаанд өгүүлсэн "Бигармижид хааны үлгэр" ба "Гучин хоёр модон хүний үлгэр" дэх модон хүнээс Кисэнэ хааны түшмэлд өгүүлэх "Бигармижид хааны үлгэр" бол Бигармижид хааныг нирван дүр үзүүлсний дараа, түүний амьд сэрүүн үеийн үйл явдлыг бусдад өгүүлсэн үлгэрийн цоморлиг болох юм. Нэн тодруулж хэлбэл, хэн хэрвээ гучин хоёр модон хүн хадсан алтан ширээг эзлэн суух гэвэл модон хүнээс Бигармижид хааны хийсэн явсан, хамаг амьтан зургаан зүйлийг тэтгэн ивээсэн үйлийг дурдаж, түүн шиг хир хэмтэй бол саяа эзлэн сууж болно, эс тийм бол нэрийг нь ч хүртэл дурдаж болохгүй хэмээн өгүүлдэг. Энэ тухай "Бигармижид хааны намтар"-ын сүүлд тодруулж ярихдаа: "Энэ ширээн дээр хойно аливаа хүн сууя хэмээх бөгөөс та бээр Бигармижидийн аливаа явдлыг тоолон хэлээд, тэр мэт бэрх явдлаар явсан бөгөөс суу. Тэр мэт бэрх явдлаар эс явсан бөгөөс сууж үл болмуй хэмээн бүү суулгагтун" гэв.① Тэгвэл бид "Арж борж хааны үлгэр" -ийн Төвөд орчуулгын бичмэл эхийн эхний үгнээс зарим сургийг олж болдог, үүнийг сийрүүлбэл:

སྔོན་བརྒྱ་བྱིན་གྱིས་བི་ཀྲ་མི་ཛི་ཏ་ལ་འོག་འཛམ་བུ་གླིང་དུ་འཁྲིར་ནས་འགྲོ་བའི་དོན་བྱེད་ཞེས་རང་གི་སྲས་མོ་མེ་ཏོག་གར་མ་དང་བཅས་ཏེ་གནང་བ་ནི་འབྱུང་ཁུངས་ཡིན་ནོ།།དེ་ནས་དུས་ཕྱིས་སུ་རྒྱ་གར་གྱི་ཡུལ་གྲུ་ཆེན་པོར་རྒྱལ་པོ་ཆེན་པོ་ཨརྫ་བུརྫ་ཞེས་བྱ་བ་ཞིག་གིས་རྙེད་ནས་དེ་ལ་བཞུགས་པར་འདོད་ན་ཡང་ཤིང་མི་བཅུ་གསུམ་གྱིས་དགག་ནས་མི་བསྡད་དོ།།དེ་ནས་དུས་ཕྱིས་རིང་བ་ན་འོད་ལས་སྐྱེས་པའི་སྤྲུལ་པ་སྟོབས་ཆེན་རྒྱལ་པོ་ཆེན་པོ་ཀི་སི་ན་ཞེས་བྱ་བ་ཞིག་གིས་ཆུ་ཆེན་པོ་ཡ་མུ་ནའི་འགྲམ་དུ་གྲོང་ཁྱེར་ཆེན་པོ་ཀུ་ཀུ་ལ་ཅེས་བྱ་བ་ལ་བསྐལ་པ་དབང་བའི་རྒྱལ་པོ་ཆེན་པོར་གྱུར་ནས་བཞུགས་སོ།།②

---

① Charles R · Bawden, *Vikramāditya Tales from Mongolia,* International Academy of Indian Culture J 22 Hauz Khas Enclave, New Delhi 16, 1962, p. 171.

② ཛེ་རྒྱལ་པོ་བི་ཀྲ་མི་ཛི་ཏའི་སྤྱོད་པ་ནི་ཤིང་མིའི་དང་པོ་ལས་བརྩམས་ཏེ་ཤིང་མི་བཅུ་གསུམ་གྱི་བར་དུ་རྒྱལ་པོ་ཆེན་པོ་ཨརྫེ་བུརྫེ་དང་བན་ཚུན་སྨྲས་པར་བྱེད་པའི་ལོ་རྒྱུས་བཞུགས་སོ།།, Монгол Улсын үндэсний Номын сангийн хадгаламж, дугаар: MOOS8257-001, 1a, 2a.

(Орчуулга) Эрт урдын цагт, хаан хурмастаар Бигармижидийг замбуутивд авчран амьтны туст өөрийн Цэцэг хүүхнээ хайрласан нь эхлэл буюу. Түүний дараа, Энэтхэгийн их газарт их хаан Арж борж хэмээгч бээр олж мэдээд үүнд суух (Гучин хоёр модон хүнтэй алтан ширээ-ишлэгч) гэж горилсон ч арван гурван модон хүн хашсанаас болж сууж эс чадав. Түүний дараа, нэлээд урт цаг өнгөрсөн үед, хүний орчлонгийн хувилгаан айхавтар хүчит их хаан Кисэнэ хэмээгч бээр их мөрөн Ямунагийн хөвөөний Гөхөл балгасанд галвын хүчит их хаан болж суув.

үүнээс үзвэл, “Бигармижид хааны намтар” нь хамгийн өмнө дугаарлагдах үлгэр болох нь нэн тодорхой болж байна. Дараалбал арван гурван модон хүний өгүүлсэн үлгэрээр бүрэлдсэн “Арж борж хааны үлгэр” байж таарна. Хамаг сүүлд, Кисэнэ хааны үлгэр ба Бигармижид хааны үлгэрээр бүрэлдсэн “Гучин хоёр модон хүний үлгэр” дугаарлагдаж буй. Тэгвэл өөр нэгэн анхааруузштай зүйл гэвэл, энэхүү гурван үлгэрийн Монгол оронд уламжлагдсан цагийн дэс дараа нь түүний үүсэж бүрэлдсэн дэс дараатай адил гэсэн үг биш. Учир нь энэхүү гурван үлгэрийн цоморлигийн уламжлагдсан арга авцал нь ондоо төдийгүй, Монгол оронд аль үлгэр нь урьдаар дэлгэрсэн гэж батлах баримт хараахан үгүй. Одоохонд тодолсон нь бол “Арж борж хааны үлгэр” нь айлтгаж ярьсан үлгэр билээ. Харин “Бигармижид хааны намтар” ба “Гучин хоёр модон хүний үлгэр” нь орчуулсан болох нь маш тодорхой юм.①

Тав. Дүгнэлт

“Бигармижид хааны намтар”-ыг Монгол хэлэнд орчуулсан нь Баха бандида болох нь баттай юм. Баха бандида Монгол оронд ирэхээс өмнө Төвөдөд нэлээд хугацаа байсан нь тодорхой бөгөөд Дарнат Гунгаанямбуугийн шавь учраас Төвөд уламжлалт бурхны шашны ном судрыг сурч судлах нь ч дамжиггүй. Яг иймийн учираас тэрээр Монгол оронд очсоны дараа орчуулсан “Бигармижид хааны намтар”-д Төвөд уламжлалт бурхны шашны “сангийн ном” болох “Манигамбум” хийгээд Дарнат, Зонхов зэрэг ихэс хувилгаадыг дурдах нь ч ойлгомжтой учир билээ. Энэ бол даруй тус намтар нь Энэтхэг гаралтай атал Төвөд уламжлалт бурхны шашны судар ном

① 呼和:《印度“木頭人的故事” 在蒙古地區的傳播與影響》,《民族文學研究》2023 年第 1 期,第 150—160 頁。

хийгээд ихэс хувилгаад илэрсэний учир болой. “Бигармижид хааны тухай гурван ном”-ын үүсэж бүрэлдсэн дэс дарааг дараалбал: Нэг. “Бигармижид хааны намтар”, Хоёр. “Арж борж хааны үлгэр”, Гурав. “Гучин хоёр модон хүний үлгэр” болно. Тус намтрын Монгол орчуулгын бичмэл эхийг бүтэн агуулгатай хийгээд товчилсон агуулгатай бичмэл эх хэмээн ангилж болно. Харин одоохонд олдоод байгаа Төвөд орчуулгын бичмэл эх нь бүр бүтэн агуулгатай бичмэл эх болох юм.

A Preliminary Study on the Indian Classic Literature *Biγarmiǰid qaγan-u namtar*

Huhe Borjigid

Abstract: The ancient Indian classic *Biγarmiǰid qaγan-u namtar* is a Buddhist text directly translated from Sanskrit into Mongolian in the context of the second spread of Tibetan Buddhism in Mongolia. Although the biography originated from ancient India, it contains the Tibetan Buddhist terma text *Ma ṇi bka' 'bum* and content related to famous monks such as Tāranātha and Tsong kha pa. The academic research on the content, dissemination, translator, text and other issues is insufficient. This article discusses the reason why the Tibetan Buddhist terma text *Ma ṇi bka' 'bum* and the eminent monks including Tāranātha and Tsong kha pa eminent monks appeared in this biography. According to Mongolian, Chinese, Tibetan and other multilingual historical materials, the translator Baha Pandita stayed in Tibet for a long time before going to Mongolia. During this period, he not only practiced the scriptures of Tibetan Buddhism, but also played a positive role in the early relations between Manchus, Mongolia and Tibet. The content of this biography shows that the terma text and the Buddhist figures and Baha Pandita's political and religious activities are closely related, so it is necessary to conduct more in-depth research.

Keywords: *Biγarmiǰid qaγan-u namtar*; Tibetan Buddhism; *Ma ṇi bka' 'bum*; Dissemination

試析 1772 年哈薩克寄往清廷的察合台文書信*

英卡爾·巴合朱力

摘　要：本文主要探討中國第一歷史檔案館藏哈薩克寄往清廷的兩份察合台文書信及其相關問題。本文在譯釋書信文本的基礎上，結合滿、漢文史料，廓清書信背後的歷史情境，並探析書信中的辭令及相關概念。本文認爲，哈薩克與清朝往來文書中"主—僕"(ejen—albatu）話語及觀念，在不同的歷史時空所呈現的認知差異，應當予以重視。清朝與哈薩克政治互動的實例亦表明，"主—僕"概念的内涵和外延，在清朝與中亞各部展開交往的過程中，未能獲得步調一致的理解。清朝對中亞諸部紛爭採取的不干涉政策，亦從另一個側面體現清朝的中亞經略具有鮮明的政治安全利益訴求。

關鍵詞：清朝；中亞；察合台文；哈薩克

18 世紀中後期，清朝與中亞諸部族、政權建立了相當廣泛且緊密的聯繫。高密度的政治、經濟及文化接觸與交流，其歷史遺産之一便是留存至今的檔案文獻。清朝負責處理新疆行政和中亞事務的官員皆須以滿文撰寫奏摺，所以在負責處理中亞諸政權事務的伊犁、塔爾巴哈台、喀什噶爾及葉爾羌等駐扎衙署與軍機處之間，形成了數量相當可觀的滿文奏摺。這些滿文檔案内容包涵哈薩克、浩罕、布魯特(即吉爾吉斯)、巴達克山、愛烏罕(即阿富汗)及瓦罕等中亞部族政權與清朝進行使團往來、互市貿易及引渡逃人等議題。特別重要的是，滿文奏摺所附中亞諸部首領致清朝的書信原件現存於中國第一歷史檔案館，其中以察合台文寫成的書信成爲研究 18 至 19 世紀哈薩克汗國、浩罕汗國歷史的重要史料，爲我們瞭解中亞各部族統治者與清朝交往的動機及所操話語提供了最直接的證據。

底定西域之初，清朝兼用托忒蒙古文、察合台文及波斯文，與中亞諸部族政權進行溝通交流。① 清朝將察合台文稱作"回文"（滿文作 hūise gisun i hergen)。理藩院蒙古房，

---

* 本文係國家社會科學基金青年項目"滿、蒙、察合台文史料所見清乾隆與中亞諸政權關係研究"（批准號：23CZS044）階段性成果。

① David Brophy, "High Asia and the High Qing: A Selection of Persian Letters from the Beijing Archives," in Alireza Korangy and Daniel J. Sheffield eds., *No Tapping around Philology: A Festschrift in Honor of Wheeler McIntosh Thackston Jr's 70th Birthday*, Wiesbaden: Harrassowitz Verlag, 2014, pp. 325-367.

是清朝處理察合台文書事務的官方機構。清朝在新疆的統治逐步穩固之後，察合台文成爲清朝與天山南路乃至中亞各突厥語族溝通的最重要媒介。乾隆年間成書的包括察合台文在内的《五體清文鑒》《西域同文志》等大型多語辭書的編纂，便是清廷這一主動性作爲的表現。關於中國第一歷史檔案館藏察合台文書信，無論從時間跨度還是研究縱深而言，都仍有較大的研究空間。小沼孝博和野田仁主要從文獻學的角度，譯釋部分哈薩克統治者的察合台文書信。① 而巴哈提·依加漢的研究從歷史學與文獻學角度，深入分析了哈薩克與清朝進行文書交流的方式和察合台文哈薩克書信文本方面的特點。他指出察合台文也曾是清廷公文制度中的一環，成爲清廷據以與哈薩克、浩罕等中亞部族政權進行溝通交流的重要工具。② 濱田正美通過比對浩罕統治者察合台文書信原件和滿文譯件，注意到轉譯過程中察合台文個别詞彙的意義發生了轉變，以便配合滿文中清朝官方慣用的語境。③ 探討清朝與中亞政權之間的關係時，回歸其書信原文的重要性不言自明。換言之，考釋書信的原文，對於瞭解中亞各部首領的真實意圖至關重要。但無論是從文獻學角度還是從歷史學的角度而言，仍有諸多察合台文哈薩克、浩罕書信亟待深入研究。察合台文被哈薩克、浩罕當作其與清朝交流的媒介，其使用過程、文本特點等問題，亦是探討哈薩克、烏茲别克民族歷史不容忽視的一項重要内容。

本文選取的兩份察合台文書信，是由哈薩克中玉兹的兩位統治者——阿布勒必斯蘇勒坦（Abū al-Fayż Bahādur Sulṭan）和薩尼亞孜蘇勒坦（ŠāhNiyaz Sulṭan）二人，於乾隆三十七年（1772）寄往清廷。在釋讀文書之前，我們先將書信置於哈薩克與清朝政治互動的背景之下，考察這兩份哈薩克書信形成的歷史情境。其次，在譯釋書信文本的基礎上，分析書信中的相關政治話語及概念。圍繞書信的内容，探析哈薩克向清朝寄信的動機何在？哈薩克對清朝有著怎樣的訴求或期許？清朝又有何舉措？這些問題皆有助於我們理解清朝與哈薩克之間的政治互動，以及清朝處理中亞事務的態度和政策。

一、書信文本及“主—僕”（ejen-albatu）觀念

清朝與哈薩克、布魯特、浩罕、巴達克山、博洛爾及愛烏罕等中亞部族政權的關係，

① NODA Jin, ONUMA Takahiro, *A Collection of Documents from the Kazakh Sutans to the Qing Dynasty*, Central Eurasian Research Special Issue 1, University of Tokyo, 2010.

② 巴哈提·依加漢：《天馬雙翼（2）：察合台文在哈薩克與清朝交往過程中的媒介作用》，《西域歷史語言研究集刊》2019 年第 2 輯（總第 12 輯），北京：社會科學文獻出版社，2020 年，第 1—21 頁。

③ 濱田正美：《北京第一歷史檔案館所蔵コーカンド関係文書 9 種》，《西南アジア研究》68（2008），第 82—111 頁。

親疏遠近各不相同。對於中亞諸部，清朝視其遠近及重要性將其分爲兩類，即哈薩克和布魯特爲一類，其餘爲一類。換言之，在清朝官方的認知中，儘管與帕米爾以西以南、費爾干納盆地乃至河中地區諸部族政權時通貿易，但其距離較遠，並非“邊防所急”。即便是被乾隆帝視作“部落最大”① 的愛烏罕或“第一西方足嘉國”② 的巴達克山，其地位都無法與哈薩克和布魯特相提並論，正所謂“爲我屏藩者，惟哈薩克、布魯特二部落而已。”③ 哈薩克和布魯特與清朝邊境直接毗鄰，二者與清朝的關係最爲緊密。

乾隆三十七年（1772）三月，哈薩克統治者阿布勒必斯蘇勒坦向清朝官員反映布魯特劫掠其屬民及牲畜，不堪其擾。④ 隨著事態發展愈烈，阿布勒必斯決定向清廷派遣他的兒子卓勒齊蘇丹赴京覲見乾隆帝，控告布魯特劫掠之行。同年十一月，哈薩克使團抵達伊犁，該使團由哈薩克中玉茲三位統治者共同派出，即阿布勒必斯和薩尼雅斯蘇勒坦以及博羅特汗。⑤ 中亞各部與清朝進行直接且密切交往的機構，乃是清朝設在新疆的各駐扎衙署，即伊犁將軍、喀什噶爾參贊大臣和塔爾巴哈台參贊大臣衙署等。狄宇宙（Nicola Di Cosmo）的研究提醒我們應當重視邊疆地區（local frontier level）在清朝與中亞各部使團交往中的關鍵作用。⑥ 就朝覲事宜而言，中亞各部所派朝覲使團抵達新疆邊境城市後，須先經各地官員的組織和護送，方能抵京覲見皇帝。一般情況下，新疆各地的駐扎官員負責接待中亞來往使臣的事項，主要是向皇帝奏報使團名單及各部進獻禮物清單、組織派員護送使團和檢收及解送禮物等，另外還須驗收和翻譯使臣所攜各部統治者的書信，將其原件和譯文附於奏摺，先行轉奏皇帝。因此，在劃定使團人數和行經路線以及揀選護送官員等事宜後，伊犁將軍舒赫德將哈薩克書信及其譯文一同附於其奏摺内奏報皇帝。這兩份書信附於題爲《伊犁將軍舒赫德等奏哈薩克王阿布勒必斯使臣到伊犁摺》的奏摺内，⑦ 現將其原文轉寫、翻譯如下：

---

① 《清高宗實錄》卷六七二，乾隆二十七年十月癸卯。《欽定皇輿西域圖志》卷四十六《藩屬三》。

② 《欽定皇輿西域圖志》卷四十六《藩屬三》。

③ （道光）《欽定新疆識略》卷十二《外裔》。

④ 《塔爾巴哈台參贊大臣伊勒圖奏哈薩克王阿布勒必斯報布魯特搶掠其人畜片》，乾隆三十七年三月二十日，《清代新疆滿文檔案彙編》第106册，桂林：廣西師範大學出版社，2012年，第63—65頁。

⑤ 《伊犁將軍舒赫德奏哈薩克王阿布勒必斯之子卓勒齊等到伊犁摺》，乾隆三十七年閏十一月二十九，《清代新疆滿文檔案彙編》第110册，第101—107頁。

⑥ Nicola Di Cosmo, “A Set of Documents Concerning a Khokand Mission to Kashgar,” *Central Asiatic Journal*, Vol. 41, No. 2(1997), pp. 159-199. Nicola Di Cosmo, “Kirghiz Nomads on the Qing Frontier: Tribute, Trade, or Gift Exchange,” in Nicola Di Cosmo and Don J. Wyatt eds., *Political Frontiers, Ethnic Boundaries, and Human Geographies in Chinese History*, Routledge Curzon: Taylor & Francis Group, 2003, pp. 351-372.

⑦ 中國第一歷史檔案館藏《軍機處滿文錄副奏摺》，《伊犁將軍舒赫德奏哈薩克王阿布勒必斯使臣到伊犁摺》，檔案號：03－0185－2483－035。

書信（一），檔案號：096－2872。

(١) ازين بوغدا خان
(٢) پادشاه حضرت لارير نينک
(٣) يوزنيداک آدام لار ينينک پادشا سي
(٤) اولارنينک ايسانلکی نی تلار ميز
(٥) کوب يلارغه خيز متنکز برالقاب
(٦) کبل دبب شاه نياز سلطان
(٧) اوغلی قاسم سلطان ني يبردي
(٨) باي قوطی توقن کوبن
(٩) چمبر باي جسن ارقم باي
(١٠) بوکن باي توره نينک قوشجسي
(١١) ببش کبشی ا نينک قوشجسی
(١٢) ايکی کشی ~~الطم~~ اط
(١٣) توقبزاط ترتوو
(١٤) نوخط قوس ابي
(١٥) نينک تقوز کون پتلدي
[مهر]شاه نياز سلطان بن کوجک خان

羅馬字轉寫

(1) ezen boġda ḫan/

(2) pādišāh ḥażratlarïrnïŋ

(3) yüzindakï ādam larinïŋpādšāh sï/

(4) olarnïŋ aysänlikïni t(ï) lär miz

(5) köp yillarġä/ ḫïzmätnïŋïz baralqap

(6) keldïp šahniyaz sulṭan

(7) uġlï qasïm sulṭannï yibardi/

(8) bay qutïm/ toqïn/ qubïn/

(9) čïmïr bay/ ḥïsain/ arqam bai/

(10) bökïnbay törënïŋqošïsï

(11) bëš kïšï/ onïŋqošïsï

(12) ikki kïšï/ at

(13) toqïz at tartuu/

(14) bu ḫat qos ayi

(15) nïŋtoqïz kün pïtïldï

(印文 ŠāhNiyaz Sulṭan bin Kučuk Sulṭan)

譯文

願額真柏格達汗，一統天下之主年年歲歲安康！爲向汗請安，薩尼亞孜蘇勒坦派遣子哈色木蘇勒坦。拜克烏特木、托肯、庫奔、齊麼日拜、侯賽因阿日喀木拜、博肯拜託烈之跟役五人，其跟役之隨行人員兩位。九匹馬作爲禮物。此信寫於十二月九日。

（薩尼亞孜蘇勒坦印）

書信（二），檔案號：096－2873。

(١) ازین بوغدا خان

(٢) پادشاه حضرت لاری تمام یورتلاری نینک پا

(٣)دشاه سی اذین بوغداخان نینک ایسانلیکی نی تیلارمیز

(٤)کوب یل لارغه سیر یلیدا قزاق البتو بولغاندین بیری حالمیز نینک

(٥)کالکونجه خیزمتنکیز ده توروب میز ایل بولغاندین بیری یورتمیز معمور

(٦)بولوب آجمیز تیونوب یلانیک آجمیزکینیب سیز نینک دولتنکیزده

(٧)قوانیب یوروب میز اذین بوغدا نینک دولتیندا تنچ میز

(٨)توکرک یاقداقی قیرغیز دیکان البتو نینکیز جت یاقداقی ایلمیزنی تنچیت

(٩) مایدور بوخط نی اذن کا کتوردوک خان نینک ایسا نلیکی نی تیلب کیل

(١٠)دیب یوجی نی ابردوک یولداش الجی لاری ارسلان باتورالتیأ

(١١)یمنبای یولبارس بای بایرتیلوکاه قوناقای تینکربردی جالدیبای

(١٢)سا ق خواجه تقلی بای اوچکی خان خوجا نینک یبرکانکشی سی باتیش التی

(١٣) قوشجی بوالتی‌نینک قوشچی نینک باشسی ملا خانغه تقوز آط تارتوتوتوق

(١٤)بوخط قوس آي نینک بیسی کونی پتیلدی

[مهر]ابوالفیض بهادر سلطان

羅馬字轉寫

(1) ezen boġda ḫan

(2) pādišāh ḥażratlari tamān yurtlarïnïŋ pā

(3) dišāhsi aźen boğda ḫannïŋ äsänlikïni tïlärmïz

(4) köp yillarġä/ sïr yilïda qazaq albatu bolġandin birï/ halmïznïŋ

(5) kalgunčä ḫïzmätnïŋïz dë turup mïz/ yël bolġädin bëri yutmïz ma'moor

(6) bolop/ āčïmïz toyup ylanŋāčmiz kiyinip/ siznïŋ dawlattïŋïzda

(7) quwanip yurupmiz/ aźen boġdanïŋ dawlatïnda tïnïčmïz/

(8) tukuruk yaqdaqï qirğiz digan albatuïŋïz čët yaqdaqï yelmïznï tïnïčt

(9) maydur/ bu ḫatnï aźen gä kötördük/ ḫannïŋ äsänlikini tïlëp kël

(10) dïp yočïnï yibärdük/ yoldaš elčïläri arislanbatur altï'ay

(11) imanbay yolbarïs bay bayïr tilewkä qonaqay täïŋïrbërdï jaldïbay

(12) saq ḫwāja taqlibay/učïki ḫan ḫwājanïŋ yibärkän kïšïsi batiš altï

(13) qoščï/ bu altï qoščïnïŋ bašïsi molla/ḫangä toquz at tartu tuttuq

(14) bu ḫat qos āynïŋ besi küni pitildi

(印文 Abū al-Fayż Bahādur Sulṭan)

譯文

額真柏格達汗，衆王之王，願額真柏格達汗安康！自牛年（1757）我等哈薩克成爲阿勒巴圖以來，竭力奮效。我等遊牧興旺，部衆吃飽穿暖。仰賴額真柏格達汗治世，我等歡欣雀躍，安謐度日。圖古里克[①]地方布魯特阿勒巴圖，擾我邊民，實是不得安寧。將此信呈予額真。派遣卓勒齊，向汗請安。跟隨使臣阿斯蘭巴圖魯、阿勒泰、伊曼拜、岳勒巴爾斯拜、巴依爾、提留克依、闊納凱、唐額爾別爾迪、加勒迪拜、薩克霍卓、塔克里拜。又杭和卓派遣之人巴提什及跟役六人，跟役長莫洛。向汗獻馬九匹。此信寫於十二月五日。

(阿布勒必斯蘇勒坦印)

哈薩克書信語多謙卑，意且誠懇。就文本的體例而言，哈薩克寄往清廷的書信具有相對固定的格式。其書信一般以繁複讚美清帝的程式化套語開頭，主要內容爲寫信者的問候＋具體事由＋使者名單＋所獻禮物及其數量等。值得注意的是哈薩克統治者對乾隆帝的聯合性稱謂——“額真柏格達汗”（ezen boġda ḫan），其對應蒙古文爲 ejen boγda qaγan。額真 ejen 即主上、主人之意，而 boγda 意即神聖。這種修飾性尊稱，在蒙古統治者寄往清朝書信中屢見不鮮。[②] 阿布勒必斯將其與清朝的關係形容爲“額真—阿勒巴圖”關係，該表述在清朝與浩罕以及巴達克山等中亞部族外交文書中十分常見。[③] ezen-albatu 對應滿文爲 ejen-albatu，字面含義爲“主上—臣僕”。ejen-albatu 是蒙古社會基本的紐帶之一，無論是平民之於諾顏（noyan）或諾顏之於可汗，凡向其領主（ejen）納貢者皆稱爲 albatu，衹不過後種情況下不具從屬性。[④] 在内陸亞洲情境下，主上（ejen）的地位意味著權力與義務，

① “圖古里克”在庫克車勒南一百里，伊黎河下流塔勒噶爾、古爾班阿里瑞圖諸水匯入伊黎河處的北岸。參見《欽定皇輿西域圖志》卷十三《疆域六》。鍾興麒等校注：《西域圖志校注》，烏魯木齊：新疆人民出版社，2002 年，第 227 頁。

② 烏雲畢力格：《青册金鬘：蒙古部族與文化史研究》，上海：上海古籍出版社，2017 年。

③ NODA Jin, ONUMA Takahiro, *A Collection of Documents from the Kazakh Sultans to the Qing Dynasty*, pp. 86-125.

④ ［蘇］Б. Я. 符拉基米爾佐夫著、劉榮焌譯：《蒙古社會制度史》，北京：中國社會科學出版社，1980 年，第 248—270 頁。

即臣僕認可主上的權威，同時要求主上對其負責。[①] 換言之，臣僕（albatu）受到欺淩或侵擾時，主上須提供必要的庇護與援助。哈薩克屢次向清朝控告布魯特劫掠，請求查辦，正是基於此種觀念。如阿布勒必斯在上述書信中，即強調涉事布魯特乃“額真之布魯特阿勒巴圖等”。

然而，“主—僕”概念的變遷性須要究明。ejen較早進入滿洲社會，在皇太極時期用ejen表示皇帝的用法已趨於固定。[②] 但albatu直至晚清仍被視作滿文jušen的對應，如《御制滿蒙文鑒》釋義“粗野之人謂之albatu”[③]。晚近研究亦指出，後金及清初期與蒙古往來的滿蒙文文書從未將雙方形容爲han/ejen（qaɣan/ejen）與albatu的關係，盛清中葉與中亞諸部族建立的這種關係，其直接來源很有可能是準噶爾，而非此前統治東部蒙古的經驗。[④] 在準噶爾汗國時期，托忒蒙古文曾是中亞東部的通行語言（lingua franca）。[⑤] 清朝征服準噶爾後，繼承了準噶爾遺留的語言、政治術語等遺產。所以，無論是清朝還是中亞各部統治者，均嘗試利用準噶爾時期業已形成的“主—僕”概念及相關政治術語交往。然而，清朝君臣所理解的“主—僕”更近似於單向的順服，並無保護義務，清朝不干涉、不介入哈薩克—布魯特紛爭的諸多實例即是印證。總而言之，“主—僕”概念內涵的變遷性，以及在不同的歷史時空所呈現的認知差異問題應予以重視。

二、失序的中亞：中央歐亞草原邊境的閉合

哈薩克和布魯特，在時代浪潮推動下遷徙的同時，又參與塑造清朝西北邊境格局。17至18世紀，準噶爾與哈薩克之間曠日持久的戰爭，成爲牽動中亞東部局勢發展的主線。1723年，哈薩克和布魯特人爲躲避戰亂，逃至河中地區和費爾干納盆地一帶。[⑥] 隨著準噶

---

① David Sneath, *The Headless State: Aristocratic Orders, Kinship Society, and Misrepresentations of Nomadic Inner Asia*, New York: Columbia University Press, 2007, pp. 194-195, p. 235, n. 17.

② 石橋秀雄：《清初のエジェンejen—太祖・太宗期を中心に》，載《神田信夫先生古稀論文集清朝と東アジア》，川崎：山川出版社，1992年，第3—16頁。

③ 《御制滿蒙文鑒》卷十二《人部・鈍繆類》。

④ 馬子木：《經略西北：巴達克山與乾隆中期的中亞外交》，上海古籍出版社，2019年，第42頁。

⑤ David Brophy, “The Junghar Mongol Legacy and the Language of Loyalty in Qing Xinjiang,” *Harvard Journal of Asiatc Studies*, Vol. 73(2), 2013, p. 243.

⑥ ［俄］列夫申：《吉爾吉斯—哈薩克各帳及各草原的述敘》，新疆維吾爾自治區民族研究所，1975年摘譯本，第37—40頁。Zhuldyz Tulibayeva, “The Qazaqs and the Central Asian Principalities in the 18th and the First Half of the 19th Centuries,” *Oriente Moderno*, 2016, p. 29. Michael Khodarkovsky, *Russia's Steppe Frontier: The Making of a Colonial Empire, 1500-1800*, Bloomington: Indiana University Press, 2002, pp. 149-150.

爾政權的消亡，哈薩克和布魯特人又逐漸遷回七河流域及塔爾巴哈臺山一帶。① 至1759年，清朝底定新疆之後，喀什噶爾、伊犁以及塔爾巴哈台等地，也就順而成爲清朝的西北邊境。如何有效地治理衆多族群彼此混融共存的邊境，成爲清朝邊疆政策的最重要關切。爲了“内稽逃人、外控荒服”，清朝在關隘要處設立諸多卡倫，派兵巡守。② 新疆的邊境卡倫以外，西北系哈薩克遊牧、西南系布魯特遊牧。③ 具體而言，哈薩克衛遜、素宛及奈曼等部，遊牧於伊犁和塔爾巴哈台所轄卡倫外。布魯特的希布察克、沖巴噶什部以及胡什齊等部遊牧於喀什噶爾和烏什城所轄卡倫外，薩爾巴噶什部則遊牧於伊犁西南卡倫外。④ 從邊境卡倫的數量來看，在新疆南路設有邊境卡倫四十餘處，而北路邊境卡倫竟多達近百處。⑤ 自齋桑湖西岸經塔爾巴哈台和阿拉套山脈，南下伊黎河中上游至西天山的諸多卡倫，形成一道空間明確的界線。而頗具移動性的遊牧者，爲卡倫所區隔或框限，草原遊牧民的移動性極大減弱。换言之，中亞草原東部的邊境逐漸閉合，可供遊牧者移動和遷徙的空間變得愈發狹窄。哈薩克和布魯特之間頻繁地相互搶劫乃至大規模戰爭，便是這一歷史情境最顯著的表現。因此，本文所探討的察合台文書信，祇有置於上述清朝邊境政策與族群互動的歷史背景之下纔能更好地理解。

據清朝收集的信息透露，哈薩克與布魯特之間不斷發生衝突。其形式主要表現爲相互掠奪人口、畜產、牧場以及商隊等“生計性掠奪”或大規模的“掠奪性戰爭”。早在乾隆二十八年，哈薩克就向清朝邊臣控告布魯特劫掠赴塔什干貿易的哈薩克商隊。⑥ 次年（乾隆二十九年，1764），布魯特又發兵一萬，擄走哈薩克一千户。⑦ 乾隆二十九年至乾隆三十年，哈薩克對布魯特實施報復性劫掠，擄取巴爾喀什湖以西的布魯特部數千牲畜及百餘人口。⑧ 至乾隆三十九年（1774），清朝獲悉哈薩克出兵五千搶掠布魯特，反被布魯特擊

---

① Allen J. Frank, “The Qazaqs and Russia,” in Nicola Di Cosmo, Allen J. Frank and Peter B. Golden eds., *The Cambridge History of Inner Asia: The Chinggisid Age*, New York: Cambridge University Press, 2009, pp. 363-379.

② （道光）《欽定新疆識略》卷十一《邊衛》。關於清代卡倫不同類型及功能設置的專題研究，參見寶音朝克圖：《清代北部邊疆卡倫研究》，北京：中國人民大學出版社，2005年。

③ （嘉慶）《西陲總統事略》卷三《南北兩路疆輿總敘》。

④ （道光）《欽定新疆識略》卷十二《外裔》。

⑤ 《伊犁總統事略》卷三《南北兩路卡倫總敘》。

⑥ 《伊犁將軍明瑞等爲曉諭哈薩克王阿布勒必斯派人貿易遣使入覲及抓拿布魯特罪犯等項事劄付》，乾隆二十八年十一月二十九日，《清代新疆滿文檔案彙編》第66册，第14頁。

⑦ 《喀什噶爾參贊大臣納世通等奏查布魯特沖巴噶什部搶掠哈薩克人口事宜摺》，乾隆二十九年十一月十一日，《清代新疆滿文檔案彙編》第71册，第133頁。

⑧ 《伊犁將軍明瑞奏報來投布魯特所告哈薩克劫掠布魯特人畜情形摺》，乾隆三十年二月十六日，《清代新疆滿文檔案彙編》第72册，第170頁。《伊犁參贊大臣愛隆阿奏聞哈薩克與布魯特相互搶掠等情摺》（附清單片3件），乾隆三十年三月十二日，《清代新疆滿文檔案彙編》第73册，第74—83頁。

敗，四千餘哈薩克人皆被俘虜。[1] 由此可見，乾隆末年，哈薩克與布魯特之間的衝突上升到大規模的掠奪性戰爭的狀態。

哈薩克和布魯特雙方在中亞東部地區的激烈角力，對中亞的地緣政治與貿易網絡均產生一定影響。絲綢之路的南北向和東西的長途貿易皆受頻繁的搶劫行爲的阻隔，貿易量遭到削弱。哈薩克所食用的農作物，大部分來自與南部河中地區的貿易。乾隆三十七年，阿布勒比斯致清朝官員的書信中透露，布魯特長期堵劫塔什干商路，切斷了農作物的供應。[2] 清朝延續了之前時代歐亞之間的長距離商業貿易，清朝政府管理著大宗的絹馬貿易，用江南的絲綢換取哈薩克的牲畜和馬匹，即每年在塔爾巴哈台和伊犁與哈薩克商隊開展絹馬貿易，這一度成爲清代新疆經濟結構的基礎。[3] 然而，至乾隆五十四年（1789），前赴伊犁貿易的哈薩克商隊遭到劫掠的阻隔，據清朝邊臣報導，"因哈薩克、布魯特相互大肆搶掠，哈薩克等畏懼布魯特，不敢冒然去伊犁，無奈驅趕牲畜來塔爾巴哈台出售。"[4] 這恰好印證了先行研究的統計資料，即乾隆末年恰是哈薩克馬匹貿易量跌入最低的時間。而搶劫變得相當頻繁的另一重要歷史背景，則是俄羅斯開始向東擴張、包圍中央歐亞大草原的時代，邊境逐漸趨於固定和閉合。

在遊牧社會，搶劫不僅意味著資源的再分配，搶劫行爲本身甚至是獲得個人聲望的重要途徑。關於這一點，在布魯特薩爾巴噶什部首領——沙布丹占泰（Shabdan Jantay）的個人傳記中，就有非常生動的記載：

> 在那個時代，吉爾吉斯和哈薩克人最主要的謀利途徑就是barïmta。爲了獲得威望，無論是聲名顯赫之人或富翁，所有男性都會參與barïmta。爲了在吉爾吉斯打出名聲，我開始參與barïmta。起初，經歷了不少失敗，但我從未放棄。最終，我不僅威震提奈部——其部衆推舉我作barïmta頭目，在其他吉爾吉斯和哈薩克部落間也擴

---

① 《伊犁將伊勒圖奏報布魯特打敗哈薩克情形摺》，乾隆三十九年正月二十四日，《清代新疆滿文檔案彙編》第118冊，第125—128頁。

② 《哈薩克王阿布勒必斯呈文》，中國第一歷史檔案館藏，檔案號：2467－015 095－3123。關於這份書信的研究參見巴哈提・依加漢：《喀什噶爾的誘惑：18世紀下半葉清朝影響下哈薩克的南向活動》，《清華元史》第5輯，北京：商務印書館，2020年，第350頁。

③ 林永匡、王熹編著：《清代西北民族貿易史》，北京：中央民族學院出版社，1991年；王熹：《論乾隆時期伊犁哈薩克貿易的馬價、絲綢價與貿易比值問題》，《民族研究》1992年第4期；陳海龍：《清朝—哈薩克汗國貿易研究（1757—1822）》，陝西師範大學博士論文，2014年；［美］米華健著，賈建飛譯：《嘉峪關外：1759—1864年新疆的經濟、民族和清帝國》，香港：香港中文大學出版社，2017年。

④ 《寄諭伊犁將軍保寧等著哈薩克改赴塔爾巴哈台售馬務須酌情辦理》，乾隆五十四年七月十七日，《乾隆朝滿文寄信檔譯編》第21冊，第515頁。

大了影響力。[①]

沙布丹占泰是19世紀中期一位頗具影響力的布魯特首領。沙布丹指稱的barïmta，在哈薩克和吉爾吉斯社會意味著（施動者）以扣押牲畜或搶劫財物表達對牲畜所有者的不滿的行爲，往往伴隨著暴力，時常發生謀殺。在哈薩克社會，barïmta是被哈薩克習慣法（adat）所允准的一種解決紛爭的方式。[②] 而清朝邊臣在與哈薩克和布魯特進行頻繁接觸後，逐漸認識到“布魯特與哈薩克等連界鄰居，惡習慣服彼此盜搶而行，乃其常有之事。”[③] 正如乾隆三十年，乾隆帝對此類紛爭評估道：“哈薩克、布魯特，相互搶掠，乃素有之事，尚無太大干係。”[④] 清人椿園七十一對布魯特的瞭解也是“貪而性悍，輕生重利，好殺掠劫奪，勇於鬥戰。”[⑤] 進言之，至乾隆三十年清朝通過調查，認識到哈薩克與布魯特的劫掠行爲的慣常性和普遍性。而此一認識，在相當程度上影響了清朝對哈薩克—布魯特紛爭“不干涉”政策的形成。

三、調停者？裁決者？清朝在中亞的角色

從中亞自身而言，歷史與地緣特性決定了其主體性不穩固、依附性較強。[⑥] 18世紀，中亞世界並没有形成一強大的政治力量。加之，中亞政治體的結構性特徵，便是多中心或者去中心化。[⑦] 哈薩克人和吉爾吉斯人活動的欽察草原及西天山一帶，政治碎片化的特徵尤其明顯。正如清朝的觀察，哈薩克三玉茲雖各有汗王理其遊牧，但“攘竊成風，漫無約束，即其汗亦不能禁止。”[⑧] 而與此形成鮮明對比的是，18世紀中期，清朝以横掃天山

---

① AKIYAMA Tetsu, “Nomads Negotiating the Establishment of Russian Central Asia: Focusing on the Activities of the Kyrgyz Tribal Chieftains,” *Memoirs of the Research Department of the Toyo Bunko*, No. 71, 2013, pp. 141-160.

② Virginia Martin, *Law and Custom in the Steppe: The Kazakhs of the Middle Horde and Russian Colonialism in the Nineteenth Century*, Routledge, 2001, pp. 140-145.

③《喀什噶爾參贊大臣納世通等奏查布魯特沖巴噶什部搶掠哈薩克人口事宜摺》，乾隆二十九年十一月十一日，《清代新疆滿文檔案彙編》第71册，第133頁。

④《喀什噶爾幫辦大臣柏琨奏派人赴塔什干探聽哈薩克浩罕及布魯特之間關係摺》，乾隆三十年六月初五日，《清代新疆滿文檔案彙編》第74册，第186—189頁。

⑤（乾隆）椿園七十一：《西域聞見錄》卷三《外藩列傳》。

⑥ 昝濤：《地緣與文明：建立中國對中亞的常識性認知》，收於高全喜主編：《大觀》第5卷，北京：法律出版社，2011年。

⑦ 涂逸姗著、陳浩譯：《突厥語人群歷史上政治合法性的模式》，收於《西方突厥學研究文選》，商務印書館，2020年。

⑧《欽定新疆識略》卷十二《外裔・哈薩克》。

南北之勢，在中亞世界樹立起強大的形象。乾隆二十二年（1757），哈薩克首領阿布賚會見清朝使臣時説："我們聽聞，日出方向的滿洲汗強大，日落方向的控噶爾汗強大。"①

清朝在與哈薩克、布魯特、巴達克山和博洛爾等部建立聯繫之初，還曾對其頒發敕書，表現出保護者的姿態。② 進言之，中亞的地緣政治、諸部間複雜的利益競逐，因清朝權威的出現而再生變數。研究者指出，中亞政治最根本的不穩定性因素在於，幾乎所有的統治者都要通過不斷擴張或積累財富的方式維繫權力。③ 清朝搜集的信息反映，18 世紀中後期至 19 世紀初哈薩克與布魯特之間曠日持久的拉鋸戰，其規模和激烈程度都不容小覷。涉事方主要是活動於巴爾喀什湖東南、楚河以及塔拉斯河流域的哈薩克和布魯特部，二者彼此劫奪、攻伐。涉事方常向清朝請求援助或查辦。

卓勒齊使團的最重要的使命，便是向清廷控告布魯特劫掠之行，請求清朝裁決。該使團於乾隆三十七年十一月二十九日，自伊犁出發赴京朝覲。④ 這批使團由哈薩克汗及蘇勒坦派出，且使臣卓勒齊等人又身爲統治家族成員，所以受到清廷高度重視。乾隆帝要求各地官員"應於沿途妥善料理，以示我天朝威儀。"⑤ 根據護送官員的行程記錄報告，該使團途經路線大致爲烏魯木齊→辟展→哈密→巴里坤→蘭州→西安→山西→直隸。⑥ 乾隆三十八年（1773）正月十四日，該使團在正大光明殿覲見乾隆帝。卓勒齊向接待使團的清朝官員透露，他此次出使的重要任務：

> 到達京城後，見福隆安時報請曰，現布魯特不時搶掠彼等之哈薩克，奏請大皇帝，如何施恩代伊辦理。⑦

---

① 《定邊右副將軍兆惠等奏聞努三等會見阿布賚並曉諭擒拿阿睦爾撒納情形摺》，乾隆二十二年九月十四日，《清代新疆滿文檔案彙編》第 25 册，第 379—406 頁。

② 例如清朝曾對博洛爾頒發敕諭曰："別部之人若侵汝，汝示之以敕書，戰事必止；若不止，則差人向葉爾羌諸大人稟明情由。" 轉引自馬子木：《經略西北：巴達克山與乾隆中期的中亞外交》，上海古籍出版社，2019 年，第 57 頁。

③ L. J. Newby, *The Empire and The Khanate: A Political History of Qing Relations with Khoqand c. 1760-1860*, Brill Academic Pub., 2005, p. 30.

④ 《伊犁將軍舒赫德等奏哈薩克王阿布勒必斯使臣到伊犁摺》（附呈文 2 件），乾隆三十七年十一月二十三日，《清代新疆滿文檔案彙編》第 110 册，第 61—66 頁。

⑤ 《陝西巡撫巴延三奏遵旨款待朝覲之哈薩克使臣卓勒齊等人摺》，乾隆三十七年十二月十九日，《清代新疆滿文檔案彙編》第 110 册，第 293—294 頁。

⑥ 《軍機處行走中書傅松爲報奉命迎接哈薩克王之子卓勒齊及抵達圓明園事呈文》，乾隆三十八年正月十二日，《清代新疆滿文檔案彙編》第 111 册，第 62—63 頁。

⑦ 《寄諭伊犁將軍舒赫德等著轉諭哈薩克布魯特彼此言歸和好》，乾隆三十八年正月二十一日，《乾隆朝滿文寄信檔譯編》第 10 册，第 593 頁。

哈薩克使團的首要訴求，便是希望清朝能夠調解這場衝突。那麽，清朝對哈薩克與布魯特之間的衝突採取了怎樣的應對措施？換言之，面對涉事方遣使稟告、請求裁決，清朝扮演了怎樣的角色？

爲了調查、化解邊外紛爭，清朝需搜集相關信息，以便評估事態。清廷通過巡邊官員的調查報告，及時獲悉此次哈薩克與布魯特紛爭的態勢。據清朝的調查，巡邊官員途遇哈薩克和布魯特停止搶掠且彼此議和，正贖還所掠人口及畜産。① 換言之，在卓勒齊朝覲使團返回之前，哈薩克和布魯特雙方已經停止劫掠，彼此議和。那麽，如何勸解哈薩克避免與布魯特發生衝突，成爲清廷君臣的核心議題。基於上述考量，乾隆帝的“解決方案”便是勸告哈薩克設置卡倫防範布魯特：

> 哈薩克、布魯特彼此搶掠，乃伊等之常事，並非布魯特衹掠哈薩克等。今既伊父阿布勒必斯已與布魯特之明希拉哈、齊喇克齊議和，則以後伊等若能妥善收管屬下人，不容留布魯特人，不搶掠物件，其布魯特亦必不容留伊等之人，不搶掠物件。再因青海番子與郭羅克番子等交界，前亦彼此搶掠。後因令青海番子等設卡倫防守，故今郭羅克等搶掠青海番子之事便烏有矣。著將此明白曉諭卓勒齊，伊返還時，告訴伊父阿布勒比斯，嗣後，惟與布魯特等彼此和好，嚴加管束屬下人等，毋得妄行滋事，若於應設卡倫之處設卡倫防守，則彼此搶掠之事自然停止，自此可永享朕恩。②

從上述乾隆帝的諭旨可以看出，清朝已經將哈薩克與布魯特之間的衝突視作常事。面對哈薩克的控告，清朝的回應不過衹是勸諭哈薩克設置卡倫防範布魯特而已。清朝特別強調哈薩克和布魯特的衝突，乃是雙方“彼此搶掠”所致，即雙方均有過錯。乾隆帝還以責備的口吻勸誡哈薩克，應嚴加管束部衆，將責任歸咎於哈薩克戍邊之失。邊界的固定、人群的劃分以及可靠地方首領的任命都是清朝邊疆治理的關鍵要素。③ 清朝通過設立卡倫，建立巡邊制度等方式，維持邊境的穩定。但對於移動性極強的草原遊牧者來説，設置卡倫避免劫掠是多麽被動的選擇，可乾隆帝堅持認爲設卡防範纔是唯一行之有效的措施。

清朝面對尚未危及邊境安全的中亞部族間紛爭衝突，保持“不干涉”的立場。清朝

① 《伊犁總管明成等爲曉諭哈薩克王之子卓勒齊應與布魯特和睦相處事呈文》，乾隆三十八年正月二十二日，《清代新疆滿文檔案彙編》第111冊，第128—131頁。

② 《寄諭伊犁將軍舒赫德等著轉諭哈薩克布魯特彼此言歸和好》，乾隆三十八年正月二十一日，《乾隆朝滿文寄信檔譯編》第10冊，第593頁。

③ Peter C. Perdue, “Empire and Nation in Comparative Perspective: Frontier Administration in Eighteenth-Century China,” in Huri Islamoğlu and Peter C. Perdue eds., *Shared Histories of Modernity: China, India and the Ottoman Empire*, Routledge, 2009, pp. 21-45.

底定新疆以後，從未派軍隊進入中亞，沒有在其地設置過任何行政和軍事機構，沒有委派官吏和專門徵收賦稅。對於接壤的哈薩克和布魯特，清朝僅採取羈縻政策。正如乾隆帝頒給哈薩克的首份諭旨明確表示："所謂歸斯受之，不過羈縻服屬，如安南、琉球、暹羅諸國，俾通天朝聲教而已。並非欲郡縣其地，張官置吏，亦非如喀爾喀之分旗編設佐領……朕惟期爾部安居樂業，俾遊牧各仍舊俗，即貢獻亦從爾便，如遣使入覲，朕自優加賞賚。"① 要之，清朝對哈薩克採取鬆散的羈縻政策，鼓勵哈薩克統治階層遣使入覲並對其賞賚有加；清朝僅將哈薩克視作境外屏藩，並無征服哈薩克、將其納入紮薩克體系之中的意圖；清朝對布魯特的政策也是"照舊安居，不易服色，不授官爵，不責貢賦"，僅要求布魯特"約束所部，永守邊界，不生事端"。② 由此可見，即便是毗鄰邊境的哈薩克和布魯特，清朝也僅將二者控制在羈縻的範疇內。地緣政治格局的穩定和邊疆安全，纔是清朝中亞政策最重要的考量。

四、結　語

清朝在短時間內與中亞各部建立聯繫，並構築其權力與信息網絡，得益於對準噶爾政治遺產的繼承與利用。所謂準噶爾政治遺產主要包括準噶爾覆亡後所遺留的語文、政治邏輯與政治術語等，③ 成爲清朝與中亞諸部早期交往中成爲各方均不陌生的概念工具。清朝與中亞諸部在往來公文書寫中均沿用來自蒙古語的"主—僕"（ejen-albatu）概念及術語。須要究明的是，"主—僕"概念的內涵和外延在不同的歷史時空的差異性。在內陸亞洲的情境之下，"主—僕"意味著一種相互的義務關係，具有濃重的保護色彩，即勢弱者認可強勢方的威權並要求提供必要的援助或庇護。④ 哈薩克屢次向清朝請兵、求援，正是基於此種觀念。但與之截然不同的是，清朝君臣所理解的"主僕"更近似於單向的順服，並無保護義務。這在一定程度上乃是受到中原政治文化傳統觀念的影響。⑤ 總之，"主—僕"概念在不同的歷史時空並未獲得步調一致的理解，其"變遷性"和"差異性"需得到研究者的重視。

清朝平定曾經稱霸中亞的準噶爾政權，橫掃天山南北，樹立了強大的形象。哈薩克、

① 《清高宗實錄》卷五四三，乾隆二十二年七月丁未。

② 《清高宗實錄》卷五五五，乾隆二十三年正月丙辰。

③ David Brophy, "The Junghar Mongol Legacy and the Language of Loyalty in Qing Xinjiang," *Harvard Journal of Asiatc Studies*, p. 243.

④ David Sneath, *The Headless State: Aristocratic Orders, Kinship Society, and Misrepresentations of Nomadic Inner Asia*, pp. 194-195, p. 235, n. 17.

⑤ 馬子木：《經略西北：巴達克山與乾隆中期的中亞外交》，第122—125頁。

布魯特及巴達克山等中亞各部彼此發生衝突時，涉事方屢次向清朝請求軍事援助或裁決。不過，在政治實踐中，清廷並未採取實質性干預或調停。清朝主張的秩序是以底定新疆之後的地緣政治格局爲基礎，諸部既“歸附”清朝，皆同爲臣僕。哈薩克向清朝請兵攻打浩罕時，乾隆帝明確拒絕道：“朕爲天下共主，所有歸服藩夷臣僕，俱一體眷顧，並無左袒。”① 對於哈薩克和布魯特爭端，清朝的考量也是“布魯特、哈薩克皆系爲臣僕之人，即便袒護一方辦理，亦不合宜。”② 因此，對於尚未波及邊境安全的邊外紛爭，清朝採取“不干涉”政策，即不出兵干預、不介入調停。道光年間，清朝對於中亞紛爭直接表示“卡外之事，天朝概不顧問。”③

附　錄

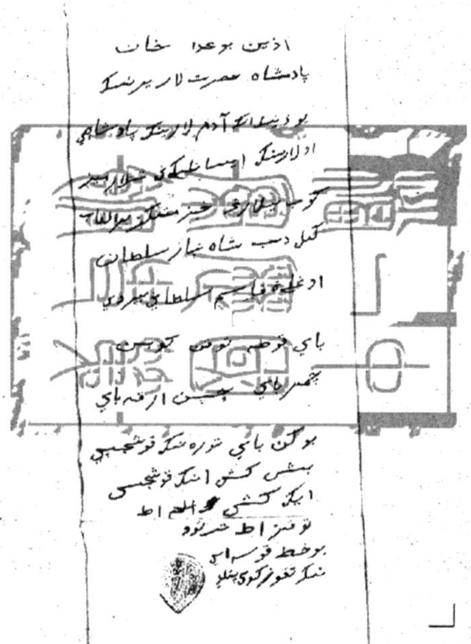

書信（一），中國第一歷史檔案館藏，檔案號：096－2872

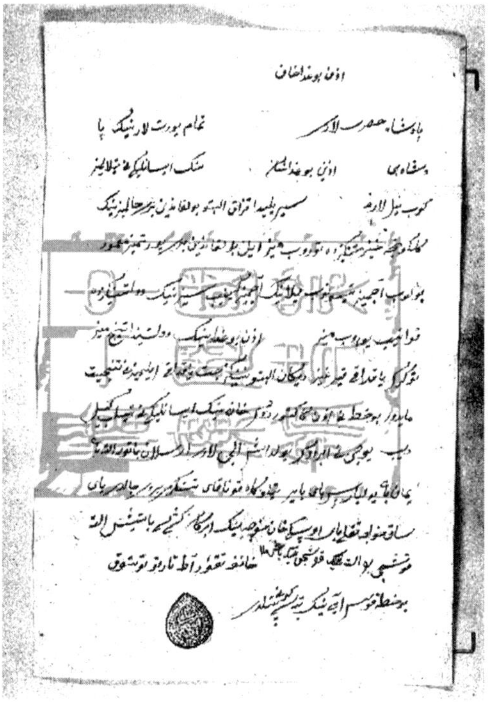

書信（二），中國第一歷史檔案館藏，檔案號：096－2873

① 《清高宗實錄》卷七九三，乾隆三十二年八月己丑。

② 《烏什參贊大臣綽克托等奏遵旨解決哈薩克布魯特糾紛摺》，乾隆三十九年六月十九日，清代新疆滿文檔案彙編》第120冊，第8—11頁。

③ 《清宣宗實錄》卷二四四，道光十三年十月丙辰。

Analysis on Kazakh Chaghatay Letters to Qing Court in 1772

Ingkär Bakhetjol

Abstract: This thesis focuses on two Chaghatay letters of Kazakh leaders addressed to the Qing Court which held in the First Archive of China. Based on translating and interpreting the text, combined with Manchu and Chinese resources, this paper examines the historical background behind the two letters and the content of the letters. We should be more carefully when dealing with the concept and discourse of "ejen-albatu" in the correspondence between Kazakh and Qing Dynasty, as its divergent cognition presented in different historical contexts. It also indicates that the Qing Dynasty's understanding of the concept and discourse of "ejen-albatu" did not synchronize with their Central Asian counterparts. The Qing government's non-interfernce policy towards conflicts among Central Asia also reflected the interest demand of political security of the Qing government.

Keywords: Qing Dynasty; Central Asia; Chaghatay; Kazakhs

部落與社會：19 世紀花剌子模賈姆希德部相關問題考察*

阿布都沙拉木・克熱木

摘　要：賈姆希德部形成於帖木兒帝國時期，是操波斯語的遜尼派半遊牧民族，主要分布於呼羅珊北部八吉思地區。15 世紀以降，該部多次易主，在多方勢力中求存。19 世紀初，哈烈城新主莎卡姆蘭殘酷剝削、壓迫賈姆希德部，致使其常處於缺衣少食的境況。賈姆希德部因此向愷加王朝、昆哥拉特王朝等周邊勢力表示投奔意向，並於 1841 年隨遠征呼羅珊的昆哥拉特王朝軍隊舉族遷入花剌子模。1856 年因部族起義和社會動亂，該部離開花剌子模返回故地。本文根據相關察合台文、波斯文以及遊記史料來考察賈姆希德部遷入花剌子模事由，其留居花剌子模期間的歷史活動，探究該部在花剌子模政治和軍事領域中所占地位，及其對花剌子模部族關係產生的影響。

關鍵詞：賈姆希德部；昆哥拉特王朝；花剌子模

有關賈姆希德部（Jämshidi）的研究主要集中於伊朗和阿富汗歷史範疇内，尚無相關專著問世。① 塔什葉夫（Nuryogdi Toshiev）在其對昆哥拉特王朝（Qongrat）史學家伊什穆拉德所編寫的察合台文史著《征服賈姆希德部戰記》（Jämshidi Tävayifi Fäthi）的校勘研究中簡要介紹了有關賈姆希德部在花剌子模的情況，但涉及面較小，内容有所欠缺。② 諾以拉・卡里米（Noelle Karimi）對賈姆希德部歷史有過一定研究，但其研究未涉足於本文所

---

* 本文獲得國家社科基金冷門“絕學”專項項目“9—14 世紀中亞歷史地理研究”（批准號：2018VJX021）的資助；本文係陝西師範大學“長安與絲路文化傳播”專項科研項目“明代以來絲路沿線契約文書整理與研究”（YZJDBO5）階段性成果；中國社會科學院青年人文社會科學研究中心國情調研項目（2021QNZX 003）階段性成果。

① Th. Barfield, *Afghanistan: A Cultural and Political History*, Princeton, Princeton University Press, 2010, p. 19, 28; George N. Curzon, *Persia and the Persian Question*, Volume One, London: Frank Cass & Co. Ltd, 1966, p. 198, 204, 227, 289.

② Ish Murad Bin Adina Muhammad Al-Alavi, *Jamshidi Tavayifi Fathi*, edited by Nuryogdi Toshov, Vienna: Österreichischen Akademie der Wissenschaften, 2018, pp. 26-32.

選用的史料文獻。[1] 布勒格爾（Bregel）和阿利莫娃（Alimova）等在其對希瓦汗國的研究當中亦未提及賈姆希德部相關的情況。[2] 可見，賈姆希德部留居花剌子模的歷史還未被系統研究。爲此，本文根據相關察合台文[3]、波斯文[4]以及 19 世紀西方旅行家的中亞遊記[5]來考察賈姆希德部在 1841—1856 年間留居花剌子模的歷史活動，及其對花剌子模部族關係等領域的影響。

一、15—19 世紀的賈姆希德部

賈姆希德部是操波斯語的遜尼派半遊牧民族，屬於呼羅珊北部四大部落集團（Chähar Aymaq）之一。[6] 這四大部落集團形成於蒙古帝國和帖木兒帝國時期，由於史料所限，他

① Ish Murad Bin Adina Muhammad Al-Alavi, *Jamshidi Tavayifi Fathi*, intr., p. 29; Christine Noelle Kerimi, *The Pearl in its Midst, Herat and the Mapping of Khurasan (15th-19th Centuries)*, Vienna, 2014, pp. 176-178.

② Yuri Bregel, "The New Uzbek States: Bukhara, Khiva and Khoqand: c. 1750-1886", in N. Di Cosmo, A. J. Frank and P. B. Golden eds., *The Cambridge History of Inner Asia: The Chinggisid Age*, Cambridge: Cambridge University Press, 2009, p. 403.

③ Aboul-Ghazi Behadour Khan, *Histoire des Mogols et des Tatares. Publiee, traduite et annotee par Desmaisons*. P. I Texte, St.-Petersbourg: Imprimerie de l' 'Académie Impériale des sciences, 1871; Yuri Bregel, *Firdaws al-iqbāl*, Leiden-New York: Brill, 1988; Muhammad Riza Mirab Agahi, *Zubdat Al-Tavarikh*, Tashkent-Samarkand: МИЦАИ, 2016; Субутой Долимов, Ғулом Каримов, *Муҳаммад Риза Мираб Агаҳи асарлари 5-жилдик*, Тошкент: Ғафур Ғйлом номидаги адабиёт ва санъат нашриёти, 1978; Ғ. Каримов, *Муҳаммад Риза Мираб Агаҳи асарлари 6-жилдик*, Тошкент: Ғафур Ғйлом номидаги адабиёт ва санъат нашриёти, 1980; Muhammad Riza Mirab Agahi, *Tavarikhi Waqiatul Sultan*, Samarkand-Tashkent: IICAS, 2012; Ish Murad Bin Adina Muhammad Al-Alavi, *Jamshidi Tavayifi Fathi*, edited by Nuryogdi Toshov, 2018; Seda Kavalli, *Şecere-i Harezm-Şahi (Giriş, Transkripsiyonlu metin, inceleme, dizin-sözlük, tipkibasim)*, Doktora tezi, Kocaeli Üniversitesi sosyal bilimler enstitusü, Kocaeli, 2020; Саид Хомид Тура Kāmyāb, *Таварих Ул-Хавонин*, "Академия" нашриёти, Тошкент, 2002, pp. 55-56.

④ Fayż Muḥammad Kātib Hazārah, *Sirāj Al-tawārīkh (The History of Afghanistan)*, Ed. and trans. R. D. Mcchesney, M. M. Khorrami, Leiden-Boston: Brill, 2003; Muhammad Taqi Nuri, *Ashraf al-Tavarikh*, Ed. by Susan Asili, Tehran: Mirasi Maktub, vol. 1, 2008.

⑤ Мухаммад Алихон Гафур, *Хоразм сафари кундилики (Эрон элчисининг хотиралари. XIX аср)*, таржимон И· Бекжон, Тошкент: Узбекистон Республикаси Фанлар академияси "Фан" нашриёти, 2005; Arminius Vambery, *Travels in Central Asia*, New York: Harper Brothers, 1865; John and Robert Michell, *The Russians in Central Asia*, London: Edward Stanford, 1865; Николая Муравъева, *Путешествие въ туркению и хиву въ 1819 и 1820 годахъ Часть первая*, Москва: Въ типографи августа семена, 1822.

⑥ 他們在部落組織結構、生活習俗等方面與周邊的其他遊牧部族差別甚少。該部落集團一名源自古波斯傳説中的英雄人物賈姆希德（Jämshid）之名，參見 A. Janata, "Aymaq", *Encyclopædia Iranica*, Vol. III, Fasc. 2, 1987, pp. 136-137.

們在蒙古帝國時期的歷史無從考證。根據阿噶汗（Aqa Khan）的記載，帖木兒帝國時期，賈姆希德部從錫斯坦(Sistan)和八吉思(Badghis)等地吸收不少遊牧小部落，投奔帖木兒，鎮守帖木兒帝國呼羅珊邊境一帶。此後，“賈姆希德”一名逐漸成爲該部統稱。薩法維王朝(Safavid)時期，賈姆希德部主要分布在哈烈城(Herat)東部山區以及古爾(Ghur)地區。①

15 世紀以降，賈姆希德部長期占據阿富汗西北部八吉思地區，從事農牧業。② 他們以八吉思爲據點參與哈烈城政務。18 世紀起，他們先後歸附於阿巴達力王朝（Abdali）和納迪爾莎（Nadir Shah）。19 世紀初，呼羅珊處於四分五裂的局面，賈姆希德部亦在各方勢力中周旋圖存。1826 年，莎卡姆蘭（Shah Kamran）從其父手中奪得哈烈城。莎卡姆蘭統治時期，因其暴政，賈姆希德部生存境況急劇惡化。③ 在此期間，伊朗愷加王朝（Qajar）、昆哥拉特王朝等外部勢力染指於哈烈内務，在地區事務中發揮了重要作用。賈姆希德部亦與這些外部勢力取得聯係，表示投奔意向，並於 1841 年昆哥拉特王朝穆罕默德·拉希姆汗（Muhammad Rahim Quli Khan）遠征呼羅珊之際，在其安排下舉族遷入花剌子模。④ 下面根據相關史料，探討賈姆希德部遷入花剌子模事由及過程。

---

① https://iranicaonline.org/articles/jamshidi-tribe，2020 年 11 月 9 日訪問。

② 有關賈姆希德部在呼羅珊的分布，參見 Muhammad Riza Mirab Agahi, *Tavarikhi Waqiatul Sultan*, p. 97; Muhammad Taqi Nuri, *Ashraf al-Tavarikh*, vol. 1, 2008, p. 276; Arminius Vambery, *Travels in Central Asia*, p. 406; Henry Rawlinson, *England and Russia in the East*, John Murray, London, 1875, Vol. 1, p. 355；八吉思地區位於今阿富汗西北部，其名 Badgis 在波斯語的意思爲“大風口”，因爲該地區風多。10 世紀的穆斯林地理學家稱八吉思在哈烈城的西北面，位於哈烈和 Serakhs 二城之間。八吉思的主要水源來自摩爾加布河(Morghab)。八吉思地區的草原十分豐饒，旅行家 Ferrier 於 1845—1846 年間稱其爲“亞洲最好的牧場”。因此，在歷史時期，八吉思成爲周邊遊牧民族相互爭奪的戰略要地。如今此地主要由哈扎爾（Hazar）和賈姆希德等部落占據。參見 В. В. Батолъд сочинения ТОМ Ⅲ, Издателъство академии НАУН СССР, Москва, 1965, p. 348.

③ https://iranicaonline.org/articles/jamshidi-tribe, 2020 年 11 月 9 日訪問; Ish Murad Bin Adina Muhammad Al-Alavi, *Jamshidi Tavayifi Fathi*, intr., p. 31.

④ 希瓦汗國自從建國以來，一直把馬魯（Merv）綠洲和呼羅珊北部視作主要擄掠對象。因爲該地長期缺乏統一政治實體、諸侯林立、勢力分散，難以抵製希瓦軍隊的侵略。19 世紀初，昆哥拉特王朝奪權後，隨著國内的統一和國力的增強，又屢次南下入侵馬魯綠洲和呼羅珊之北。希瓦軍隊屢犯呼羅珊的目的顯然是爲了掠奪戰利品以及占領肥沃的馬魯綠洲。希瓦汗王往往以正統遜尼派自居，醜化什葉派信仰爲主的伊朗、呼羅珊地區統治者，用“向伊朗的異教徒進行聖戰”爲其侵略的借口。希瓦軍隊對上述地區的擄掠性遠征可分兩種：一是部分烏茲別克部落武裝組織的遠征，在史料中很少被提及；二是由希瓦汗王親自組織的，規模較大的遠征，在各種史料中的記載尤爲詳細。其中，比較有名的有阿努莎（Anu Shah）和舍爾·哈齊汗（Shir Ghazi Han）對馬什哈德的遠征。參見 Muhammad Riza Mirab Agahi, *Tavarikhi Waqiatul Sultan*, p. 160; Muhammad Riza Mirab Agahi, Zubdat Al-Tavarikh, p. 202; Akifumi Shioya, “Irrigation Policy of the Khanate of Khiva regarding the Lawzan Canal (1), 1830-1873”, p. 126; Muhammad Riza Mirab Agahi, *Zubdat Al-Tavarikh*, p. 33; Muhammad Riza Mirab Agahi, *Tavarikhi Waqiatul Sultan*, p. 45, 174; Yuri Bregel, *Firdaws al-*

二、賈姆希德部遷入花剌子模事由

賈姆希德部遷入花剌子模的原因在不同史書中均有記載，其中阿噶依（Muhämmäd Riza Agahi）的《歷史精華》（Zubdät äl-tävärikh）和伊什木拉德（Ish Murad）的《征服賈姆希德部戰記》（Jämshidi Tävayifi Fäthi）二書尤爲重要。[①]據二者稱，穆罕默德・拉希姆汗於 1841 年 11 月 21 日率軍從希瓦城出發，經牙尼卡拉（Yangi Qäl'ä）、哈匝拉思（Hazarasib）、土牙慕彥（Tuyemuyun）等地繼續南下，抵達馬魯（Merv）河畔後駐扎於尼牙孜・穆罕默德拜的城堡（Niyaz Muhammad Biy Qäl'ä）。在此期間，穆罕默德・拉希姆與馬魯綠洲和呼羅珊北部的諸部統治者互換使者和信件以獲取情報外，還召見賈姆希德部首領，詢問他們的情況。[②]阿噶依和伊什木拉德對賈姆希德部遷入花剌子模事由留下以下記載：

（接上頁）*iqbāl*，1988，pp. 56-58，139；Aboul-Ghazi Behadour Khan，*Histoire des Mogols et des Tatares*，1871，Text，p. 211，221。18—19 世紀初，希瓦汗王一直與哈烈城統治者保持友好關係。1832 年，昆哥拉特王朝最終奪得了馬魯綠洲，並以此爲據點向呼羅珊和阿富汗北部擴大其影響力。在此期間，昆哥拉特王朝與哈烈城統治者莎卡姆蘭建立同盟關係。1837 年，伊朗愷加王朝圍攻哈烈時，昆哥拉特王朝還曾派出軍事支援。由於莎卡姆蘭的頑強抵抗以及英帝國的不斷施壓，伊朗軍隊衹好撤軍。據阿噶依載，戰後愷加王朝君主穆罕默德莎愷加（Muhammad Shah Qajar）主動派使向阿拉庫里汗（Allahquli Bahadur Khan）示好，雙方關係一度緩和。但不久穆罕默德莎違約在先，蠱惑庫爾德斯坦部落首領攻打昆哥拉特王朝保護下的土庫曼阿哈勒特凱部（Akhal Taka）。爲此，阿拉庫里汗允許土庫曼人重啟對伊朗境内的搶掠，並於 1841 年秋，讓其子穆罕默德・拉希姆汗遠征呼羅珊。參見 Muhammad Riza Mirab Agahi，*Zubdat Al-Tavarikh*，p. 33；Muhammad Riza Mirab Agahi，*Tavarikhi Waqiatul Sultan*，p. 45，174；Yuri Bregel，*Firdaws al-iqbāl*，1988，p. 1006，1107，1182-1183；William A. Wood，*The Sariq Turkmens of Merv and the Khanate of Khiva in the Early Nineteenth Century*，Bloomington，UMI Company，1998，p. 136；Субутой Долимов，Ғулом Каримов，*Муҳаммад Риза Мираб Агаҳи асарлари 5-жилдик*，1978，pp. 145-146；Fayż Muḥammad Kātib Hazārah，*Sirāj Al-tawārīkh*，2003，p. 216，226-227；Christine Nöelle Karimi，"Kamran B. Shah Mahmud"，*Encyclopœdia Iranica*，Vol. XV，Fasc. 4，2010，pp. 439-440；Ish Murad Bin Adina Muhammad Al-Alavi，*Jamshidi Tavayifi Fathi*，intr.，p. 13；Субутой Долимов，Ғулом Каримов，*Муҳаммад Риза Мираб Агаҳи асарлари 5-жилдик*，1978，pp. 151-152.

① 阿噶依和伊什穆拉德二人親自參與了昆哥拉特王朝軍隊 1841 年對呼羅珊北部的遠征，故其記載相當可靠。二者在表述和對細節的把握程度上頗爲相似。因此，鑒於伊什穆拉德的《征服賈姆希德部戰記》成書時間早於阿噶依的《歷史精華》，可推阿噶依極有可能參考過伊什穆拉德的書。但二者對賈姆希德部入住花剌子模緣由、遷徙過程以及相關細節的描述上仍有些出入。

② 有關希瓦軍隊行軍路線，參見 Muhammad Riza Mirab Agahi，*Zubdat Al-Tavarikh*，pp. 36-37，39，42-44，49，52；Muhammad Riza Mirab Agahi，*Zubdat Al-Tavarikh*，p. 55；Ish Murad Bin Adina Muhammad Al-Alavi，*Jamshidi Tavayifi Fathi*，p. 49.

《歷史精華》① 載：	《征服賈姆希德部戰記》② 載：
賈姆希德部居於呼羅珊省八吉思（Badghis）的闊什克（Koshik）、哈拉土帕（Qara Tupa）等地。哈烈城的統治者莎卡姆蘭多次想在他們身上實施其統治，欺壓、汙蔑他們，搶掠他們的財産、牧畜、器物，蔑稱他們的妻妾和子女爲基齊勒巴什（Qizil Bash），販賣在周邊省區（Vilayätlär）。由於無法忍受暴君的虐待和羞辱，他們向主（在人間）的影子——尊貴的殿下（Häzrät Zällälähi）尋求庇護。	賈姆希德部向可惡的基齊勒巴什請求："把我們從八吉思遷居至馬什哈德（Mäshhäd）附近，賜給我們分地，我們將會臣服、聽命於愷加國（Qajar Döliti），接受其統治。"莎愷加（Shah Qajar）的叔父，馬什哈德總督馬赫穆德（Mähmud）給他們回信稱："我把馬什哈德附近的澤拉阿巴德（Zirä Abad）城堡連同其屬地和水域賜給你們。"

比較上述兩條記載可見，阿噶依指出，賈姆希德部因倍受壓迫纔向穆罕默德·拉希姆請求庇護。但伊什穆拉德則指出，賈姆希德部由於某種含糊不清的原因主動向"什葉派異教徒"愷加王朝統治者寫信，尋求庇護，並得到了馬什哈德總督的允諾。這兩段記載看似矛盾，但二者實則爲互補關係。因爲，根據相關史料記載，莎卡姆蘭脾氣暴戾③，對賈姆希德部等周邊小部落殘忍無比，致使其常處於衣單食薄的境況。④ 因此，賈姆希德部早欲離開八吉思。⑤ 另外還有兩點原因值得我們探討：

首先，賈姆希德部作爲遊牧民族，其屬下騎兵經常參與呼羅珊戰事。⑥ 因此，可以合理推測，愷加王朝和昆哥拉特王朝都希望將其占爲已有，擴充軍隊。據載，這種以部族或村落爲單位擄掠人口在呼羅珊和中亞屢見不鮮。⑦ 賈姆希德部入住花剌子模之後，其兩千名騎兵在汗王部隊效力一事可進一步坐實此點。⑧

---

① Muhammad Riza Mirab Agahi, *Zubdat Al-Tavarikh*, pp. 57-58.

② Ish Murad Bin Adina Muhammad Al-Alavi, *Jamshidi Tavayifi Fathi*, pp. 48-49.

③ Christine Nöelle Karimi, "Kamran B. Shah Mahmud", *Encyclopœdia Iranica*, Vol. XV, Fasc. 4, 2010, p. 440.

④ Саид Хомид Тура Kāmyāb, *Таварих Ул-Хавонин*, "Академия" нашриёти, Тошкент, 2002, pp. 47-48; Muhammad Riza Mirab Agahi, *Tavarikhi Waqiatul Sultan*, p. 233. 作爲操波斯語的部落，賈姆希德部在 19 世紀屢受統治哈烈城的阿富汗人的剝削和壓迫，參見 Edmond O'donovan, *The Merv Oasis, Travels and Adventures East of the Caspian during the Years 1879-80-81*, G. P. Putnam's sons, New York, 1883, Vol. 2, p. 480.

⑤ Muhammad Riza Mirab Agahi, *Zubdat Al-Tavarikh*, p. 58.

⑥ Субутой Долимов, Ғулом Каримов, *Муҳаммад Риза Мираб Агаҳи асарлари 5-жилдик*, p. 145; Muhammad Taqi Nuri, *Ashraf al-Tavarikh*, vol. 1, 2008, pp. 388-389; George Nathaniel Curzon, *Russia in Central Asia in 1889, and the Anglo-Russian Question*, Longmans, Green and Co., London, 1889, Vol. 1, p. 363; Mir Munshi, *The Life of Abdur Rahman, Amir of Afghanistan*, John Murray, London, 1900, Vol. 1, P. 240; Edward Backhouse Eastwick, *Journal of a Diplomate's Three Years' Residence in Persia*, Smith, Elder and Co., 1864, Vol. 2, p. 260; Seda Kavalli, *Şecere-i Harezm-Şahi 200a-300b*, Kocaeli, 2020, p. 172.

⑦ Субутой Долимов, Ғулом Каримов, *Муҳаммад Риза Мираб Агаҳи асарлари 5-жилдик*, pp. 143-144; Ғуломов, Я· Ғ, *Хоразмнинг суғорилиш тарихи*, p. 231.

⑧ Muhammad Riza Mirab Agahi, *Zubdat Al-Tavarikh*, p. 73; Muhammad Riza Mirab Agahi, *Tavarikhi Waqiatul Sultan*, p. 223, 233.

其次，19 世紀上半葉，昆哥拉特王朝與賈姆希德部一直與馬魯綠洲的土庫曼薩里克部（Sariq）不和，戰事頻繁。[①] 賈姆希德部入住花剌子模後，作爲希瓦軍隊主力屢犯馬魯薩里克部，雙方共同的軍事目標亦是此次遷徙的重要原因之一。在此背景下，1842 年春，大部分賈姆希德部衆在穆罕默德·拉希姆汗的安排下舉族遷入花剌子模。[②]

三、遷入花剌子模的賈姆希德部人數及分布

據各種史料記載，遷入花剌子模的賈姆希德部人數如下：

作者	著作	户數
阿噶依	《歷史精華》③	15000 户
阿噶依	《國家園林》（Riyaz äl-däwlät）④	20000 户
伊什穆拉德	《征服賈姆希德部戰記》⑤	15000—16000 户
穆罕默德·伊薩圖拉（Muhämmäd Isa Törä）	《旅行記》（Sayahät-nama）⑥	10000 户
賽義德·哈米德圖拉（Säyyid Hämid Töra）	《諸汗王史集》（Tävarikhi äl-khavanin）⑦	5000—6000 户
汗阿噶（Khan Agha）	《賈姆希德部史》（Tärikhi Jämshidiha）⑧	12000 户
巴彥尼（Muhämmäd Yusuf Bäyoniy）	《花剌子模莎世系》（Shäjäräyi Xorazmshohiy）⑨	7000—12000 户
阿爾梅斯·凡布里（Arminius Vambery）	《中亞旅行記》（Travels in Central Asia）⑩	10000 户

從上述史料中的記載可見，賈姆希德部入住花剌子模的總人數出入較大，阿噶依和伊什穆拉德的數字亦自相矛盾，二人爲了突出穆罕默德·拉希姆的戰績，極有可能虛報了遷

① Muhammad Riza Mirab Agahi, *Tavarikhi Waqiatul Sultan*, pp. 150, 153, 165-166, 187; Arminius Vambery, *Travels in Central Asia*, 1865, pp. 408-409. 1841 年前，薩里克部還攻占了賈姆希德部的屬地及其城堡，參見 Yate, Charles Edward, *Northern Afghanistan or Letters from the Afghan Boundary Commission*, Edinburgh-London: William Blackwood and Sons, 1888, p. 188.

② 有關賈姆希德部遷徙過程相關記載參見 Muhammad Riza Mirab Agahi, *Zubdat Al-Tavarikh*, pp. 58-61; Ish Murad Bin Adina Muhammad Al-Alavi, *Jamshidi Tavayifi Fathi*, pp. 60-84, 92-116.

③ Muhammad Riza Mirab Agahi, *Zubdat Al-Tavarikh*, p. 61.

④ Субутой Долимов, Ғулом Каримов, *Муҳаммад Риза Мираб Агаҳи асарлари 5-жилдик*, p. 158.

⑤ Ish Murad Bin Adina Muhammad Al-Alavi, *Jamshidi Tavayifi Fathi*, p. 69, 84.

⑥ Ish Murad Bin Adina Muhammad Al-Alavi, *Jamshidi Tavayifi Fathi*, intr., p. 29.

⑦ Саид Хомид Тура Kāmyāb, *Таварих Ул-Хавонин*, “Академия” нашриёти, Тошкент, 2002, pp. 47-48; Ish Murad Bin Adina Muhammad Al-Alavi, *Jamshidi Tavayifi Fathi*, intr., p. 29.

⑧ Ish Murad Bin Adina Muhammad Al-Alavi, *Jamshidi Tavayifi Fathi*, intr., pp. 28-29.

⑨ Ғуломов, Я·Ғ, *Хоразмнинг суғорилиш тарихи*, p. 231.

⑩ Arminius Vambery, *Travels in Central Asia*, p. 406.

入花剌子模的賈姆希德部總人數，使其難做定論。但穆罕默德·伊薩圖拉、賽義德·哈米德圖拉、汗阿噶、巴彥尼、阿爾梅斯·凡布里等人的記載較爲合理，瓦斯洛夫斯基（Veselovski）、諾以拉·卡里米、薩瑪諾夫（Semenov）、古拉莫夫（Ғуломов）、威廉·伍德（William Wood）等學者的研究亦采納了他們的記載。① 因此，綜合以上史料所提供的數據可推測，遷入花剌子模的賈姆希德部總户數應該在5000—10000户之間。② 這部分賈姆希德部被安置在克力赤尼亞孜拜（Qilich Niyazi Bay）運河的一個支流及庫巴山（Qubä Tagh）以南地區。③

四、賈姆希德部在花剌子模的歷史活動

賈姆希德部在花剌子模期間參與了昆哥拉特王朝的諸多内政外務。譬如，賈姆希德部出身的大毛拉哈力納扎爾（Damolla Hal Näzär）曾被選爲希瓦城熱依思（Räyis），主管都城教育和宗教事務；④ 阿卜杜拉伯克（Abdulla bäg）曾被任命爲哈烈城的大使。⑤ 除此之外，賈姆希德部的活動主要集中於軍事領域，這主要體現在賈姆希德部首領米爾·穆罕默

---

① Ish Murad Bin Adina Muhammad Al-Alavi, *Jamshidi Tavayifi Fathi*, intr., p. 28-29; Ғуломов, Я·Ғ, *Хоразмнинг суғорилиш тарихи*, p. 231; William A. Wood, *The Sariq Turkmens of Merv and the Khanate of Khiva in the Early Nineteenth Century*, Bloomington UMI Company, 1998, p. 169.

② 遷入花剌子模的並非是賈姆希德部的全部部衆。因爲在1850年代初，八吉思地區仍有一些賈姆希德部衆在活動。參見 Muhammad Riza Mirab Agahi, *Tavarikhi Waqiatul Sultan*, pp. 97, 165-166.

③ Muhammad Riza Mirab Agahi, *Zubdat Al-Tavarikh*, p. 73; Muhammad Riza Mirab Agahi, *Tavarikhi Waqiatul Sultan*, pp. 223, 233; Arminius Vambery, *Travels in Central Asia*, p. 406；克力赤尼亞孜拜運河位於花剌子模中部，靠近阿姆河，是花剌子模綠洲中部主要大型運河之一。昆哥拉特王朝將賈姆希德部安置在花剌子模綠洲中部的克力赤尼亞孜拜運河流域主要是因爲，當時花剌子模西北部地區自從阿布哈齊汗（Abulghazi Bahadur Khan）開始就已被諸烏兹别克部落所占據，參見 Yuri Bregel, *Firdaws al-iqbāl*, 1988, pp. 135-136；19世紀初起，來自里海東岸、呼羅珊以北、馬魯綠洲等地的土庫曼人部落亦陸續遷入花剌子模綠洲北部，因此在這些地區安置賈姆希德部勢必會引發部族之間的土地矛盾，參見 Akifumi Shioya, "Irrigation Policy of the Khanate of Khiva regarding the Lawzan Canal (1), 1830-1873", p. 124；再者，花剌子模中南部地區人口在18世紀下半葉的大饑荒和瘟疫之後有所減少，賈姆希德部的入住有助於增加當地人口，促進其農牧業發展，參見 Yuri Bregel, *Firdaws al-iqbāl*, p. 180；因此，昆哥拉特王朝一般將擄掠而來的居民都安置在花剌子模中南部的運河流域。譬如，阿拉庫里汗於1841年將布哈拉汗國的烏斯塔（Usta）、伊利支（Ilzhiq）、赫拉支（Hirozh）、迪諾（Dinov）、赤克斯（Chikas）、霍加克那菲斯（Hojakinafis）等農莊（Qishlaq）的居民擄掠至花剌子模，並把他們亦安置在克力赤尼亞孜拜運河流域等地，參見Ғуломов Я·Ғ, *Хоразмнинг суғорилиш тарихи*, p. 231；此外，米爾·穆罕默德（Mir Muhämmäd）和阿卜杜拉伯克爲首的賈姆希德部顯貴駐扎在都城希瓦，參見 Muhammad Riza Mirab Agahi, *Tavarikhi Waqiatul Sultan*, p. 233.

④ Muhammad Riza Mirab Agahi, *Tavarikhi Waqiatul Sultan*, p. 178.

⑤ Muhammad Riza Mirab Agahi, *Tavarikhi Waqiatul Sultan*, p. 202.

德（Mir Muhämmäd）部下軍隊的相關記載當中。他在穆罕默德·拉希姆汗（1842—1846 在位）和穆罕默德·艾明汗（1846—1852 在位）統治時期，長期擔任希瓦軍隊的統帥（Särläshkär）一職，率軍屢征馬魯、呼羅珊、河中、塔占（Täjän）以及鹹海等地的哈薩克人和沙俄軍隊的堡壘。[①] 其中，對馬魯和呼羅珊的征戰最爲頻繁。因爲在穆罕默德·艾明汗時期，征服土庫曼薩里克部，進而完全占有馬魯綠洲是昆哥拉特王朝的首要擴張目標，[②] 賈姆希德部兩千名騎兵參與了所有這些遠征。[③]

但米爾·穆罕默德部下賈姆希德部在花剌子模的軍事生涯並非一帆風順。因爲，1855 年，穆罕默德·艾明汗在其呼羅珊之征中失利，並戰死沙場。穆罕默德·艾明汗之歿引發了土庫曼亞穆特（Yomut）部起義，並很快得到哈拉卡爾帕克（Qara Qalpaq）等其他部族的聲援。[④] 爲了平息起義，新上任的庫圖路·穆拉德汗(Qutluq Murat Khan)[⑤]與賽義德·穆罕默德汗（Säyid Muhämmäd Khan）採取了一系列舉措，但均以失敗告終。[⑥] 在此期間，賈姆希德部首領米爾·穆罕默德和阿卜杜拉伯克都被亞穆特部起義軍所殺。米爾·穆罕默德其弟邁赫迪·庫里（Mahdi Quli）接任兄長的職務，統率賈姆希德部軍隊。但他與其兄長不同，在經歷了亞穆特部等起義軍對賈姆希德部的攻打之後，爲了保護部衆，他不再擁

---

① 有關賈姆希德部所參與的戰事，參見 Muhammad Riza Mirab Agahi, *Zubdat Al-Tavarikh*, pp. 119, 173, 200; Muhammad Riza Mirab Agahi, *Tavarikhi Waqiatul Sultan*, pp. 64, 103-109, 114, 140-142, 144, 147, 150, 152, 153-154, 157, 164-166, 175-176, 187.

② 阿噶依載："薩里克部是土庫曼人當中最負盛名的，亦是實力最強的一支。"參見 Muhammad Riza Mirab Agahi, *Zubdat Al-Tavarikh*, p. 119；穆罕默德·艾明汗曾七次南下討伐馬魯綠洲的薩里克部，參見 Muhammad Riza Mirab Agahi, *Tavarikhi Waqiatul Sultan*, pp. 150, 153, 165-166, 187；關於希瓦汗國與薩里克部之間的關係，參見 William A. Wood, *The Sariq Turkmens of Merv and the Khanate of Khiva in the Early Nineteenth Century*.

③ Muhammad Riza Mirab Agahi, *Zubdat Al-Tavarikh*, p. 73; Arminius Vambery, *Travels in Central Asia*, pp. 406-407.

④ 有關土庫曼人起義，參見Ғуломов, Я·Ғ, *Хоразмнинг суғорилиш тарихи*, pp. 238-239; Muhammad Riza Mirab Agahi, *Tavarikhi Waqiatul Sultan*, pp. 216-223.

⑤ 庫圖路·穆拉德汗（Qutluq Murad），1855—1856 年間在位。

⑥ 爲了平定起義，庫圖路·穆拉德汗試圖通過高價賄賂分散土庫曼起義軍，宣布增加土庫曼騎兵的俸祿，並按日發放。豐厚的賞金吸引了不少土庫曼人，其中很多人返回了都城希瓦，並答應不再參與起義。但都城的烏兹别克貴族爲了一網打盡這些"自投羅網"的土庫曼人，大開殺戒，屠戮了城内所有土庫曼人，衹有城外一些村落裹的土庫曼人得以逃脱。在此過程中，庫圖路·穆拉德汗亦遇刺身亡，並由賽義德·穆罕默德汗（Säyid Muhämmäd Khan）取而代之。此次大屠殺激怒了土庫曼亞穆特和埃米爾亦力（Yimräli）等部，起義隊伍逐趨壯大。參見Ғуломов, Я·Ғ, *Хоразмнинг суғорилиш тарихи*, p. 239; Arminius Vambery, *Travels in Central Asia*, p. 412.

戴昆哥拉特汗王，轉而投奔起義軍，甚至趁機劫掠都城希瓦，並舉族遷回呼羅珊故地。①

縱觀上述，賈姆希德部離開花剌子模的主要原因爲社會政治動亂。尤其是穆罕默德·艾明汗及其寵臣——賈姆希德部首領米爾·穆罕默德等人之死，嚴重削弱了賈姆希德部在昆哥拉特王朝的政治地位，使其損失慘重。總之，在内亂中喪失鋭氣的汗王再也無法庇護賈姆希德部。恰逢此時，哈烈城政局更變，賈姆希德部與哈烈城新主——阿富汗統治者奪思忒·穆罕默德汗（Dost Muhammad Khan）達成和議，歸返故地。② 根據阿噶依的記載，賈姆希德部離開花剌子模的時間爲：回曆一二七二年六月十二日，即公元 1856 年 2 月 18 日。③

五、賈姆希德部對花剌子模部族關係的影響

賈姆希德部在花剌子模期間，由於其錯綜複雜的部族關係和利益瓜葛，逐與昆哥拉特汗王建立同盟，得以寵信和優待，對花剌子模部族關係產生了重要影響。這主要體現在以下三點：

第一，賈姆希德部在一定程度上遏製了烏兹別克部落首領。因爲，花剌子模諸部中烏兹別克人占據上風，是決定花剌子模政局的首要力量。因此，爲了鞏固自身統治，初代昆哥拉特汗王在充分保障烏兹別克諸部首領特權的同時，亦采取相應措施對其進行遏製。爲此，從建國初期開始，昆哥拉特王朝汗王扶持薩爾特（Sart）、土庫曼等非烏兹別克部落首領擔任軍政要職。④ 穆罕默德·拉希姆汗與穆罕默德·艾明汗亦承襲這種策略，倚重和

---

① Muhammad Riza Mirab Agahi, *Tavarikhi Waqiatul Sultan*, p. 223; Muhammad Riza Mirab Agahi, *Tavarikhi Waqiatul Sultan*, pp. 232-234. Ғуломов, Я·Ғ, *Хоразмнинг суғорилиш тарихи*, p. 239; Arminius Vambery, *Travels in Central Asia*, p. 412; Westminster, *The Rival Powers in Central Asia*, London, Parliment Street S. W, Archibald Constable and Company, 1893, pp. 43-44.

② Translated by John and Robert Michell, *The Russians in Central Asia*, p. 42.

③ 有關賈姆希德部遷回呼羅珊相關情況，參見 Ish Murad Bin Adina Muhammad Al-Alavi, *Jamshidi Tavayifi Fathi*, intr., p. 32; Seda Kavalli, *Şecere-i Harezm-Şahi 300a-400b*, Kocaeli, 2020, p. 126.

④ 凡布里和穆拉耶夫等人提到了在穆罕默德拉希姆汗時期的幾位薩爾特大臣與波斯奴隸出身的高官，參見 Arminius Vambery, *Travels in Central Asia*, p. 335; Николая Муравъева, *Путешествие въ туркенiюохиву въ* 1819 *и* 1820 *годахъ Часть первая,* Въ типографи августа семена, pp. 59-60; Yuri Bregel, "The Sarts in the Khanate of Khiva", *Journal of Asian History*, Vol. 12, No. 2, 1978, pp. 130-135; Мухаммад Алихон Гафур, *Хоразм сафари кундилики (Эрон элчисининг хотиралари. XIX аср)*, p. 25.

優待賈姆希德部騎兵，免除其勞役和稅務，與其建立可靠同盟關係。① 在此期間，賈姆希德部騎兵在希瓦軍中地位及武器裝備方面均占優勢，逐成穆罕默德·艾明汗軍隊的主幹，有效遏製了烏茲別克首領軍權。②

第二，賈姆希德部極大程度上改變了昆哥拉特王朝與花剌子模土庫曼人的關係。因爲，19 世紀初以降，昆哥拉特王朝實施積極的移民政策，接納來自里海東部、欽察草原、呼羅珊、河中等地部族，其中土庫曼人居多，19 世紀 30—50 年代，土庫曼人已占據花剌子模人口的 1/4，軍中土庫曼騎兵人數亦不斷飄升，業已成爲不可忽視的重要勢力，這引起了花剌子模部族關係的新變化。③ 因恐其勢力坐大，穆罕默德·艾明汗改變策略，不再扶持土庫曼首領，有意減少其在軍政領域的參與。④ 相反地，穆罕默德·艾明汗提拔賈姆希德部，給予優待和扶持。譬如，自從初代昆哥拉特王朝汗王開始，希瓦軍隊的先鋒（Ilghar）一直由土庫曼亞穆特部充當，但穆罕默德·艾明汗卻讓賈姆希德部充當先鋒軍，這引起了土庫曼人的嚴重不滿。⑤ 他們指責稱："汗王怎麽能讓我們的俘虜（äsirlirimiz）

① 昆哥拉特王朝爲了約束屬部，在行軍時任命烏茲別克將領統率軍中土庫曼、哈拉卡爾帕克武裝，這些部族貴族亦無法享受烏茲別克部落首領所享有的各種特權。但昆哥拉特王朝在賈姆希德部身上並没有實行這種預防措施，甚至任命賈姆希德部首領米爾穆罕默德擔任呼羅珊戰役的總統帥（Sär läshkar），此人在穆罕默德·艾明汗死後，還干涉汗位繼承問題，參見Ғуломов，Я·Ғ，*Хоразмнинг суғорилиш тарихи*，p. 241；Muhammad Riza Mirab Agahi，*Tavarikhi Waqiatul Sultan*，p. 64；Arminius Vambery，*Travels in Central Asia*，pp. 408-409.

② Muhammad Riza Mirab Agahi，*Tavarikhi Waqiatul Sultan*，p. 233；Ғуломов，Я·Ғ，*Хоразмнинг суғорилиш тарихи*，p. 231. 1842 年出使花剌子模的伊朗愷加王朝使者穆罕默德·阿里汗·賈夫爾言："汗王擁有三萬人的軍隊，分騎兵和步兵。但是，其中能打仗的衹有四五千人左右，因爲其餘的人騎的是駱駝和馱物的馬匹，每十人當中衹有一人擁有較全的武器裝備。而且，這四五千士兵中大部分是來自伊朗的賈姆希德部，以及呼羅珊諸部（應指軍中土庫曼人）。" 參見 Мухаммад Алихон Гафур，*Хоразм сафари кундилики（Эрон элчисининг хотиралари. XIX аср）*，p. 21；任屬下小部落集團首領爲軍政高職，以便牽製和削弱大部族首領是歷代中亞統治者鞏固自身統治的慣用手段。因爲，與大部落相比，社會政治地位相對較低的小部落集團並無雄厚的實力威脅汗王統治。反而，由於其弱勢地位更願意與汗王合作，並在絕對效忠汗王的基礎上與其建立可靠的聯盟關係。因此，小部落集團上升到統治高位，對國家内政外交產生重要影響的情況在中亞歷史上屢見不鮮，賈姆希德部與昆哥拉特王朝汗王之間的關係正是其中典型例子。

③ Akifumi Shioya，"Irrigation Policy of the Khanate of Khiva regarding the Lawzan Canal（1），1830-1873"，p. 124；Ғуломов，Я·Ғ，*Хоразмнинг суғорилиш тарихи*，pp. 231，236.

④ Ish Murad Bin Adina Muhammad Al-Alavi，*Jamshidi Tavayifi Fathi*，intr.，p. 32.

⑤ Muhammad Riza Mirab Agahi，*Tavarikhi Waqiatul Sultan*，pp. 64-65，69，114，116；穆罕默德·艾明汗繼位後開始有意識地培養與賈姆希德之間的聯盟關係。譬如，在一次遠征塔占（Täjän）等地期間，亞穆特部首領伊曼尼亞孜（Iman Niyaz Särdar）因不滿於作戰命令與希瓦遠征軍總帥——賈姆希德部首領米爾·穆罕默德發生矛盾。事後穆罕默德·艾明汗偏袒於米爾·穆罕默德，將伊曼尼亞孜處死。這引起亞穆特部極度不滿。相關細節參見 Seda Kavalli，*Şecere-i Harezm-Şahi 300a-400b*，pp. 67-68.

成爲先鋒軍，位在我們之上呢?”[①] 此舉嚴重惡化了汗王與土庫曼人之間的關係。失寵的土庫曼首領因此與穆罕默德・艾明汗決裂。1856 年遠征呼羅珊北部薩爾罕城（Sarahan）時，土庫曼亞穆特部因軍功問題與賈姆希德部産生齟齬，而穆罕默德・艾明汗則偏於後者，致使亞穆特部憤然臨陣脱逃，希瓦軍隊慘敗，穆罕默德・艾明汗亦死於戰中。[②] 此次戰爭的失利終止了昆哥拉特王朝對馬魯和呼羅珊的擴張計劃，並使花剌子模陷入土庫曼諸部與昆哥拉特王朝之間曠日持久的沖突當中。

第三，賈姆希德部的遷入及其種種特權加劇了花剌子模部族間的不公與矛盾。由於其軍事服務，汗王免除了賈姆希德部身上的勞役和稅務，其領地内運河的清理工作由汗王親自任命的密喇布（Mirab）——水利官來主持操辦[③]。而密喇布則强製烏兹别克、哈拉卡爾帕克、薩爾特等其他部族爲其無償勞役、清理其屬地内的運河。[④] 這種特權和不公平惡化了汗王及賈姆希德部與這些鄰部之間的關係，成爲賈姆希德部在起義中被其他部族攻打以及最終離開花剌子模的主要原因之一。此外，汗王的這種不公平對待，使上述部族在内亂中倒向土庫曼人致昆哥拉特王朝損失更爲慘重。

如上所述，遷入花剌子模的賈姆希德部成爲昆哥拉特王朝對外擴張和牽製國内烏兹别克、土庫曼等大部族的工具，而賈姆希德部亦利用昆哥拉特王朝内部錯綜複雜的部族關係，爲自己謀取了各種軍政特權，對花剌子模部族關係産生了重要影響。雖然，昆哥拉特汗王通過上述手段在一定程度上遏製了大部落勢力的坐大，重塑了汗國内部權力關係，但卻激化了部族間財富和權力分配的矛盾，誘發了内亂，賈姆希德部亦因此離開了花剌子模。

六、結　語

昆哥拉特王朝統治時期，花剌子模的部族政治比以往更加發展。因爲，在此期間，昆哥拉特王朝汗王積極接納來自里海東岸、欽察草原、河中、呼羅珊等地的部族，並通過分地的方式換取他們的軍事服務，以圖增强昆哥拉特王朝的軍事實力。賈姆希德部亦在此背景下遷入花剌子模。賈姆希德部入住花剌子模之後，其屬下驍勇善戰的兩千名騎兵作爲汗

① Саид Хомид Тура Kāmyāb, *Таварих Ул-Хавонин*, “Академия” нашриёти, Тошкент, 2002, pp. 55-56; Ish Murad Bin Adina Muhammad Al-Alavi, *Jamshidi Tavayifi Fathi*, intr., p. 31.

② 關於此次戰鬥的具體細節及土庫曼人起義，參見 Seda Kavalli, *Şecere-i Harezm-Şahi 300a-400b*, pp. 90-91; Ish Murad Bin Adina Muhammad Al-Alavi, *Jamshidi Tavayifi Fathi*, intr., p. 31; Ғуломов, Я・Ғ, *Хоразмнинг суғорилиш тарихи*, p. 23; Arminius Vambery, *Travels in Central Asia*, pp. 408-409.

③ Ғуломов, Я・Ғ, *Хоразмнинг суғорилиш тарихи*, p. 235.

④ Ғуломов, Я・Ғ, *Хоразмнинг суғорилиш тарихи*, pp. 235, 238-239.

王軍隊中的主力南征北戰，爲昆哥拉特王朝開疆拓土。與此同時，賈姆希德部又成爲汗王用來抑製實力較強的烏茲別克、土庫曼等部落的工具，有力維護了昆哥拉特王朝汗王的統治地位。因此，在汗王的扶植下，賈姆希德部爲自己謀取了諸多軍政要職，並對花剌子模部族關係產生了重要影響。總之，在花剌子模部族研究聚焦於烏茲別克、土庫曼、薩爾特等大部族，而賈姆希德部、哈拉卡爾帕克部等較小部落的研究仍待加強的背景下，對賈姆希德部的研究，有助於我們更深入瞭解 19 世紀昆哥拉特王朝歷史，豐富我們對花剌子模部族關係的認識，並爲研究中亞近代部族歷史的發展提供新的視角。①

Tribe and Society: A Study on the 19th Century Jämshidi Tribe in Harazm and Related Questions

Abdusalam Kerim

Abstract: The Jämshidi tribe is a Persian-speaking, Sunni semi-nomadic tribe who mainly resided over Badghis in northern Khorasan. Since the 15th century, they changed their allegiances among different powers for survival. At the beginning of the 19th century, new ruler of Herat, Shah Kamran brutally oppressed and exploited Jämshidis, causing them constantly suffer from lack of food and other essentials. Therefore, Jämshidis sent petition to other regional powers such as Qajar Dynasty of Iran and Qongrat Dynasty of Harazm for relocation, and finally in 1841 they migrated to Harazm along with the troops of Qongrat Dynasty, which was sent to an expedition in Merv and northern Khorasan. But in 1856, due to the tribal uprising and social unrest, they left Harazm and back to Khorasan. This article uses Chaghatay, Persian documents and different travel accounts to examine the reason behind the migration of Jämshidis to Harazm, and discuss their role in state affairs regarding their political and military status, and their impact on the tribal relations of Qongrat Dynasty.

Keywords: Jämshidi tribe; Qongrat Dynasty; Harazm

---

① 有關希瓦汗國時期的烏茲別克、土庫曼、薩爾特等部族的研究，參見Ғуломов, *Хоразмнинг суғорилиш тарихи*, pp. 207-248; William A. Wood, *The Sariq Turkmens of Merv and the Khanate of Khivain the Early Nineteenth Century;* Yuri Bregel, "The Sarts in the Khanate of Khiva", *Journal of Asian History*, Vol. 12, No. 2, 1978, pp. 120-151; Р. А. Эшчанов, Е. В. Ртвеладзе, Д. А. Алимова, *Хорезм в истории государственности Узбекистана*, Узбекистан файласуфлари миллий жамияти, Ташкент, 2013.

察合台文《沙哈魯遣使中國記》譯釋*

艾比布拉·圖爾蓀

摘　要：中國與中亞地區經貿往來和文化交流源遠流長。關於中國和中亞地區的文化交流見諸漢文、波斯文、阿拉伯文、察合台文等多語種文獻，其中火者·蓋耶速丁·納哈昔所記的波斯文文獻《沙哈魯遣使中國記》是明朝與中亞帖木兒王朝交流方面的重要文獻之一，對研究"一帶一路"，尤其在考察明代中國與中亞地區的文化交流方面具有較高的史料價值和參考價值。本文簡要介紹該文獻及特點，並在語文學的基礎上對察合台文本進行譯釋。

關鍵詞：《沙哈魯遣使中國記》；火者·蓋耶速丁·納哈昔；察合台文本；赫拉特；明朝；譯注

一、引　言

畫家火者·蓋耶速丁·納哈昔（Ḡīāṯ-al-Dīn Naqqaš）① 所著《沙哈魯遣使中國記》的原文手稿已經散佚，目前的版本是當時被抄收錄在其他人著作中的版本和另一個翻譯爲察合台文的孤本。察合台文譯本的抄寫本被保留了下來，可以與波斯文版本的内容相互補充，具有極高的史料價值。《沙哈魯遣使中國記》的内容是作者根據其1419—1422年前往中國途中的所見所聞基礎上記錄而成，可靠性强，涉及的範圍較廣。國内外諸多學者雖其對進行過翻譯和研究②，但是對察合台文譯本關注較少。《沙哈魯遣使中國記》察合台文版

* 本文係國家社科基金中國歷史研究院重大歷史問題研究專項項目"中原地區與西域各民族交流交往交融史料整理與研究"（項目編號：LSYZD21005）、國家社科基金"冷門絕學"項目"察合台文漢文詞典編纂與研究"（項目編號：18VJX046）、山西省高等學校哲學社會科學研究項目（項目編號：2022ZSSZSX059）的階段性成果。

① 火者·蓋耶速丁·納哈昔出生於伊朗亞孜德，也是一名外交官，在帖木兒王朝宫廷文史館所屬畫院工作。目前没有其出生年月等相關記載。

② 可參見 V. V. Barthold, *Four Studies on the History of Central Asia*, Translated from the Russian by T. inorsky, Leiden, 956; Hafiz-i Abrü, *Zubdat al-Tawarikh*, ed. k. H. S. Javad, 2vols, 1993; A Persian Embassy to China Being an Extract From Zubdatut Tawarikh of Hafiz-i Abrü, 1970; Morris Rossabi, Two Ming Envoys to Inner Asiya, *Tong Pao*, vol. 62, 1976, p. 1, 33; Ildikó Bellér-Hann, *A History of Cathay: A Translation and Linguistic Analysis of a Fifteenth-Century Turkic Manuscript*, Indiana University Uralic and Altaic Series, vol. 62, Bloomington, 1995;

本是穆罕默德1494—1495年在扎努丁·努爾·阿里的指令下翻譯完成的，題爲《中國歷史：畫師蓋耶速丁出使中國行紀》，又被簡稱爲《中國歷史》，文本手稿藏於英國劍橋大學圖書館。手抄本共95張開頁，尺寸（葉）：17.7×9.7厘米，每頁9行字，用美麗清晰的托里克體（Ta'liq）和小部分奈斯特列克（Nasta'līq）①字體，白色邊框書寫，帶有金色和藍色標題。《沙哈魯遣使中國記》的内容具有如下特點：

一是該書敘述獨特、記載真實、内容豐富。該書屬於遊記類，與其他中世紀中亞傳統史書著作的敘述不同，是按時間順序記述，具有編年體形式。與同時期中文史料校勘之後發現，該文獻記載的内容較爲真實，超越了普通遊記文獻，其中包含歷史、政治、經濟、文化、科技、技術、藝術、宗教、繪畫等不同領域的内容。

二是該書是在喜歡繪畫藝術的沙哈魯之子拜松古爾的特殊安排和命令下完成的著作。作者跟隨使團從赫拉特出發到北京，又返回赫拉特，詳細地記載了旅途所見所聞。他以文化藝術學者的視角比較客觀的評價以及跨文化觀察過程中的描述與所記内容中較爲中肯，超越了本土文化視角的限制。

三是該書具有史書和遊記的雙重性質。帖木兒王朝重要的宫廷史學家把該書的重要内容收錄於自己的史學著作中，如哈菲兹·阿布魯（Hafiz-i Abrü）的《拜松古爾的歷史精華》，阿卜德·拉扎克（Abd-al-Razzaq Samarqandi）的《雙星的升起與雙海的彙聚》和米爾洪（Mirxand）的《純潔園》均收錄了相關内容，表明該文獻較高的史學價值。

四是該書還有大量絲綢之路沿線民族史、民族志、民俗學、語言學地名相關的記載，爲我們提供了珍貴的第一手資料。對《沙哈魯遣使中國記》的系統深入研究可以爲明代中外關係史、中外文化交流史以及明代邊疆治理、區域與國别等領域的研究提供豐富的資料。

五是察合台文版本《沙哈魯遣使中國記》的書寫形式和16世紀傳統中亞察合台文歷

（接上頁）

Абдураззок Самарқандий, *Матлаи саъдайн ва мажмаи бахрайн*, Тошкент: Ўзбекистон Нашриёти, 2008; 阿里·瑪扎海里著、耿昇譯:《絲綢之路：中國—波斯文化交流史》，北京：中華書局，1993年；張星烺編注:《中西交通史料汇編》（第三册），中華書局，1978年，第288—307頁；裕爾著、張緒山譯:《東域紀程叢錄：古代中國聞見錄》，昆明：雲南人民出版社，2002年，第251—266頁。蓋耶速丁著、何高濟譯:《海屯行紀鄂多立克東遊錄沙哈魯遣使中國記》（合刊版），中華書局，2019年，第86—127頁；劉迎勝:《海路與陸路：中古時代東西交流研究》，北京：北京大學出版社，2011年；劉迎勝:《絲綢之路》，南京：江蘇人民出版社，2014年；張文德:《明與帖木兒王朝關係史研究》，中華書局，2006年；張文德:《朝貢與入附：明代西域人來華研究》，蘭州：蘭州大學出版社，2013年；王文利:《從〈沙哈魯遣使中國記〉看明朝對王朝使臣帖木兒的接待》，《蘭臺世界》2015年第9期；朱建路:《帖木兒帝國使者所見天球考》，《中國史研究》2018年第3期；等等。

① 托里克體（Ta'lik）和奈斯特列克（Nasta'līq）是波斯、察合台文主要用的兩種字體，起源於波斯地區，托里克體一般用於散文類，奈斯特列克是一般書寫詩歌的字體。

史文獻的書寫形式一樣，但是語言特點與15世紀中亞傳統察合台文歷史文獻書籍有所區別，偏向於西亞語言，即在伊朗和阿富汗邊境地區生活的阿扎人語言特點。

二、察合台文《沙哈魯遣使中國記》譯注

（3a）（……）

（3b）現在，轉入我們的主題，讓我們知道，在回曆八百二十三年結束時①，君主沙哈魯從赫拉特派了兩個人——沙的—火者（Šādī Khvāja）和庫克扎（Kökčä）②，作爲使臣到中國皇帝那裏。沙哈魯王的兒子拜松古爾（Bāysun Ghur）③ 也派了兩個人，其中一位是蘇里丹—艾哈邁德（Sultan Ahmad），另一位是畫家火者・蓋耶速丁。

（4a）從他們離開赫拉特④到中國並返回赫拉特城共計兩年零兩個月的時間（一共兩年十個月又五天的時間）。他們帶回了中國皇帝送來的各種禮物和禮品。畫家火者・蓋耶速丁從他們離開的時候起就全程詳細地記錄了所有的事件。

（4b）發生在他們身上的事情每天都以日記的形式被寫在一卷紙上。他描述了他們看到的所有奇妙的建築和地點，並把它們寫進了日記。因爲他是君主可靠且公正的僕人，他在他的書中用波斯語寫下了以下内容。“都爾喀爾得”（十一月）的第六天，他們離開了赫拉特城（哈烈都城）。

（5a）然後開始了他們的旅程。在“都爾黑哲”（十二月）的第九天，也就是“阿拉法”日，他們到達巴爾赫（Belih）城。由於大雪和寒冷，他們在那停留了二十一天，直到當月月底。在“穆罕蘭”（一月）月初，他們離開巴爾赫，繼續他們的旅程。他們渡過了一條叫乞提里夫的河（經過乞里夫路），“穆哈蘭姆”（一月）的第二十二天到達撒馬爾罕（Samarqand）⑤。

（5b）在他們到達撒馬爾罕的兩個月前，沙哈魯王子的兒子兀魯伯王子派遣自己的使

---

① 關於出發時間和返回時間的問題另做專題討論。根據波斯文、英文、漢譯本和其他漢文史料，本文確定他們從哈烈的出發時間爲公元1419年11月24日，返回到哈烈的時間爲公元1422年9月1日。

② 沙的・火者和庫克扎，兩者均是帖木兒王朝知名外交家，被沙哈魯任命爲總團長。

③ 拜松古爾（1397—1434），沙哈魯之子，主政赫拉特，喜歡文藝特别是繪畫與書法，在帖木兒王朝文藝發展事業中貢獻突出，可參見穆宏燕：《拜松古爾時期的赫拉特畫院及其創新》，《上海交通大學學報》（哲學社會科學版）2021年第5期，第41—50頁。納思霖・達斯坦：《伊朗細密畫中的中國元素》，鄭州：大象出版社，2022年，第157—167頁。

④ 赫拉特（Herat）是中亞歷史文化名城，在元明時期漢文古籍中有多種寫法。《元史》作“也里……亦魯”，《明史》和《明實錄》作“哈烈”，一名黑魯，又名哈喇，今阿富汗西北部赫拉特城。

⑤ 又稱“撒麻耳干”。撒馬爾罕是帖木兒王朝的首都，絲綢之路沿線重要的城市之一。《沙哈魯遣使中國記》他們從赫拉特到的第三個城市，當時兀魯伯管轄，主政近40年。兀魯伯兩個月提前跟明朝使團一起出發。

臣和一群人前往北京。帖木兒汗的後裔巴達赫尚的郡主阿米爾·沙赫·馬利克（Ämīr Shāh Malik）和蘇玉爾格特迷失（Soyūrghatmīsh）王子也曾派使者前往北京。事情是這樣的：

（6a）“色法爾”（二月）十日，他們在撒馬爾罕遇見了這些人。他們在同一天離開了這個地方，並在“賴比兒·敖外魯”（三月）四日到達了塔什干（達失干）。同月十二日，他們來到了一個叫薩伊拉姆（Sayrām）①的地方。在“賴比兒·阿赫爾”（四月）開始的

（接上頁）

多個文獻中把該城市稱爲“Semiz Kend”（肥沃土地）水土品質優質、美麗的城市，《巴布爾回憶錄》的作者口口讚美此城市，不少記載了關於撒馬爾罕有關內容，《明實錄》《明史》等著作中詳細記載了撒馬爾罕、撒麻耳干（Sǎmáěrgān，Samarkand）。《元史·西北地附錄》撒麻耳干（Samarkand），即《新唐書》薩末鞬，《西遊錄》尋思干，《西遊記》邪米思干。今烏兹別克斯坦的撒馬爾罕即《新唐書》的颯秣建，《明史》的撒馬兒罕，位於今烏兹別克斯坦撒馬兒罕城周圍區域。《世界境域志》第二十六章云：“撒馬爾罕達克是一個大村莊，其中住著印度人、吐蕃人、瓦罕人。這是河中的邊界和最遠的地點。”《世界征服者史》作者志費尼用一首詩來記載撒馬爾罕：“假如說這人間有一座樂園，那樂園便是撒麻耳干。要是你把它跟巴里黑相比，苦和甜能彼此一般？”Samarkand 還有不同的寫法如：薩末鞬，此地爲河中名城，喀喇汗王朝滅薩曼王朝後統治其地，喀喇汗王朝分裂後成爲西部喀喇汗王朝都城，喀喇汗王朝時期的撒馬爾罕城址爲今烏兹別克斯坦撒馬爾罕北 Afrasiab 古城。（見 David Durand-Guedy ed., *Turko-Mongol Rules, Cities and City Life*, p. 99, Leiden · Boston, 2013）；“薩末鞬”譯名見《新唐書》卷 221《西域傳下·康》，其地在喀喇汗王朝時期多次見於史書，如根據吉慈尼王朝歷史學家拜哈吉、迦爾迪齊記載，1025 年吉慈尼蘇丹馬赫木曾經和喀喇汗王朝統治者玉素甫於其地會面（見 W. Barthold: *Turkstan Down the Mongol Invasion*, London, 1928, pp. 283-285）。

① 薩伊拉姆又寫賽蘭姆或塞蘭，古絲綢之路貿易重鎮。中亞另外還有幾個與賽蘭姆同名的不同地區，如：阿克蘇拜城縣也有賽蘭姆，著名歷史學者穆拉·穆沙（1836—1917）也是阿克蘇賽蘭姆人，他的筆名也是賽蘭姆。塔城的賽里木湖（Sayramkoli），等等，從大賽蘭姆遷移過來。《沙哈魯遣使中國記》所記的賽蘭姆，在《世界境域志》《巴布爾回憶錄》《西域行程記》等文獻中均有相關記載。塞蘭（Sayrām）又叫白水城：今哈薩克斯坦奇姆肯特東 Sayram，其地在錫爾河畔，即多語種史料中的 Isbijab 或者 Isbijab，其意爲白水，即漢文史料中的白水城。［見（唐）玄奘、辯機原著，季羨林等校注：《大唐西域記校注》，中華書局，1985 年，第 79 頁］玄奘西行，記錄其地，稱“白水城”（《大唐西域記》卷一），《新唐書》卷 215《傳下》、《唐會要》卷 94、《資治通鑒》卷 196 均記載其地，作“白水胡城”，言西突厥咄陸可汗曾佔據其地。《道里邦國志》提到其地（見伊本·胡爾達比赫、庫達瑪著，宋峴譯：《道里邦國志（附稅册）》，中華書局，1991 年，第 30 頁），840 年撒馬爾罕統治者努赫一度征服其地（見 W. Barthold, *Turkstan Down the Mongol Invasion*, pp. 211-212, 234），《世界境域志》記載其地，說是邊境上的一個城鎮，稱是當時重要的商業貿易之地（Mimorsky 譯注 *Hudud al-ʻ Alam*, p. 118），990 年，喀喇汗王朝八剌沙袞統治者哈桑奪取其地（見 Bosworth, Clifford Edmund, *History of the Civilizations of Central Asia*, Unesco Publishing, 1998, p. 121）。其地名在喀喇汗王朝時期依舊存在，如伊本·阿希爾記載：“（在喀喇汗王朝的卡迪爾汗玉素甫去世後）留下的還有博格拉汗·伊本·卡迪爾汗，但邏斯和伊斯法加布歸屬於他。”（見伊本·阿希爾著、劉戈譯：《〈全史〉選譯》，《中亞研究》1988 年第 2 期，第 26 頁）。關於其地，麻赫默德·喀什噶里也有記載，如在序言中記載“在 Isbijab 到怛邏斯間的 Arghu 諸城市的居民的語言是不純的”（見 Mahmud al-Kashgari, *Compenium of the Turkic Dialects*, V1, Printed at the Harvard University Printing Office, 1982, p. 84）。

時候，他們在阿失帕拉（Āshpara）①紮營。在當月十一日離開這個地方。

（6b）他們進入蒙畏人的領土（Mughulstan）。現在是夏天，無論他們在哪里露營，都會有新鮮的草地和清澈的泉水。他們每天都在行進。那個地方的統治者尤努斯汗（Yūnus Khān）曾告訴希爾・穆罕默德（Shīr Muhammad）②的兒子，他會殺了他。出於這個原因，希爾・穆罕默德和許多蒙古領主成爲尤努斯汗的敵人。鑒於此，人們

（7a）變得不滿和憤怒，使臣們感到驚恐。他們在夜間離開了這個地方，並且由於恐懼，無論白天還是晚上，他們都沒有在任何地方停留。亂局平息的消息傳來，諸侯臣服於尤努斯汗，混亂結束了。使臣們聽到這個消息松了口氣。

（7b）他們每天都在行進，直到"主馬達・敖外魯"（五月）十八日，到了一個叫比魯格圖（Bilghūtū）的地方。那個地方由穆罕默德・貝格管轄。他們一直呆在那裏，直到在後方行進的巴達赫沙恩君主的家臣趕上了他們。當月二十一日離開那裏後，③他們到達一個叫裕勒都斯（Yúldúz）④的地方。

（8a）經過該地之後，他們進入錫爾・巴合蘭（Shīr Bāhrām）的地方。錫爾・巴合蘭的兒子也在那裏。雖然太陽已經進入巨蟹宫的黄道，但現在還是夏天。奇怪的是平原上的一切都被冰凍了，即使在冬天，我們在自己的國家也不會有這樣的經歷。當月二十八日，有消息稱穆罕默德・貝格（Muhammad Beg）突襲了尤努斯汗的國家。使者們再次

（8b）受到驚嚇，他們心中充滿了恐懼。他們說："我們必須付出艱苦的努力纔能到達中國的邊境"。這是一次艱苦的旅程，那裏有大山，大部分時間都在下雨。在"主馬達・阿赫爾"（六月）底，他們到達吐魯番。該地的許多居民都信奉佛教，他們崇拜偶像。

（接上頁）

《突厥語大詞典》"Sayram"條記載，Isbijab 之地又名 Sayram（見 Mahmud al-Kashgari, *Compenium of the Turkic Dialects*, V2, Printed at the Harvard University Printing Office, 1984, p. 241），可知當時其地已有 Sayram 别名，後 Sayram 一名逐漸取代 Isbijab 成爲當地地名。13 世紀長春真人西遊西域過其地，《長春真人西遊記》卷上譯其地"塞藍"（參考 Bretshneider, *Mediaeval Researches from Eastern Asiatic Sources*, V1, London, 1888, p. 74）。關於其地位置，巴托爾德説"根據當地人傳説，今 Sayram 村即 Isbijab 的遺址"（見 W. Barthold, *Turkstan Down the Mongol Invasion*, p. 176）。波伊耳譯注《世界征服者史》也在注釋中説"Sibijab 是 Isbijab 即 Isfijab 的舊形，它位於今 Sairam 的城址上，一座在哈薩克斯坦的小城，塔什干的東北，奇姆肯特以東約六哩半"（見志費尼著、何高濟譯：《世界征服者史》，下册，呼和浩特：内蒙古人民出版社，1980 年，第 470 頁，注釋 8）。英國學者 Strange 也説 Isfijab 就是 Sayram 之地（G. Le Strange, *The Lands of Eastern Caliphate: Mesopotamia, Persia, and Central Asia from the Moslem Conquest to the Time of Timer* ［以下簡稱 *The Lands of Eastern Caliphate*］, Cambridge reprinted, 1930, p. 483）。

① 阿失帕拉，中亞地名，吉爾吉斯斯坦和烏兹别克斯坦中間的絲綢之路重鎮之一。

② 希爾・穆罕默德，明代西域君王之一，關於他的記載見《拉失德史》。

③ 7b 缺少崆格斯河的記載。

④ 裕勒都斯（星星之意），地名，歷史上稱裕勒都斯草原，在今新疆巴音布魯克自治州境内。

（9a）那裏有一座很大很漂亮的廟宇。裏面有許多佛像，有些是新的，有些是舊的。壇前有一尊他們稱爲釋迦牟尼佛的大佛像。過了這個地方，使節們在“賴哲卜”（七月）二日到達哈剌和卓（Qïzïl Khwāja）①。同月十日，一群人從中國方向過來了。

（9b）他們對使臣們説：“寫下你們手下的名字，以便我們知道有多少人與你們同行。”那個月的十九日，他們到達一個叫做蘇菲阿塔（Sūfi Atā）② 的地方。帖爾美茲的一個賽夷（聖裔），名叫阿克完德—扎答・塔術丁（Säyyid Khwāndzādä Tāju'd-Dīn），在那裏

① 哈剌和卓，屬於吐魯番地名，現在的地理位置火焰山，名稱翻譯或抄寫爲“紅客哇加亞”（qïzil xvājaya）。波斯文和察合台文有所區別（Qaraghuja，qizilghuja錯誤），其實它是哈拉（Qara），全名 Qara Khwaja，指歷史上的高昌（Qočo，Turfan，Qara ghuaja，火焰山）。高昌（西州）：今新疆吐魯番東南哈喇和卓附近亦都護古城（高昌古城），高昌即唐代西州之地，在哈喇和卓附近的高昌故城（見伯希和著、馮承鈞譯：《高昌和州火州哈喇和卓考》，載《西域南海史地考證譯叢六編》，北京：商務印書館，1962 年，第 18 頁）。981 年，王延德出使高昌回鶻，記“次歷地名寶莊，又歷六種，乃至高昌。高昌即西州也”（見《宋史》卷 490《外國傳六・高昌》、王明清《揮塵錄・前錄卷之四》、麻赫默德・喀什噶里《突厥語大詞典》也多次提到高昌，如“Qoco”條記載其地是“回鶻人的一個城市名稱。有時，用這個名字稱呼那裏所有城市”（見 Mahmud al-Kashgari, *Compenium of the Turkic Dialects*, V2, p. 263）。高昌即高昌故城之地，其地在今新疆吐魯番東南哈喇和卓附近亦都護古城（高昌古城），現存古城遺址是在高昌城基礎上改建的。關於高昌故城方位，可參見黄文弼：《吐魯番考古記》，中國科學院印行，1954 年，第 11 頁；閻文儒：《吐魯番的高昌古城》，《文物》1954 年第 10 期；侯燦：《高昌古城址》，《新疆文物》1989 年第 3 期。

② 蘇菲阿塔爲哈密地區的地名，據民間調查現稱爲柳樹泉。蘇菲（Sūfi）一般是神秘主義教派人員的總稱，它起源於禁欲主義，在教内的虔信者以此規範自身的宗教生活，“蘇非”一詞的原意爲羊毛，因信奉者身穿羊毛褐衫而得名。阿塔（Atā）是爸爸之意，在西域幾個地名詞綴以某某阿塔（Atā）爲聯合，指偉大或尊稱。參見 S. QORAYEV: “TOPONIMIKA”, O‘ zbekiston Respublikasi Oliy va o‘ rtamaxsus ta’ lim vazirligi Muvoflqlashtiruvchi Kengashi tomonidan nashrga tavsiya etilgan, O‘ zbekiston faylasuflari milliy jamiyati nashriyoti Toshkent, 2006, p. 7. 雖然地名蘇菲阿塔是屬於哈密區域内，但跟哈密（Qamil）和益都或伊吾（Ewirghul）地名没有關係；哈密又稱伊州，今新疆哈密。編號爲 P. 5077 年的敦煌文書提到“僕固天王乾符三年（876 年）四月二十四日打破伊州”（見王重民：《〈補全唐詩〉拾遺》，載《敦煌遺書論文集》，中華書局，1984 年，第 54 頁）。《世界境域志》列舉九姓烏古斯領地，提到 KH. MUD 之地，（見 Mimorsky 譯注，*Hudud al-‘Alam*, p. 95），哈密（伊州）之地，即唐代伊州，在今天新疆哈密市區一帶（參見羊毅勇《唐代伊州考》，《西北民族研究》1993 年第 1 期，第 134 頁）。益都或伊吾（Ewirghul）：今新疆哈密西北二堡。《宋史・高昌傳》記王延德出使高昌回鶻，“（過伊州後）次歷益都。次歷納職城，城在大患鬼魅磧之東南，望玉門關甚近”，知益都在哈密和納職（拉甫卻克古城）之間。陶保廉《辛卯侍行記》卷六“二十里二堡，回名阿斯塔納（謂先賢墓地也）。按：章懷《注》云：納職縣有伊吾故小城。又王延德《高昌記》：伊吾（Ewirghul）、納職間有益都，殆此歟？丁謙《宋史高昌傳地理考證》云：“益都爲懷遠改名，當即今阿斯塔克城。”按清代哈密阿斯塔納之地即今哈密西北二堡。大患鬼魅磧：今新疆哈密盆地。王國維先生認爲應該就是唐代記載的中的莫賀延磧（見王國維：《九姓回鶻可汗碑跋》，載王國維《觀堂集林》，第四册，中華書局，1961 年，第 995 頁）。此説似乎需要商榷，莫賀延磧在伊州之南，而王延德記載伊州西北的納職“城在大患鬼魅磧之東南”。從王延德的記載看，拉甫卻克古城在此沙漠東南部，則此沙漠無疑在今哈密之西。其地當爲今新疆鄯善之東、哈密之西的哈密盆地的沙漠。

擁有土地並已定居。他是哈密穆斯林的長官埃米爾·法合魯丁（Āmīr Fakhru'd-Dīn）[①] 的女婿。

（10a）在“賴哲卜”（七月）二十一日，他們到達哈密。埃米爾·法合魯丁在那座城市建造了一座清真寺。在這座清真寺對面矗立著一座巨大的佛教寺院。裏面豎立了一個奇妙的十字架的形象，在它的左右立著許多小佛像。

（10b）在那十字架的前面立著一個藝術精美絕倫的十齡童子的銅像。在那座寺廟的門上方可以找到具有偉大藝術特質的佛像。在寺廟前可以看到兩個惡魔的形象，好像它們在互相攻擊。在這裏，一位名叫孟格里·帖木兒（Mänglī Tīmūr）的人和他美麗的王后一起統治著異教徒。

（11a）在“賴哲卜”（七月）二十五日，使臣們離開了這個地方，從那時起，大部分道路都要穿過沙漠。每隔一天或兩天他們纔能得到一些水。終於在“舍爾邦”（八月）十二日，他們到達一個地方，那裏有許多沙漠駱駝和牛。那個地方的人説，有一次一個騎手與一頭公牛搏鬥過。

（11b）公牛用角將那個人舉到馬上，並把這個人牢牢地夾在自己的牛角上，以至於那個人的骨髓進入了那頭公牛的眼睛，使公牛失明了。“舍爾邦”（八月）十四日，他們到達離肅州城十日路程的地方，四周没有耕地。[②]

（12a）肅州城是邊界城。一些中國人帶著皇帝的命令來迎接使節。在同一天，他們在那片平原上紮營，那裏有新鮮的草場。他們搭建起彩繪遮陽篷，提供了葡萄汁和其他甜味飲料。在這些飲料之後，帶來了各種食物和水果。然後蒸餾酒被放在瓷盤上，

（12b）還有一根佈置巧妙的樹枝。簡而言之，在那片沙漠裏舉行了一場歡迎宴會，這種宴會在我們的城市裏幾乎看不到。此外，每個人都會根據自己的等級獲得一些羊肉、鴨肉和雞肉、麵粉、大麥等。所有這些糧食都是從肅州城帶來的。他們（中國人）在那裏登記了陪同使臣的人數。記錄人被嚴格要求：“隨員的人數不得虛報，

（13a）因爲中國皇帝的法律非常嚴格，任何説謊的人都會失去尊嚴。許多商人前來爲使臣服務。簡而言之，該卷軸中寫了以下内容：愛迷兒·沙的·火者和庫克扎有兩百人陪同，蘇里丹—艾哈邁德（Sultan Ahmad）和火者·蓋耶速丁有一百五十人陪同，阿格答克（Arghadāq）有六十人，阿答完（Ardavān）

（13b）有五十個人陪同，總共五百一十個人[③]。蘇丹易卜拉欣（Sultān Ibrahīm）的人留在後方，還没有趕上他們。“賴買丹”（九月）十六日，使者們被告知，王大人當天要

---

① 埃米爾·法合魯丁，明代哈密王之一，《明實錄》亦有相關記載。

② 此處内容在其他版本中没有出現。

③ 缺少塔術丁有50人有關記載，這次團隊分成三路先後出發，總人數超過1000多人。

設宴接待使臣，他是中國皇帝的領土與哈密接壤的那一部分地區的總督。

（14a）從肅州到他的城市共九站。他［王大人］帶著五千騎兵來迎接使臣。諸使皆上馬，來到王大人的帳前。他們在沙漠中按方形紮營，就猶如用羅盤和尺子來規劃。帳篷的繩索

（14b）以這樣一種方式連接在一起，以至於沒有一個人可以從它們之間通過。四面設四扇門，每扇門前留下一大塊空地。沿著方形帳篷的四個邊搭起了帳篷。從帳篷開始，中央走廊形成了皇家座椅的樣式。

（15a）每個帳篷由兩根柱子支撐，搭起漂亮的木臺，搭上懸垂的遮陽篷，把空曠的地方都遮起來。其下立著王大人的位子，左右各還擺著幾張椅子。使臣們

（15b）坐在左邊，中國官員坐在了右邊的座位。對他們來説，左邊更受人尊敬，因爲人的心臟在左邊。然後，在官員和使臣們旁邊放了兩個託盤，一個託盤上放著鴨肉、燉雞和家禽、預製蔬菜和新鮮水果，另一個託盤裏放著甜麵包和蛋糕，

（16a）用畫紙裝飾，用絲綢綁在一起的裝飾樹枝和花朵，這種方式是無法形容的。這些都是以這種方式擺在所有人面前的。用銀和瓷器製成的大小罐子和滰水器分别放在右手和左手邊。鼓手和音樂家

（16b）周圍站著演奏小提琴（琵琶）和小鼓的人。吹長笛的人手中拿著兩種笛子：一種吹在上面，另一種吹在中間，一面鼓放在三腳架上，他們一起吹奏。旁邊還有其他的鼓，其中有一個大的鼓和響板。

（17a）雜技演員表演，漂亮的男孩在那裏擺姿勢。後者像女孩子一樣在臉上塗了一些白色和紅色的粉末。他們頭上戴著帽子，耳朵上戴著珍珠，他們的表演讓每個人都感到驚訝。在那個臺前的

（17b）四個門站著武裝人員。他們每個人手中都拿著一柄長劍，一步也不敢動。他們的紀律非常嚴格，不需要官員來監督。諸侯入座，侍酒者前來敬酒。然後身爲祭司長的埃米爾·杜爾遜（Ämīr Dūrsūn）① 站了起來

（18a）離開他的位置，向使節們舉起他的酒杯。他帶來了一盒裝飾性的樹枝，他從盒子裏給每個人一根樹枝，然後每個人都把它繫在他的頭上。不到一個小時，晚會就被佈置成了一座玫瑰園。接著，雜技演員來了，開始表演各種千奇百怪的雜技。各種動物的形象

（18b）你可以想象是由硬紙板製成的，被表示爲如果有人看著他們的臉，他就不會注意到（這些圖像和真實圖像之間的）差異。英俊的男孩們走進了這些人偶的内部，他

① 埃米爾·杜爾遜，此名稱波斯文版本和察合台文譯本有所區别。

們手舞足蹈，讓圍觀者大吃一驚。一些新來的男孩也站在那裏，手裏拿著瓷瓶。另一群男孩

（19a）拿著裝滿開胃菜的小盤子，其中包括糖果和棗、去皮的核桃、小饅頭、檸檬和水果，這些都生長在中國，在使者們的國家找不到，也没有人聽説過，切好的甜瓜和西瓜都放在一個盤子裏。當一位首領被敬酒時，那個男孩馬上向前，把盤子捧給他，

（19b）讓他可以品嘗他愛吃的任何甜品。還有一隻鸛的形象，上面有一個用亞麻布做的簾子。它的喙和腳被塗成了紅色，你可能會認爲這是一隻真正的鸛，但它比真正的鸛鳥還大。一個男孩進入了它的内部，用它完全蓋住了自己。

（20a）他隨著音樂翩翩起舞，他的腳在地上跳動，把頭轉向各個方向，讓觀眾眼花繚亂。所有這些食物都是經過十天沙漠之旅被帶到這裏的。“閃瓦魯”（十月）十七日，他們離開那個地方，進入沙漠

（20b）［並一直旅行］直到他們到達軍事據點（嘉峪關）。這是一個堅固的防禦工事，周圍有一條很深的護城河。有一條路穿過堡壘，没有偏離堡壘的路。因此，必須從一個門進去，從另一個門出來。當他們（使臣）再次進入要塞時，他們所有的人都要被清點。然後他們離開了那個地方，

（21a）來到肅州。在那座城市的門口有一個大驛站，所有的使者都在那裏住宿。他們被告知這是該省的規定，所需要的一切都是由驛站提供的。他們所有的貨物和袋子都被登記在案，然後被拿走交給一些可靠的人保管。他們的規定

（21b）中包括馬和衣服都是由那個驛站提供。每天晚上，他們都會得到盡可能多的毯子和墊子。每一個人都有一個僕人，爲他提供一切必要的貨物和服務。所有這些糧食都是從肅州帶來的。肅州是一個非常乾淨的城市，

（22a）它有一座堅固的堡壘。那座城市的平面圖是一個正方形，仿佛是用圓規和尺子畫出來的。集市中心的寬度爲五十正規碼，全部被清掃和澆水。在肉店裏，羊肉被掛在豬肉旁邊。爲各種職業的工匠設立了講習班。在他們的

（22b）集市上有許多帶屋頂的購物街［城樓］，在每個城樓的上方都有一個封閉的尖頂，坐落在一個凸起的拱門上，並根據中國的時尚塑造成一個亭子。在城牆之上，二十座塔樓都被覆蓋了。四扇大門一扇挨著一扇，站在大門上方的人可以互相看到，

（23a）給人的印象是它們很近，可以瞬間到達對面，但實際上它們相隔很遠。每扇門上方都建有中國式的兩層樓閣。它們上面建有一種八字拱門，與禡栘答然[①]的建築風格相似，但禡栘答然的没有彩繪，而中國的則是有釉面製成的

① 禡栘答然在波斯文《列王紀》中頻繁出現，巨大之意。

（23b）瓷磚和彩繪瓷器。那座城市裏有許多寺廟，每座寺廟都建在十個象限大小的區域周圍，牆體是用烤磚砌成的，人行道用寶石鋪就。他們（中國人）把自己的寺廟保持得如此乾淨，以至於無法用語言來形容。寺廟門口站著［俊童］，給陌生人指路。

（24a）從這座城市到北京，也就是皇帝的官邸，共設立了九十九個驛站，所有驛站都有人值守。每個驛站都坐落在一個城鎮的對面。在這些城市之間設有烽火臺。烽火臺是一座高達 60 腕尺的房子。他們把它修築得很高，站在上面可以望見另一座烽火臺。

（24b）例如，如果突然發生任何事情，或發現敵情，位於邊境的烽火臺的士兵就會立即點火。下一個烽火臺的士兵一看到火，他們立即點燃火，這樣一個一個傳遞下去。因此，一個晚上的時間他們就可以把三個月路程的事情通知到。緊跟烽火之後，所發生的事被記在一份信件中，

（25a）由急差一手交到另一手。急遞鋪指的是很多長期駐守在一個特殊地點的人户，他們的職掌和工作是這樣：當接到一份信件時，一個作好準備的人立刻把它火速送往另一急遞鋪。他又用同樣的方法送往下一個，直到把它送達都城。從一個急遞鋪到另一個，中間有十個固定的站，每十六站相當於一個標準的法兒珊（Parsakh）①。

（25b）每十天就有一組人到達，然後留在烽火臺守衛。十天結束後，他們離開，另一組人來接替他們。但那些屬於急遞鋪的人永遠不能離開這裏，他們永久定居在這些地方。在那裏建有建築並耕種土地。肅州與甘州之間

（26a）有九個驛站。甘州比肅州還大，王大人是這座城市的長官。每個驛站都有一百五十匹馬和騾子，這些都是爲使臣們帶來的。還有六十輛手推車。掌管馬匹的人被稱爲馬夫（búlarqú），掌管驢子的人被稱作騾夫（larqu），

（26b）那些拉車的人被稱爲車夫。最後一批人很多，因爲推車很重，他們把繩子繫在車上。同時這些童子把繩搭在肩上，拉著車走。不管是雨天還是經過山區，那些童子使勁用肩拉車。每輛車由十二個人拉。童子們都很俊秀，耳上戴著假的中國珠子②，

（27a）在他們的側髮上打個結。他們帶來的所有馬都有鞍和轡繩。從一個驛站到另一個驛站，他們像領主一樣熱情地策馬而來。在每個驛站，他們（使臣們）都會根據級別得到一些羊肉、鴨肉、大米、麵粉、蜂蜜、葡萄酒、白酒、各種蔬菜、醋醃大蒜和洋蔥。

（27b）此外，他們得到了皇帝爲他們安排的一切。（皇帝）專門爲使臣們舉辦了宴會。市廳被他們叫做“大松”，他們在大松中設宴。市廳的大門面向皇家居住地北京。在一個帳篷裏，有一個寶座，前面掛著一塊簾子，寶座下面鋪著一塊乾淨的毛氈，

---

① 法兒珊，長度單位，等於 6.24 公里。參見《波斯語漢語詞典》，北京：商務印書館，1981 年，第 1706 頁。

② 此處内容跟其他版本有所不同。

（28a）在左手邊，一個人站著，大臣和使臣們被要求站在毛氈上，其餘的（人）排成一排站在他們身後。站在［寶座旁］的人叫了三聲唱禮。聽到這個聲音的大人們下跪了三次，使者們也被要求

（28b）在地上跪拜。然後大家都到了自己的住處，坐下開始喝水。王大人接待使臣們的日子恰好在“來買（賴買丹）”（九月）。使臣們被問到：“這是一場皇家盛宴，皇帝非常尊敬你們。”沙的·火者在場並站在最前面，

（29a）和他的同伴們一起提出了一個要求：表示説這個請求爲他們的宗教所不容許，王大人就善意地接受了他們的解釋，把爲他們準備的所有東西送到他們的寓所。在甘州城有一座很大的偶像廟。它的寬度是五百阿爾什（五百平方腕尺），中心矗立著一座巨大的建築，

（29b）裏面躺著一個巨大的佛像。這個廟宇的中央有一座佛殿，内塑一尊長五十步的臥佛。它的足板（即足背）是九步長，它的頭合圍是二十一標準腕尺。在它的後面，還放置了其他的偶像，每尊爲二十腕尺上下，

（30a）而其他的則小一些。他們每個都有一個人那麼大，代表著佛教僧侶，並且以一種你認爲他們還活著的方式移動。牆上還有其他的圖像，看著世界上所有的畫家都會驚歎不已。那尊神像一隻手枕在腦後，另一隻手搭在膝蓋上。

（30b）大佛整個塗金，披著五顔六色的彩衣和服裝，它的名字叫做釋迦牟尼佛。許多異教徒來到這裏拜倒在它面前，用金線繡成的各種窗簾、金漿、蠟燭、瓷器和淨水器裝飾著它。甘州還有一座大的寺廟

（31a）被稱爲“天輪”，是一個八角形的亭子，從下到上有十五層。每層樓都設置了一個瞭望臺，每個瞭望臺都按照中國風格蓋了一個亭子，這些瞭望臺還設有上層的房間。裏面樹立了各種各樣的圖像，其中一個像王座，

（31b）上面坐著一位君主。他的左右兩側分別站著太監和奴隸，他們各自從事一些服務。在這十五個瞭望臺的對面各有一幅彩繪的畫像。整個下面塑有巨人像，狀似以肩舉塔。塔的四圍是

（32a）二十腕尺。整個塔都是木頭做的，上面塗著金子，所有看到它的人都可能認爲這都是金子做的。在這座［建築］下面建造了一個地下水庫，並在那裏垂直放置了一根厚鐵棒。它的一端埋在地裏，另一端伸到塔頂，牢牢地支撑著木塔。

（32b）它的佈置方式是，如果用手擊打涼亭，它就會像磨石一樣旋轉，並描繪出一個圓圈。這會引起所有木匠、鐵匠和畫家的讚賞和驚訝。離開這個驛站後，使臣們每天都會來到一個大城市，每到一個地方，他們都會受到款待，離北京城越近，

（33a）手續就越複雜。所有在甘州被帶走的使節財産在返回的路上都按照登記册歸

還了。而他們攜帶的作爲禮物向皇帝進獻的一切東西，都從使臣那裏取走，由他們自己看管。衹有一頭由拜松古爾王子送來的獅子，没有人能接近它。

（33b）勇士薩拉胡丁親自照顧獅子，並親手將它帶到皇帝的宫廷。簡言之，他們每天到達一個駐地，每周到達一個城市。“閃瓦魯”（十月）四日，他們抵達哈剌沐漣（Qara muran，黄河）。它是一條有點像烏滸水（阿姆河）的大河。河上有一座由船搭成的橋，壯麗堅實，用一條粗如人腿的鐵鏈連接。

（34a）鐵鏈兩頭各拴在一根粗如人腰，在岸上有十腕尺遠，並且結實地埋進地裏的鐵樁上，船用大鉤跟這條鏈子連接起來。船上鋪有大木板，堅固平坦，所有牲口輕鬆地從上面通過。

（34b）在哈剌沐漣的岸旁有一座大城市。使臣受到迄今爲止最盛大的筵席款待。在這座城中，有一座佛寺雄偉恢弘，異常壯觀，自從入境以來，他們還没有見過能與它相提並論的建築。這個城市裏有三個大旅館，裏面有漂亮的姑娘。

（35a）據説這些地方的一些女孩還是處女。這個城市有許多工匠。中國人大多秀美，此城被稱爲美城（Husnābād）。離開那個地方後，他們經過了其他幾個城市，“都爾喀爾得”（十一月）十二日，他們到達一條兩倍於烏滸水（阿姆河）的河流，

（35b）河水波濤洶湧。小船準備好後，他們都渡過了那條河。然後他們到達另一條河。他們中的一些人乘船渡過，其他人則跨過一座橋。“都爾喀爾得”十七日，他們到達真定府城（Sadīn-fū）。這是一座巨大的城市，有許多宏偉的建築。其中有一座巨大的佛寺，

（36a）裏面有一個青銅鑄造的佛像。它鍍金的工藝很高超，讓你以爲它都是金子做的，長度爲五十腕尺，全身有很多隻手，每隻手上都裝飾著一隻眼睛。這個形象被稱爲“千手偶像”（千手觀音），在中國都很有名，

（36b）上面裝飾著精雕細琢的石頭。這座建築周圍有許多涼亭、瞭望臺和畫廊，上面建有幾段樓梯。其中一個到達（雕像的）腳踝，另一個到達大腿，一個到達腰部，一個達到頭部，然後，建築物的頂蓋成圓錐形，

（37a）並且蓋得使人們驚異。通過八個樓梯中的任何一個都可以進入這個建築，另外一個樓梯作爲出口。那座雕像是站著的。它有兩隻腳，每隻腳有十腕尺，被放置在一個鑄造的基座上，這樣它們就不會被看到，所以給人們一種被懸掛起來的印象。

（37b）據估計，鑄這尊佛像至少用了十萬頭驢馱的黄銅。這個大雕像周圍是其他用石灰製成並塗有黄金的佛像，紐扣和腰帶是用石膏製成的，就像這個國家的轉塔（muqarnäs）一樣。還有其他雕像

（38a）讓所有的工匠感到驚訝。這裏也有一座旋轉塔（天球），類似於上述甘州的旋

轉塔，但這座更大，品質更好。這樣，他們繼續他們的行程，每天騎行四到五法兒珊，最後，在“都爾黑哲”（十二月）八日，他們起了個早，

（38b）天還没有亮時抵達北京城門。北京是一座很雄偉的城市，城池四邊各長一法兒珊，共長四法兒珊。在城池周圍，由於仍在興建，有用十萬根各長五十腕尺的竹竿搭成的架子。

（39a）因爲時辰尚早，城門還没有打開，使臣被允許從正在興修的城樓入城，並在皇城門前停留。在通往内城的入口處，鋪有一條用整齊石頭砌成的長七百步的道路。當使臣們來到路邊時，

（39b）他們被要求下馬。他們徒步走到路的另一頭，抵達宫門。十頭大象站在宫門的盡頭，左邊五頭，右邊也是五頭，象鼻伸向路上。使臣們穿過象鼻，進入皇宫。當天還没有大亮時，皇宫門前已有大約十萬人。

（40a）當他們（大使們）進入第一個大門時，他們看到了一個有三百腕尺的地方。裏面有一個亭子大小的講壇，長三十腕尺。在它的頂部立柱上設置了五十腕尺大小的柱子，在這些立柱的頂部形成了一個長六十腕尺的開放大廳，

（40b）其寬度爲四十腕尺。在它後面有三座門，中門大些，左右兩門小些。中門供皇帝進出之用，一般人不許通過。左右兩門放著一面大鼓和一個海螺，掛在牆上。樂師們自己也

（41a）在等待皇帝登基（指成爲皇帝的第一天或儀式）的時刻。三十萬男男女女在大殿内準備就緒，兩千名樂師伴奏，舞者隨著他們的音調演奏。另有兩千人手持光劍、戰斧、標槍、盾牌和狼牙棒站在那裏。他們中的一些人

（41b）拿著中國扇子。這個地方被大殿包圍著，大殿的柱子是鍍金的，側面是封閉的。他們的地板鋪有精細切割的石頭，令專業工匠驚歎不已。總而言之，天一亮，亭子上的人就同時擂起了鼓。

（42a）那三扇門打開了，所有的人都沖了進來。朝皇帝跑是他們的習俗。當他們離開這個院子，進入第二個院子時，［他們看到］院子有三步的道路。對面有一個亭子，亭子的前部敞開著。一個四腕尺大小的王座被帶來了，

（42b）然後在那裏安頓下來。它周圍的地板覆蓋著虎皮和閃著金光的黄色緞子。這些都裝飾有龍、鳳和其他各種繪畫。另一個金色的座位被放在那個寶座的上面，皇帝坐在上面。在右邊和左邊，無數的中國官員站成一排。

（43a）那裏有許多官員、軍官、士兵。他們就這樣來了十多萬人。他們每個人手裏都拿著一塊一腕尺大小的木板，除了那塊木板，他們什麽都不能看，他們也没有勇氣看任何人。在他們身後

(43b) 兩千手持標槍和光劍的全副武裝的士兵靜靜地站在那裏，靜得讓人以爲他們已經死了。當皇帝離開他的後宫時，一套有五腕尺那麼大的銀階被拿來放在寶座旁邊。皇上一腳踏上，走到寶座上坐下。

(44a) 皇帝中等身材，他的鬍鬚不多不少，中須仍約有二三百莖，長得足以在他坐的椅上繞三四個圈。御座的左右站著兩個月兒般面孔的姑娘，

(44b) 她們把頭髮在頭頂上打成一個結，脖子和面孔露在外面，耳上戴著漂亮的大珍珠。她們手裏拿著紙和筆，準備把皇帝的囑咐和命令記下來。她們記錄下在那個特殊的日子中皇帝口裏説的每一句話。當他返回私室時，她們把那個記錄

(45a) 交給他。並且留意，如命令没有改動，就按此内容頒發書面指令。他的内閣臣僚們以此可以照章行事。簡而言之，當皇帝坐上寶座時，她們站在他的兩邊。面對使節，囚犯被帶進來接受訊問。

(45b) 囚犯計約七百人。他們有的在頸上戴著木枷，有的繫著鏈子，而有的一隻手穿過一塊夾板。有五六個犯人脖子被一塊寬木板連在一起，他們的頭是從木板的洞裏伸出來的，各自按他們罪行的輕重而定。每個犯人旁邊都有一個看管者，抓住他的頭髮，等候皇帝的判決。他判處一些人入獄，另一些人死刑。在整個中國，官吏或司法官均無權把任何人處死。

(46a) 每當一個人被指控犯有罪行時，他的罪行就會被寫在一塊牌子上，然後掛在他的脖子上，然後他被戴上枷鎖和鐵鏈送到皇帝的法庭上。如果從那個地方到北京要走一年的路，没有人有權在途中任何地方阻止他。囚犯的事情結束後，使臣們被帶到離皇帝寶座十五腕尺的距離。其中一位官員站在那裏，

(46b) 手裏拿著奏文的他彎下腰，向皇帝描述了大使們的情況。[他的話] 内容如下："他們作爲沙哈魯王子及其兒子的大使遠道而來。他們爲皇帝帶來了禮物，並到御座下表示臣服。"當他們的情況描述完後，哈的（哈只）·玉速甫（Hājjī Yāsuf Qāzī，以下僅用簡稱"哈的"）①

(47a) 作爲萬户長、皇帝的親密官員之一，通曉漢語、阿拉伯語、蒙古語、波斯語和畏兀兒語，擔任皇帝的翻譯，也是皇帝十二個法庭之一的首領。他帶著一些穆斯林弟子走上前來。他們包圍了使節，他説："先雙膝跪地三次！"

(47b) 使臣們連跪兩拜，額頭未著地。然後，將用黄色緞子包裹起來的沙哈魯親王

① 哈的（哈只）·玉速甫：在《明實錄》中記載爲"哈的"與"哈只"，精通西域多語種，明宫廷的通事之一，主要是負責西域諸國朝貢事務過程的接待與翻譯。何高濟先生把哈的（哈只）翻譯爲"判官"，疑有誤。參見蓋耶速丁著、何高濟譯：《海屯行紀 鄂多立克東游錄 沙哈魯遣使中國記》（合刊版），中華書局，2019 年，第 118 頁。本文直接音譯成"哈的"，不採用"判官"之譯法。

和拜松古爾親王寄來的信件高高舉起。這是因爲按照他們的習俗，所有與皇帝有關的東西都必須用黃色的東西包裹起來。哈的向前，收下國書。

（48a）他把它們交給了一個站在皇帝寶座腳下的太監。太監接過書信，交給皇上。皇上接過拆開，又還給太監。皇上遂從寶座上下來，坐於椅上，取來三千袍服，給諸侯、使臣及臣僕披上。

（48b）使臣中沙的·火者和庫克扎等七人受到接見。（皇帝）詢問他們沙哈魯王子的健康狀況。隨後問哈剌·玉速夫（Qārā Yūsuf）[①] 有没有遣使和進貢。他們回答説他確已委派了他的使節，

（49a）並送出了禮物。接著他（皇帝）問他們國家中穀物的貴賤。他們回答穀賤糧豐。他答道，因爲他們的國王真正心向上帝，全能之主也就賜給他們大量美好的東西。接著皇帝説他要遣使給哈剌·玉速夫，因爲那裏有極好的馬匹。[②]

（49b）“道路安全嗎?”他們回答説：“是的，衹是他們需要蘇丹的許可纔能到達那裏。”他説：“我知道。”然後他説：“你們從很遠的地方來了，現在去休息一下，吃點東西!”使節們被送到第一個院子裏，每個座位上都擺著葡萄酒和豪華的食物，擺在他們每個人面前的方式和上面已經描述的一樣。

（50a）他們吃完飯又被送到先前安排給他們的館舍，爲他們配備了柔軟的錦緞靠墊、座椅、壁爐和其他必需品。兀魯伯的使者被安置在他們附近的一個地方。館舍裏配有柔軟的地毯和

（50b）長寬兩頭都能卷起而不會弄破的精美席子。就這樣每十個人分到一間房子。每天給這十個人提供一隻羊、一隻鴨子、兩隻雞、一大碗米飯，一些蜂蜜、蛋糕、果醬、酒和其他必要的食物。英俊的僕人從黎明到黃昏站在那裏履行職責。

（51a）他們一刻也没有鬆懈地完成了自己的任務。第二天，也就是“都爾黑哲”（十二月）的第九天，寺人來了，中國人把照管使臣的人叫寺人。他爲使臣們帶來了一些備好鞍的馬。他説：“皇帝要賜宴。”使臣們騎上馬前往皇宫。他們到達那裏時時間還早。

（51b）他們來到了第一大殿，那裏已經聚集了三十萬人。當太陽升起時，那三扇門都打開了，使臣們來到正義殿堂的御座下。他們五次下拜，同時皇帝走下御座。使臣們被帶到外面，他們被告知以下内容：

（52a）皇上將召見。到外面去小便，因爲一旦召見開始，任何人都不得離開。使者

---

① 哈剌·玉速夫，明代土庫曼的國王，《明實錄》和《明史》有相關記載，沙哈魯使者朝貢時永樂皇帝詢問此人及情況。

② 其他波斯文版本：永樂帝問：“爲什麼波斯沙哈剌·玉速夫不向朕遣使及貢方物。”他們回答説：“陛下，他們曾向您派遣過一個使團，難道您的大臣未向您呈奏嗎?”

遂散去小便去了。然後他們穿過第一大廳，進入第二大廳。過了那個，他們就進入第三個大廳。

（52a）它非常寬敞，以非常迷人的方式用精細切割的石頭鋪成。大殿正中建有一座六十腕尺的大殿。它的大門朝南。他們的風俗是大門朝南。裏面設置了一個巨大的皇帝寶座，長度足足有一個人那麽長。在它的三邊有三組銀色臺階，

（53a）一個在右邊，一個在左邊。兩個太監捂著嘴站在那裏。在那寶座上放了一個較小的座位，供皇帝坐下。它很像一把椅子，衹是比椅子大一點，有很多角，還有奇怪的腳。它上面

（53b）放著一種像是高香爐的東西，圓錐形頂。它以如此時尚的方式塗滿了黄金，以至於大使們認爲它都是由黄金製成的，而且是在那一天製造的。判官穆拉納説，自從御座塗金以來已有八個年頭，但至今没有褪色。那座大廈中還有一些柱子被漆成兩種或三種顔色，而且漆得這樣好，

（54a）哪怕伊拉克和呼羅珊的巧匠都没有能力塗成那個樣子。盛著食物、點心和花束的盤子放在皇帝前面。剽悍的中國將官佩戴箭筒和刀劍，背掛盾牌，站在御座的左右。他們左邊的

（54b）特使們獲得了更多的榮譽。每個人旁邊都放了三個託盤，中國人想强調他們的級別更高。那些（在等級制度中）低一級的人得到了兩個託盤。在皇帝的寶座前放了一些水果和蔬菜汁。然後把大椅子放下，一個人站在上面，周圍都是音樂家，

（55a）等待皇帝從後宫出來。在皇帝寶座前，支起了七把不同顔色且非常漂亮的遮陽傘。在外面，大約有二十萬名武裝人員站在一支箭的遠處。一邊是另一座建築，牆壁上裝飾著黄色的綢緞。這是爲皇帝

（55b）準備了茶點和飲料的地方。每當有人給皇帝端來食物時，樂師們立刻齊聲演奏樂器，那七把遮陽傘就圍著食物轉。遮陽傘下送來了食物。所有的容器都有底座，

（56a）上面都蓋著蓋子。使臣們站在寶座後面，等待皇帝從後宫出來，寶座被大簾子遮住。天子欲出，忽一拉繩，簾即卷如席，天子現身，

（56b）坐於寶座上。音樂家們演奏了他們的樂器，所有的人都安静下來。皇上蓋著黄緞子的遮陽篷。其身長十四阿順，上面用金色印著四龍相戲的圖案。當皇帝坐好時，

（57a）使臣們被帶到了他身邊。他們被命令跪了五次。然後，他們被帶到合適的座位上，水果和蔬菜汁放在他們旁邊，一些烤雞和烤鴨也端了上來。先是一群美若天仙的童子，

（57b）他們的臉像姑娘一樣塗成紅白色，耳戴珠環，身穿中國織金衣服，頭上插著用彩紙和綢子製成的各種鬱金香和薔薇花束，開始隨中國音樂的節拍跳舞。之後，兩個十

齡童子在兩塊木板上翻筋斗，表演各種技巧。

（58a）還有一些人躺在馬背上，雙腳朝天。運來幾支標槍，每支標槍重十腕尺。這些被固定在那些［躺在馬背上的人］的馬褲上，其他一些人拿上標槍並表演各種技巧和翻筋斗。突然發生了意外，

（58b）以至於人們認爲一直在表演的男孩會摔倒，實際是趴在馬上的人猛地一躍而起，在空中接住了男孩。另一組手拿著樂器，按照中國人的方式唱著十二個音符的曲調。他們就這樣一直表演到中午。那一天，皇帝向雜技演員和樂師們贈送了許多東西。然後皇帝起身

（59a）並退居後宮。使臣們被獲准離開。當人們散開的時候，幾千隻鳥飛到他們坐的地方，吃著掉下來的食物和水果。他們一點也不害怕人，當夜幕降臨時，他們在那裏生長的樹枝上安頓下來，

（59b）不受任何人打擾。簡而言之，從“都爾黑哲”（十二月）八日到“主馬達·敖外魯”（五月）一日，每一天，他們都獲得規定的充足的食物供應。此外，他們幾次被款以公宴，受到很大的尊敬。每次宴會

（60a）雜技演員都會表演一些新把戲。在宰牲節的那天，穆斯林去了皇帝爲他們建造的清真寺。他們進行了節日祈禱。兩天後，又爲使臣們組織了一次宴會。每次舉行宴會時，使者們都會被壯觀的表演所打動，雜技演員和雜耍演員會表演新的把戲。

（60b）在“都爾黑哲”十七日，一群罪犯被送到了處決的地方。中國法律明文規定各種罪行的懲治。有的斬首，有的絞死，而有的淩遲。

（61a）當命令以酷刑處決一個人時，一些石灰混合物被擦在他的頭上，直到他所有的頭髮都掉光了。然後用一把鋒利的刀從他的頭上剝下他的皮，並在上面撒上一些石灰混合物。罪犯的身體在三個地方被刺穿：頸部、身體中部和膝蓋。他的雙手被綁在背後，被吊在絞刑架上。劊子手

（61b）面對被處決的人站著：如果要殺死一百個人，每個人都會被一個單獨的劊子手殺死。劊子手手裏拿著刀和鉤子，從罪犯的胸膛上撕下一塊肉，而他（罪犯）的手一直綁著。［這樣一直持續］直到他的皮膚看起來像老虎的皮膚一樣。然後，他們手裏拿著大銼刀，在傷口上用力摩擦。①

（62a）他們這樣做的方式使罪犯的血液快速流動。然後在一個大銅壺裏燒了一些水。將開水倒入水壺中，一名劊子手接過水倒在傷口上。另一個劊子手手裏拿著刷子在那個傷

① 此處内容在其他版中本没有出現。

口上敲打。那些異教徒有的大喊大叫，有的默默忍受。①

（62b）當這一切完成後，兩把刀被插入罪犯的兩個肩胛骨。刀被取下後，兩個加熱棒被拿來代替這些刀，直到這些洞散開。然後，熱棒被去除，一根類似銅的管子被帶來，

（63a）並將其較長的端部插入傷口中。血水從它寬的一端傾瀉而下，直到那紅色的肉變成了白色。如果他没有在這些懲罰中死去，他就會復活。簡而言之，他們一直折磨他，直到一天結束。如果他們想增加酷刑的數量，他們可以這樣持續十天。②

（63b）當他們死後，他們的胃被打開，所有的東西都被取出。劊子手像屠夫一樣把刀放進嘴裏，把肋骨切成碎塊。然後有人推來一輛手推車，把罪犯肚子裏的髒東西放在車上，這些東西被扔到城外的一個場地。

（64a）皇帝下面有十二個法庭。如一個人被控有罪，他必須在十二個法庭上都證實是犯了法，同時他的原告必須跟他把官司打到底。但倘若他在十一個法庭上證明有罪，而在最後一個法庭上被判無罪，

（64b）他仍有獲釋的希望。如果有人犯了罪，而原告在六個月的路程之外，那麼罪犯將繼續被拘留，直到原告出現。他們派人去找那個原告。而誰死了，衹要没有皇上的命令，誰也不能安葬。

（65a）畫師蓋耶速丁寫道，“穆哈蘭姆”（一月）二十三日，天氣變得異常寒冷，以至於當使臣們騎馬前往皇帝的宫廷時，數千人死於寒冷途中。他們躺在路上，人們踩在他們身上，從他們身邊經過。

（65b）有人説，一夜之間凍死了一萬人，就像死狗在伊斯蘭國家没有尊嚴一樣，這些異教徒也受到同樣的待遇。没有人看他們一眼，囚犯脖子上戴著鎖鏈和枷鎖，凍得癱瘓了，據説他們應該躺在那裏直到

（66a）他們的屍體腐爛在地裏。同一天，哈的派他的人（説）：“明天是除夕，皇帝要去新的宫殿。皇帝的命令是，任何人都不應該穿［白色］衣服、帽子、皮帶和衣服。”他們的習俗和傳統是哀悼時穿白色衣服。寺人來的時候還是半夜，

（66b）並喚醒了使臣們。他讓他們上馬，帶他們去新的宫殿。那座宫殿是一座宏偉的建築，歷時十九年才竣工。那天晚上，在這座城市裏每個人都在家裏點了那麼多的燈、蠟燭和火把，以至於人們會認爲這是白天。例如，如果一根針掉了下來，人們就會看到它。那天晚上

（67a）寒氣大減，所有人被允進入新宫。那座宫中有十萬人，他們來自契丹、中國

---

① 此處内容在其他版中本没有出現。

② 此處内容在其他版中本没有出現。

（明廷）、摩秦、喀爾馬克、吐蕃、柯模里，哈剌和卓、女真和沿海各地，還有來自不知其名之地。皇帝宴請他的大臣。他讓使臣坐在他的御殿外。

（67b）官員們被帶到裏面。二十萬人全副武裝，嚴陣以待，小夥子們表演新花樣，絕不重複，妙不可言。總之，門檻到寶座的距離是一千九百步路，那裏人山人海，根本進不去，一根針也掉不下來。在左邊和右邊

（68a）建了各種建築物。地板鋪有切割精美的大理石，上面裝飾著龍鳳圖案，令人眼花繚亂，木匠和花匠也會表達他們的欽佩之情。簡而言之，這次盛宴到日中結束，人們返回他們的寓所。"色法爾"（二月）八日，

（68b）準備了馬匹，使臣們外出。前八天，皇帝離開他的後宫，住在城外的一座綠宫中。這座宫室没有塑像或佛像。皇帝的習慣是每年的這幾天中他不茹葷或御嬪妃，也不接見人。

（69a）他說他禮拜上帝，忙於作祈禱。總之，在他返回的一天，他由他的軍士和私人衛隊護送，儀仗威嚴地走進向他的後宫。披上美服的大象列隊前行，背負圓形鍍金舁床。

（69b）然後在前面和後面是黑、紅、黃、綠和赤色的旌旗，上繪日、月、星辰、山、河及其他中國圖畫。同時皇帝前後有五萬①來人在行進，保持步伐整齊，不敢掉隊。没有人敢出聲，一旦皇帝入後宫後，各自就返回住所。那些天還有一件事是，他們有慶祝八天八夜"燈節"的習慣。②

（70a）那裏掛著十萬盞燈，尚有幾千用木板製成的俑，裏面裝滿了油和硫磺。繩索被拉開，大使們被請到了上面。當一盞燈點燃後，爆管開始沿著那些繩子滑動，把它接觸到的燈都點著。

（70b）這八天③中不懲罰任何犯罪的人。皇帝大赦罪犯，牢裏的犯人都獲得開釋。囚犯也得到了赦免。那一年，中國的占星家預言如下："今晚會有一場大火，燒毁皇帝的宫殿。"因此，他們保持冷静，當晚没有點燈。他們永遠不會無視占星家的建議。周日

（71a）"色法爾"（二月）的十三日星期天，使者被召來，來自各國的十多萬人都聚集在那裏。在一個亭子前，立了一個寶座，皇帝走到寶座坐下。十萬人都下跪在寶座前。然後使臣們坐了下來。

（71b）他們看見搬進來另一個高座，放在皇帝寶座的對面。三個人登上這個座位，其中兩人捧出他們奉皇帝之意寫的詔旨和赦令，同時另一人大聲宣讀它，使所有人都聽得

---

① 在其他版本中爲五千人。

② 其他版本爲七天七夜。

③ 其他版本爲七天。

見。但因是漢文，我們的人聽不懂。這份詔旨的內容如下：

（72a）這是一年的開始，除了那些謀殺犯外，所有逋欠政府賦稅者，以及那些被指控犯罪的人都將得到赦免。這項授權以書面檔的形式發送到了全國各地。宣讀時，帶來了一把遮陽傘，

（72b）這都是在皇帝的授權下舉行的。它的木柄是鍍金的，材料是用黃色絲綢製成的。當皇帝走下大殿時，他遣人把使臣都召來，宴請他們，迄至日中。宴席完畢，各自四散。“賴比兒·敖外魯”（三月）初，使臣們被召見，皇帝下令帶十隻獵鷹來見他們。然後他說：“我會把一隻獵鷹送給帶來好馬的人。”

（73a）他隱晦地和露骨地繼續談這些事。最後他把十隻鷹中的三隻賜給了兀魯伯的使臣蘇丹沙（Sultān Shāh）①，三隻賜給了貝孫忽兒·把都兒王子的使臣蘇丹—艾哈邁德，另外三隻賜給皇帝陛下的使臣沙的·火者。但他把鷹交給了他自己的管鷹人。第二天，他再次召見使臣們說：

（73b）“你們所有人都應該在自己的獵鷹身上打上標記，這樣它們就不會混在一起。”然後他說：“我的軍隊要去邊境了。帶上你所有的食物，然後你就可以陪伴他們了。”然後轉向蘇玉爾格特迷失王子的使節阿格答克，他說：“我没有鷹給你，哪怕我有，我也不願給你，免得他們把它從你那裏搶走，就像上次在途中，我送的鷹遭到了阿爾達施人的襲擊，並被他們搶走了。

（74a）今年這可能會發生在你身上，獵鷹可能會被搶走。”他［阿格答克］回答說：“如果皇帝給我一隻獵鷹，没有人能把它從我身邊奪走。”“好的！”他說：“現在，在這裏多住幾天。當獵鷹到來時，我會給你一隻。“賴比兒·敖外魯”八日，兀魯伯的使臣被召見並收到許多禮物：三十件金線繡的朝服，八個鍍金靠墊，

（74b）三十四把寶劍、兩匹戰馬以及其他無法描述的禮物。同一天，尤努斯汗（Yūnus Khān）② 的大使帶著兩百人前來。他叫帖木兒·阿特卡（Tīmūr Atkā）。皇帝接見他，他跪在地上以表臣服。皇帝還給了他們很多禮物和規定的津貼。禮拜一，他［皇帝］召見使節說：“我去打獵。好好照顧你們的獵鷹，以防我回來晚了。”③

（75a）然後他說了幾句責怪的話：“你們帶來了壞馬，帶走了好獵鷹。”然後他去打獵。當他不在時，皇帝的兒子前來，坐在他父親的位置上，大使們去朝見他。他坐的姿勢和他父親完全一樣，舉止也一樣。在“賴比兒·阿赫爾”（四月）開始的時候，有消息傳

① 蘇丹沙，兀魯伯的知名使臣，《明實錄》有相關記載，帖木兒王朝史料也有記載，促進明代中國與撒馬爾罕文化交流的使者。

② 其他版本寫的是兀偉思汗（Uvaiskhan）。

③ 永樂皇帝恩賜的物品名稱和數量與其他版本不符。

來，皇帝狩獵回來了，必須去迎接他。那天他們離開了城市，一直走到晌禮時間。

（75b）隨後傳來消息，說皇上不來了。他們返回並進入這座城市。當大使們回到他們的房間時，他們看到蘇丹・艾哈邁德的獵鷹已經死了。又有人來對使節們說："今晚上馬吧，因爲皇帝將在黎明時分到來，至少你們可以見到他。"當上馬時，正在下雨。他們看到判官毛拉那和一群人焦急地站在那兒。

（76a）當他們看到大使時，他們說："皇帝騎上沙哈魯克親王派來的馬，把他摔倒了。他的腳和胳膊都疼了。"現在皇帝大怒，他說："我要逮捕使臣差遣東省!"聞訊，達官貴人甚是傷心，急忙上馬離去，從清晨一直趕到中午。

（76b）由於大量的人開往城裏，到處都是人山人海，他們已騎行了二十馬拉。簡言之，他們抵達皇帝晚上駐留的營盤。營盤占地約五百平方英尺，在他們到達的同一晚上，他們圍著它建了一堵高十腕尺、厚四英尺的牆。在中國，他們用很快的速度把泥土築成這樣的牆。

（77a）門上立了一座牆，勇士站在上面，所有的人都在護城河周圍紮營。在兩把遮陽傘裏面，每把遮陽傘都有二十五個阿爾什的大小，由黃色的綢緞製成。在這座建築的四面，已經搭起了鑲有金子的帳篷。當他們距離五百步遠時，哈的讓他的朋友們下馬，就地停留以待皇帝駕到，而他自己繼續前行。

（77b）與皇帝、王公和其他官員交談。他們談論使節們的事，他［皇帝］想要逮捕他們。哈的和王大人跪下並提出以下請求："他們的君王進獻好馬或壞馬，這些人沒有選擇餘地，

（78a）他們不能叫他們的君王進獻好禮物。而且，即使陛下把使者碎屍萬段，那無害於他們的君王。另一方面，皇上的惡名要在這裏傳開。世人都會說中國皇帝違背了一切慣例，把離家多年的使臣囚禁和懲罰他們。"皇帝善意採納了這些意見，赦免了他們。隨後判官閣下高興地來通報這個喜訊，說："至高真主用他的仁德和恩典向這隊穆斯林異鄉人表示憐憫，把仁愛之光照在皇帝的心上。"

（78b）然後，皇帝賞賜的盤碟送到，但那天豬肉和羊肉混在一起，穆斯林們沒有食用。皇帝這時啟駕。他出了營門，登上一匹前後腿上有白斑的高大黑馬，此馬係大王子兀魯伯所獻，備有織金黃緞的鞍褥。

（79a）皇帝穿上織金紅緞披風，上面縫有一個黑緞袋子，御須就放在其中。皇帝後面抬著七頂有蓋小轎，裏面坐著陪皇帝打獵的年輕嬪妃。他們後面還有一頂七十人抬的方形大轎。

（79b）兩個馬夫，一個在右邊，一個在左邊，牽著皇帝騎上的馬的轠繩。士兵們一排排地行進，中間隔著一個弓的距離，紀律嚴明，沒有人敢比其他人領先一步或落後一

步。在皇帝旁邊行進的是哈的、王大人和其他官員。

（80a）然後哈的走到前面，對使臣們説："下馬"！他們下馬了，當皇帝走近時，他們跪拜。皇帝下令："大臣們必須上馬，必須騎在我身邊！"然後皇帝開始和沙的・火者説話。他開始抱怨説，所有從遠方送來的禮物和馬匹、牲畜都必須絕對完美，這樣才能增進感情。

（80b）"我騎上了你獻的那匹馬，但它很虛弱，没有力氣。它摔倒了，把我摔了下來。從那天起，我的手就一直疼痛，手臂也一直發青。"就在他説這些話的時候，遠處出現了一隻鶴。他手上有一隻獵鷹，鷹追上了鶴。獵鷹攻擊了它三次之後，把它推倒在地。皇帝下馬，有人搬來一個腳凳，放在他的腳下。

（81a）他從獵鷹身上取下鶴，將那隻獵鷹送給蘇丹沙。他叫來蘇丹・艾哈邁德，也給了他一隻獵鷹。但他没有給沙的・火者任何東西，而是騎上了他的馬。突然，一隻野兔從遠處跳了過來。皇帝放開手上的獵鷹去追野兔。兩隻靈緹犬也被派去追捕。獵鷹想抓住野兔，

（81b）但是［因爲］害怕灰狗，野兔逃跑了。當他們快到城時，所有的人都出來迎接他們，用漢文歌頌皇帝。總之，皇上駕到，進城盛況空前。大使們回到了自己的寓所。賴比兒・阿赫爾四日禮拜一，寺人前來，在讓使臣上馬後把他們領走，説皇帝要在那天給他們賞賜。

（82a）因爲皇帝已頒賞給蘇力坦沙赫和巴合失・貝格（Bakhshi Beg），所以他們没有受到邀請。當皇帝坐在寶座上時，所有的禮物都放在一邊，以便他能看到。蘇丹・艾哈邁德被召喚，他的禮物被送給了他。

（82b）隨後蓋耶速丁、沙的・火者、阿格答完和塔術丁・巴合失都收到了禮物。送給沙的・火者的禮物數量更多。使臣受賜後返回他們的寓所。同時皇帝的一個寵妃剛好死了，因爲居喪，不能再見到皇帝。在喪禮没有完畢前，這件事不得洩露。

（83a）"賴比兒・敖外魯"八日，有人宣佈皇帝的正妻去世，她的遺體將於次日被送來。這天晚上，由於天意，碰巧發生大火，其起因是空中的雷電擊中了皇帝新建的宫殿頂部。火把那座宫殿湮没，火災最早燒著的那部分宫室是一座長八十腕尺、寬三十腕尺的大殿。

（83b）殿是用熔鑄的青精石製成的光滑柱子支撐，柱粗一人不能合抱。火勢猛烈，乃至全城都被火光照亮，皇帝的後宫就在那個地方附近，也著火了，燒了很多東西。那一帶有二百五十座房屋全部燒毁，還有許多人被燒。

（84a）大火一天一夜都没有被撲滅。但是皇帝和大臣們出來了，並没有太在意。幾天後，石頭開始從天而降。皇帝憂心忡忡，到神廟裏大聲自責："上天還怒於我們。我没

有做錯任何事，我没有得罪我的父親或母親，我没有對任何人殘忍。”皇帝因焦慮而病倒了。

（84b）至於那位死去的寵妃是如何下葬的，我們不得而知。但是，已經做了大量的準備工作，這座城市也得到了裝飾。簡言之，人、馬和駱駝的形象是用彩紙做成的，兩千頭駱駝上裝滿了奢侈品，窮人得到了施捨。已故后妃私有的馬匹被放到墳墓所在的山上自由地隨意吃草，没有人去擒捉它們。

（85a）在那座墳墓旁，他們也把她手下許多侍女和太監放進他們挖掘的洞室中，給他們留下夠五年之用的糧食，五年後糧食用完他們會死在那裏。儘管做了所有的準備工作，但她是如何被埋葬的卻無人知曉。皇帝病勢日增，他的兒子常來並登殿臨朝。使臣們表示告辭。

（85b）由於糧草還没有用完，他們得到許可後又多住了幾天。衹要他們留在城裏，他們就能獲得日常給養。“賴比兒・敖外魯”（三月）十五日，他們離開了北京城，開始了他們的旅程。

（86a）中國的官員們急於在兩個驛站之間給他們提供馬匹、馬車、食物和過夜的住所。“賴哲卜”（七月）初，他們到達平陽城，所有居民都來迎接他們。那個城市是個好地方。那裏的習俗是檢查每個人的行李，以確保那些不應該帶出[國家]的物品没有被帶走。

（86b）次日邀使臣赴盛大的宴會，極盡禮儀。從此地往前，他們每天繼續行進，直至“舍爾邦”（八月）五日到達哈剌沐漣城。他們每天到達一個驛站，每周到達一個城市。“舍爾邦”二十四日，到了甘州。在該地他們曾在來程時留下他們的牲口和奴僕。當他們到達時，他們所有的財產都歸還給了他們。

（87a）但是有消息説蒙古地區發生叛亂，道路不安寧。因此他們在那裏停留了兩個半月。他們在“都爾喀爾得”（十一月）七日離開甘州，並於當月十七日抵達肅州，當他們到達那裏時，設拉子和伊斯法罕的使臣也到達該地，他們是伊斯法罕王子魯斯坦（Ämīrzadä Rustäm）① 的使者是帕剌汪・札馬魯丁（Pahlawan Jamal）②、蘇丹易卜拉欣派來失拉斯大王子愛迷兒・哈散（Ämīr Husayin）③。

（87b）他們述説道路的情況極不安全，稱他們逃開大路，穿過小道，翻越山嶺纔到的。由於這個事實，他們在肅州又暫時停留，“都爾黑哲”（十二月）十五日離開肅州。他們到達合剌瓦勒（嘉峪關），堡中的人告訴他們説，中國人的規矩是使臣入境時他們的名字被記錄下來，在他們離開時也同樣要記錄在案，否則皇帝要生他們的氣。

---

① 魯斯坦，伊斯法罕王子。

② 帕剌汪・札馬魯丁，伊斯法罕王子魯斯坦的使者。

③ 愛迷兒・哈散，失拉斯大王子。

（88a）他們記下了使臣的名字。在進入該邦時使臣於回曆八二三年“舍爾邦”（八月）十九日（1420年8月29日）禮拜五經過這個中國前哨，此次又在回曆八二五年“穆哈蘭姆”（一月）十九日（1422年1月13日）禮拜五離開。因爲他們害怕部落叛亂，他們取道沙漠。

（88b）“賴比兒·敖外魯”（三月）十八日，他們離開沙漠，由於害怕于闐（Khotan）①，他們在平原上停留了幾天。“主馬達·敖外魯”（五月）九日抵達于闐。經過它之後，他們於“賴哲卜”（七月）六日抵達喀什噶爾②。

（89a）喀什噶爾和塔什干③都是城市。當月二十一日，他們經過安集延的山路。在那

---

① 于闐，據《沙哈魯遣使中國記》記載，爲了避免戰爭他們從玉門穿越塔克拉瑪干沙漠到和闐（今和田）。Khotan故名“Udun”。關於于闐（Khotan）的記載不少，玉聞名。

② 喀什噶爾又稱疏勒（Kashghar）：今新疆喀什東。南宋范成大《吳船錄》卷上記北宋初年繼業三藏西行歷西域入印度事，云“……入伊吳、高昌、焉耆、于闐、疏勒、大食諸國……”《宋史》卷490《外國傳六·于闐》記載，“（開寶）四年（971年），其國（于闐）僧吉祥以其國王書來上，自言破疏勒國得舞象一，欲以爲貢，詔許之”，（又見《山堂考索後集》卷64《貢獻》結合當時于闐王寫給歸義統治者曹元忠信，前一年于闐與Kyesva［喀什］地方喀喇汗王朝統治者發生戰爭［見錢伯泉：《大石、黑衣大石、喀喇汗王朝考實》，《民族研究》1995年第1期，第77—78頁］知這裏的“疏勒”指的是喀什噶爾地方的喀喇汗王朝勢力。足見北宋初年漢文史料依舊稱呼這一地區“疏勒”，疏勒爲這一地區古名。張廣達先生也說喀喇汗王朝時期的喀什噶爾故址可能是今天喀什城東北二十八里的汗·鄂伊廢墟（哈奈古城），見張廣達：《西域史地叢稿初編》，上海：上海古籍出版社，1995年，第75頁，注釋11）。斯坦因也對哈奈古城有記載，提到當地人認爲那裏是喀喇汗王朝都城，斯坦因覺得或爲可信（見Stein，*Ancient Khotan*，第一卷，牛津大學出版社，1907年，第79—86頁）。

③ 塔什干（柘支，Taškand）：今烏茲別克斯坦塔什干市中心Binkat遺址。塔什干地區古名阿拉伯人稱Shash，波斯人稱Chach（見*The Lands of Eastern Caliphate*，p. 479；V. Minorsky譯注：*Hudud al-ʻAlam*，p. 357；Narshakhi，*The History of the Bukhara*，Mediaeval academy of America Cambridge，Massachusetts，1954，p. 113，注釋59）Chach、Shash或者作Cac、Sas（見玄奘、辯機等原著，季羨林等校注：《大唐西域記校注》，第79頁），其地名甚古老，《世界境域志》即記載其地作“Chach”（Mimorsky譯注，*Hudud al-ʻAlam*，p. 118），這個地區的古名在漢文史料也有記載，如《新唐書》卷221《西域傳下》記載“石，或曰柘支、曰柘折、曰赭時”，即上述古名漢譯。根據比魯尼《印度志》記載，這一時期回鶻語Taškand（意爲石城）一名逐漸代替了之前的名稱，成爲這裏地名（引自巴托爾德著、羅致平譯：《中亞突厥史十二講》，北京：中國社會科學出版社，1984年，第87頁）。麻赫默德·喀什噶里《詞典》“Taškan”條記載，Taškan是Saš城的名字，這個城原名是Taš Kand，意思是石城（見Mahmud al-Kashgari，*Compenium of the Turkic Dialects*，V1，p. 333），知當時Taškand一名的確逐漸代替Chach古名成爲這一地區的地名。但是這個古名猶存，《元史》卷63《地理志六·西北地附錄》中的察赤即此古名漢譯（見Bretshneider，*Mediaeval Researches from Eastern Asiatic Sources*，V2，London，1888，p. 55）。Taškend，陳誠《西域番國志》，作“達失干”。巴布爾寫於16世紀前期的回憶錄說：“在典籍中，塔什干寫作Shash，有時寫作Chach。”（見巴布爾著、王治來譯：《巴布爾回憶錄》，商務印書館，1997年，第10頁）其地即今烏茲別克斯坦塔什干地區，750年至12世紀上半葉，塔什干地區政治中心在今塔什干市中心Binkat遺址所在地（見劉迎勝：《草原絲綢之路考察簡記》，《中國邊疆史地研究》1992年第3期，第132頁）。

個地方，他們中的一些人走上了通往撒馬爾罕的道路，一些人去了巴達赫尚。在“舍爾邦”（八月）二十一日，他們到達希薩爾撒德曼（Hisar Shädman）①，在“賴買丹”（九月）伊始，他們到達巴里黑（Balkh）。在回曆八二五年的第十天，他們到達首都赫拉特，並在沙哈魯親王宫廷裏得到了榮譽。

（89b）不要對慷慨的人們保密，這本書的原件是用波斯語寫的。在回曆九〇〇年，阿米爾·阿扎姆·阿克拉姆·扎伊努丁·努爾·阿里·貝格·馬赫穆德魯（Ämīr A'zam' Äkräm Zaynu'd-Dīn Nūr 'Ali Beg Mahmūdlū）成爲阿爾迪斯坦城的長官。有一天，有人在他的集會上讀到了這本書。雖然他能閱讀這些文字，但他一點波斯語都不懂。

（90a）他命令我——阿爾德斯坦的謙遜的哈吉·本·穆罕默德：“你必須幫我把這本書翻譯成察合台語!”我盡我所能，在這位長官統治期間準備了這本察合台語譯本。當它完成時，他非常喜歡它，它也給我帶來了很多快樂。現在

（90b）我對慷慨人士的要求是，如果他們發現任何錯誤，都應該以寬容的眼光看待並加以糾正，不要提出異議。②

詩詞

我的願望是把這一切寫在一首詩裏
但那個領主總是行動迅速
如果我（在這項工作中）在真主的幫助下成功了
造物主會對我們表示讚賞
（91a）那麽把這句話寫在詩句裏就很容易了
真主會感激這一點並給予他的恩惠
我對慷慨的人們的要求是
不要批評我筆下的錯誤
每個［生物］都有缺點
那些完美來自真主，他知道看不見的事物，
世界上有很多不同的人
但没有人比我更自卑
（91b）我的話就像我自己——支離破碎
一個真正的男人是對别人的錯誤遮遮掩掩的人
他不是一個總是提起别人錯誤的人

① 希薩爾撒德曼，地名，多見於中亞地名，今屬於烏兹别克斯坦東南部。此外，塔吉克斯坦也有希薩爾 Hisar 地名，中國新疆喀什地區也有（Hisar）地名，即英吉沙（Yengi Hisar）等。

② 89a 到 92a 内容是翻譯者後面加進來的，不屬於原作者撰寫的内容。

我永遠不會稱這樣的人爲男人，
我不會説他存在於這個世界上
一個看不到自己錯誤的人
但批評别人的過錯
如果有一個富有同情心的朋友
不贊成有錯誤的人
(92a) 是否有改進的可能性
他應該帶著善意去做
伊斯法罕學者艾山・喀提甫鈔寫（……）(93b)

三、結　語

新時代研究古籍文獻有新的要求、新的使命，在當前“一帶一路”倡議大背景下研究和譯釋《沙哈魯遣使中國記》，再現古代中國與中亞國家的友好交流和傳統友誼，弘揚絲路精神，傳承絲路文明，有利於促進中國與中亞國家之間民心相通和文明融通，有利於推動今天“絲綢之路經濟帶”沿線國家的文化交流與文明互鑒，有利於夯實中國—中亞命運共同體的建設的人文基礎。若能爲此貢獻綿薄之力，當是本文的最大價值所在。

總之，《沙哈魯遣使中國記》的察合台文譯本可視爲接近原文的譯本，其價值在於互補其他波斯文版本，即哈菲茲・阿布魯和阿卜杜拉扎克・撒馬爾罕的波斯文版本。通過比勘研究《沙哈魯遣使中國記》的波斯文抄本、察合台譯本，並輔以漢文史料，可以整理出較爲全面系統的《沙哈魯遣使中國記》校勘本。

附記：在《沙哈魯遣使中國記》的整理與譯注過程中得到周偉洲教授、劉迎勝教授、王建新教授、王欣教授、韓香教授、吾斯曼江・亞庫甫教授等老師的支持和指導，在修改過程中得到了陝西師範大學張伯國老師、寧夏自治區黨校潘勇勇副教授和中南民族大學博士研究生張雨慧的幫助，特此致謝！因學識和能力有限，文中難免有疏漏與失誤，希請同行專家學者指正。

Interpretation and Translation of the *Records of Shahrukh's Envoys to China* in Chagatai text

Aibibula Tuersun

Abstract: The economic, trade and cultural exchanges between China and Central Asia have had a long history. Cultural exchanges between China and Central Asia can be found in Chinese, Persian, Arabic, Chagatai, and other multilingual documents. Among them, the Persian document *Records of Shahrukh's Envoys to China* recorded by Ḡīāṯ-al-Dīn Naqqaš, is one of the important documents in the communication between the Ming Dynasty and the Timur Dynasty in Central Asia, which is of great significance to the study of "the Belt and Road Initiative", especially in the investigation of cultural exchanges between China and Central Asia in the Ming Dynasty. This paper briefly introduces the literature and its characteristics and interprets the Chagatai text on the basis of philology.

Keywords: *Records of Shahrukh's Envoys to China*; Ḡīāṯ-al-Dīn Naqqaš; Chagatai text; Herat; Ming Dynasty; Translation and annotation

《蒙古托忒彙集》“序”的内容及價值*

巴·巴圖巴雅爾

摘　要：《蒙古托忒彙集》的“序”是該詞典的重要組成部分，以滿文、蒙古文、托忒文、漢文四體合璧寫成，内容豐富，有很高的語言學、史料學價值。該“序”記錄了編寫詞典的過程和目的，一定程度上反映了清代伊犁、科布多等地衛拉特蒙古各部使用托忒文的基本情況，還介紹了在京設立“托忒學”的歷史背景和原因。《蒙古托忒彙集》是一部多種語言文字詞典，對我國各民族之間的友好來往和文化交流起到了紐帶作用，爲中華民族共同體建設起到了重要的促進作用。

關鍵詞：《蒙古托忒彙集》；衛拉特；托忒字；托忒學；

《蒙古托忒彙集》是滿文、胡都木蒙古文①、托忒文、漢文四體合璧音序詞典，也是一部標音詞典。其滿文、蒙古文及托忒文書名分别爲滿文：《monggo tot hergen i acamǰaha isabun》、蒙古文：《mongγol tod üsüg-yer neyileldügülügsen čuγlalγ-a》、托忒文：《mongγol tod üzügiyin niyilüülsen čuγluulγa》。編者富俊爲後世學者翻譯托忒文之便，以《三合便覽》爲基礎，增訂托忒文譯詞而成。該詞典於清嘉慶二年（1797）編成，爲清代第二部蒙古文音序詞典。2020年，此書以《故宫博物院藏蒙古托忒彙集》② 爲書名，由故宫出版社影印出版。

---

* 本文爲2022年度教育部人文社會科學規劃基金項目“中國館藏托忒文檔案整理研究”（22XJJA770001）、2022年度國家民委新疆師範大學中華民族共同體研究基地委託項目“各民族交往交流交融與多語言檔案文獻研究”（ZK202212A）的階段性成果。

① 衛拉特蒙古把回鶻式蒙古文稱爲“hudum üzüg”，漢文音譯爲“胡都木蒙古文”，意爲“回鶻式蒙古文”，衛拉特蒙古對傳統蒙古文的一種稱呼。

② 故宫博物院、内蒙古自治區少數民族古籍與《格斯爾》徵集研究室、新疆維吾爾自治區衛拉特蒙古研究學會聯合編著：《故宫博物院藏蒙古托忒彙集》，北京：故宫出版社，2020年。

《蒙古托忒彙集》以“序”、托忒文字頭、托忒文故事①、詞典正文等四個部分組成。該詞典的“序”首先介紹了編者與其父敬齋公一同編刊的《三合便覽》編寫體例、編纂目的等情況，接著介紹了編纂《蒙古托忒彙集》的經過，最後説明《蒙古托忒彙集》的編纂體例和使用價值等。

一、《蒙古托忒彙集》“序”及注釋

《蒙古托忒彙集》的“序”是該詞典的重要内容之一，由滿文、蒙古文、托忒文、漢文四體合璧形式寫成，共25頁。雖然序言的文字不多，篇幅不長，但其所透露的信息卻很多，内容豐富。《蒙古托忒彙集》“序”全文如下：

（一）漢文“序”

稽古六書[1]之作，原有諧聲、假借、轉注諸法，而其義要歸於同，故曰同文。清書、蒙文[2]字體少別，而大畧相仿；前以清文繁博，間遇舊語新話，初學未能徧記，一時查對無門，爰承先大夫[3]志，輯《三合便覽》[4]一書，集新舊諸清語，以十二字頭次序排纂，俾翻簡者瞭如指掌。

迨己亥歲[5]，富俊[6]成蒙古進士，授禮部[7]額外主事，多有餘暇，因憶蒙文尤夥，查考不易，遂將蒙文亦依十二字頭次序，羅列成編，聊供採擇。

惟蒙文中有種托忒字[8]，本係準噶爾[9]厄魯特[10]之文，自我朝平定準噶爾後，餘黨部落投誠，分駐伊犂[11]、科布多[12]等處，定以朝覲班次，恒有文牒往來，辯者較少。乾隆四十七年[13]，軍機大臣[14]奏請在京設立托忒學，蒙古八旗各置學生一名，使之肄業，童而習之，獲以儲才待用，制甚善也。

丙辰[15]春，富俊奉命參贊科布多事務，塞清政簡，不敢怠荒，嘗於公餘，訪求善曉托忒字體之人，偕與考論，依式摹繕。恐後學遽難口熟，首列蒙文，次以清文釋音，次托忒字，次清語，而以漢字居末，遞分五格，層層印證，閱歲告成。蓋蒙文字無圈點，非口授不能得其音，托忒者即蒙古語“明白”二字也，因以“蒙古托忒彙集”名編，從事於斯者，展卷易知，不無裨益云爾。是爲序。

嘉慶丁巳[16]孟春，崧巖富俊書[17]。

---

① 托忒文故事《uriγsan okināsu ōkü idenem gekü üliger》，是滿文書《一百條》裏的七篇文章，即第五十一篇、第三篇、第九十篇、第三十九篇、第一篇、第四十二篇、第三十七篇的托忒文譯文。《一百條》，又名《清字一百條》，其滿文名爲《tanggū meyen》，譯蒙古文爲《jaγun anggi》，成書於乾隆時期，是學習滿語會話的教科書。

（二）注釋

［1］六書：指象形、指事、會意、形聲、轉注、假借，是我國古代造字理論方法。"序"衹提到了諧聲、假借、轉注，並將其蒙古語翻譯爲 ayas niyiluulku 諧聲；sanan abhu 假借；ulariǰi abčihu 轉注。

［2］清書、蒙文：指滿文和傳統蒙古文。

［3］先大夫：富俊父親敬齋公（生卒年不詳），又稱"文誠公"，清代著名的八旗蒙古學者、大臣。他自幼好學，精通蒙古文、滿文、漢文，乾隆十三年（1748）考取翻譯進士，後授理藩院主政，乾隆二十五年（1760）負責殺虎口驛站驛務，自乾隆二十六年（1761）開始，先後任安徽廣德縣令、潁州縣令（今阜陽縣）等職。

［4］《三合便覽》：清代最早的滿漢蒙三體合璧音序詞典，敬齋公、富俊父子二人編纂，乾隆四十五年（1780）刻板印行。《三合便覽》首字仍爲滿文詞語，其下依次列漢文譯文、蒙古文譯文等，最下列由滿文字母轉寫蒙古語譯文。全文按滿文字元音韻順序編排，顯然是爲蒙古人學習滿語，及滿蒙文翻譯目的編寫的。《三合便覽》是第一部突破傳統蒙古語言學，以漢語言學理論和方法解説蒙古文語法之蒙古語言學作品，編纂詳細完備、詞彙量豐富，是學習滿漢文翻譯及蒙古文正字法的重要工具書，從而在有清一代成爲編纂蒙古文"音序詞典"的典範。[①]

［5］己亥歲：農曆己亥年，清乾隆四十四年（1779）。此年富俊考中翻譯進士，授禮部主事。

［6］富俊：字松崖、松巖等，卓特氏，蒙古正黄旗人，生於 1749 年，卒於 1834 年。

［7］禮部：清代六部（吏、户、禮、兵、刑、工）之一。禮部爲天聰五年（1631）設立，掌考五禮，管學校科舉，以及藩屬和外國來京朝貢使節。

［8］托忒字：該"序"滿文寫作"tot"，蒙古文和托忒文寫作"tod"，漢文音寫爲"托忒"，并且滿文将其解釋爲"getuken"，意爲"清楚的""清晰的""明確的""明白的"[②]，蒙古文和托忒文解釋爲"todorhai"，漢文解釋爲"托忒者即蒙古語明白二字也"[③]。《咱雅班第達傳》寫作"todorhai üzüg"[④]，意爲"清楚文字"或"清晰文字"。現代蒙古文和托忒文寫作"todo"。托忒文指托忒蒙古文（清代也稱托忒字），簡稱"托忒文"，創制於 1648 年，由衛拉特蒙古和碩特部咱雅班第達那木海扎木蘇（1599—1662）格西在衛

---

① 春花：《清代滿蒙文詞典研究》，瀋陽：遼寧民族出版社，2008 年，第 307 頁。

② 安雙成主編：《滿漢大辭典》，遼寧民族出版社，1993 年，第 947 頁。

③ （清）富俊：《蒙古托忒彙集》（全書八册），嘉慶二年（1797），故宫博物院圖書館收藏，"序"。

④ 拉德納巴德拉著，西·諾爾布校注：《咱雅班第達傳》，呼和浩特：内蒙古人民出版社，1990 年，第 106 頁。

拉特蒙古方言基礎上創制。

［9］準噶爾：該序言裏滿文拼寫爲“ǰun gar”，蒙古文寫爲“ǰegün-γar”，托忒文寫爲“zöün-γar”，漢文音譯爲“準噶爾”。指的是衛拉特蒙古準噶爾部。《西域圖志》解釋爲“准爲東，噶爾爲手”①，意爲左翼。

［10］厄魯特：“序”記爲“準噶爾厄魯特”。《欽定蒙古回部王公表傳》等清代官修文獻將青海和碩特和阿拉善和碩特也稱爲“青海厄魯特部”“阿拉善厄魯特部”。由此看來，額魯特是清朝對衛拉特蒙古的通稱。“序”中厄魯特用滿文寫爲“olet”，蒙古文寫爲“ögeled”，托忒文寫爲“ölöd”。《滿漢大辭典》中滿文寫爲“ūlet”，漢文寫爲“厄魯特”②。衛拉特是 oyirad 的漢語音譯。元朝將 oyirad 譯作“斡亦剌惕”“斡亦剌”“外剌”“外剌歹”等。明朝譯作“瓦剌”。清朝譯作“衛拉特”，亦音寫爲“厄魯特”“額魯特”③。其實“olet”（“厄魯特”“額魯特”）就是清代“oyirad”（“衛拉特”）的另一種寫法。滿文“ūlet”（“olet”）來自 oyirad 一詞。漢文音譯的“厄魯特”（“額魯特”）和蒙古文的“ögeled”又來自滿文的“ūlet”（“olet”）一詞。

［11］伊犂：《西域同文志》載：“伊犂，準語，伊犂即伊勒，光明顯達之謂。”④ 乾隆二十七年（1762）清廷在新疆建立伊犂將軍府，統轄其地。清代伊犂將軍管轄的衛拉特各部通用托忒文。

［12］科布多：乾隆二十一年（1756）清朝設科布多參贊大臣，統轄科布多地區衛拉特蒙古各部。清代科布多參贊大臣管轄的衛拉特各部通用托忒文。

［13］乾隆四十七年：1782 年。此年軍機處大臣提議建立“托忒學”。

［14］軍機處：軍機處何時建立，史籍記載各異，但大體於雍正年間設立無疑。

［15］丙辰：1796 年。此年富俊被任命爲科布多參贊大臣。

［16］嘉慶丁巳：1797 年。

［17］“序”後鈐漢字篆印二枚：（陽文）紹衣堂，（陰文）富俊之章。紹衣堂是富俊書齋名稱。

---

① 鍾興麒等校注：《西域圖志校注》，烏魯木齊：新疆人民出版社，2002 年，第 600 頁。

② 安雙成：《滿漢大辭典》，遼寧民族出版社，1993 年，第 229 頁。

③ 馬大正、成崇德主編：《衛拉特蒙古史綱》，新疆人民出版社，2006 年，第 4 頁。

④《親定四庫全書薈要 · 欽定西域同文志》，長春：吉林出版集團有限責任公司，2005 年，第 27 頁。

二、“序”文的基本內容及相關問題

（一）清代托忒文的使用情況

1. 清朝官方使用托忒文的情況

清代托忒文奏書翻譯成滿文，皇帝敕諭的托忒文繕寫，均由內閣蒙古房完成。清代衛拉特蒙古各盟旗陳奏朝廷以及各部、院和衙門的托忒文奏書也需要翻譯成滿文。

中國第一歷史檔案館保存清代托忒文檔案約有200多件，大多數托忒文檔案均有滿文和漢文翻譯件。皇帝下發給衛拉特各部以及西北地方的敕諭均有滿文、托忒文合璧。比如：乾隆帝下達哈薩克阿布賚汗之諭旨《敕諭哈薩克阿布賴不得使其屬下越界》，乾隆二十七年九月（1762.10），滿文、托忒文合璧；①《乾隆諭渥巴錫、策伯克多爾濟、舍楞敕諭》，乾隆三十六年（1771）六月二十日，滿文、托忒文合璧；②《乾隆諭霍罕那爾巴圖敕書》，乾隆五十三年（1788），滿文、托忒文、察哈台文合璧。③

清代在印章、碑文、匾額等合璧文字中均使用托忒文。比如：乾隆年間樹立的北京故宮西華門外的兩座下馬碑，用漢文、滿文、蒙古文、藏文、托忒文、察哈台六體合璧。《平定回部勒銘伊西洱庫爾之碑》，乾隆二十四年（1760）十二月，滿文、漢文、托忒文、察哈台文合璧。《總統伊犂等處將軍之印》，印章文字爲漢文、滿文、托忒文、察哈台文合璧。乾隆四十年（1775）在古城（今新疆奇台縣）南端建了專駐滿營官兵的“孚遠城”，其城門名稱是滿文、漢文、托忒文三種文字書寫④。清代在官方上使用托忒文、察哈台文等多語種的使用情況，突顯出清朝的“同文之治”的特質。

2. 伊犂、科布多地區使用托忒文情況

清代伊犂厄魯特營（厄魯特營包括厄魯特上三旗、厄魯特下五旗、沙比納爾四佐領）、察哈爾營、塔爾巴哈台察哈爾厄魯特十蘇木、烏訥恩蘇珠克圖舊土爾扈特部四盟十旗、巴圖色特啟勒圖和碩特部中路盟三旗，均由伊犂將軍管轄。

青色特啟勒圖新土爾扈特盟二旗、哈弼察克新和碩特一旗、阿勒泰烏梁海七旗、紮哈沁二旗（公旗、總管旗）、明噶特一旗、厄魯特一旗、杜爾伯特賽音濟雅哈圖盟左翼盟十

---

① 現收藏於俄羅斯聖彼得堡大學圖書館卡爾梅克文獻庫，收藏編號爲MD250。

② 敕諭尺寸：長216.5厘米、寬50.9厘米，收藏單位：新疆維吾爾自治區檔案館。

③ 敕諭尺寸：高76.5厘米、寬1.39厘米。現收藏於遼寧省博物館，收藏編號爲334，此敕書原來收藏在遼寧省圖書館。

④ 《御賜古城新築滿城及四門名稱單》（乾隆四十年二月），載《清代新疆滿文檔案彙編》第123卷，桂林：廣西師範大學出版社，2012年，第66頁。

一旗、右翼盟三旗、輝特部二旗及阿勒泰諾爾烏梁海，由科布多參贊大臣管轄。

清代伊犁、科布多地區衛拉特蒙古各盟旗王公年班朝貢、辦理刑事案件、發放俸祿、卡倫巡查、驛站事務，以及去安多、西藏、五臺山等地熬茶等事務，均以托忒文陳奏各地將軍、參贊大臣、辦事大臣、領隊大臣或者理藩院。比如：《奏杜爾伯特親王伯什阿噶什病故並呈覽其托忒字呈文摺》①，《奏塔爾巴哈台地方需通曉托忒文之筆帖式摺》。②

（二）“序”中托忒文和胡都木文的區別

《蒙古托忒彙集》“序”是以滿文、蒙古文、托忒文、漢文四種文字撰寫。將“序”中的胡都木蒙古文和托忒文做一些比較，就可以看出它們之間的區別。比如：

托忒文	胡都木蒙古文	漢文意思
anggilnaǰi	ǰohiyaǰu	作
ambačuud	sayid-uud	大臣
ayas	ayalγu	音
nemegüri	selbigüri	益
bütelgeged	tegüsgeged	肄業
humuγčilan	surbulǰilan	訪求
šineken suruγči	angh-a suruγči	初學
sanaγan	taγalal	志
tögürig ceg	bintu dusul	圈點
yosolalin zurγan	yosolal-un yabudal-un yamun	禮部

《欽定皇與西域圖志》③ 卷四七“雜錄一”④ 裏介紹了托忒文字體、衛拉特方言特徵，並指出蒙古語和衛拉特方言的區別。比如：

衛拉特方言	蒙古語	漢文意思
sö 綏	söni 蘇尼	夜
hālγa 哈勒噶	ǰam 劄穆	路
ēm 額木	mörü 穆嚕	肩

如上所述，蒙古語和衛拉特方言、胡都木蒙古文和托忒字存在區別，這些區別成爲清

① 《軍機處滿文錄副奏摺》，乾隆二十二年正月初十日，檔案號：03－0176－1628－035。

② 《軍機處滿文錄副奏摺》，乾隆四十七年六月初十日，檔案號：03－0189－2930－024。

③ 《四庫全書》，第五〇〇册，影印本，《欽定皇與西域圖志》，上海：上海古籍出版社，1986年，第892—894頁。

④ 鍾興麒等校注：《西域圖志校注》，第599、600頁。

代編纂托忒文詞典的諸多原因之一。

（三）“托忒學”的成立

《蒙古托忒彙集》“序”載：“乾隆四十七年（1782），軍機大臣奏請在京設立托忒學，蒙古八旗各置學生一名，使之肄業，童而習之，獲以儲才待用，制甚善也。”① 《欽定國子監志》載：“托忒學生由理藩院考取，以帖爲中書，理藩院筆帖式補用。”②

從這些文獻記載來看，托忒學成立於 1782 年，是清朝培養托忒文專職翻譯人員和筆帖式的專設教育機構。

（四）編寫詞典

《蒙古托忒彙集》成書前，清代曾編纂或刊行了《欽定西域同文志》《滿蒙漢一學三貫》兩部含有托忒文的多語合璧詞典。

《欽定西域同文志》是滿文、漢文、蒙古文、藏文、察哈台文、托忒文合璧詞典，乾隆年間，特命臣工專門搜集西北地方人名、地名，並加以注音、注釋編成此書，乾隆二十八年（1763）由武英殿刊行，共八册。正文首列滿文詞語，次列漢文譯詞、漢文注解、漢文三合切音字等，其中主要解釋詞語的語源、含義、轉音、地方沿革、地理位置等或人物世系概況。再次列蒙古文譯詞、藏文譯詞、托忒文譯詞、察哈台文譯詞等。詞條依新疆、青海、西藏的地區順序分列，在每個地區内又按地名、山名、水名、人物名、官名、喇嘛名等順序分類排列。該詞典約收 3202 條詞語，對研究清代西北地方地理、歷史、各民族語言、文化具有很高的價值，收入《四庫全書》。

《滿蒙漢一學三貫》以《御制清文鑒》爲藍本編成，共四册，乾隆年間編成。詞典正文半葉十八行，滿文、漢文、托忒文等各六行，三種文字詞語隔行排序，每行三組滿漢托忒文對照詞語條目。正文每門首行寫滿文詞語，次行依次列漢文譯詞、托忒文譯詞，每行字數不均衡，半葉約有十八組詞語條目。該詞典主要收錄以名詞、動詞、形容詞等爲主的綜合性詞語。全書共 238 頁，分類編排，共 265 類，約收 14280 條詞語，未曾刊行，抄本一部藏於國家圖書館。③

乾隆四十七年（1782），清朝在京城設置學堂“托忒學”，爲八旗子弟教授托忒文。同年編撰的《欽定皇輿西域圖志》裏專門介紹衛拉特方言、托忒文字頭、托忒文讀音和寫法。《欽定西域同文志》《滿蒙漢一學三貫》等詞典的編纂經驗，使得清代托忒文的研

① （清）富俊：《蒙古托忒彙集》（全書八册），嘉慶二年（1797），故宫博物院圖書館收藏。

② 《欽定國子監志》，北京：北京古籍出版社，2000 年，第 238 頁。

③ 春花：《清代滿蒙文詞典研究》，第 208、435 頁。

究和使用更加規範，爲清廷與衛拉特蒙古各部之間的語言、文字和文化交流奠定了基礎，也成了《蒙古托忒彙集》産生的肥沃土壤。

清代先後産生了《欽定西域同文志》《滿蒙漢一學三貫》《蒙古托忒彙集》《托忒文全書》①《詳解月光辭典》②《藏托忒合璧詞典》（托忒文：《töbüd mongγoliyin dokōni bičig nere üge udha γurba todorholaγči orošiboi》③ 等含有托忒文的多語合璧詞典。其中《蒙古托忒彙集》）占有重要地位。

三、“序”的價值

“序”的内容豐富，包含了諸多信息。1. “序”中首先談到了諧聲、假借、轉注等造字方法和理論，用這些方法分析了滿語和蒙古語的共同點和區别。2. “序”介紹了著者富俊與其父親所共同編刊《三合便覽》的編寫體例、編纂目的、使用價值等情况。3. 介紹了編寫《蒙古托忒彙集》的準備工作。乾隆四十四年（1779），此年富俊考中翻譯進士，授禮部主事期間，將蒙古文亦依十二字頭次序，羅列成編，爲編寫《蒙古托忒彙集》打下了基礎。4. 富俊在序中介紹托忒字的同時陳述清代伊犂、科布多地區的衛拉特蒙古各部使用托忒文和衛拉特各部的往來文牒情况，以及懂托忒文的人才少的問題。5. 乾隆四十七年（1782），軍機處大臣陳奏設立“托忒學”的歷史背景和原因。6. 1796 年，富俊被任命爲科布多參贊大臣。他在科布多當差期間訪問懂得托忒字的人，並一起考證托忒字與衛拉特方言特殊詞彙，利用兩年的時間編寫《蒙古托忒彙集》的經過。7. “序”裏説明《蒙古托忒彙集》的編纂體例和使用價值。8. 解釋“托忒”一詞的意思，並説明了把詞典定名爲《蒙古托忒彙集》的原因。9. 簡要説明了寫序的目的和交代了寫序時間。“序”中還記載了作者主要的人生經歷。

“序”表現出了作者非凡的語言學功底。詞典的作者富俊，能寫出這種學術價值很高的“序”，與他的工作經歷、學術素養、語言學功底有直接關係。富俊在父親的栽培下，從小就開始學習多種語言，精通滿文、蒙古文、漢文，掌握了托忒文。富俊爲官之餘，喜好文事，尤其對語言學有頗深研究。“序”表現出作者的學術才能和語言學、歷史學的非凡功底。托忒文“序”裏運用衛拉特方言的特殊詞彙，是按照托忒文的正字法來寫的。

① 《托忒文全書》，滿蒙托忒合璧詞典，滿文名爲《ᡨᠣᡩ ᡥᡝᡵᡤᡝᠨ ᡳ ᠶᠣᠣᠨᡳ ᠪᡳᡨᡥᡝ》（tod hergen i yooni bithe），共 6 卷，今藏於俄羅斯國家圖書館。

② 阿旺丹德爾：《詳解月光辭典》，藏托忒合璧詞典，道光十七年（1837）成書，今藏於新疆少數民族古籍搜集整理辦公室。

③ 該詞典尺寸爲 11.9 厘米 ×45 厘米，45 頁，詞典的後半部分殘缺，今藏於新疆昭蘇縣。

比如：托忒字附加成分的連寫，托忒字“格”的運用等方面。富俊以參贊大臣、辦事大臣身份在伊犂、葉爾羌、烏里雅蘇台、科布多等西北邊疆地區居住若干年，爲他瞭解邊疆的文化、語言等實際情況提供了條件。因此，他不僅爲大清朝多民族大一統的宏圖大業獻出了畢生的精力，還成爲了一代語言學家。

“序”具有高度的概括性。《蒙古托忒彙集》“序”雖然文字不多，篇幅不長，但作者在“序”中探討了諸多問題，以精練的語言概括反映了邊疆歷史、語言、邊疆治理等方面的問題。“序”涵蓋豐富的内容，透露出很多信息，不僅涉及編寫詞典的過程，而且在一定程度上反映了清代伊犂、科布多等地衛拉特各部使用托忒文的情況，甚至介紹了在京設立“托忒學”的歷史背景和原因。“序”對詞典的使用、理解托忒文的發展史起到了指導性作用。清代設立“托忒學”，解決了托忒文的繕寫、翻譯的人才問題。在清代各種托忒文詞典的編纂對朝廷與衛拉特各部之間往來文牒的準確翻譯，以及印章、碑刻、牌匾等合璧文字的使用起到了規範作用。可以説，富俊的滿文、蒙古文、托忒文、漢文四體合璧的“序”不僅是研究18世紀托忒文、衛拉特方言和衛拉特文字學珍貴的文獻，同時也是清代從多角度研究托忒文的語言學成果，爲後人研究18世紀托忒文留下了諸多真實的學術信息。

毫無疑問，清代以來編修的《蒙古托忒彙集》《滿蒙漢一學三貫》等漢文、滿文、托忒文、蒙古文合璧的多種語言文字詞典，對我國各民族之間的友好來往，互相學習語言、文化交流起到了紐帶作用，爲我國各民族交往交流交融和中華民族共同體建設起到了重要的促進作用。綜上所述，這篇“序”是研究清代托忒文文字史、托忒文歷史沿革、正確認識托忒文歷史地位，以及托忒文使用範圍和價值等方面的語言學、文獻學珍貴史料。

四、附　錄

（一）托忒文“序”轉寫

(1) erte-yin zurγan zuyiliyin üzügi anggilnaγsayigi kinabala(2) izourāsu ayas niyiluulkü sanan abhu ulariǰi abačihu zergeyin (3) arγa bayinai. tere ǰurum cuγ nigen adali tiyimi üzüg (4) nigen gegsen buyu. manǰu mongγol bičigiyin üzüg bičihan ilγaburi (5) bui bolbala yeke töülöüb mön adalicanai. urida manǰu üge ilöü (6) olon zarim zarim houčin bičig šine toγtoniulsan ügeni (7) tokolduulbala šineken suruγči ulus burin toγtōǰi čidahu ügei (8) nigen caγtu bayicāya gebele γazar olhu ügeyiyin tula tiyimi minai (9) ecigeyin sanaγan-ni daγaǰi γurban züyiliyin üge hamǰ iulsan (10) üzekü-dü kilbar bolγoγsan bičigi anggilnaǰi manǰu šine houčin (11) ügen-ni cuγluulǰi

hurāǰi caγan toloγoi üzügiyin yosōr (12) desleǰi ǰiγsaγān anggilnaǰi bičigsen tula üzüg bayicāya (13) gegčid alaγa-ben zāhu adali kilbar bolba šaraγčin γahai (14)ǰil pugiyön mongγol ǰinši šilγaǰ i orod yosolalin zurγan (15) nai ilöü temdeglegči tušimel boloγsan hoyino ürgülǰi čölōtei tula (16) mongγol bičigiyin üge neng olon bayicāǰi kinahu-du kilbar (17) ügei geǰi sanaγdaǰi mongγol bičigi mön caγan toloγoi üzügiyin (18) yosōr ǰiγsaγan anggilnaǰi bičīd bayicāhu kereglekü-dü beledkebe. (19) γaγca mongγol bičigiyin dotōdu basa nige zuyil tod üzüg bayinai. (20) izourāsu zöün – γar ölöd ulusiyin üzüg buyu. bidan-nai (21) törö zöün-γar ölödi tubšileǰi toγtoniulsan hoyino daγaγsan olon (22) ayimagi ili basa hobdo zergeyin γazartu suulγaba. tus tustān yamulahu (23) baralhahu ǰišā buyiyin tula ürgülǰide narā carā bičig (24) yabuulnai. tedeni üzüg tanihu ulus maši cōkün bile. tenggeriyin (25) tedgügsen-nai döčin doloduγar ǰil cerigiyin tohoyin (26) ambačuud (27) ayiladhaǰi neyislel hotodu tod surγuuli bayiγulǰi nayiman mongγol (28) hošiu-du örö öriyin niǰeged surγaliyin küüked talbiγad čohom tod (29) üzügi surγaba. bahās bičig ungšiǰi suruγsār bütelgeged (30) kereglekeküyidü beledkegsen-ni houli maši sayin bolai. ulān lu (31)ǰiliyin habur pugiyön (32) zarliγ daγāǰi hobdoyin hubiyin sayid keregi šiyidküülsen tula (33) zaha kerem dob toγoi kereg olon biši ayiši ügei ülü osoldan (34) kereg šiyidkegsen čölödü mön kü tod üzügi sayihan tanihu uluši (35) humuγčilan eriǰi hamtuber kinan maγadlaǰi tod üzügiyin (36) orčiulaǰi bičibe. basa hoyiši surhu ulus ungšihuya (37) kecöü geǰi uruyidu mongγol üzüg dariu mongγol ayas daγaǰi (38) bičigsen manǰu üzüg basa dariu tod üzüg neng dariu (39) manǰu üge dōro kitad ügeni bičiged šuγum buri (40) tabun öröge bolγoǰi zerge zergēr neyiluulin maγadlaǰi hoyar (41)ǰ ilin hōrondu butelgebe. lab mongγol üzüg – tü tögürig ceg (42) ügei. kerbe amār surγahu ügei bolbala mongγol ayas olǰi (43) ülü čidanai. tod gegči mön mongγol üge todorhoi manǰu getūken (44) gekü üge mön buyu. tiyimi bičigi mongγol tod üzügiyin (45) niyiluulsen cuγluulγa geǰi nerelebe. öün-dü suruγči ulus bičig (46) delgeǰi mön todorhoi medegsen tula bičihan nemegüri (47) bolhu buyiza iyimiyin tula orošil bičibe. (48) sayišāltai yöröltüyin ulaγčin moγoi ǰiliyin haburiyin terigün sara (49) sung yan pugiyön bičibe.

（二）滿文“序”轉寫

(1) julgei ninggun hacin i hergen be banjibuha be kimcici(2) daci mudan acabure gūnin gaire forgošome gamara jergi(3) arga bi terei jurgan oci gemu emu adali tuttu hergen (4) emu sehebi manju monggo bithei hergen majige ilgabucibe (5) amba muru inu adališambi onggolo manju gisun labdu(6) geren ememu fe bithe ice toktobuha gisun be (7) ucaraci tuktan tacire urse akūname

ejeme muterakū (8) emu erinde baicaki seci ba baharakū ofi tuttu mini (9) amai gūnin be dahame ilan hacin i gisun kamcibuha (10) tuwara de ja obuha bithe be banjibufi manju ice fe (11) gisun be acamjame isabufi juwan juwe ujui hergen i songkoi (12) ilhi aname faidame banjibume araha ofi hergen baicaki (13) serengge falanggū be jorire adali ja ohobi sohon ulgiyan (14) aniya fugiyūn monggo dosikasi simneme dosifi dorolon i (15) jurgan i fulu ejeku hafan oho manggi kemuni šolo bifi (16) monggo bithei gisun ele labdu yargiyalame baicara de ja (17) akū seme gūninafi monggo bithe be inu juwan juwe ujui hergen i(18) songkoi faidame banjibume arafi baicara baitalara de belhebuhebi(19) damu monggo bithei dorgide geli emu hacin tot hergen bi(20) daci jun gar olet ursei hergen musei(21) gurun jun gar be necihiyeme toktobuha amala dahaha geren (22) aiman be ili kobdo i jergi bade tebubuhe teisu teisu yamulara(23) hargašanjire idu toktobuha ofi amasi julesi kemuni bithe(24) yabubumbi terei hergen be takarangge umesi komso bihe abkai(25) wehiyehe i dehi nadaci aniya coohai nasahūn i(26) ambasa(27) wesimbufi gemun hecen de tot tacikū ilibufi jakūn monggo(28) gūsade meimeni emte tacikūi juse be sindafi cohotoi tot(29) hergen be tacibuha ajigan ci bithe hūlabume tacihai šanggabufi(30) baitalara de belhebuhengge kooli umesi sain kai fulgiyan muduri(31) aniyai niyengniyeri fugiyūn(32) hese be alifi kobdo i hebei amban i baita be icihiyabuha ofi(33) jase jecen ekiskan baita labdu akū gelhun akū heolederakū(34) baita icihiyaha šolo de kemuni tot hergen bahanara mangga (35) niyalma be fujurulame baifi sasa sibkime yargiyalame tot(36) hergen i ubaliyambume arahabi geli amagan tacire urse hūlarada(37) mangga seme ujude monggo hergen sirame monggo mudan be(38) dahame araha manju hergen jai sirame tot hergen geli sirame(39) manju gisun wajime de nikan gisun be arafi jurgan tome(40) sunja tala obufi jerge jergi i acabume yargiyalame juwe (41) aniyai sidende šanggabuhabi ainci monggo hergen de fuka tongki (42) akū aika anggai taciburakū oci terei mudan be bahame(43) mutarakū tot serengge uthai monggo gisun todorhai manju getuken(44) sere gisu ninu tuttu bithe be monggo tot hergen i(45) acamjaha isabun seme gebulehe ede tacire urse bithe(46) neime uthai getuken i sara be dahame majige niyececun(47) ombidere uttu ofi šutucin araha. (48) Saicungga fengšen i fulahūn meihe aniya niyengniyeri ujui biyade(49) sung yan fugiyūn araha.

(三) 胡都木蒙古文“序”轉寫

(1) erten-ü ǰirγuγan ǰüyil-ün üsüg-i ǰokiyaγsan-i kinabasu (2) iǰaγur-ača ayalγu neyilegülkü sanaγ-a abhu ulariǰu abčihu ǰerge-yin (3) araγ-a bui amui. tegün-ü ǰirum čöm nigen adali teyinkü üsüg (4) nigen hemeǰühüi. manǰu mongγol bičig-ün üsüg öčühen ilγaburi bui bolbaču (5) yehe tölöb mön adališiyimui urida manǰu üge ilegüü (6) olan ǰarim haγučin bičig ba šin-e toγtaγaγsan

ügen-i (7) tohiyaldubasu angh-a suruγči arad bürin oyilaǰu čidahu ügei (8) nigen čaγ-tur bayičaγasuγai hemebesü γaǰar olhu ügei-yin tula teyin-hü minü (9) ečige-yin taγalal-i daγaǰi γurban ǰüyil-ün üge hadamal (10) üǰegüi-dür kilber bolγaγsan bičig-i ǰokiyaǰu manǰu šin-e haγučin (11) ügen-i neyileldügül-ün huriyaǰu čaγan toloγai-yin üsüg-ün yosoγar (12) desleǰu ǰ iγsaγan ǰohiyaǰu bičigsen-ü tula üsüg bayičaγasuγai (13) hemegčid alaγ-a-ban ǰiγahu adali kilber bolǰuhui širaγčin γahai (14)ǰil fukiyun mongγol oroγsad šilγaǰu oroγad yosolal-un (15) yabudal-un yamun-u ilegüü temdeglegči tüšimel boluγsan-u hoyin-a ürgülǰi čilögetei (16) bür-ün mongγol bičig-ün üge neng olan bayičaγaǰu kinahui-dur kilber (17) ügei hemen sanaγdaǰu mongγol bičig-i mön čaγan toloγai üsüg-ün (18) yosoγar ǰiγsaγan ǰohiyaǰu bičiged bayičaγahu hereglehüi-dür beledgeǰühüi (19) γaγčahü mongγol bičig-ün dotor-a basa nige ǰüyil tod üsüg bui amui. (20) iǰ aγur-ača ǰegün-γar ögeled arad-un üsüg buyu. biden-ü (21) ulus-inu ǰegün-γar ögeled-i tübšidhe ǰü toγtaγsan-u hoyin-a daγaγsan olan (22) ayimaγ-i ili ba hobdo ǰerge-yin γaǰar-tur saγulγabai. tus tus-yar yamulahu (23) baralhahu ǰisiy-a bui-yin tula naši čaši ürgülǰide bičig (24) yabuγulumui. tegün-ü üsüg-i taniγčid maši čögen bölöge tegri-yin (25) tedgügsen-ü döčin doloduγar on čirig-ün tuhai-yin (26) sayid-uud (27) ayiladhaǰu neyislel hotan-dur tod surγaγuli bayiγulǰu nyiman mongγol (28) hošiγun-dur öber öberün nijeged surγaγuli höbegüd talbiγad tushayilan tod (29) üsüg-i surγabai baγ-a-ača bičig ungšiǰu suruγsar tegüsgeged (30) hereglehüi-dür beledhegsen-anü hauli maši sayin bolai ulaγan luu (31)ǰil-un habur fugiyun (32)ǰarliγ-i daγaγaǰu hobdo-yin huubi-yin sayid-un hereg-i ilγaγsan-u tula (33) herem hiǰaγar dub doγoi hereg olan ügei ayimšiγ ügei ülü osoldamui (34) hereg ilγaγsan čilöge-degen mön-kü tod üsüg-i sayihan taniγčid-i (35) surbulǰilan eriged hamtubar hinan maγadlaǰu tod üsüg-yer (36) orčiγulǰu bičijüküi. basa hoyiči suruγči arad ungšihuy-a (37) berhe hemen oroi-daγan mongγol üsüg daraγ-a-inu mongγol ayalγu-yi (38) daγaǰu bičigsen manǰu üsüg basa daraγ-a tod üsüg neng daraγ-a (39) manǰu üge door-a hitad ügen-i bičiged šuγum büri (40) tabun öröge bolγaǰu ǰerge ǰerge-ber neyilegül-ün maγadlaǰu hoyar (41)ǰil – un hoγorondu tegüsgeǰühüi lab mongγol üsüg-tür bintü dusul (42) ügei kerbe am-a-bar surγahu ügei bolbasu mongγol ayalγu-yi olǰu (43) ülü čidamui tod hemegči mön mongγol üge todorhai manǰu getügen (44) hemehü üge mön buyu teyin-hü bičig-i mongγol tod üsüg-yer (45) neyileldügülügsen čuγlalγ-a hemen nereyidbei. egün-dür suruγči arad bičig (46) delgemegče mön todorhay-a medehü-yin tulada öčühen selbegüri (47) bolhu bui-y-a. eyimü-yin tula orošil bičibei. (48) sayišiyaltai irögeltü-yin ulaγaγčin moγai ǰil-un habur-un terigün sar-a (49) sung yan fugiyun bičibei.

The Contents and Value of the Preface of *The Compilation of Mongolian and Tod Words With Chinese and Manchu Equivalents*

B. Batubayar

Abstract: The preface of *The Compilation of Mongolian and Tod Words with Chinese and Manchu Equivalents* takes a great part of the dictionary, written in Manchu, traditional Mongolian, Tod Mongolian and Chinese, with abundant contents and information. It also has a profound of linguistical and historical significance. The preface records the process and purpose of compiling the dictionary, reflects the basic situation of the use of Tod Mongolian by the Oyirat tribes living in Yili, Kobdo and other regions, and it even clarifies the historical background and reasons of the establishment of Tod School in Beijing. *The Compilation of Mongolian and Tod Words with Chinese and Manchu Equivalents* is a multi-lingual dictionary, which has played a crucial role in promoting friendly communication and cultural exchanges among the different ethnic groups in China as well as in the construction of the community for the Chinese nation.

Keywords: *The Compilation of Mongolian and Tod Words with Chinese and Manchu Equivalents*; Oyirad; Tod; Tod School

學而思進　次第生花

——郭須·扎巴軍乃教授訪談錄

格桑翁姆

摘　要：郭須·扎巴軍乃教授是我國著名藏學家，長期從事藏族語言文學、歷史、宗教以及敦煌藏文文獻的課程教學和理論研究，曾擔任中央民族大學藏學研究院博士生導師，爲中國藏學的人才培養與學科建設作出傑出貢獻。文章回顧郭須·扎巴軍乃教授從事教學工作的經歷經驗，以及他長期對藏學研究尤其是敦煌藏文文獻研究相關問題的思考和認識。

關鍵詞：藏學研究；民族教育；藏文文字；古代藏文文獻

郭須·扎巴軍乃，男，藏族，原籍青海省玉樹藏族自治州，1955 年 9 月出生於青海省玉樹藏族自治州稱多縣，1962 年在當地民辦學校初次學習藏語文。1970 年在稱多縣小學舉辦的師訓班中學習漢藏語文、數學等。1971—1976 年在青海省玉樹藏族自治州民族師範學校相繼就讀初中和中專，畢業後留校任教五年。1981 年考入青海民族學院少語系本科，1985 年本科順利畢業並考入西北民族學院少語系攻讀碩士學位，1988 年畢業，獲文學碩士學位後，被分配到中央民族大學藏學研究院任教，全力以赴爲民族教育事業而努力工作。2001 年被聘爲中央民族大學藏學研究院碩士生導師。2012 年被聘爲中央民族大學藏學研究院博士生導師。曾擔任中央民族大學藏學研究院藏語言文學教研室主任、藏語言文學碩士研究生導師組組長、民族出版社藏文室藏文特邀編輯、玉樹結古寺災後重建小組顧問等職，曾任中央民族大學藏學研究院碩士生導師、博士生導師，青海師範大學班禪研究院特邀研究員。2017 年 1 月郭須·扎巴軍乃被收錄到《中國民族語言文字大詞典》之“從事中國少數民族語言文字研究、翻譯、教育工作的專家、學者簡介”當中。

格桑翁姆：郭須·扎巴軍乃教授您好！非常榮幸您能接受我的採訪。您自 1976 年參加工作以來在中學、大學等擔任教師，並從事藏學相關的教學科研工作。作爲您在中央民族大學藏學研究院的學生，我想請您談談自己的學習經歷。

郭須・扎巴軍乃：回想起來，我的學習生涯斷斷續續，但一切都開始於一個個偶然的機會。1955 年我出生在玉樹州稱多縣賽河鄉的郭須家族，在我進入藏族傳統生命週期——8 歲換牙（སོ་བརྒྱད་ཁ་ཆག）的那年（1962），鄉里生產大隊的領導讓適齡的小孩都去大隊學校報到讀書，我和二十幾位年齡參差不齊的學生一同入校學習。我們的老師是阿多扎西寺還俗的僧人、民辦老師——加果・扎西（རྒྱ་སྒོ་བཀྲ་ཤིས།），他主要教授基礎藏語。經過 3 年斷斷續續的學習，我的藏語水平到了會拼讀、連讀的程度。1966 年，“文化大革命”開始，民辦學校被撤除，一切文化活動戛然而止，我們也回歸到了傳統的勞作生活中。在日常放牧的休息途中，我和小夥伴們會找平整的石板，在上面寫寫畫畫，現在依稀記得石板上的蓮花、佛像、文字和符號，那些都是我們曾對知識渴望的痕跡。

1970 年，我已經是一個 15 歲的小伙，當時稱多縣完全小學的昂江多傑老師在鄉里選學生去縣上讀書，我偶然也跟著其他 5 個同鄉的小夥伴到縣上，系統地學習了漢語拼音、數學，當然還有我最愛的藏文。1971 年的春季，正是農忙時節，稱多縣推薦包括我在內的 6 個同學去玉樹藏族自治州師範學校的消息傳來，當我還在爲要抉擇學習或生活猶豫的時候，家人已經爲我準備了一大袋糌粑和其他生活所需。也是那時，我毅然地走上了學習的道路，並決定一直在這條路上走下去。

在玉樹藏族自治州師範學校學習的六年，正是我積累知識基礎的時期。我本身非常刻苦，爲了提升漢語水平，我把《新華字典》從頭到尾背了一遍。除此之外，學業有所進步的絕大部分功勞都來自我的老師們。張志高是我的初中語文老師，他是一位在民國時期接受過學校教育的藏族人，所以他的文學功底深厚，教學方式有體系且科學。當時很多學生漢語基礎都很差，所以張老師時常會用藏語教授基礎的漢語拼音文字。並且在每次上課前耐心地復習前一節課的重點、點評作業，再教授新的內容、佈置作業。每節課張老師都會按照這種教學進度，所以當時我們的漢語文有非常大的提升。令人印象深刻的還有張老師會寫一手漂亮、規整的板書，我去拜訪他的時候，還會時常回憶那面清晰的板書模樣，包括他在黑板右下角寫的值日生。張老師的教學藝術、教學方式在很大程度上影響了我之後的教學。除此之外，仲求活佛、角加老師、格登老師、次成巴德、巴扎教授、桑德昂加都在學業和生活中給予了我許多幫助。他們優秀的品德、傾囊相授的精神都讓我受益良多。

在那個時代，學校除了要學習還要開展各種勞動，我和初中、高中同學也是在這種淳樸的氛圍中建立了友好的情誼，現在我們還會時常聯繫，舉辦同學聚會。有的時候我覺得自己是一個非常有“福報”的人，能有如此多良師益友相伴追隨。1976 年我中專畢業，因爲次成巴德老師的推薦，我在玉樹藏族自治州師範學校留校任職，成爲夢寐以求的藏文教師。

格桑翁姆：2020年西北民族大學官網上發佈了關於您的校友風采報道，其中介紹您是1988年碩士研究生畢業。1976年您已經在玉樹有了一份穩定、喜歡的工作，那是什麼樣的機會和想法讓您繼續求學之路呢？

郭須・扎巴軍乃：1977年高考恢復，我依舊在教學崗位上工作。一有空閒，我就會去拜訪玉樹本地的堪布、學者，通過學習和探討來豐富自身的知識。那時候，我尤其羨慕大學生，也想去大學進修提升知識水平。這個念頭一直到1981年纔得以實現，那一年我選擇了脫崗升學。雖説是辭職，但每月17元的助學金讓我有了開始這段學業的底氣。就這樣，我又開始了一段求學之路。

1981年秋季，我入學青海民族學院少數民族語言文學系。第一學期，因爲聽不懂安多方言，學習和融入也變得異常困難，但隨著語言障礙被打破，一切都好了起來，我開始享受這段學習的時光。

在大學期間有幾節課讓我印象尤爲深刻。其中一節是李加本教授爲我們教授的“歷代藏文文選”，因爲他認真、細心的教學方式，讓我開始瞭解和關注藏文文獻。桑傑仁青教授，是中央民族大學古藏文進修班的老師，當時在青海民院少語系爲我們教授寫作課程，因爲他對文學作品質量的把控異常嚴格，我們每個人的每篇文章都經過了6—8次的修改。後來桑傑教授建議我們把作業投稿給《西藏文藝》，我的作業《母子業跡》也得以發表，後來該文章還被引用在了統編初中二年級藏文課本中。雖然當時同學們還會在私下議論桑傑教授太嚴格、給的分數太低，但後來同學聚會的時候，我們總是感慨大家的寫作能力都是他培養出來的。

此外，彼此幫助、互相學習的同學情誼也讓我的大學生活增色不少。因爲預算不多，圖書館的書本又有限，我們班裏的8位同學會在一起商量買什麼書，並輪流分享閱讀，這樣的方法讓每個人都有機會看8本書，在閱讀之後，我們也會時常交流、分享閱讀的心得。

升學考研是我一直以來的夢想，但英語水平的不足卻讓我一度以爲與此無緣。1984年，當時民委的領導、西北民族學院院長等領導學者一致認爲梵文可以設爲研究生考試的外語考試科目，並在1985年度研究生考試中得以實施。對我而言，這無疑是一個太美好的消息，因此我也堅定地走上了考研之路。平時，除了鞏固專業知識，我還用了許多時間學習政治和梵文，當時通過聽多識仁波切、木蓋桑旦、夏日東・洛桑遐智嘉木措的課程學習了梵文課程。在聽説西北民族學院少語系聘請了一位拉卜楞寺的格西阿克桑珠教授梵文、曆算時，我也前往進行了系統的學習。當時我比較擔心的還有政治考試，但因爲一個機會，我認識了秦穆措教授，在請教之下，他不僅教給我推薦學習政治的工具書，還爲我細心教授了政治的學習方法。

1985 年，經過 4 年完成 48 門課的我們畢業了。同年，我以碩士入學考試第一名的成績考入西北民族學院少語系，也是在這個階段，我和古藏文有了新的連接。降巴彭措教授是理塘人，當時正好 50 歲，在少語系任職系主任，是一名研究敦煌文獻的老專家。在碩士階段，他爲我們教授了一整年的古藏文，是我學習、研究古藏文的啓蒙老師。後來因爲老師調往四川民族學院，這個學習的機會也就結束了。但從那時候我就對敦煌文獻、古藏文產生了濃厚的研究興趣。1987 年，我在蘭州逛書店的時候，看到一本名爲《藝術前的藝術》，當時我覺得這本書題材非常新穎，包含了多種文學體裁的介紹和研究。1988 年，在我的碩士論文答辯會上，我講到了這本書啓發了我寫碩士論文《藏族文學體裁通論》(རྩོམ་ལུས་ཞིབ་འཇུག་དབྱངས་ཅན་ཞལ་ལུང་།)，這篇論文是關於藏族文學體裁的研究，包括對歷史文學、傳記文學、格言、目錄等多種體裁的研究。當時受到了答辯委員會成員多識仁波切、北京圖書館黃明信教授的高度贊揚。在碩士論文的基礎上，通過趙康老師的幫助，我還豐富了文中的體裁內容，增添了悼詞、吉祥詞、婚詞等體裁創作形式，並在一些體裁里增添了我和學生寫的詩詞例子。

1996 年，在當時玉樹州州長韓文錄、吉格勒等人的資助下，《藏族文學體裁通論》① 這本書得以在甘肅民族出版社出版，這本書也是我對學生生涯的一份總結。

格桑翁姆：您在中央民族大學教授的“古代藏文文獻”課程是開啓我們大學生涯的第一節課，您傳統的教學模式和嚴謹的教學態度都深深地影響了我們，特此想請您分享一些教學科研的經驗供大家學習。

郭須・扎巴軍乃：1988 年，中國藏學研究中心的格勒博士和才讓太教授來我們學校選拔工作人員。當時的我還一心想著回玉樹教書，所以就婉言謝絕了這份邀約。第二次，羅桑開珠教授代表中央民族學院藏學系來西北民族學院選拔工作人員，他又一次向我拋來了橄欖枝，與此同時學校的寧武甲院長表達想讓我留校任教。在一次談話中，我纔知道原來羅桑開珠是我的玉樹老鄉，所以我向他吐露了這種糾結和猶豫，他非常理解，並説服了身爲他老丈人的寧院長。我心想兩次邀約都是北京，而且還是一位老鄉來選拔，這可能就是一種緣分。懷著對這份緣分的憧憬，我便踏上了一條離家很遠的路。

入職中央民族大學後我經常聽王堯老師、陳踐老師的講座，他們收集、整理、解釋、出版了許多關於敦煌文獻的研究著作，受到他們的學術影響我也對敦煌文獻有了進一步的

① 郭須・扎巴軍乃：《藏族文學體裁通論》，蘭州：甘肅民族出版社，1996 年。

認識和研究。1993 年，陳踐老師退休，我傳承她的衣鉢，開始爲 1991 級的本科生教授"古代藏語"課程。當時，我的材料筆記都比較缺乏，所以我需要重新備課，感覺非常吃力，面對學生一些比較困難的問題，我衹能説現在解答不了，等課後查閲資料後再給出解釋。所以在課後我翻閲了許多經典和解析的書籍。這樣的積累也讓我寫出了《古代藏語》上下兩本書。這是我根據北京大學王力教授的《古代漢語》編寫的藏文研究範本。這套書有 8 個單元，26 個課節，16 個閲讀科目，每個單元都附有常用古代藏語詞彙 90—100 條、多達 200 多個的正文名詞解釋。其中書中的内容提要、題解都非常清晰，有很多當時的最新研究成果、以藏文白話提煉的小結、問答題式的作業佈置以及參考書目等。現在有很多高校開設了敦煌文獻、古代藏語的課程，並把這本書列爲一本工具書。

在上敦煌文獻古代藏文這門課時，我會要求學生按照傳統方法背誦課文，因爲我認爲背誦是掌握知識的基礎。其次我會通過傳講的方法，講述文獻的背景、作者、文獻的正文和解釋，闡述當時作者的思想動態、社會經歷等内容。在課堂上我也會經常提問，以學生的表現來看他們對内容的掌握程度，其中適量的作業，能讓學生繼續享受解讀文本帶來的成就感，以此加深印象。當然我也會在課堂上預習準備下一節課，在開始新的課程時，重新復習每個單元，以此形成一個閉合的教學循環模式。最後我會根據批改作業，看作業裏面的句子是否通順，觀點正確與否來寫點評，以此加深學生的印象。

後來，我在中央民族大學陸續開了"藏文文法""古代藏語""現代藏語""詞藻學""聲明學""近代藏文文獻""藏文傳記文學""藏族歷代藏文文選""藏族文學名著導讀""藏文詩論""藏文典籍文獻""佛教典籍文獻""藏族歷史名著導讀""敦煌藏文文獻""西藏政教史""藏傳因明攝類學"和"藏傳佛教史"等 18 門本科生、碩士生和博士生的教學課程。其中"古代藏語"是我自己最喜愛的一門課程，因爲這既是對藏文文獻的研究，也是語言學的研究。古語和現代語言有很大的差别，在尋找語言規律，再把發現分享給學生的過程是非常有趣的，哪怕衹是微乎其微的發現，都會讓我非常震撼藏語的豐富，由此産生的快樂，也會讓我在平時的交流中習慣性地去關注方言之間的差異。我非常享受教授古代藏語這門課程，還有一個原因是因爲學生們也很享受這份學習的快樂，之後我有許多學生也繼續從事語言學、敦煌文獻的研究。這個課程曾被評爲校級精品課程，成爲中央民族大學藏學研究院教材建設的重要支柱。我也在 1999 年度獲得"中央民族大學中青年教師培養基金優秀教學獎"。2001 年我被聘爲中央民族大學藏學研究院碩士生導師。2012 年被聘爲中央民族大學藏學研究院博士生導師。擔任中央民族大學藏學研究院藏語言文學教研室主任、藏語言文學碩士研究生導師組組長、民族出版社藏文室藏文特邀編輯等職務。

格桑翁姆：您一直專注於研究藏文文獻，編寫的《藏族歷代名人辭典》[①]《藏文文字研究》在學界廣受好評，尤其是《藏文文字研究》[②] 在2018年獲得第四屆中國藏學研究珠峰獎基礎資料成果類一等獎，能否請您談談其創作的心路歷程以及研究意義。

郭須·扎巴軍乃：1992年我與嘉娃·羅桑開珠教授合作編寫了《雪域歷代名人辭典》，這是一部專門介紹我國藏族歷史人物的辭典，介紹了2100多名爲藏族社會發展作出重要貢獻和具有重要影響的藏族歷史人物，其中所選收歷史人物的年代從公元前470年的聶赤贊普時期到成立西藏自治區的新時期，前後長達2400多年。這些人物包括：政治家、歷史學家、文學家、科學家、哲學家、醫學家、教育家、藝術家、翻譯家、軍事家、各大寺院堪布、各大活佛、歷任法王、歷朝帝王之帝師、統領全國宗教事務之藏族國師和歷任甘丹赤巴等。編寫體量如此巨大的辭典需要查閱大量的文獻資料，過程非常繁瑣，但當時國內外尚未出版過這類人物數量多、年代久、社會行業門類齊全、覆蓋地區廣的藏族人物辭典。1992年《雪域歷代名人辭典》由甘肅民族出版社出版，並於2006年榮獲首屆中國藏學研究珠峰獎“基礎資料成果類”三等獎，填補了藏學領域中這類工具書的空白，可以説是一部具有學術意義的藏族人物研究的辭典。

1996年，有幾位愛好藏文化的漢族學生在我這裏學習藏文，他們大多是北京其他院校的碩士研究生，其中張皓是清華大學的學生，後來也攻讀了博士學位。他們在學習藏文的過程中，會提一些非常直觀的問題，比如説爲什麽藏文里有5個前加字，爲什麽不是5個後加字？當時我答不上來，因爲從來没有藏族學生問過我這類問題，我也並没有想過其中的緣由。所以當我表示疑惑並解釋説以後慢慢就會明白的時候，他們還是非常執著於追求答案。

因爲這個緣起，我開始研究藏文文字。有了編寫《雪域歷代名人辭典》的經驗，進入搜集整理的工作相對比較順利。我在本子上從三十個字母寫起，以正字法、音律學爲基礎解釋文字的含義。2000年7月，我參加了在荷蘭舉辦的“國際藏學會”，宣讀了名爲《略論藏語中的反義詞》（བོད་ཀྱི་ཟློག་ཚིག་སྐོར་རགས་ཙམ་གླེང་བ།）的學術論文，該論文收錄在 *Tibet: Past and Present*，由 Library of Congress Cataloging 於2002年出版。在與西方藏學學者的談話中，他們表示《雪域歷代名人辭典》填補了藏族歷史人物研究所需要的基礎資料，同時也對我提出了許多問題以及補充明確的文獻來源等建議，這讓我對文字研究有了新的認識和想法。

藏族的語言和文字是分不開的，我想從這份文字研究中探索藏文是如何從一個個字的

---

① 郭須·扎巴軍乃、羅桑開珠編著：《雪域歷代名人辭典》，蘭州：甘肅民族出版社，1992年。

② 郭須·扎巴軍乃：《藏文文字研究》，北京：中國藏學出版社，2015年。

疊加中形成一句句優美的句子。每一個元音、輔音在不同的組合中展現出不同的律動。此後的14年，我堅持從三十個藏文字母開始，通過查找各類歷史文獻補充每一個字母的歷史文獻出處，標注每一本歷史文獻的版本、作者和年限並摘取其中的内容。一周末必能查找到一個字母的文獻資料的情況十分常見，但衹要每天都堅持閱讀、查找資料，也會有每天能完成兩三個字母的高效率。剛開始，我用本子摘抄了一本又一本。後來，蘇發祥教授建議我學習電腦錄入，這樣方便保存所有的資料。我便開始著眼於將所有的資料輸入到電腦，這不僅節省了許多時間，也提高了工作的效率。

可能有人會覺得這是一份重複且枯燥的工作，但通過14年不間斷的翻閱和整理，我非常享受這段發現和欣賞文字魅力的過程，也一直抱著能爲古藏語專業提供一本資料範本的憧憬堅持。2015年《藏文文字研究》由中國藏學出版社出版，這本根據18974字找尋古藏文變化形式的核心問題、理論問題的研究成果如願問世。2017年《藏文文字研究》獲得第四屆中國藏學研究珠峰獎“基礎資料成果類”一等獎。這份榮譽不僅是學術界對我的肯定，也是大家對我這14年研究的認可。

格桑翁姆：您一直在從事敦煌藏文文獻的研究，研究成果豐碩，培養了不少繼續做敦煌文獻研究的學者。所以想請您談談敦煌藏文文獻的研究現狀以及對該研究方向的展望。

郭須・扎巴軍乃：20世紀80年代敦煌藏文文獻研究最具代表性的學者是王堯、陳踐教授，他們對70餘件敦煌西域藏文文本文獻開展了合作研究，並在20世紀80年代推出了一系列敦煌吐蕃文獻專題著作。其中第一本是1980年民族出版社出版的《敦煌本吐蕃歷史文書》。該書在吸收海外學者研究成果的基礎上，結合同時期的漢文文獻，用安多方言中的古詞對《吐蕃贊普傳記》《吐蕃大事紀年》《小邦邦伯家臣及贊普世系》等文獻加以譯注，錄文、翻譯、注釋等方面達到了新的研究高度。第二本是四川民族出版社1983年出版的《敦煌吐蕃文獻選》。這是國內最早的一部有關敦煌藏文寫本的研究著作。第三本是四川民族出版社1988年出版的《敦煌吐蕃文書論文集》，内容涉及社會、宗教、占卜、語言等多個方面。這一系列的合作研究成果極大地推動了國内吐蕃史研究。

20世紀80年代末90年代初，研究敦煌藏文文獻的學者越來越多，研究内容也越發豐富。南卡諾布於1989年發表的論文《敦煌藏文文獻སྦས་པའི་རྒུམ་ཆུང་།原本之考釋》（《中國藏學》1989年第3期）認爲敦煌藏文文獻中的桑傑貝巴（སངས་རྒྱས་སྦས་པ།）的《སྦས་པའི་རྒུམ་ཆུང་།》是一部關於大圓滿的著作，與努・桑傑益西的《禪定目炬》一書有一定的關係。褚俊傑教授20世紀80年代發表了有關吐蕃苯教喪葬儀軌研究的多篇論文，如《吐蕃本教喪葬儀軌研究——敦煌古藏文寫卷P. T. 1042解讀》（《中國藏學》1989年第3期）。黄布凡教授涉及的領域不僅有歷史、藏醫學，還有語言學，其中她翻譯的藏醫文獻結集收錄在

《敦煌本吐蕃醫學文獻精要》一書中。夏吾才讓的論文《初探〈屍語故事〉與出自敦煌的古代藏族幾則故事之關係》（《中國藏學》1996 年第 3 期），通過《屍語故事》的情節、語言、人物以及結構等方面，分別與敦煌藏文文獻中的幾則故事反復對照，提出藏文本《屍語故事》並非來源於印度民間故事集《僵屍鬼故事二十五則》，而是藏地早期原本就有《屍語故事》這類古代民間故事。卡崗・扎西才讓和聶孔・貢覺次旦的論文《敦煌古藏文卷的產生及其整理出版的初步設想》（《西藏研究》1998 年第 2 期），依據漢藏歷史文獻，回顧吐蕃統治敦煌地區的歷史及其所創造的文明，介紹敦煌藏文的整理方法和出版形式的設想。我本人也在敦煌藏文文獻研究的熱潮中發表了數篇文章，其中《敦煌史籍中記載的吐蕃大臣簡介》（《西藏研究》1995 年第 2 期）以敦煌藏文文獻歷代贊普傳記中所記載之大臣們的歷史爲基點，參考大事紀年和後期史書，逐次簡介從第 17 代贊普德赤南雄贊至第 42 代贊普烏東贊之間的宰相。

隨著時間的推移，目前敦煌文獻的研究内容越來越廣泛，包括語言學、文學，對吐蕃的重大事件、邊疆史、吐蕃時期的經典翻譯文本如《戰國策》《尚書》《羅摩衍那》的研究、宗教内容、法律法規等研究。現在我們需要在對藏文文獻有一個基本瞭解的情況下，判定相對完整的文書的書寫年代，確認其使用者和使用範圍。在此基礎上，通過結合同時期的敦煌漢文文獻、考古實物資料、藝術圖像資料，進行跨學科、多角度的綜合研究，這樣必定會成爲世界性的藏學研究學術工程。

格桑翁姆：作爲高等教育系統中藏學學科的前輩，您對藏學人才培養和學科建設有什麼樣的見解和期望？

郭須・扎巴軍乃：對每個人而言，閱讀是賦予人生充實和快樂的一種能力。在大學教育階段的閱讀中，我們首先要從自己的角度出發，開啓一個好的發心，讓閱讀成爲享受，而不是一種負擔。其次要用一種中立的態度和思想去看每一本書，理解書本中的意義，取其精華棄其糟粕，做到求實求是。從思想上來説，讀書的目的是要追求一個啓發性、開拓性的思想衝擊；從知識角度來説，從閱讀中可以積澱基礎知識，掌握基本理論、基本技能。

在閱讀中，我們要學會選擇性地看書。高校的課程設置，是一個系統、科學的學習模式，在這個空間里，我們也需要選擇性地閱讀，循序漸進地讀書和學習，如果在老師的指導下去看經典著作是一個更好的選擇。在掌握基本文法、專業知識的前提下去閱讀經典著作、原始文獻，從而進入研究之中。

讀書是生活的一部分，在書中我們可以看到外圍世界的形成，也可以直面自己的心靈。從書本中，我們可以學到非常多的優良品德，比如説米拉日巴傳，我們可以看到人的價值，在這個充滿物質慾望的時候，我們也要看到人生的真正意義，在精神上不斷豐富自己，實現自己的人生價值。不僅如此，看書還能開拓自己的興趣愛好。當然讀書也需要講究方法，給自己制定一個閱讀計劃，根據每本書的性質和目的，設定閱讀的時間和閱讀的方式，比如簡讀、泛讀、精讀還是復讀。在閱讀中，對每一本書需要進行一個概括總結，這樣閱讀就能更加得心應手。

不同以往，現在這個時代能共享的教育資源和教育途徑越來越多，所以我認爲道德是教育的根本和前提，一個人但凡有良好的道德品質，他都能爲國家和社會增光添彩。

就大學生的學習能力而言，我覺得各個階段對學生的培養方式和培養目的都不一樣。比如説，對於一個剛入藏學專業的本科生，我們需要培養他的雙語能力，因爲大多數藏族學生會選擇回到藏族地區基層工作，爲民族團結、藏族地區發展服務，所以如果能培養好學生的藏、漢雙語的語言敘述能力、藏漢互譯的文字能力，他必定能成爲聯結藏族群衆與地方政府的溝通橋梁。其次，在互聯網時代，我覺得運用計算機的能力是必不可少的。我的不少學生在回基層工作之後，成了地方基層的第一書記，他們平時需要辦理許多工作，所以能通過互聯網、運用好計算機辦實事是非常重要的。在碩士研究生的培養里，我認爲應該在文字的基礎上，培養掌握學科專業的研究方法。就中央民族大學藏學院開設的藏語言文學專業而言，我們需要掌握傳統的寫作方法，並具備理解和寫作的能力，如果没有那就很難去研究古代藏文文獻。

除此之外，研究藏學我們還要掌握現代語言文學，借此去掌握現代一流的研究方法、將傳統文獻轉換爲各個語種的方式方法，比如熟練運用國際音標。所以需要培養碩士研究生做到串聯好傳統和現代的研究方式，提高知識的儲備量，巧妙掌握多種研究方法，爲之後的研究做好鋪墊。優秀的碩士論文需要具備一定的思想、認識和見解。在參考資料充足的情況下，利用好材料，運用各種研究方法把論文做好是非常重要的。在博士研究生階段，建立牢固的學術戰略思想是最重要的，也就是説在博士學習的階段要將學術的觀點、理論、方法、内容、結構都囊括其中，並在學術研究中將眼光放得更遠、更廣。

學習要有非凡的毅力、非凡的智慧與非凡的福報。毅力是一種品德，也是一種行爲習慣，可以通過不斷地管理和累積獲得。而智慧，則是一種學會取捨的能力，在學習中，我們總是在不斷取捨與生活的矛盾，衹有取捨得當，我們纔能有學習和研究的決心。同時我認爲學習還要具有非凡的福報，這個福報是來自國家、社會、家庭的支持。去年我去北京佛學院也跟僧人們聊過這個話題，現在讀書的學生都是非常有福報的人，他們不僅能得到家人的支持，在經濟上還有國家政策、學校獎學金的扶持。有了這些福報，學生也能全身心投入學習研究中。

目前藏學研究的隊伍多、基本素質也很高，但藏學研究還有豐富的空間與内容值得探索。如果要從事藏學研究，我希望學生們能學好藏文，因爲我們研究依靠的大多文本文獻都是藏文文字，所以想要有突出的研究能力還是要夯實加強藏文基本功。其次，要學好外語，讓其成爲科研的工具，以此獲得更前沿的研究信息，實現與外界研究的互動和進步。最後，我們要注重與語言學、文學、歷史學、宗教學、民族學、考古學交叉學科的互動，進行多角度的文化研究。

格桑翁姆：感謝您在百忙之中接受我的採訪，分享您寶貴的經驗和思考，我受益良多。祝您身體健康，扎西德勒！

Learning and Thinking into the Next Flower

—Interview with Professor Guoxu Zhabajunnai

Gesang Wengmu

Abstract: Professor Guoxu Zhabajunnai is a famous Tibetologist in China. He has long been engaged in the teaching and theoretical research of Tibetan language and literature, history, religion and Dunhuang Tibetan literature. He once served as the doctoral supervisor of the Institute of Tibetology of Minzu University of China, and made great contributions to the talent training and discipline construction of Tibetology in China. This article reviews Professor Guoxu Zhabajunnai's teaching experience and his long-term thinking and understanding of Tibetology research, especially the study of Dunhuang Tibetan literature.

Keywords: Tibetan studies; Ethnic education; Tibetan language; Ancient Tibetan literature

首届“元明清藏文文獻、圖像所見民族交流史”高端研討會會議綜述

范璐爾

摘　要： 爲積極響應建構中國特色哲學社會科學、構建中國自主的知識體系的要求，中國人民大學國學院西域歷史語言研究所與西藏自治區乃朗寺古籍館聯合籌辦首届“元明清藏文文獻、圖像所見民族交流史”高端研討會。會議邀請浙江大學、西藏自治區布達拉宫、中央民族大學等多所高校與科研機構的學者，圍繞藏文古籍文獻與歷史、西藏藝術等主題進行了深入探討。

關鍵詞： 藏文文獻；西藏藝術；民族交流史

爲了貫徹落實習近平總書記 2023 年 6 月 2 日在北京文化傳承發展座談會上講話精神，中國人民大學國學院西域歷史語言研究所和西藏自治區拉薩市乃朗寺古籍館於 2023 年 7 月 29 日至 30 日在西藏自治區拉薩市合辦首届“元明清藏文文獻、圖像所見民族交流史”高端研討會。來自中國人民大學、浙江大學、乃朗寺古籍館、西藏自治區布達拉宫、西藏自治區古籍研究與保護中心、中央民族大學、西藏博物館、西藏大學、北京服裝學院、復旦大學、塞卡古托寺、中國藏學研究中心等 13 所高等院校、科研機構與寺院的 46 位專家學者與會。全國各地藏學名家齊聚一堂，討論議題契合學術、精彩紛呈，進一步增强了僧、學兩支隊伍的交流與合作，取長補短，發揮各自的優勢與長處，爲西藏優秀歷史文化資源的保護、開發與利用尋求更多機會和更大可能性。

會議由“主旨發言”“多民族文化交流”“藏文文本與文獻”與“西藏藝術”“藏文文獻與歷史”等五個專場組成。共有 24 位專家學者進行報告，内容涉及歷史學、民族學、藝術學、醫學、語言學等各研究領域，在時間跨度上，涵蓋元、明、清三代，内容豐富且具深度。

7 月 29 日，第一場主旨發言首先由浙江大學漢藏佛教藝術研究中心主任謝繼勝教授以及博士研究生董星辰作報告，題目爲《西藏自治區山南市賽卡古托寺調查報告》。賽卡古托寺位於西藏自治區山南市洛扎縣色鄉，寺内的十二柱殿和碉堡爲早期建築群，現存

12—19世紀的木雕、壁畫和塑像等，所涉題材豐富且展現了早期尼泊爾風格和西藏地方本土的勉塘畫派風格。以菩薩海殿堂爲主體的建築一層殿内壁畫以十六羅漢和五十三參爲繪畫題材，其内部淨香殿裏陳列了七佛塑像並滿繪千佛。謝教授指出這種以七佛爲殿内主尊的塑像配置在西藏寺院内並不常見。二層的喇嘛拉康繪四大天王和十六羅漢並陳列了噶瑪噶舉上師傳承塑像，在同層的本尊拉康裏四面牆壁滿繪父續、母續壇城壁畫。整體來看，賽卡古托寺的建築形制、寺内珍藏文物、壁畫和塑像等爲瞭解西藏邊境地區佛教寺院、噶舉派佛教藝術和洛扎民間信仰和佛教信仰的交織面貌提供了重要的材料。

西藏自治區文藝聯合會原副主席克珠群佩發言題目爲《噶舉派特點一二》，他簡潔明瞭地闡述了噶當派、寧瑪派與噶舉派的教派特點與教義特征，並闡釋了噶舉派的祖師傳承中幾位上師，如帝洛巴、那洛巴、瑪爾巴、米拉日巴等上師的生平及所修之法，以及這些上師們在對噶舉派教義形成過程中起到的作用。

中國人民大學國學院西域歷史語言研究所所長烏雲畢力格教授發言題目爲《必蘭納識里、肅州與蒙古〈白史〉的成書——談16世紀蒙藏漢文化交流的一個側面》，提到《十善法白史》（簡稱《白史》）是蒙古文獻史上具有重要地位的一部史籍，而《白史》是目前所知蒙古第一部“西藏伏藏”式的文獻，它成書於16世紀後半期，主要作者是鄂爾多斯部貴族切盡黄台吉。盡管《白史》作者聲稱這部書的原作者是元世祖忽必烈薛禪皇帝，續修人物是16世紀大名鼎鼎的切盡黄台吉，但《白史》的内容與元代蒙古政治、行政各方面的情況格格不入，烏雲畢力格教授總結爲必蘭納識里和肅州在《白史》中登場的現象恰恰透露了《白史》在16世紀中後期中原王朝與蒙古地方、西藏地方交往交流中成書的史事。

蘭州大學西北少數民族研究中心阿旺嘉措教授發言題目爲《〈賢者喜宴〉第三卷第二章“吐蕃史”譯評》。《賢者喜宴》由巴臥·祖拉陳哇於公元1564年寫成，之後經過多吉加波校勘，1986年由民族出版社出版。“吐蕃史”是該書第三卷的第二章，由著名學者黄顥先生漢譯後，1980年開始在《西藏民族學院學報》上連載，引起藏學界的強烈關注。在補譯這部著作時將原文和譯文做校對，在此過程中阿旺嘉措教授發現了因對原文理解出現偏差而造成的一些誤譯，但一直被學者們所引用，這些誤譯主要出現在對原文的特殊語句理解和文法的應用，以及書名和地名的翻譯等方面。

在第二場“多民族文化交流”主題中，中國人民大學國學院副院長黄維忠教授發言題目爲《禮儀制度視野下的西藏地方致祭嘉慶皇帝活動考》。清朝皇帝駕崩、新皇登基，西藏地方會在本地誦經祈福的同時，遣使赴京來獻供物，朝廷也會遣使至藏念經、發放布施。但由於史料的缺乏，學界鮮少關注這一話題。黄維忠教授利用新近出版的《清代西藏地方檔案》中《致祭嘉慶皇帝舉行佛事儀式事》等多件相關檔案，結合《清實錄》等漢文文獻，在禮儀制度視野下，討論了西藏地方致祭嘉慶皇帝的相關活動。

中央民族大學藏學研究院劉冬梅教授報告題目爲《從一件唐卡的社會生命史看漢藏藝術交流：以山南博物館藏永樂勝樂金剛織錦唐卡爲中心》。學術界常用“漢藏藝術”這一概念泛指在漢藏民族交往交流交融過程中產生的在題材内容或風格特征相互影響的藝術形式與藝術實踐。西藏山南博物館藏的一件永樂織錦唐卡是明成祖賞賜給西藏高僧的禮物。從15世紀到18世紀直至現當代，這件織錦唐卡在不同的語境中有不同的意義，在此變遷過程中，此件唐卡的美學特征與歷史信息不斷與“文化遺產保護”“一帶一路”“民族交往交流交融”“鑄牢中華民族共同體意識”等時代主題發生聯結。劉冬梅教授指出永樂織錦唐卡不僅呈現著歷史，更是各個不同時代歷史創造的組成部分。

蘭州大學西北少數民族研究中心博士研究生王振宇報告題目爲《五世噶瑪巴晉京之行對漢藏佛教關係的強化——以百靈寺〈敕建普福寺紀功德碑〉爲中心》。五世噶瑪巴德銀協巴作爲三大法王之首，其晉京之行意義重大。王振宇以百靈寺《敕建普福寺紀功德碑》爲重要證據，結合《紅史》《賢者喜宴》和《噶瑪噶倉傳承大寶傳記・無邊寶月水晶鬘》等典籍，對五世噶瑪巴返藏途中的河西之行進行考述，並指出取道河西返藏應是五世噶瑪巴在綜合考慮明朝政府的河西治理政策和自身意願的情況下做出的選擇。五世噶瑪巴的晉京之行在促進漢藏文化交往交流交融的同時，強化了漢藏佛教關係，推進了藏傳佛教的中國化進程。

第三場爲“藏文文本與文獻”，西藏大學藏文古籍研究所所長西熱桑布教授報告題目爲《〈巴榮噶舉文集〉編纂工作匯報》。歷史上對“巴榮噶舉”文獻的整理記載很少，除了幾個寺院平常使用的教科書及儀軌書籍抄錄之外，幾乎没有進行過大的編纂工程，因此此次編纂《巴榮噶舉文集》（下文簡稱《文集》）意義重大。西熱桑布教授從組織、搜集、整理、制作副本、錄入、校對、出版等七個方面介紹了《文集》編纂情況，並提到《文集》共收錄了101函、2800多篇巴榮噶舉文獻，内容涉及顯密宗教、大小五明、文史傳記、訣竅儀軌、天文地理等等，其中很多文獻未曾刊布，對研究西夏以及元明清以來巴榮噶舉的宗教、政治、文化、經濟、民族相互交往、交流、交融史有很高的資料價值。

西藏大學文學院窮達教授在《十至十一世紀譯界巨擘仁青桑布大師及其中篇傳記考略》中，主要圍繞著藏傳佛教後弘期著名藏族翻譯家仁青桑布大師（996—1055）的親炙弟子赤唐瓦・柏益西（10—11世紀人）編撰的《仁青桑布譯師中篇傳記》（以下簡稱《中篇傳記》）的版本問題，進行了一些初步的探討，其中包含對《中篇傳記》各版本和《青史》《拉喇嘛・益西沃廣傳》等藏文文獻摘錄的節本等統計、《中篇傳記》各版本比較以及《中篇傳記》不同版本形成的原因等等。

西藏自治區古籍研究與保護中心主任達爾文・尼夏研究員發言題目爲《一部16世紀

藏醫史籍中新發現的藏紙造紙秘訣的翻譯解讀與研究》，通過對16世紀藏醫學史籍《藏醫學歷史總論》中有關藏紙造紙技術理論相關記載的翻譯和闡釋，認爲藏紙造紙工藝理論文獻記載的歷史早至16世紀（明代），也體現了當時從醫者掌握紙張加工技能的必要性和當時的普及程度等情況。這推進了藏紙造紙技術及其理論發展的研究，並爲今後藏族古代科技史、文化史、印刷史、古代文獻研究等諸多學科的研究提供基礎依據。

西藏博物館展覽部主任吉如·巴桑羅布研究員發言題目爲《從〈班禪·釋迦卻丹傳記〉窺探勉拉頓珠歷史》。勉拉頓珠是公元15世紀西藏最傑出的一位藝術家，他開創了勉唐繪畫流派，並用心培養了以勉唐囊巴倫珠爲首的諸多弟子，使其藝術流派得到了良好的傳承和發展。通過分析《大班智達·釋迦卻丹智美列白洛追傳記詳實分解》中相關記載，吉如·巴桑羅布研究員得出以下結論：一代繪畫大師勉拉頓珠與班禪·釋迦卻丹關係甚密；勉拉頓珠師徒在色朵堅寺留下了錦緞釋迦牟尼及十六羅漢唐卡、三十五位懺悔佛、八大藥師佛以及以飾日月女神爲主的薩迦派護法神等諸多藝術佳作；色朵堅是勉拉頓珠在世期間，勉唐派師徒作品最集中的寺廟之一。

7月30日共有四場，與會學者圍繞“西藏藝術”與“藏文文獻與歷史”主題展開發言與討論。

西藏自治區布達拉宮文物研究室班旦次仁文博館員報告題目爲《布達拉宮館藏勉唐·貢確臣列倫珠真跡：噶舉派祖師唐卡初探》。除了少量的文獻記載之外，學界對勉唐·貢確臣列倫珠的真跡知之甚少。班旦次仁根據對布達拉宮館藏16幅噶舉派祖師唐卡的題記解讀、相關文獻記載，以及繪畫風格分析，認爲這組唐卡屬於16世紀後藏第悉政權時期，在九世噶瑪巴·旺秋多傑的主持下勉唐·貢確臣列倫珠繪制的真跡。這不僅對研究這位勉塘派畫師的繪畫作品具有一定學術價值，而且爲珠古·曲英嘉措的繪畫風格形成和新舊勉唐畫派轉型時期過渡段的風格研究具有重要意義。

西藏自治區布達拉宮文物研究室旦增央嘎報告題目爲《上師肖像畫的多元解讀——由一幅布達拉宮館藏帕木竹巴唐卡談起》。藏傳佛教美術作品中對祖師、上師及喇嘛等重要人物進行描繪時，常常會對他們面部的個別細節進行神聖化處理，這不同於尋常肖像畫力求寫實的傾向。噶舉派最重要的上師之一帕木竹巴由於顯著的外貌特征，在一衆祖師像中較易辨認。布達拉宮收藏的一幅以帕木竹巴爲主尊的唐卡與衆不同，通過對此唐卡周邊人物的分析辨認、繪制年代的推斷，以及對當時歷史背景的概觀，旦增央嘎試圖探索這幅上師肖像畫所隱含的多重意義，並探討了這類以上師肖像爲主題的繪畫是否能夠反映當時的宗教形勢，是否展現了對宗教權力強調與鞏固的意圖。

中國藏學研究中心歷史研究所副研究員魏文發言題目爲《大昭寺元代十六羅漢殿考》。五世達賴喇嘛所造《拉薩幻化祖拉康志明鏡》中有一條元朝時期本欽旺曲尊珠奉旨入藏在大昭寺修造羅漢殿的史料，其中對大昭寺各個殿堂配置比較全面的描述對研究漢地羅漢信仰在西藏的早期傳播提供了重要的史料線索。魏文結合同時代歷史資料對其進行翻譯、同定和解釋，找出了當時所用圖像的漢地來源，並對這位在薩迦與帕竹政治鬥爭中扮演重要角色的本欽在聖地大昭施造羅漢殿的根本目的進行解説。

中國人民大學清史研究所副教授安海燕在《大慈法王傳〈吉祥喜金剛修習施食法儀〉研究》中以一部名爲《吉祥喜金剛修習施食法儀》（又名《吉祥喜金剛獨勇修習法儀》）的漢文藏傳密教儀軌文獻爲重點，提到其中所列宗承上師名錄中的最後一位即爲“大慈法王”，這説明這部修習儀軌是由大慈法王傳出後以漢文流通的。這部文獻無疑是大慈法王在北京傳播藏傳佛教最爲直接、有力的證據。安海燕在對《吉祥喜金剛修習施食法儀》出現的歷史宗教背景及文本來源進行考述之後得出：在明封三大法王中，大慈法王釋迦也失對漢藏文化交流所做貢獻最大，他對明代北京藏傳佛教的發展起過相當大的推動作用。

中國人民大學國學院西域歷史語言研究所講師楊傑報告題目爲《藏傳佛教哲學體系“他空中觀”在西藏的影響——以17—19世紀寧瑪派文獻爲中心》。他空中觀是藏傳佛教中觀學體系的重要組成部分，雖然最早由覺囊派上師明確提出，但其流傳與影響範圍並不局限於覺囊派。楊傑以洛欽·達摩師利、澤旺諾布、格澤班智達等17—19世紀弘傳他空中觀的寧瑪派上師爲研究對象，通過重點考察其傳記與著作，分析其他空見的傳承來源、對後世的影響以及其中折射出的宗派互動與交流，在此基礎上，明確敏珠林寺與噶陀寺兩大傳規在他空中觀於寧瑪派内的弘傳進程中扮演的重要角色。

中央民族大學中國少數民族語言文學學院副教授格日傑布在《古藏文文獻中的 chu srid 和 chab srid 的語義解讀》中，基於古藏文文獻考察了藏語詞 chu srid 和 chab srid 的多種語義，並初步梳理了不同語義間的演變軌跡。作爲複合詞，chu srid 和 chab srid 在古藏文文獻中表示生育、後代、勢力、聯盟、親征、政權、政事、政策和政治等不同的意義。上述多種義項分别表示不同的語義層次，其本義與生育有關，其他義項分别由此引申。這種語義概念與漢語詞“江山”存在共同特征。

中國人民大學藝術學院講師王傳播發言題目爲《扎西通門寺的營建歷史與繪畫實踐：兼談早期嘎赤派的風格來源及其畫史構建》。位於山南錯那市的扎西通門寺是竹巴噶舉於藏南地區的教法中心。王傳播基於2022年實地考察該寺之所得，結合三世、四世、五世、八世竹欽嘉旺的傳記及相關文論中有關該寺的營造記錄，系統介紹了該寺的建造歷程、藝術實踐及壁畫遺存，並嘗試厘清16—17世紀山南地區的勉唐派與嘎赤派的内在關係，以及嘎赤派概念的構建路徑與接受史。

中國人民大學國學院西域歷史語言研究所博士后苞璐爾報告題目爲《〈五世噶瑪巴爲明太祖薦福圖〉赤脚僧身份考》。《五世噶瑪巴爲明太祖薦福圖》是明成祖永樂皇帝賜五世噶瑪巴哈立麻的巨幅長卷，體現了哈立麻受邀在南京靈谷寺舉辦薦福法會的場景。長卷中的僧人形象以漢地僧人爲主，僅有幾位胡僧形象，在衆多僧人羅漢中，有一位僧人形象與衆不同，即二月十三日的場景中出現了一位樣貌獨特的赤腳僧人，身穿百衲衣，一手攜履，一手握衣角。苞璐爾結合薦福法會與靈谷寺歷史背景，通過識別長卷中的圖像特征並闡釋相關文本，對此赤腳僧身份進行考證，並探析其意涵。

西藏大學藝術學院博士研究生那尕才讓發言題目爲《圖像與修習：彌勒文殊對坐圖像與噶舉派的淵源關係——以山南色喀古托寺木雕與那曲邦那寺壁畫爲例》。藏傳佛教“彌勒與文殊對坐”圖像體現了佛教中觀、唯識雙軌體系的首次融合。目前，在西藏及跨喜馬拉雅地區發現的彌勒與文殊對坐壁畫共計 12 鋪，該圖像從 11 世紀興起，逐漸演變，到 17 世紀隨著格魯派對中觀、唯識雙軌體系法脈傳承的溯源，將這一圖像升華爲表現正統法脈關係的“皈依鏡”圖像。那尕才讓基於山南洛扎縣色喀古托寺所藏 12 世紀木雕所顯上師對坐及其三塔組合圖式與 17 世紀那曲索縣邦納寺壁畫遺存，試圖探討以上兩處視覺材料與彌勒文殊對坐圖像的内在關聯，並指出其與噶舉派的教法修習有密不可分的關係。

中國藏學研究中心《中國藏學》編輯部編輯張寧報告題目爲《斯瓦揚布塔歷次修繕的藏文記載所體現的中尼交流》。位於尼泊爾加德滿都谷地的斯瓦揚布塔是舉世聞名的佛教勝地，在歷史上經歷了多次修繕。依據迄今所見藏文文獻的記載，自 13 世紀起大塔的修繕活動中開始出現藏傳佛教高僧大德的組織和參與，也有來自西藏地方政府和内地中央政府的支持。通過爬梳斯瓦揚布塔的塔志和勝地志、教法史、傳記等相關藏文材料以及相關漢文史料，闡述了藏傳佛教界參與斯瓦揚布塔修繕的歷史情形，並指出這其中既體現了漢藏文化交流，也體現了中國與尼泊爾的友好交往交流。

復旦大學歷史地理研究中心博士研究生楊志國發言題目爲《“金瓶掣簽”下的噶舉派活佛轉世制度》。清廷頒行金瓶掣簽後噶舉派活佛轉世制度的變化歷來少有學者關注。楊志國以八邦寺所藏文書爲出發點，參引相關檔案、傳記、著作，依次復原了清中後期“金瓶掣簽”制度頒布後該派的活佛轉世情形。但對於該制度可否稱爲“定制”，發言人持保留態度。

中國人民大學國學院西域歷史語言研究所博士研究生永中久美報告題目爲《新發現的清代噶倫索康・斯覺次旦傳記寫本考述》。近來一部關於清代西藏地方噶倫索康・斯覺次旦的傳記寫本發現於青海貴德縣，記載了西藏著名貴族索康家族（zur khang）的發展歷程和噶倫本人的生平事跡。内容涉及索康・斯覺次旦在 18 世紀末到 19 世紀初在噶厦擔任官職、赴邊履任、升遷噶倫、辭官出家到最後圓寂的全部人生過程。永中久美重點梳理了寫本中記載的索康家族歷史和噶倫生平，同時對其中反映的重大歷史事件和相關政教人物、宗教修學、跨文化互動以及文學特點等方面做了考述。

會議的最後，由西藏大學藏文古籍研究所西熱桑布教授與中央民族大學藏學院劉冬梅副教授分別對“文獻與歷史專題”“西藏藝術專題”進行了總結。二位教授指出，各位學者深入挖掘歷史文獻，除了提出獨到的見解與新的觀點，還有多位學者充分利用圖像資料進行研究，實現圖像與文獻史料的有機結合。專家學者們利用了諸多新材料、新視角，在會議過程中進行深入的交流，豐富了論壇内容，開闊了研究視野，充分顯示出與會學者高超的研究水准。

2022 年 4 月 25 日，習近平總書記在中國人民大學考察時指出，要加快建構中國特色哲學社會科學，構建中國自主的知識體系。爲了貫徹總書記的講話精神，中國人民大學國學院聯合國内多家高校、科研機構，通過本次會議深入挖掘藏文史料及西藏藝術所蘊含的哲學思想、人文精神、價值理念、道德規範，挖掘、整理、宣傳藏文古籍文獻與西藏圖像所反映的各民族交往交流交融的歷史事實。本次會議的成功舉辦有利於推動藏文文獻與藏傳佛教藝術史的研究，增強與會學者對中華民族交流史的認識，從學術角度鑄牢中華民族共同體意識。

Summary of the First High-end Seminar on the History of Ethnic Exchanges Seen in Tibetan Literature and Images of the Yuan, Ming, and Qing Dynasties

Baoluer

Abstract: In order to actively respond to the requirements of constructing philosophy and social sciences with Chinese characteristics and building an independent knowledge system in China, the Institute of Historical and Philological Studies of China's Western Regions of Renmin University of China and the Ancient Books Library of Nenang Monastery of Xizang Autonomous Region jointly organized the First High-end Seminar on the History of Ethnic Exchanges Seen in Tibetan Literature and Images of Yuan, Ming and Qing Dynasties. The conference invited scholars from Zhejiang University, Potala Palace of the Xizang Autonomous Region, Minzu University of China and other universities and research institutions to conduct in-depth discussions on topics such as ancient Tibetan literature, history, and art.

Keywords: Tibetan literature; Tibetan art; History of ethnic exchanges

"承德與清代各民族交往交流交融學術研討會"綜述

張永江　呂曉青

摘　要：承德長期是清代國家第二政治中心，也是清朝處理邊疆民族事務的中樞，同時還是清代各民族交往交流交融的重要場域，備受國内外學術界關注。2023 年 8 月 28—29 日，"承德與清代各民族交往交流交融學術研討會"在承德舉行。會議論文從全國視角和地域視角對這一議題加以討論。宏觀層面有對"大一統"的理論與實踐價值、"南苑"大閱的功能透視、漢文經典滿譯等重要議題的討論；中觀層面則有關於東北、内外蒙古地區、新疆及中原各區域民族經濟文化交流個案研究；聚焦承德的則包括滿文、蒙古文檔案及碑刻、避暑山莊、木蘭圍場等經典議題的再研究。會議在促進清代各民族交往交流交融史研究的同時，也爲推進承德乃至河北地區中華民族交往交流交融史的研究提供了重要借鑒。

關鍵詞：清代承德；避暑山莊；民族交流

爲深入學習領會習近平總書記在中央民族工作會議上和視察承德期間的重要講話精神，進一步推動承德地區中華民族交往交流交融史的研究，2023 年 8 月 28—29 日，由河北省民委主辦，承德市委統戰部、承德市民族宗教事務局協辦，河北民族師範學院承辦的"承德與清代各民族交往交流交融學術研討會"在承德舉行。會議共收到論文 25 篇，來自中國社會科學院、中國人民大學、中央民族大學等各地參會學者 30 人。

本次會議的核心議題是承德與清代各民族的交往交流交融，與會學者從整體史到微觀區域史均有論及。由於承德很長時期内都是清代國家第二政治中心，部分承擔着首都的功能，這裏制定的政策、發生的史事，輻射到全國。會議論文也從全國視角和地域視角分别加以討論。

清代大一統與中華民族共同體理論具有學理上的互通性。李大龍的《"大一統之在我朝"——清朝對"大一統"的繼承與實踐》從長城内外疆域一體化實踐、邊疆行政一體化實踐、法治一體化實踐、文教一體化實踐、消除"華夷之别"的一體化實踐等方面論證了清朝統治者將傳統"大一統"思想付諸國家治理的實踐，推動著多民族中國在清代實現了從傳統王朝國家向近現代主權國家的轉型。劉文鵬的《禮制、火器與國家構建：清代南苑大閱歷史意義透視》一文指出，南苑大閱是清朝爲應對某一特定國家危機而進行的標誌性舉措，包括出兵檢閱和事後紀念紀功兩種形態，從其演變看，清廷在應對每次嚴峻危機之時，採取更加重視火器務實的價值取向，騎射傳統的保持則走向形式化。

具體到清代各民族文化層面的交往交流交融問題，清朝漢籍滿譯具有影響全國、貫穿清代的重大意義。吳元豐的《從滿文古籍看多民族文化交流交融》認爲清統治者通過以滿文翻譯傳統漢文經典，促進了中原傳統文化向邊疆的傳播；編譯蒙漢等多語種文字典籍，有助於保護和傳承中華民族傳統文化；滿文古籍所記載的內容與書寫文種體現了清代多民族在文化上交流交融的廣度和深度。李俊義的《喀喇沁王旺都特那木濟勒與滿蒙漢文人交流考》以詩文書畫爲分析對象，考述清末喀喇沁王旺都特那木濟勒與滿蒙漢各族王公、官員及文人之間的文藝交流，爲研究清朝各民族文學藝術的廣泛交往、全面交流、深度交融提供了典型個案。蘇日朦的《清代額爾德尼召史事考》，基於多語種檔案文獻，梳理還原了漢、滿、蒙、藏等各民族設計者和工匠共同建造、修繕額爾德尼召的過程，認爲額爾德尼召史事見證了清代統一多民族國家的歷史進程，反映了清代各民族在物質、精神、文化方面的密切交流。

邊疆與內地各民族的互動與交融也受到關注。孫守朋、陳晨的《清代東北流人與各民族的交往交流交融》以東北流人群體爲切入點，從經濟、文化、社會風俗等多方面論證了清代東北流人與當地各民族之間相互依存與協作的過程，認爲各民族間的共情之感是中華民族共同體意識的構建過程。柳岳武的《商貿與邊疆：清代烏里雅蘇臺地區的內地商民研究》利用散藏於中、蒙、俄等各國的檔案對清代烏里雅蘇臺地區的內地商民狀況予以研究，指出內地商民的存在加速了該地區農牧經濟的融合，促使蒙漢群體間形成了一定程度上的經濟共同體。楊帆的《十八世紀布特哈人衆的越界問題》基於滿漢文檔案，梳理了黑龍江流域布特哈人越界前往吉林將軍轄區捕獵、交易案件的根源以及清朝針對越界問題進行的政策調適，反映了黑龍江流域布特哈人與邊民、蒙古盟旗之間進行的經濟交流。吳阿木古冷、匡晨暄的《"感戴君恩"：乾隆朝對天山南路伯克的向心力培養》，利用滿文檔案梳理了乾隆朝向南疆維吾爾族伯克導入以"君恩"爲核心的官方意識，增強南疆維吾爾族伯克對清朝的向心力，回應了"新清史"所提出的"南疆是清朝統治中意識形態的空白區"這一觀點。

另外，學者也對內地民族之間的交往交流交融史進行了研究。戴建兵的《從真定看中華民族"三交"》對歷史時期真定（今正定）地區各民族之間在政治、經濟、文化、宗教等多層面的交往交流交融進行了動態考察，論證了中華歷史是各民族共同書寫的，中華文化是各民族共同創造的。

承德地處長城沿線的農牧交錯帶，是各民族交往交流交融的重要場域。承德地區各民族交往交流交融史是本次會議的重要議題。宋爽在《“避暑山莊研究”專欄創辦紀實》一文中指出各民族共同發展繁榮的歷史變遷是避暑山莊研究的重要方向。

本次會議從不同角度對承德地區民族交往交流交融史進行了研討。烏雲畢力格的《西藏檔案館所藏承德各寺相關蒙古文檔案與國内民族交流》，通過對西藏自治區檔案館所藏承德各寺廟與西藏相關的蒙古文檔案進行研究，認爲承德是連接蒙藏地區和内地的一個樞紐，推進了清中央政權與蒙藏地方的政治文化交往交流交融。馬忠文的《祺祥政變中的奕䜣與慈禧》一文指出祺祥政變的主謀是奕䜣，慈禧在政變中僅是配角，因此建議在研究清末權力結構演變過程時，應注重滿蒙漢等各民族官員之間的關係及其在清末政局發展中的作用。楠木賢道的《日本江户時代知識分子理解的清朝和藏傳佛教——以近藤重藏〈喇嘛考〉爲例》一文，認爲承德是日本江户時代知識分子所界定的清朝性質的兩個側面——中華最後一個王朝與藏傳佛教的綜合反映場域，這也是海外學者對承德十分關注的重要原因。趙艷玲的《過渡地帶視野下的承德形成發展》從農牧過渡帶視野出發，深入剖析作爲清代處理北方民族事務基地的承德的獨特地位，揭示其農牧兩大族群之間的共生、互動、演化與融合，認爲承德溝通了遼西、河西兩大走廊，推動了中華民族共同體的形成與發展。王曉輝的《清帝駐蹕避暑山莊期間的政治活動與邊疆治理》從政治史的角度，分析了清帝巡幸熱河期間，通過撫綏蒙古、處理日常政務、參與熱河地區事務管理等一系列政治活動，深化清廷對蒙古地區的統轄，鞏固北部邊疆安全。同時，客觀上促進了熱河地區的發展以及長城内外走向“一體”，增強了蒙漢等各民族的交往交流交融。高揚的《從“多元”到“一體”：清朝副都熱河司法體系探析》一文，從法制史的角度對熱河司法體系由“多元”向“一體”的演進過程進行了分析，指出通過統一的司法管理，協調不同民族利益的司法裁決，爲熱河多元文化的交融提供了制度保障，反映了不同民族間相互融合的歷史進程。

清代少數民族領袖赴熱河朝覲是承德地區民族交往交流史的重要内容，其中土爾扈特部赴熱河覲見備受關注。郭美蘭的《土爾扈特汗渥巴錫等避暑山莊朝覲始末》一文根據中國第一歷史檔案館所藏軍機處滿文《土爾扈特檔》及《錄副奏摺》等滿文檔案，參考相關典籍和碑刻，對土爾扈特汗渥巴錫等赴避暑山莊朝覲的全過程進行了系統梳理，充實了土爾扈特東歸歷史研究的内涵，指出渥巴錫等避暑山莊朝覲之行爲清朝有效治理邊疆和妥善處理民族關係提供了成功案例。李剛的《御制〈土爾扈特全部歸順記〉滿漢碑文辨析》從歷史文獻視角出發，對清廷在熱河所建立之御制碑《土爾扈特全部歸順記》的滿漢碑文進行文本比較和内容解析，考釋不同語種碑文内容的差異性，指出碑文提綱挈領地概述了土爾扈特東歸原因及安置等内容，並提示使用二手史料時需要甄别的必要性。蘇日娜的《碑刻裏的歷史印記：御制〈土爾扈特全部歸順記〉熱河立碑時間及其四體文本關係考》則對漢滿蒙藏四體碑文本進行了對比分析，考證了四體碑文按照漢、滿、蒙、藏文本翻譯的先後順序。烏日魯木加甫的《〈平定準噶爾後勒銘伊犁之碑〉之漢滿托忒文比較研究》對普寧寺所建《平定準噶爾後勒銘伊犁之碑》漢文、滿文、托忒文三體碑文進行比較研究，指出滿文碑文忠實地翻譯了漢文，其間差異較小，而托特文則是從滿文翻譯而來的。上述研究表明清代統一多民族國家的性質在清代的多語種文本之中得到了充分體現，通過多語種文獻的分析，豐富了承德地區多民族互動與融合的研究。

中華民族交往交流交融的史學視域推動木蘭圍場研究達到了新高度，學者重新挖掘了木蘭圍場的重要歷史意義。高俊虎的《塞罕壩——鑄牢中華民族共同體的象徵》從木蘭圍場的興建、木蘭秋獮大典的舉行以及木蘭圍場所發生的歷史事件等方面，論證了木蘭圍場是清代各民族交往交流交融的重要場域，是中華民族共同體的歷史象徵。張紅的《清代木蘭圍場社會變遷與各民族交往交流交融》一文運用民族學與歷史學相結合的方法，從木蘭圍場的設置、八旗官兵的進駐、木蘭秋獮活動及清末圍場開圍放墾等方面對木蘭圍場各民族在社會層面的交往交流交融進行了深入分析，指出木蘭圍場的社會變遷過程是不同民族的交往互動過程，也是這一區域中華民族共同體的建設過程。呂曉青的《清代木蘭圍場八旗駐防諸問題探析》一文利用檔案文獻對學界較少關注的圍場八旗駐防職官銓選、兵額、看圍制度等問題進行考述，並指出木蘭圍場的放墾是八旗駐防衰落的重要原因，但客觀上加深了圍場各民族間的交往交流交融。

此外，烏雲格日勒就《中華民族交往交流交融史史料彙編・內蒙古卷・清代部分》的編纂情況做了交流，指出內蒙古卷清代部分的史料存在內容龐雜、多語種史料豐富、所藏地點分散的特點，內蒙古“三交”史史料編纂工作也爲其他地區中華民族交往交流交融史史料的編纂與史學研究提供了參考。

本次學術研討會，學者們從全國和區域的雙重視角對清代各民族交往交流交融史進行了具體且深入的探討，在促進清代各民族交往交流交融史研究的同時，也爲推進學界對承德乃至河北地區中華民族交往交流交融史的研究提供了重要借鑒。

The Overview on the Symposium on Chengde and the Exchange, Communication and Integration among Various Ethnic Groups of the Qing Dynasty

Zhang Yong-jiang Lv Xiao-qing

Abstract: Chengde was the second political center of the Qing Dynasty for a long time and the central hub for handling frontier ethnic affairs. It was also an important field for exchanges and integration of various ethnic groups in the Qing Dynasty, which has attracted much attention from academic circles both domestic and overseas. On August 28-29, 2023, the Symposium on Chengde and the Exchange, Communication and Integration among Various Ethnic Groups of the Qing Dynasty was held in Chengde. The seminar papers discussed this topic from both a global and regional perspective. At the macro-level, important issues such as the theoretical and practical value of "Great Unity," the functional perspective of the "Nan yuan" military parade, and the translation of Chinese classics with Manchu were discussed. At the meso-level, there were case studies on ethnic economic and cultural exchanges in Northeast China, Inner and Outer Mongolia, Xinjiang, and other regions in the mainland. The research focusing on Chengde included the re-study of classic issues such as Manchu and Mongolian archives and inscriptions, the Summer Resort, and the Mulan Paddock. The seminar not only promoted the study of the history of ethnic exchanges and integration in the Qing Dynasty but also provided an important reference for the study of the history of Chinese ethnic exchange, communication and integration in Chengde and even Hebei.

Keywords: Chengde in the Qing dynasty; Summer Resort; Ethnic exchanges

本輯作者名録

（按作者姓氏拼音排列）

阿布都沙拉木·克熱木　新疆社會科學院歷史研究院助理研究員

艾比布拉·圖爾蓀　陝西師範大學中國西部邊疆研究院博士生，太原科技大學馬克思主義學院教師

巴·巴圖巴雅爾　新疆師範大學歷史與社會學院教授

苞璐爾　中國人民大學國學院西域歷史語言研究所博士后

范英傑　蘭州大學敦煌學研究所博士生

格桑翁姆　西藏大學中華民族共同體研究院講師

貢去才旦　中央民族大學藏學研究院碩士生

呼　和　中國人民大學國學院博士生

李夢妍　中央民族大學藏學研究院講師

李彦樸　中國人民大學清史研究所博士生

劉英華　中國中醫科學院中國醫史文獻研究所特聘研究員

吕曉青　河北民族師範學院講師

任小波　復旦大學中國歷史地理研究所副教授

王　策　内蒙古大學蒙古歷史學系博士生

楊　春　蘭州大學敦煌學研究所博士生

楊毛措　中央民族大學藏學研究院副教授

英卡爾·巴合朱力　北京大學歷史學系博士后

澤仁曲措　西藏大學文學院講師

扎西本　中國人民大學國學院西域歷史語言研究所博士生

張永江　中國人民大學歷史學院教授，河北民族師範學院特聘教授

趙博雅　蘭州大學敦煌學研究所碩士

趙松山　中央民族大學藏學研究院博士生

周　赫　東北大學民族學學院講師，中國社會科學院蒙古學研究中心特聘專家

朱麗雙　蘭州大學敦煌學與西域研究院教授

稿　約

《西域歷史語言研究集刊》是由中國人民大學國學院西域歷史語言研究所主辦的學術刊物，半年刊，由中國藏學出版社出版發行。

本刊以介紹國内外學者關於中國西域（青藏高原、天山南北、蒙古高原）以及中央歐亞民族、歷史、語言、宗教、藝術、文化等方面的最新研究成果爲主要宗旨。發表具有原創性的學術研究論文、書評和研究綜述等，以期推動國内學界在西域和中央歐亞歷史語言研究方面的進步。

歡迎相關研究領域專家學者自由投稿，稿件字數原則上應控制在3.5萬字以内，文種爲漢文、英文、日文、蒙古文（僅限於基里爾文）等。來稿一經刊用，即贈送樣刊2本。

本刊對擬采用稿件有酌情删改權，如不同意删改者，請在來稿中特別聲明。如兩個月内未接到用稿通知，作者可自行處理。

來稿務必參照中國藏學出版社學術著作出版規範的格式，並同時發來Word與PDF版兩種形式。漢文稿用繁體字，附作者姓名英文寫法、文章英文題目、英文摘要等，並附詳細的通信地址、郵編、電子郵箱、聯繫電話。

本刊投稿郵箱：xiyulishiyuyan@163.com

通信地址：北京市海淀區中國人民大學國學館118室

郵編：100872

聯繫電話：18811536991

《西域歷史語言研究集刊》編輯部

圖書在版編目（CIP）數據

西域歷史語言研究集刊．二〇二三年．第一輯：總第十九輯/黄維忠主編．—北京：中國藏學出版社，2023．10

ISBN 978－7－5211－0479－0

Ⅰ．①西…　Ⅱ．①黄…　Ⅲ．①西域－文化史－研究－叢刊　Ⅳ．①K294．5－55

中國國家版本館 CIP 數據核字（2023）第 203324 號

西域歷史語言研究集刊　二〇二三年第一輯（總第十九輯）　　黄維忠　主編

責任編輯　徐華蘭　柴建華
英文編輯　張　寧
封面設計　李建雄
出版發行　中國藏學出版社
印　　刷　中國電影出版社印刷廠
規　　格　開　本：787mm×1092mm　1/16
印　張：19．75　字　數：422 千字
版　　次　2023 年 11 月第 1 版第 1 次印刷
書　　號　ISBN 978－7－5211－0479－0
定　　價　116．00 圓